México 2010

Kultur in Bewegung – Mythen auf dem Prüfstand

d|u|p

México 2010

Kultur in Bewegung – Mythen auf dem Prüfstand

herausgegeben von

Frank Leinen

d|u|p

Bibliografische Information der Deutschen Nationalbibliothek
Die Deutsche Nationalbibliothek verzeichnet diese Publikation in der Deutschen Nationalbibliografie; detaillierte bibliografische Daten sind im Internet über http://dnb.d-nb.de abrufbar.

http://www.dupress.de
Umschlaggestaltung: Konstantinos Karagiannis, Köln
Satz: Friedhelm Sowa, LaTeX
Herstellung: docupoint GmbH, Barleben
Gesetzt aus der Linux Libertine und der URW Classico
ISBN 978-3-940671-87-5

Inhalt

Einleitung

Die Menschen im „globalen Dorf" des Internetzeitalters, das weder Tag noch Nacht kennt, sehen sich einer unaufhörlich ansteigenden Flut von Informationen mit oft nur sehr kurzer Verfallszeit ausgesetzt. Zwar tun sich dank der vielfältigen medialen Optionen schier unendliche Quellen des Wissens auf, doch geht häufig der Informationsgewinn mit einem Orientierungsverlust einher. Angesichts der endlosen Kette stets neuer Nachrichten und des anschwellenden Polylogs der Meinungen wird es zunehmend schwierig, in angemessenem Abstand, man könnte auch sagen: „bei Sinnen", über das aktuelle Geschehen ebenso wie über die Ereignisse der Vergangenheit nachzudenken. Gedenkfeiern eröffnen in der Welt der Akzeleration die zwar nur temporäre, gleichwohl aber produktive Option einer „Entschleunigung" der Gegenwart. Die Erinnerung an Vergangenes ermöglicht neue Sichtweisen auf aktuelle Probleme, aber auch die Entwicklung von Perspektiven für die Zukunft.

Im Jahr 2010 bot sich den Nationen Lateinamerikas eine ausgezeichnete Gelegenheit für eine solche Thematisierung von Vergangenheit, Gegenwart und Zukunft, da man im Zuge der Feierlichkeiten zum *Bicentenario de la Independencia* an den Beginn des Weges in die politische Unabhängigkeit vor 200 Jahren erinnerte. Speziell in Mexiko blickte man 2010 auch auf die 1910 beginnende Mexikanische Revolution zurück, wobei der *Centenario de la Revolución* mehr noch als der *Bicentenario* zu einer intensiven gesellschaftlichen Debatte über die sich aus diesem Ereignis ergebenden Errungenschaften und Defizite führte.[1] Entsprechend zurückhaltend behandelte man von staatlicher Seite her die Tatsache, dass das besondere Anliegen der Aufstände von 1810 wie auch 1910 darin bestand, die Macht der Herrschenden in Frage zu stellen:

> *Esto, en cierta manera, representa un problema para la élite de poder del país, pues el sentido profundo de ambos acontecimientos – estallidos justos de violencia social – fue el rechazo de los sectores mayoritarios a la permanencia de su status como eternos explotados. Y exaltar al espíritu de rebeldía de los muchos contra los pocos no cuadra bien con los detentadores del poder en el México actual. (Bernecker 2010: 17)*

[1] Einen besonders umfassenden Überblick über die durch den *Bicentenario* und den *Centenario* initiierte interdisziplinäre Auseinandersetzung mit der mexikanischen Vergangenheit vermittelt der von Leyva et al. edierte Band *Independencia y Revolución: pasado, presente y futuro* (2010). Dass die Anfänge der Unabhängigkeitsbewegung bereits im 18. Jahrhundert zu verorten sind und das Jahr 1810 nur eine orientierende, wenngleich wichtige Wegmarke bildet, ist unstrittig.

Die Art und Weise, wie historische Ereignisse und Entwicklungsprozesse vergegenwärtigt werden – sei es im offiziellen Staatsakt oder durch den Performance-Künstler auf der Straße –, gibt nicht nur Auskunft über das Erinnerte, sondern auch über das Vergessene oder Verdrängte. Benedict Anderson stellte entsprechend heraus, dass Nationen als *imagined communities* im Wesentlichen über zwei Techniken verfügen, die zur Konstruktion einer möglichst stabilen gesellschaftlichen Statik dienen: Zum einen müssen Nationen gezielt jene Geschehnisse in der Geschichte in das kollektive Gedächtnis rufen, die den Eindruck einer historischen Kontinuität vermitteln. Hiermit wird eine wichtige Grundlage für die Legitimation von Herrschaft und die Identifikation des Volkes mit den Zielen und der politischen Ethik des Gemeinwesens geschaffen. Andererseits jedoch, so Anderson, impliziert das Moment des Erinnerns in dialektischer Weise immer auch jenes des Vergessens historischer Geschehnisse, sofern sie dazu Anlass geben könnten, die Einheit der Nation und das „Narrativ der ‚Identität'" (Anderson 2005: 207) in Frage zu stellen. Mit dem gestalteten „Erinnern" und dem gewollten „Verdrängen" sind zwei Aktionsfelder genannt, welche im Umfeld des *BiCentenario* zu einer wissenschaftlichen Beschäftigung mit der mexikanischen Kultur und Politik der vergangenen zwei Jahrhunderte und mit ihrer Bewertung in der Gegenwart geradezu einladen. Dies gilt umso mehr, als Homi K. Bhabha angesichts der wachsenden Fragmentierung von Gesellschaften und Kulturen darauf hingewiesen hat, dass „Fragen der Nation als Narration nur in der disjunktiven Zeit gestellt werden" (2000: 212) können, das heißt in Phasen, in denen historisierte Kontinuitäten durch die Erfahrung der Kontingenz des vermeintlich Teleologischen konterkariert werden.

Diese Voraussetzungen haben sich im Zuge der Feierlichkeiten zum *Bicentenario* und *Centenario* verdichtet, wobei zu vermerken ist, dass die politische Teleologie des mexikanischen PRI (*Partido de la Revolución Institucional*) schon Jahrzehnte vorher ihre Gültigkeit verloren hatte. Das Massaker von Tlatelolco im Jahr 1968, als die Forderung nach mehr Demokratie durch Polizei und Militär blutig niedergeschlagen wurde, bildete den wichtigsten Impuls für spätere Diskussionen über die politische Legitimität des nachrevolutionären Staates. Seit diesem Ereignis, nicht erst in der Krise der Gegenwart, hat sich in der mexikanischen Öffentlichkeit abseits des politischen Einheitsdiskurses eine Tendenz zur produktiven Fragmentierung Bahn gebrochen. An die Stelle des Historismus und seiner homogenisierend, von einem Zentrum her gedachten „Nation" ist jenes Moment getreten, welches Bhabha mit dem von Derrida und der Postmoderne inspirierten Konzept der „DissemiNation" (ebda 207) umschreibt. Die dynamische und differierende Existenz des Anderen, Abweichenden, Fragmentarischen, Marginalen und Migratorischen kann in Gegenwartsgesellschaften und ihren Kulturen nicht mehr länger ignoriert werden. Indem das Periphere in das Zentrum rückt, wird die traditionalistische Konzeption einer monolithischen Identität in der Emergenz der Hybridität überwunden. Diese Erfahrung ermöglicht einen neuen Blick auf das Bestehende im Sinne einer transversalen Perspektivierung, welche die „ambivalenten Zeitlichkeiten des Nation-Raums" (ebda 212) hervortreten lässt: „Die Sprache der Kultur und der Gemeinschaft schwebt über den Rissen der Gegenwart, die zu den rhetorischen Figuren einer nationalen Vergangenheit werden" (ebda). Gerade Ereignisse wie der *Bicentenario de la Independencia* und der *Centenario de la Revolución* bieten somit die Gelegenheit, Stilisierungen der nationalen Kultur und Geschichte Mexikos ebenso wie die narrative Hinterfragung solcher symbolischer Modelle in den Fokus zu stellen.[2]

Das Nachdenken über Mexiko führt sehr rasch und mit großer Regelmäßigkeit von der Vergangenheit über die Gegenwart hin zur Zukunft, und es wird begleitet von Stimmen, die das Land am Vorabend der Apokalypse wähnen.[3] Carlos Monsiváis, der 2010 verstorbene Chronist der mexikanischen Gegenwartskultur, bewies schon vergleichsweise früh seinen Ruf als ebenso origineller wie scharfsichtiger Interpret der mexikanischen Gesellschaft, indem er das Land nicht mehr am Rande eines Abgrunds, sondern jenseits der Apokalypse verortete. Diese Botschaft prägte bereits seinen Band *Los rituales del caos* (1995), dessen Cover in graphischer Umsetzung des Titels den Innenraum eines Metrowagons wiedergibt, in dem prominente Vertreter der Alltagskultur, darunter der Schriftsteller selbst, dicht gedrängt stehen. In der Chronik „La hora del transporte. El Metro: viaje hacia el fin del apretujón" wird die mexikanische U-Bahn, von der es heißt, dass „cada vagón es metáfora bíblica" (1995: 113), auch zur Metapher für den postapokalyptischen Zustand stilisiert. Biblische Qualität besitzt die Metapher insofern, als jeder Metrowagon dem Reisenden einen „prodigio hospitalario" bietet, „un hueco a los solitarios, a las parejas, a las familias, a las tribus, a las generaciones" (ebda 113). Apokalyptisch ist die dargestellte Situation, da die stickige Enge in den von der Temperatur menschlicher Körper überhitzten Wagen der Metro als Albtraum wahrgenommen wird. Postapokalyptisch indes ist dieser Albtraum zugleich in dem Maße, wie die En-

---

2 „Any investigation of collective identity today, if it is not to become an essentialist quest for a national spirit or soul, must necessarily bear in mind that knowledge is constructed, and that this construction is endlessly renewed. (…) At the same time that the nation is constructed, it is deconstructed by the successive, and always complementary and substitutive, interpretations whose incompleteness and constant succession and mutual contradictions demonstrate the inexistence of any originary center (…)" (Chanady 1994: X).

3 Aus der Fülle entsprechender Titel sei lediglich verwiesen auf Cruz Jiménez (2010), Ortega Sánchez (2010) und Reveles (2009).

ge in Überwindung des Paradoxons und der Antithese positive Qualitäten erhält. Im Gedränge der Metro „vuelve [la especie] al desorden que niega el vacío" (ebda 112), und im Chaos fusionieren die Individuen infolge der Auflösung der Grenzen, welche bisher die Materialität setzte: „En el Metro, la estructura molecular detiene su imperio universal, las anatomías se funden como si fuesen esencias espirituales, y las combinaciones transcorporales se imponen" (ebda 112). Nach der Apokalypse generiert die Metro der Hauptstadt nach Monsiváis das „caos en una cáscara de nuez" (ebda 111). Als surreale Raummetapher überwindet sie die Logik der rationalistischen Antithese im Paradoxon, wobei es typisch für Monsiváis' Schreiben sein dürfte, wenn er sich in der Überwindung der Paradoxie im urbanen Raum ausgerechnet an Shakespeares *Hamlet* anlehnt („O God, I could be bounded in a nutshell and count myself a king of infinite space, were it not that I have bad dreams." [Akt II, Szene 2]). Nach dem Niedergang der nationalmythischen Metaerzählungen und den von ihnen vertretenen Menschen- und Gesellschaftsbildern eröffnet der „humanismo del apretujón" (ebda) neue Dimensionen der menschlichen Selbstbestimmung. Die kreativen Paradoxien der Gegenwart und das Bewusstsein, die Apokalypse hinter sich gelassen zu haben, führen nach Monsiváis die mexikanische *cultura popular* zur Freiheit in den kulturellen Räumen des Transitorischen und Nomadischen.[4]

Anlässlich des mexikanischen *BiCentenario* organisierte das Institut für Romanistik der Heinrich-Heine-Universität Düsseldorf im Sommersemester 2010 eine Ringvorlesung, deren Vorträge den Bogen vom Ende der Kolonialzeit bis zur Gegenwart spannten. Das positive Echo, das diese Initiative seitens des Publikums wie auch seitens der mitwirkenden Fachkolleginnen und -kollegen fand, ließ den Plan für eine Publikation der Vorträge reifen. Dank der freundlichen Mitwirkung weiterer Expertinnen und Experten aus dem Bereich der Mexikanistik wurde es möglich, dem Spektrum der in der Ringvorlesung vorgestellten Themen wichtige Facetten hinzuzufügen. Alle Beteiligten waren sich im Klaren darüber, dass es niemals das Ziel sein könne, einen umfassenden Überblick über die kulturellen und gesellschaftlichen Entwicklungen seit der Unabhängigkeit zu vermitteln. Sinnvoller erschien die Variante, ausgewählte, gleichwohl

[4] „*Cultura popular* ist also kein metaphysischer, kein utopischer, sondern ein krisenhaft-kreativer, kontingenter Ort" (Borsò 2011: 343). Im Zustand der Postapokalypse behält allein die Bedrohung durch den Tod ihre apokalyptische Dimension. Dies vermerkt der 2010 gestorbene Monsiváis in dem letzten Eintrag seines Bandes, „Parábolas de las postrimerías. El apocalipsis en arresto domiciliario": „Y en ese momento vi al apocalipsis cara a cara. Y comprendí que el santo temor al Juicio Final radica en la intuición demoniaca: uno ya no estará para presenciarlo. [...] Y [...] llegaba a mí el conocimiento postrero: la pesadilla más atroz es la que nos excluye definitivamente" (1995: 250).

möglichst repräsentative Facetten aus der rund zweihundertjährigen Kultur- und Literaturgeschichte seit der mexikanischen Unabhängigkeit zu thematisieren. Die Auswahl und Behandlung der in diesem Buch vereinigten Themen möchte zu erkennen geben, dass auch eine derartige Fokussierung die Chance bereit hält, Schlüsse auf das Ganze zu ziehen. In diesem Sinne wollen die folgenden Aufsätze im Kontext des *Bicentenario de la Independencia* und des *Centenario de la Revolución* Impulse zum Nachdenken über Widersprüche, Verwerfungen und Probleme einer mexikanischen „Kultur in Bewegung" geben.

Den historischen und kulturgeschichtlichen Rahmen für die Beiträge des vorliegenden Bandes steckt FRANK LEINEN mit seinem Überblicksaufsatz „Mexiko 1810 – 1910 – 2010: Entwicklungen, Perspektiven, Problemfelder" ab. Nach einigen grundsätzlichen Überlegungen zur Verfasstheit von Historiographie und zur Inszenierung von Geschichte kommentiert er Entwicklungslinien des politischen, gesellschaftlichen und kulturellen Geschehens im Kontext von Unabhängigkeit und Revolution. Hiervon ausgehend erörtert Leinen eine Auswahl von Problemen und Verwerfungen, die auch für das aktuelle Mexiko prägend sind. Die kritischen Betrachtungen zur jüngsten Vergangenheit und zur gesellschaftlichen Aktualität sollen schließlich den Blick für jene Herausforderungen schärfen, denen sich das Land voraussichtlich in den kommenden Jahren zu stellen hat.

Die komplexen Aporien des Projekts der mexikanischen Nationbildung analysiert VITTORIA BORSÒ in ihrem Beitrag „Hundert Jahre *Nationbuilding*. Mexiko zwischen der *República Restaurada* und Tlatelolco (1867–1968)". Ihre Ausführungen geben zu erkennen, wie eng die Genese und Entfaltung des politischen Mythos der geeinten Nation mit seiner Ausgestaltung und Kritik in der Literatur verknüpft ist. Das Massaker an den demonstrierenden Studentinnen und Studenten auf der *Plaza de Tlatelolco* offenbarte 1968 der schockierten Öffentlichkeit, dass seit der Ausrufung der „Zweiten Republik" durch Benito Juárez im Jahr 1867 die nationale Elite Identitätsdiskurse in Form von Metaerzählungen der Emanzipation und des *desarrollo* vertreten hatte, die wesentlich zur Entwicklung des Trugbildes einer politisch einigen und ethnisch-kulturell kohärenten mexikanischen Nation beitrugen. Die Romane, die im 19. Jahrhundert unmittelbar nach dem Triumph der Republik zu einer Blüte des Genres führen, deutet Borsò entsprechend als mächtige Dispositive zur Entstehung des nationalen imaginären Mexikos. Diese mythologisierende Tendenz habe sich nach der Mexikanischen Revolution fortgesetzt, wenngleich vor allem José Revueltas und Juan Rulfo ihre Kritik an der *mexicanidad* literarisch manifestierten. Demgegenüber kann Octavio Paz stellvertretend für jene genannt werden, die in ihren Schriften den mexikanischen Mythos am Leben hielten. Seit 1968 jedoch demaskieren Autoren wie Elena Poniatowska und Carlos Monsiváis die vormalige Idee der Nation als Lüge am Volk. Der neue Diskurs der Heterogenität gibt fortan jenen eine Stimme, die sich durch unterschiedliche Diskursstrategien des *Nationbuilding* allenfalls indirekt und transversal artikulieren konnten. Das Erdbeben von 1985, so Borsò, ließ das Vertrauen in die schützende Rolle des Staates weiter schwinden. Andererseits ermöglichte es das Entstehen einer *sociedad civil*, die, wie Monsiváis hervorhebt, jene *ciudadanía global* als alternative Kraft antizipiert, die nationalen und nationalistischen Diskursen widerspricht. Die ins Monströse wachsende Stadt und die Massenmedien bieten neuerdings den Raum für mögliche Alternativen von Lebensstilen. Zwar hat sich seit 1968 die Kultur vom Mythos des *Nationbuilding* emanzipiert, doch lebt das Bestreben der Politik fort, diese Mythen immer wieder neu zu bedienen. Die medialen Inszenierungen des *Bicentenario* und *Centenario*, so Borsò, lassen dies deutlich erkennen. Zugleich aber offenbart die öffentliche Kritik an diesen Inszenierungen, dass eine wachsende Zahl von Menschen in der Lage ist, die manipulative Wirkung der Mythen zu erkennen.

Gaben der *Bicentenario de la Independencia* und der *Centenario de la Revolución* des Jahres 2010 bislang eher den Anlass, über die Vergangenheit Mexikos nachzudenken, so richtet FRIEDHELM SCHMIDT-WELLE den Blick auf die Gestaltung der Feierlichkeiten des Gedenkjahres selbst. Im seinem Aufsatz „1810 und 1910 im Jahre 2010: Repräsentationsformen der Erinnerung in Mexiko“ steht nicht die kritische Würdigung der historischen Ereignisse im Mittelpunkt, sondern die Analyse des gegenwärtigen Umgangs mit der Vergangenheit. Dazu werden zunächst die Regierungskampagnen und das offizielle Gedenken zum *Centenario / Bicentenario* in ihren verschiedenen Repräsentationsformen (Ausstellungen, Umzug zum Nationalfeiertag, Fernsehclips, Darstellungen im Internet etc.) untersucht. Danach thematisiert der Beitrag die historiografischen Revisionen der Vergangenheit, um sodann die kulturellen Ereignisse zu den Feierlichkeiten zu erörtern. Abschließend findet zum einen die Kommerzialisierung der Jubiläen, zum anderen ihre Verarbeitung in Film und Literatur Beachtung.

Dem Mexiko des 19. Jahrhunderts widmet sich STEPHAN LEOPOLD mit seinem Aufsatz „*The Empire Writes Back*: Die *Memorias* des Fray Servando Teresa de Mier“, der belegt, wie sich nach der Unabhängigkeit der Dominikanerpater und Schriftsteller zur Distanzierung von Spanien des kolonialen Überlegenheitsdiskurses im Sinne eines Zitats bedient, um sich gleichzeitig von diesem Diskurs zu emanzipieren. Leopolds Ausführungen gehen zunächst davon aus, dass sich die *Memorias* (1818) des Fray Servando

Teresa de Mier rhetorisch in die *expositio* der *Apología* und die *narratio* der *Relación* untergliedern lassen. Erstere ist eine gleichermaßen spitzfindige wie ironische Rechtfertigung jener Guadalupe-Predigt, in der Servando 1794 den spanischen Kolonialherrn performativ die Legitimität entzogen hat. Letztere besitzt die Qualitäten eines satirischen Textes, in dem Servando im Kielwasser von Swift und Quevedo die Alte Welt als *mundus alter* beschreibt. Seine Aggression richtet sich dabei vor allem gegen Spanien, das von pygmäischen Zwergen bewohnt wird, sowohl triebverfallen als auch steril ist und eigentlich zu Afrika gehört. Auf diese Weise dreht Servando koloniale Stereotypen um und wendet sie gegen den Kolonialherrn. Die *relación* erschöpft sich indes nicht in satirischer Negativität. Indem sie eine wahrhaftige Autobiographie sein will und zur Selbstentschuldung des grundguten und zu Unrecht von aller Welt verfolgten Erzählers dienen soll, ist sie unmissverständlich über Rousseaus *Confessions* modelliert. Als *littérature au second degré* büßt sie damit an Authentizität ein. Der Gewinn besteht jedoch darin, dass Servando auf diese Weise aus der Sprache des Kolonialherrn auszubrechen und ein hybrides Subjekt zu entwerfen vermag, das jenseits mimetischer Rivalität angesiedelt ist. Hierin liegt das eigentlich Novum der *relación*, denn in ihr ist jener Ausweg vorgezeichnet, auf dem die hispanoamerikanische Literatur des 19. Jahrhunderts zu sich selbst finden wird.

Pablo Moras Aufsatz „El sueño de la patria letrada: modernidad y tradición en México" wirf einen Blick auf die mexikanische Lyrik von 1810 bis 1920, um neue Facetten vor allem jener Dichter zu entdecken, deren Schaffen nach Fray Martínez de Navarrete und vor Ramón López Velarde angesiedelt ist. Die Ausführungen widmen sich insbesondere der Bearbeitung universal gültiger Werte und Themen in der mexikanischen Lyrik nach der Unabhängigkeit, wie dem Vaterland und der spanischen Sprache, dem Klassizismus und der katholisch geprägten Kultur. Im Umfeld der vorgestellten Gedichte untersucht Mora ferner jene Texte, die einer von Erstarrung bedrohten mexikanischen Lyriktradition mit radikalen, an Ketzerei grenzenden Kampfansagen begegnen. Eine derartige Relektüre der Texte und Werke ausgewählter Autoren möchte wichtige Aspekte des literarischen Erbes des 19. Jahrhunderts erschließen, indem sie die zentralen thematischen Achsen der lyrischen Tradition Mexikos dokumentiert. Hierbei wird die Wirkungsmächtigkeit gerade jener Tendenz offenkundig, die Jorge Cuesta als „mexikanischen Klassizismus" bezeichnet, und die dem sogenannten „mexikanischen Humanismus" nahesteht. Sie wirkt noch in so herausragenden Gedichten wie den modernen „Idyllen" von Salvador Díaz Mirón und José Manuel Othón nach, in denen sich die klassizistische, romantische, parnassische und hispanische Tradition des 19. Jahrhunderts verbinden.

Auf die Tatsache, dass nicht nur Männer, sondern auch Frauen im 19. und frühen 20. Jahrhundert wichtige Beiträge zum kulturellen Profil Mexikos geliefert haben, weist Yasmin Temelli hin. Im Fokus ihres Beitrags „Unabhängigkeit *a la mexicana*: Laureana Wright de Kleinhans, Concepción Gimeno de Flaquer und Juana Belén Gutiérrez de Mendoza als weibliche Akteure im vorrevolutionären Pressewesen“ stehen daher mexikanische Autorinnen, die in der Literatur- und Kulturgeschichte bislang kaum bekannt waren. Laureana Wright de Kleinhans und Juana Belén Gutiérrez de Mendoza nutzten während des Porfiriats (1876–1911) ihr kulturelles Kapital im Sinne einer öffentlichkeitswirksamen Partizipation: Mittels der Publikationen *Violetas del Anáhuac* respcktive *Vésper* setzten sie sich für eine Unabhängigkeit *a la mexicana* ein. Dies bedeutete eine Erosion der geschlechtsspezifischen Ordnung, die durch die Trennung eines privat-weiblichen und öffentlich-männlichen Bereichs gekennzeichnet war. Die nachzuweisenden Praktiken in den analysierten Texten divergieren erheblich: Während sich in den *Violetas* taktierend-legitimierende und insbesondere mit einem immunisierend wirkenden Fortschrittsbegriff operierende Argumentationsstrategien manifestieren, die gültige Wert- und Wahrheitsvorstellungen aufs Spiel setzen, ist für *Vésper* eine antithetische Frontstellung gegen das Regime konstitutiv. Die herausfordernd polemische Präsenz auf der politischen Bühne und die unerschrockene Positionierung in der mexikanischen Presselandschaft ist vor dem Hintergrund der porfiristischen Matrix von nicht zu unterschätzender Bedeutung, allerdings wird hier wiederum die Logik des Systems bestätigt (Foucault). Ebenfalls charakteristisch ist für *Vésper* die Übernahme des hegemonialen Männlichkeitsmusters und die Praxis einer entsprechenden Selbstermächtigung, wohingegen sich in den Texten von Wright de Kleinhans subversive Strategien aufzeigen lassen, mittels derer Bildung und Anerkennung außerhäuslicher Tätigkeiten der Mexikanerinnen propagiert werden.

Den Bogen zu jener Richtung der mexikanischen Literatur, welche die Revolution von 1910 in den Mittelpunkt stellt, schlägt Rafael Olea Franco in seinem Beitrag „La novela de la Revolución Mexicana: una propuesta de relectura“. In seinen Ausführungen greift er die Diskussionen über die Konzeption der „Novela de la Revolución Mexicana“ auf, um eine Revision des literarischen Korpus der Werke vorzuschlagen, die als „Revolutionsromane“ große Bekanntheit erreichten und 1960 mit der von Castro Leal erstellten Anthologie einen kanonisierten Status erhielten. Olea Franco weist zunächst darauf hin, dass die von Castro Leal berücksichtigten Texte teilweise zu Unrecht als

„Romane" im engeren Sinne bezeichnet wurden, da auch Chroniken, Erzählungen und Autobiographien Berücksichtigung fanden. Hinzu kommt, dass sich verschiedene Werke auf ein außerhalb der Mexikanischen Revolution liegendes historisches Geschehen beziehen. Um einige Entwicklungen des „Revolutionsromans" zu analysieren, wird zunächst Mariano Azuelas *Los de abajo* besprochen, wobei die Frage im Mittelpunkt steht, warum dieser Roman einen so großen Bekanntheitsgrad erreichte. Obwohl das Werk eine sehr kritische Sicht der Ergebnisse der Mexikanischen Revolution entfaltet, wurde es mit der Zeit zum Emblem der neuen Gattung. In ästhetischer Perspektive zeichnet sich *Los de abajo* zudem durch innovative Merkmale aus, wie die fragmentierte Struktur, welche spätere Entwicklungen der mexikanischen Erzählliteratur vorwegnimmt. Infolge des großen Bekanntheitsgrades der „Novela de la Revolución" gerieten abweichende literarische Tendenzen ein wenig aus dem Blickfeld. Olea Franco verweist in diesem Zusammenhang auf das Werk Julio Torris, dessen ironische Tonlage derart eigene Akzente setzte, dass seine Texte dieser Gattung nicht zugeordnet wurden. Als Gegenpol zu Torri wiederum erscheint das Werk der Schriftstellerin Nellie Campobello, die eine ganz eigene literarische Sprache findet, indem sie die schrecklichen Ereignisse der Revolution aus Sicht eines unschuldigen kleinen Mädchens schildert. Ein Jahrhundert nach dem Beginn der Revolution, so Olea Franco, wäre vor diesem Hintergrund der Begriff und das Konzept des „Revolutionsromans" zu überdenken.

Mit Jean-Marie Lassus und seinem Aufsatz „La Independencia y la Revolución en los textos de Manuel Scorza y Jorge Ibargüengoitia: entre epopeya e ironía" richtet sich die Aufmerksamkeit auf zwei Autoren des 20. Jahrhunderts, die einen besonders unkonventionellen Blick auf die Geschichte und ihre Protagonisten geworfen haben. Den Peruaner Scorza und den Mexikaner Ibargüengoitia, die 1983 bei einem Flugzeugunglück in Spanien starben, verbindet ihr literarischer Umgang mit Humor und Ironie. Auch teilen beide Schriftsteller den Impuls, die offizielle Version der Nationalgeschichte ihrer Heimatländer kritisch zu hinterfragen: der mexikanische Autor bedient sich des Humors und der Ironie, um das Epos der Nation in einer neuen Perspektive zu betrachten, und auch der Peruaner setzt bei seiner Reinterpretation der indigenistischen Thematik den Humor als Waffe ein. Beide Autoren bedienen sich auf unterschiedliche Art großer epischer Figuren der Unabhängigkeit. Lassus erkennt einige markante Gemeinsamkeiten zwischen den Schreibweisen Scorzas und Ibargüengoitias, wie beispielsweise die Ironisierung der Geschichte, die Satire oder den Einsatz von Verfremdungseffekten. Diese Perspektive ergibt sich aus der spezifischen Form, Idealisierung und vor allem aus der Hinterfragung der epischen Darstellung von Geschichte. Die aktuelle, zu Zeiten der nationalen Gedenkfeiern in Mexiko besonders intensive Reflexion über die Krise der epischen Form des Schreibens wird von beiden Schriftstellern vorweggenommen. Dennoch ist die Frage der Epizität in Lateinamerika komplexer als sie scheint: Wenngleich sich nationale Epik und das Epos der Nation in einer Krise befinden, so bleibt doch ersichtlich, wie stark die epische Inspiration nach wie vor in der lateinamerikanischen Literatur vertreten ist. Von der Haltung der Nostalgie sowie dem Pastiche, der Parodie, der Farce oder dem *esperpento* ausgehend, bemächtigen sich die lateinamerikanischen Autoren, jeder auf seine Weise, des kanonischen Epos. Das Epische bleibt eine dauerhafte Referenz, die ein kritisches Licht auf die Gegenwart erlaubt.

Karl Hölz spricht in seinem Beitrag „Kulturbegegnung in der Selva Lacandona. Literarische Überkreuzungen und die Bündnisstrategien des Zapatismo" einen Themenbereich an, der seit den neunziger Jahren über die Grenzen Mexikos hinaus für große Aufmerksamkeit sorgt. In seinen Ausführungen richtet Hölz das Augenmerk auf einen zentralen Aspekt innerhalb der sogenannten „Diskursguerilla", wie sie die indigene Aufstandsbewegung des Zapatismo im Kampf gegen die Staatsmacht praktiziert. Politisches Anliegen des Zapatismo ist es, mit der Macht des Wortes den entmündigten und marginalisierten Indios ihre selbstverantwortliche Teilhabe an der nationalen Geschichte zu sichern. Als Mittel, sich die eigene Stimme zurückzuerobern, schafft sich der Zapatismo eine Sprachbühne, die keinen homogen strukturierten Raum bildet, sondern sich vielmehr aus unterschiedlichen Stimmen zusammensetzt. Aufständische, Politiker, Intellektuelle, Menschenrechtler, NGOs bilden ein sich interaktiv aufbauendes Vernetzungsterrain. Eben diese Sprachräume der Bündnis- und Vernetzungspolitik analysiert Hölz in ihren Wirkungsmöglichkeiten. Zunächst werden die kommunikationstheoretischen Voraussetzungen der global agierenden Internetlogik diskutiert. Die zapatistische Textproduktion steht vor der Schwierigkeit, dass sie als offene Sammelbewegung des Widerstandes ein übergreifendes Protestprofil mit verbindenden „Brückenkonzepten" entfalten muss. Medienpolitisch lässt sich die Bündnisfähigkeit der Protestbewegungen daran messen, in wieweit es gelingt, die grenzenlosen Kommunikationsräume auf eine öffentliche Meinung hin zu bündeln und mit einem verbindenden Widerstandspotential zu versehen. Wie dies in der praktischen Umsetzung geschieht, wird am Sonderfall der öffentlichen Einladungsschreiben – hier an den Schriftsteller Carlos Fuentes und den Kulturkritiker und Chronisten Carlos Monsiváis – erörtert. Mit den Anschreiben versuchte Subcomandante Marcos, bekannte mexikanische Kulturvertreter zur Teilnahme am" Nationalen Demokratischen Konvent" (August 1994) zu gewinnen. Die Textanalyse zeigt, wie der Zapatismo die Annäherung zwischen Politik, Populär- und Hochkultur in inhaltlichen und diskursiven Schnittpunkten gestaltet. Dabei macht er sich ein nicht mehr identitär vorausgesetztes Konzept der Widerstandsgemeinschaft zu eigen. Es gibt sich darin zu erkennen, dass die semantischen Annäherungen nicht nur Übereinstimmungen, sondern auch Übergänge und Unterschiede mit einbegreifen. Die Wir-Konstruktion der zapatistischen Bündnispolitik trifft sich in diesem Punkt mit der von Hardt und Negri beschriebenen offenen Weltgesellschaft der „multitude". In ihr ist das binäre und ausgrenzende Denkschema von Identität und Differenz durch die soziale Produktion von Gemeinsamkeit abgelöst.

Angesichts der vor allem ausgangs des 20. Jahrhunderts massiv zunehmenden Emigration von Mexikanern in die USA hat sich das Bewusstsein dafür entwickelt, dass Mexiko und seine Kultur inzwischen auch außerhalb der nationalen Landesgrenzen zu finden sind. Gleichwohl reicht die Überwindung der territorialen Grenze bereits in das 19. Jahrhundert zurück, mit der Folge, dass sich auch eine entsprechende kulturelle Dynamik einstellte. Diesen Aspekten widmet sich FRAUKE GEWECKE in „Mexiko und *MexAmerica*: zur Geschichte einer wechselvollen Beziehung". Ausgangspunkt ihrer Analyse ist die Tatsache, dass zum Zeitpunkt der mexikanischen Unabhängigkeit die nördlichen Provinzen des Landes weitgehend isoliert waren. Aufgrund der mangelnden administrativen Durchdringung durch die Zentralgewalt hatten sich hier bereits früh regionale Identitäten mit separatistischen Strömungen herausgebildet, die das Vordringen angloamerikanischer Siedler begünstigten. Nachgezeichnet wird zunächst die Vorgeschichte: die im Geiste der *Manifest Destiny* erfolgte Eroberung des amerikanischen *Southwest*, welche von der 1848 im Friedensvertrag von Guadalupe Hidalgo sanktionierten Annexion nahezu der Hälfte des mexikanischen Staatsgebiets gekrönt wurde. Die konfliktive Wirklichkeit der nun auf US-amerikanischem Territorium lebenden (ehemaligen) Mexikaner, der vorrangig entsprechend der Klassenzugehörigkeit unterschiedlich begegnet wurde, ist durch eine Fülle an autobiographischen und fiktionalen Texten belegt. Die der Agraroligarchie zugehörenden *californios* – unter ihnen Mariano Guadalupe Vallejo und die höchst manipulativ agierende María Ruiz de Burton – suchten sich anzupassen, indem sie sich von den gemeinhin als *greasers* diskriminierten, besitzlosen *mexicanos* über die Verfertigung einer „spanischen" Identität distanzierten. Hiermit beflügelten sie gegen Ende des Jahrhunderts die von angloamerikanischer Seite „erfundene" Tradition der „Old Spanish Days". Ein Bekenntnis von in den Vereinigten Staaten lebenden Menschen mexikanischer Herkunft zu Mexiko und ihrer *mexicanidad* erfolgte während des 19. Jahrhunderts allein über die *corridos* insbesondere der Grenzregionen, gewann aber mit Beginn des 20. Jahrhunderts breitere Resonanz durch die Aktivitäten von infolge der Revolutionswirren emigrierten Intellektuellen und Journalisten – bis schließlich in den 60er Jahren mit dem *Chicano Movement* eine Bewegung entstand, die militant und ikonoklastisch ethnisch-kulturellen Nationalismus mit gesellschaftspolitischem Widerstand verband.

Die Lebenswirklichkeit von in den USA lebenden Mexikanern liefert nicht nur den Hintergrund für die *Chicano*-Literatur, sondern auch für den Film. GUIDO RINGS stellt dieses Medium in den Mittelpunkt seiner Ausführungen zum Thema „Möglichkeiten und Grenzen der Transkulturalität in Gregory Navas *My family*". Mit *My family* schaffte Gregory Nava nicht nur seinen internationalen Durchbruch, sondern er lieferte darüber hinaus ein herausragendes Beispiel des *Chicano*-Films, in dem kulturelle Konflikte mexikanischer Immigranten in den USA generationsübergreifend aufgearbeitet werden. Über die Familienthematik wird zugleich das Thema der Auflösung von Kulturgrenzen in den Mittelpunkt gestellt, so dass *My family* über die „mexikanisch-amerikanische Reise" hinausführt zu einer mit dem „American Dream" assoziierbaren „amerikanischen Geschichte", die der Regisseur internalisiert hat. In diesem Kontext stellen sich zwei zentrale Fragen: Inwieweit und mit welchen Mitteln gelingt es Nava, das transkulturelle Potential der Geschichte zu entwickeln? Wo sind die Grenzen seines Ansatzes? Zur Beantwortung dieser Fragen greift Rings' Untersuchung auf neuere Studien zu Identitätskonstrukten im europäischen Migrationskino zurück, die in sehr verschiedenen Kontexten auf die Existenz monokultureller Kontinuitäten in inter- und transkulturellem Gewand aufmerksam gemacht haben. Festzuhalten bleibt, dass *My family* mit der dichten Verbindung von Ghetto- und Assimilationskonzepten immer wieder auf monokulturelle Strukturen zurückgreift, die sich in europäischen Filmen tendenziell eher getrennt präsentieren. Transkulturalisierung bleibt in einem solchen, binäre Kulturhierarchien weiter pflegenden Rahmen eher ein zeitlich oder auch auf äußere Erscheinungsformen begrenzter Prozess.

Nach dem Überblick über das Themenspektrum der Beiträge dieses Bandes ist der Moment gekommen, allen zu danken, die bei seinem Entstehen mitgewirkt haben. An erster Stelle möchte ich den Kolleginnen und Kollegen aus Deutschland, Mexiko, Frankreich und England danken, deren Expertise und Engagement die Realisierung eines solches Projektes ermöglicht hat. Sodann gebührt ein Wort des Dankes der Gesellschaft der Freunde und Förderer der Heinrich-Heine-Universität Düsseldorf, die durch ihre großzügige finanzielle Unterstützung einmal mehr bewiesen hat, dass ihr die aktive Forschungsförderung ein ganz besonderes Anliegen ist. Was sich schon während der ersten Kontakte mit dem Verlag d|u|p andeutete, kann rückblickend mit großer Genugtuung bestätigt werden: Die Betreuung des Publikationsvorhabens durch den Geschäftsführer, Herrn Prof. em. Dr. Hans Süssmuth, und den Leiter der Redaktion, Herrn Dr. Friedrich-K. Unterweg, hätte besser nicht sein können. Konstantinos Karagiannis ist es durch die kreative Gestaltung des Covers gelungen, viele Gedanken zu Mexiko, die in diesem Buch in schriftlicher Form geäußert werden, in die Sprache des Bildes zu übertragen. Ein letztes Wort des Dankes möchte ich an meine Studentischen Hilfskräfte richten, denn Julia Fischer, Christiane Mieth, Jill Nothum und Maribel Saldaña Márquez haben mich bei den vielfältigen redaktionellen Arbeiten ebenso versiert wie auch tatkräftig unterstützt.

Düsseldorf, im Frühjahr 2012

Frank Leinen

Bibliographie

ANDERSON, Benedict (^{2}2005): *Die Erfindung der Nation.* Frankfurt/Main: Campus.

BERNECKER, Walther L. (2010): „Debates sobre el Bicentenario de la Independencia de América Latina (1810–2010)". In: *Hispanorama* 129, S. 15–23.

BHABHA, Homi K. (2000): *Die Verortung der Kultur.* Tübingen: Stauffenburg Verlag.

BORSÒ, Vittoria (2011): „Mexikanische Profanierungen. *Cultura popular* oder die Kontingenz". In: Roger Lüdecke (Hg.), *Kommunikation im Populären. Interdisziplinäre Perspektiven auf ein ganzheitliches Phänomen.* Bielefeld: Transcript, S. 327–346.

CHANADY, Amaryll (1994): „Latin American Imagined Communities and the Postmodern Challenge". In: Ders. (Hg.), *Latin American Identity and Constructions of Difference.* Minneapolis/London: University of Minnesota Press, S. IX–XLV.

CRUZ JIMÉNEZ, Francisco (2010): *Tierra narca.* México, D.F.: Temas de hoy.

LEYVA, Gustavo et al. (Hgg.) (2010): *Independencia y Revolución: pasado, presente y futuro.* México, D.F.: Universidad Autónoma Metropolitana/Fondo de Cultura Económica.

MONSIVÁIS, Carlos (1995): *Los rituales del caos.* México, D.F.: Ediciones Era.

ORTEGA SÁNCHEZ, José Antonio (2010): *México: ¿rumbo al estado fallido?* México, D.F.: Planeta.

REVELES, José (2009): *Las historias más negras de narco, impunidad y corrupción en México.* México, D.F.: Debolsillo 2009.

Mexiko 1810 – 1910 – 2010: Entwicklungen, Perspektiven, Problemfelder

Frank Leinen
(Heinrich-Heine-Universität Düsseldorf)

Das Vorhaben, im Nachgang zur Feier des mexikanischen *BiCentenario* (*Bicentenario de la Independencia, Centenario de la Revolución*) zentrale politische und kulturelle Leitlinien eines Zeitraums von rund zweihundert Jahren in einem vom Umfang her notwendigerweise recht eng gefassten Beitrag zu erörtern, dürfte immer zu kurz greifen. Dementsprechend verstehen sich die folgenden Ausführungen als orientierender, in thematisch-analytischer Hinsicht sehr kompakter und stark fokussierter Rückblick. Die Auswahl der zu thematisierenden Entwicklungen und Ereignisse begegnet sehr rasch dem Problem, dass ihrer Kommentierung auf der Grundlage historiographischer oder literarischer Quellen infolge der Relativität und Selektivität des Dargestellten mehrere Filter vorgeschaltet sind. Zwischen dem Vergangenen und dem Schreiben über Vergangenes tut sich grundsätzlich eine Kluft auf, welche es angemessen erscheinen lässt, die folgende Rückschau mit einem Überblick über zentrale methodische und theoretische Fragestellungen zu eröffnen, die sich aus dieser Thematik ergeben.

Historiographie fußt auf dem Zusammenspiel von Gedächtnis und Erinnerung, die als Produkte eines fortwährenden Prozesses aus medial gefilterter Speicherung, selektiver Abrufung und perspektivierter Mitteilung verstanden werden können. Wer Vergangenes vergegenwärtigen möchte, tut dies stets nur mittelbar. Wissenschaftliche Debatten über die Bewertung der Vergangenheit, erinnert sei etwa an den Historikerstreit in Deutschland oder die differierende Auslegung der Conquista durch spanische oder lateinamerikanische Forscher anlässlich des *Quinto Centenario*, belegen, dass es immer mehr als nur einen Blick auf die Geschichte gibt.[1] In der Literatur illustriert namentlich die *nueva novela histórica* mit der ihr eigenen sinnoffenen Revision der kolonialen Vergangenheit diesen Sachverhalt, indem sie eine systematische, bisweilen karnevaleske Dekonstruktion der um die Eroberer und die Eroberung kreisenden Mythen betreibt,

---

[1] Der Aufklärer Lichtenberg (1971: 166) brachte die Bedeutung der Perspektive für die Wahrnehmung eines Geschehens mit einem inzwischen sehr bekannten Aphorismus auf den Punkt: „Der Amerikaner, der den Kolumbus zuerst entdeckte, machte eine böse Entdeckung."

um die entsprechenden Diskurse polyphonisch zu unterwandern.[2] Wie der mexikanische Philosoph Leopoldo Zea schon vor einem halben Jahrhundert festhielt, erweisen sich Geschichtsschreibung und Erinnern nicht als Wiedergabe einer bloßen Aufeinanderfolge historischer Ereignisse, sondern vielmehr als Suche nach deren Sinnhaftigkeit.[3] Michel de Certeau (1975: 63 ff.) hat diesen Sachverhalt besonders scharfsinnig analysiert und dargelegt, wie die *opération historiographique* stets in einem *lieu social* verortet ist, eine wissenschaftliche *pratique* darstellt und schließlich den Bedingungen einer *écriture* unterliegt. Historiographie produziert damit nach de Certeau Geschichte, indem sie perspektivierend Geschehenes erzählt und hierbei aufgrund der Auswahl von jenem, was „verstanden" werden kann und jenem, was zu vergessen ist, selbst zur sinngenerierenden Erzählung wird.[4] Hieraus resultiert das epistemologische Problem der „Wahrhaftigkeit" von Geschichtsschreibung, ist doch die Grenze zwischen subjektiver und nicht subjektiver Wahrnehmung – der Begriff der Objektivität sollte in diesem Zusammenhang vermieden werden –, zwischen fiktionalen Texten und non-fiktionalen Texten nicht trennscharf wahrzunehmen. Im Unterschied zum Literaturwissenschaftler, der fiktionale Texte kommentiert, greift der Historiker vorrangig auf Quellen verschiedenster Art zurück. Seine Aufgabe liegt darin, diese zu interpretieren, wobei sich sofort Spielräume der Auslegung und das Problem der kulturellen und historischen Distanz auftun.[5] In der Unmöglichkeit des vollständigen Verstehens, so Gadamer, liegt jedoch auch eine Chance für die Hermeneutik, welche über die Epochen hinweg immer wieder eine neue, produktive Dynamik der Interpretation des Vergangenen entfalten kann.[6]

---

[2] Siehe hierzu ausführlich Rings 2010.

[3] „... la historia no es un puro acumular hechos históricos, es, también, la toma de conciencia de los mismos, la búsqueda de su sentido" (Zea 1957: 51).

[4] Certeau 1975: 10. „S'il y a donc *une fonction historique*, que spécifie l'incessante confrontation entre un passé et un présent, c'est-à-dire entre ce qui organisait la vie ou la pensée et ce qui permet aujourd'hui de le penser, il y a *une série indéfinie de 'sens historiques'*" (ebda 46).

[5] Die Infragestellung der „Wahrheit" des historischen Dokuments bildet ein wesentliches Anliegen der Foucaultschen Archäologie des Wissens (1969: 13 f.). Den Sachverhalt veranschaulicht Malaver Cruz: „Hemos dicho que la ‚versión oficial' de la historia es ya en sí una primera ficción. Es decir, en el fondo un historiador es un escritor de ficción. Esto es así, no en el sentido de que el historiador se proponga conscientemente inventar una historia, perso sí en cuanto que construye su discurso siguiendo un proceso cognoscitivo similar al del escritor de ficción, es decir, escoge ciertos hechos, los interpreta, y elabora con ellos una intriga que plasma en un texto narrativo" (2004: 116).

[6] „Die Ausschöpfung des wahren Sinns aber, der in einem Text oder in einer künstlerischen Schöpfung gelegen ist, kommt nicht irgendwo zum Abschluss, sondern ist in Wahrheit ein unendlicher Prozess. Es werden nicht nur immer neue Fehlerquellen ausgeschaltet, so dass der wahre Sinn aus allerlei Trübungen herausgefiltert wird, sondern es entspringen stets neue Quellen des Verständnisses, die ungeahnte Sinnbezüge

Doch nicht nur in den verschiedenen Phasen der historischen Rezeption und Auslegung von Texten ergeben sich vielfältige Sinnoptionen. Texte sind vielmehr schon im Moment ihrer Produktion trotz ihrer Verfasstheit alles andere als fest „gefasst", da das in ihnen enthaltene symbolische Material in komplexer, dynamischer und polylogisch-intertextueller Interaktion zu der sie umgebenden Welt steht. Doch sie partizipieren nicht nur an kulturellen Prozessen, sie gestalten diese nach ihrer Veröffentlichung vielmehr auch mit, indem sie im Netzwerk des Wissens neue Verknüpfungen ermöglichen. Somit sind die Quellen, aus denen Gedächtnis und Erinnerung schöpfen, zum einen durch den gesellschaftlichen und politischen Diskurs initiiert und inspiriert – sei es als Bestätigung dieses Diskurses, sei es als dessen Hinterfragung. Andererseits prägen sie aber auch Diskurse, indem sie selbst als bedeutungsgenerierende Systeme wirken, soziales Handeln produzieren und ihre diskurssteuernde Wirkungsmacht entfalten. Erscheinen in dieser Perspektive jedwede Texte als diskursive Formationen, so gilt auch für die Historiographie wie für jede andere hermeneutische Wissenschaft, dass sie im gleichen Sinne als Diskursformation durch ein System definiert ist, innerhalb dessen sie sich auch als *agens* positioniert.[7]

Vor diesem Hintergrund erklärt es sich, warum nach Clifford Geertz und Stephen Greenblatt, den wichtigsten Vordenkern bei der Entwicklung des *New Historicism*, jede Kultur Bedeutungen sowohl verarbeitet als auch schafft. Den konstruierten und zugleich konventionalisierten Charakter von Kunst und Kultur beschreibt Greenblatt folglich als „a project of a negotiation between a creator or a class of creators, equipped with a complex, communally shared repertoire of conventions, and the institutions and practices of a society" (1990: 158). Auch die Wiedergabe des historischen Geschehens, so eine zentrale Einsicht, entbehrt genau jener Transparenz, die in der chronologisch-linearen, teleologischen Metanarration beispielsweise bei Hegel noch als gegeben angenommen wurde. Kultur und Geschichte erscheinen mithin als in stetiger Veränderung begriffene, dezentrierte, polylogische Texte, die sich ihrerseits aus Texten der gleichen Qualität zusammensetzen. Dementsprechend gilt für die neuere Geschichts- und Kulturwissenschaft, dass „methodological self-consciousness is one of the distinguishing marks of the new historicism in cultural studies as opposed to a historicism based upon faith in the transparency of signs and interpretative procedures" (ebda). In Anerkennung dieses Befundes muss sich jede Art von Textwissenschaft der Herausforderung stellen,

offenbaren. Der Zeitenabstand, der die Filterung leistet, hat nicht eine abgeschlossene Größe, sondern ist in einer ständigen Bewegung und Ausweitung begriffen" (Gadamer 1986: 303).

[7] Certeau 1975: 40 ff.

die Inszeniertheit ihres Forschungsgegenstandes und ihrer eigenen Methode selbstreflexiv zu durchdringen.[8] Nach dem von Lyotard notierten Glaubwürdigkeitsverlust der *grands récits*[9], der namentlich die „récits de la légitimation du savoir" (1979: 54) einbezieht, erlaubt es die Methode des *New Historicism*, den Blick auch auf jene Episteme zu lenken, die bis dahin im Abseits standen. Die Vertreter des *New Historicism* sind sich dabei einig, dass keine Lesart von Kultur den Anspruch auf Vollständigkeit erheben kann, sondern allenfalls repräsentative Fallstudien oder mikroskopische Detailanalysen vergleichsweise ausführliche Einblicke in die vielfältigen Interaktionen zwischen Texten und Kontexten erlauben. Im Zusammenhang mit den Gedenkfeiern des Jahres 2010 legt es diese Sichtweise nahe, ergänzend zur Sondierung historischer Verwerfungen oder Lücken auch spezifische Aspekte einer „culture in action" (Veeser 1989: XI) zu erfassen, die in der offiziellen, staatlich gelenkten Interpretation von Geschichte – so etwa auf der Homepage der mexikanischen Regierung zum *BiCentenario*[10] – ausgeblendet bleiben.

Erinnerung bleibt notwendigerweise stets unvollständig. Sie wird zum einen unwillentlich gefiltert, sie wird aber zum anderen auch durchaus willentlich inszeniert und gelenkt. Gerade im Rahmen offizialisierter Feierlichkeiten zeigt sich, in welchem Maße Gedenk- oder Jahrestage durch die Perspektivierung der Vergangenheit, die Wahrung und Weitergabe kollektiven Wissens sowie die (Re-)Produktion kultureller Identität der Legitimierung von Herrschaft dienen.[11] Im Nachgang zum *Bicentenario* untersucht Bernecker dieses Phänomen auf der Grundlage dreier Beispiele aus Kolumbien sowie anhand der Gestaltung der Feierlichkeiten in Bolivien und Mexiko. Das Ergebnis ist eindeutig: „Los cinco ejemplos muestran cómo las celebraciones del bicentenario pueden ser manipuladas en casos concretos por intereses locales, étnicos o nacionales."[12] In Mexiko, wo eine Einheitspartei zur Sicherung des politischen Herrschaftsanspruchs

[8] Greenblatt fordert daher, „that contemporary theory must situate itself: not outside interpretation, but in the hidden places of negotiation and exchange" (1990: 159).

[9] Lyotards postmoderne Perspektive führt ihn nach der anfänglichen „incrédulité à l'égard des métarécits" (1979: 7) zur Einsicht in die „décomposition des grands Récits" (ebda 31), etwa des Fortschrittsoptimismus der Aufklärung. An der Schwelle zur Informationsgesellschaft unterstreicht Lyotard schließlich die Bedeutung der Chancen eines offenen Zugangs zum vernetzten Wissen: „La ligne à suivre [...] est fort simple en principe: c'est que le public ait accès librement aux mémoires et aux banques de données. [...] Une politique se dessine dans laquelle seront également respectés le désir de justice et celui d'inconnu" (ebda 107 f.).

[10] Gobierno Federal 2011. Siehe hierzu den Beitrag von Schmidt-Welle im vorliegenden Band.

[11] Vgl. Assmann 1992: 57. Dass Kulturen ihre Traditionen nicht nur erinnernd gestalten, sondern in Zeiten der Krise oder der raschen Transformation sogar Traditionen regelrecht erfinden, dokumentiert Hobsbawm 1983: 4.

[12] Bernecker 2010: 17.

und zur Steigerung des eigenen Ansehens rund sieben Jahrzehnte lang, bis Ende des 20. Jahrhunderts, das Erbe der Revolution zu monopolisieren versuchte, ist die Tradition des Erinnerns als Gestaltung von Vergangenheit sehr gut nachvollziehbar. Die staatlich organisierte Erinnerung an Vergangenes muss gerade im postrevolutionären Mexiko als das Ergebnis einer direkten oder zumindest indirekten politischen Einflussnahme angesehen werden. Auch gegenwärtig bestehen zahlreiche politisch-strukturelle Kontinuitäten zum 20. Jahrhundert fort, so dass Mexiko immer noch die Merkmale einer „kalten" Gesellschaft[13] im Sinne Lévi-Strauss' aufweist. Zweifelsohne haben die vom PAN (*Partido Acción Nacional*) gestellten Staatspräsidenten Fox und Calderón nach dem Sieg über den PRI (*Partido de la Revolución Institucional*) im Jahr 2000 versucht, eine Atmosphäre von Legitimität und Glaubwürdigkeit zu schaffen, doch steht die hinreichende Verwirklichung dieser Ziele immer noch aus.[14] Auch vor diesem Hintergrund kann davon ausgegangen werden, dass bei den Gedenkfeiern des Jahres 2010 der Nexus von gelenktem Erinnern und Herrschaftssicherung fortbesteht – eine Verknüpfung, die nicht nur für Mexiko nachweisbar ist. Entsprechend besitzt Jan Assmanns Kommentar eine über den Einzelfall hinausgehende Dimension:

> *Die Herrscher usurpieren nicht nur die Vergangenheit, sondern auch die Zukunft, sie wollen erinnert werden, setzen sich in ihren Taten Denkmäler, sorgen, dass diese Taten erzählt, besungen, in Monumenten verewigt oder zumindest archivarisch dokumentiert werden. Herrschaft „legitimiert sich retrospektiv und verewigt sich prospektiv". (Assmann 1992: 71)*

Die offizialisierte Erinnerung an die Vergangenheit, die während des *BiCentenario* im öffentlichen Raum und im nationalen Gedächtnis festgeschrieben wird, versieht daher historische Entwicklungen mit Kausalitäten, um kontinuitätsstiftend und handlungsorientierend zu wirken. Die hierbei zum Tragen kommenden Mythen und Riten umschreiben nicht nur den Sinn der nationalen und kulturellen Wirklichkeit, sondern

[13] „Kalte" Gesellschaften versuchen nach Lévi-Strauss, „grâce aux institutions qu'elles se donnent, à annuler de façon quasi automatique l'effet que les facteurs historiques pourraient avoir sur leur équilibre et leur continuité [...]; le but des sociétés «froides» est de faire en sorte que l'ordre de succession temporelle influe aussi peu que possible sur le contenu de chacun. Sans doute n'y parviennent-elles qu'imparfaitement; mais c'est la norme qu'elles se fixent" (1962: 309 f.).

[14] „Si bien es cierto que el gobierno ha hecho grandes esfuerzos para crear un ambiente de legitimidad y credibilidad a su alrededor, falta mucho para que se pueda afirmar que vivimos bajo un gobierno formado por y para México. [...] Baste como ejemplo la problemática situación en la que viven aún millones de personas – a pesar de las promesas y programas de apoyo que tanto han mencionado los gobiernos surgidos del *cambio político* – a lo largo y ancho del país, que carecen de alimentación, vivienda, seguridad social, trabajo y educación – es un hecho que lo sufren en distintos grados, pero aún así lo padecen" (Romero Roisin 2009: 43).

schaffen auch Wirklichkeit, um Legitimität zu begründen und der „gesellschaftlichen Selbstverständigung“ (Luhmann 1985: 26) zu dienen. Im staatlichen mexikanischen Kontext ist somit das Erinnern an die Schlüsseljahre 1810 und 1910 stets sehr zweckgebunden.

Am Rande der mit großem Aufwand betriebenen offiziellen Feierlichkeiten sind jedoch in der Öffentlichkeit auch Stimmen zu vernehmen, welche mit dem kritischen Erinnern die Hinterfragung von Herrschaft verknüpfen. Ein kurzer Blick auf die zahlreichen Beiträge und Kommentare zum *BiCentenario* auf der Plattform *You Tube*[15] belegt nicht nur, wie sehr das Internet als freier Marktplatz der Meinungen die Printmedien verdrängt. Deutlich wird vielmehr, wie Kritiker der organisierten Feierlichkeiten eine öffentliche Diskussion über die Bedeutung der erinnerten historischen Ereignisse einfordern. Mexikanische Vertreter der Populärkultur, wie der vor allem aufgrund seiner Kriminalromane bekannt gewordene Paco Ignacio Taibo II, der Comic-Autor Rius oder Luis Villoro, der nach dem Tod Carlos Monsiváis' derzeit bekannteste Chronist der mexikanischen Gegenwart, nutzen den *BiCentenario*, um durch ihre Texte, über das Internet sowie im direkten Kontakt mit dem Publikum auf Defizite im offiziellen Erinnern hinzuweisen.[16] Die kritische Neubewertung der Vergangenheit soll auf die Politik und Gesellschaft der Gegenwart einwirken, um die Grundlage für eine bessere Zukunft zu schaffen. Dank der neuen Medien gelangen auch jene Stimmen an die Öffentlichkeit, die eben jene Aspekte der Vergangenheit und Gegenwart ansprechen, welche das staatlich regulierte Erinnern lieber ausblenden möchte.

---

[15] Der Aufruf mit den Stichworten „Bicentenario – crítica“ ergab allein auf *You Tube* 724 Treffer (2.8.2011).

[16] So Paco Ignacio Taibo II auf einer Podiumsdiskussion anlässlich der 31. Feria Internacional del Libro del Palacio de Minería, die vom 17.–21.2.2010 stattfand (http://www.youtube.com/watch?v=3d9AZwNgfT8 [02.08.2011]). Taibo II veröffentlichte 2009 mit *Temporada de zopilotes* seine minutiöse Aufarbeitung der Verschwörung gegen Madero während der Mexikanischen Revolution. Rius publizierte 2010 ein Buch mit dem provozierenden Titel *2010 – Ni Independencia – Ni Revolución* (2010), auf dessen Einband der Autor die „desconfianza siempre presente“ sowie „nuestros fracasos como país y sociedad“ beklagt und fragt: „¿Por qué vivimos en un país que todavía no acaba de organizarse para beneficios de TODOS los mexicanos? ¿Por qué parecemos condenados a vivir en un eterno subdesarrollo, no solo material, sino también espiritual? ¿Por qué somos campeones mundiales de corrupción, desnutrición e ignorancia?“ Juan Villoro wartete nicht bis zum *BiCentenario*, um die kritische Auseinandersetzung mit der mexikanischen Gegenwart auch im Roman zu suchen, so in *El testigo* (2004). Für seine journalistische Tätigkeit erhielt er 2010 den angesehenen *Premio Internacional de Periodismo Rey de España*. Villoros Artikel erscheinen vorrangig in der Zeitung *Reforma*, sie thematisieren in der jüngeren Vergangenheit speziell das organisierte Verbrechen und den Drogenhandel in Mexiko. Es wirft ein bezeichnendes Licht auf die prekäre Lage der unabhängigen Medien in Mexiko, wenn die kritische Haltung von *Reforma* dazu führte, dass ihr Herausgeber nach massiven Drohungen der Drogenkartelle in den USA Zuflucht suchen musste. Villoro erwähnt diesen Sachverhalt 2010 in einem Interview mit PRNoticias (http://www.youtube.com/watch?v=xaIFVm0yDh4 [02.08.2011]).

Das Wissen um die zahlreichen Fallstricke, welche diskursive Erinnerungskonstruktionen bereithalten, markiert somit die folgenden Auslegungen der Entwicklungen um 1810, 1910 und 2010. Die sich hieraus ergebenden Impulse prägen das Vorhaben, auf den folgenden Seiten alternativ zur Perspektivierung der Erinnerung von offizieller Seite einige Diskontinuitäten, Bruchstellen sowie offene Fragen im historischen Verlauf zu erörtern – Aspekte, die letztlich auch in die gegenwärtige Wissens- und Gesellschaftsordnung eingreifen.[17] Das Nachdenken über Mexiko und den *BiCentenario* will sich zudem im Bewusstsein um die Optionen und Bedingtheiten einer interkulturellen Hermeneutik auf der Schwelle[18] zwischen dem europäischen „Hier" und dem mexikanischen „Dort" verorten. Ziel ist es, jenseits des Eurozentrismus den Leitwert einer „Kultur der Anerkennung von Anderssein und Differenz" (Rüsen 1999: 40) in die analytische Praxis zu überführen. Als Grundlage hierfür soll eine zentrale epistemologische Einsicht Foucaults dienen, nach der jeder historische, wissenschaftliche und kulturelle Standpunkt nie verabsolutiert werden darf: „ce n'est pas la même histoire qui, ici et là se trouvera racontée" (1969: 11). Das Nachdenken über die mexikanische Vergangenheit, Gegenwart und Zukunft vermittelt auf den nächsten Seiten somit EINE Perspektive von vielen anderen möglichen. Es steht für den Versuch einer Annäherung an ein Land, dessen komplexe Vergangenheit und Gegenwart Luis Villoro äußerst treffend darstellt: „La verdad es que en México coexiste el apocalipsis con el carnaval."[19]

Wegmarke 1810: von der Rebellion zur Unabhängigkeit

Zum genauen Ablauf der Ereignisse vom 15. auf den 16. September 1810 liegen keine sicheren Quellen vor, und so vertritt die offizielle mexikanische Historiographie die Version, dass die Rebellion gegen die spanische Kolonialregierung im Dorf Dolores mit der flammenden Rede des Dorfpfarrers Miguel Hidalgo ihren Anfang nahm. Hidalgos Aufruf ging als „Grito de Dolores" in die mexikanische Geschichte ein: „¡Viva la religión

[17] „Il ne s'agit, bien entendu, ni de la succession des instants du temps, ni de la pluralité des divers sujets pensants; il s'agit des césures qui brisent l'instant et dispersent le sujet en une pluralité de positions et de fonctions possibles" (Foucault 1971: 60).

[18] Die Schwellenmetaphorik verbuchte in den letzten Jahren eine immer intensivere Beachtung, sei es in phänomenologischer Hinsicht bei Waldenfels (1990: 28–40; 1999: 9–15), in der postkolonialen Theoriebildung durch die Modellierung des *third space* bei Bhabha (2000: 56–58) oder in der postmodernen Geschichtsphilosophie bei Agamben (2002: 37, 140).

[19] http://www.youtube.com/watch?v=xalFVmOyDh4 (02.08.2011). Carlos Monsiváis freilich wäre noch weiter gegangen als Villoro, da sich Mexiko in seiner Wahrnehmung schon 1995 als das Land der Postapokalypse darstellte. Siehe hierzu die Einleitung des vorliegenden Bandes.

católica! ¡Viva Fernando VII! ¡Viva la Patria! y ¡Viva y reine por siempre en este Continente Americano nuestra sagrada patrona, la Santísima Virgen de Guadalupe! ¡Muera el mal gobierno!"[20] Sollte dieses Zitat korrekt sein, so forderte der den Idealen der Aufklärung nahestehende Priester[21] zunächst noch nicht die Unabhängigkeit von Spanien, sondern lediglich eine politische Erneuerung. Darüber hinaus wollte er auf die Unterdrückung und Ausbeutung der indigenen Bevölkerung hinweisen und zur Beseitigung von Ungerechtigkeiten aufrufen. Seine sozialreformerischen Gedanken fanden jedoch nicht die Zustimmung seiner kreolischen Unterstützer, die zunächst erhofft hatten, mit Hidalgos Hilfe im Vizekönigtum Neu-Spanien die Machtverhältnisse zu ihren Gunsten verschieben zu können. Aufgrund dieser Widerstände brach seine Rebellion schon 1811 zusammen; Hidalgo und seine Mitstreiter Allende und Aldana wurden hingerichtet. Der gewaltsame Tod des populären Priesters förderte die Tendenz, ihn zu einer nationalen Ikone zu erheben.[22]

Die Ereignisse von Dolores haben ihre Vorgeschichte, deren Kenntnis für ein vertieftes Verständnis unabdingbar ist.[23] Mit einer Reform der Kolonialverwaltung und dem Einsetzen von Intendanten, die der spanischen Krone unmittelbar unterstellt waren, hatte Spanien vor der Erhebung Hidalgos einmal mehr deutlich gemacht, dass der Primat der Entscheidungsbefugnis über die Besitztümer ausschließlich in Madrid lag. Die Kreolen, in Amerika geborene Nachfahren von Spaniern, behielten zwar ihre Privilegien gegenüber der indigenen Bevölkerung und den Mestizen, doch verringerten sich die Möglichkeiten ihrer ohnehin begrenzten politischen Partizipation. So hatte die spanische Kolonialregierung schon 1771 insbesondere in den Stadträten die politische Repräsentation der Kreolen durch die Einsetzung spanientreuer Mitglieder eingeschränkt. Gleichzeitig gelangten im 18. Jahrhundert die Gedanken der Aufklärung auch nach Lateinamerika, mit der Folge, dass die Kreolen zunehmend eigene politische Rechte einforderten und in kultureller Hinsicht die Führerschaft beanspruchten. Das wachsende

[20] Zit. nach Lemoine 1978: 42.

[21] Im spanischen Kulturkreis fehlte die religionskritische Dimension der Aufklärung, so dass selbst Kleriker wie Fray Benito Jerónimo Feijoo aufklärerisches Gedankengut vertreten konnten. In institutioneller Hinsicht wurde zum Beispiel von José Francisco de Isla vor allem eine verbesserte Ausbildung der Priester eingefordert. Vgl. Macías Delgado 1990.

[22] So vor allem nach der Revolution von 1910 in den Wandgemälden José Clemente Orozcos und Juan O'Gormans. Hidalgos' Mythisierung setzte freilich schon zu Lebzeiten ein, als der Unabhängigkeitskampf unter Rückgriff auf eine religiöse Metaphorik als Kreuzzug stilisiert wurde. Die meist aus dem ländlichen Raum stammenden Anhänger des charismatischen Priesters verehrten ihn schon vor seiner Exekution als Heiligen. Vgl. Villoro 1987: 617.

[23] Vgl. Hamnett 1992.

kreolische Selbstbewusstsein gründete nicht zuletzt auf dem Bewusstsein, in zivilisatorischer Hinsicht Europa zumindest ebenbürtig zu sein. Alexander von Humboldt nennt einige Argumente für diese positive Selbstwahrnehmung:

> *Aucune ville du nouveau continent, sans en excepter celles des Etats-Unis, n'offre des établissemens scientifiques aussi grands et aussi solides que la capitale du Mexique. Je me borne à nommer ici l'Ecole des mines (...) et l'Académie de peinture et de sculpture. (...) Quels beaux édifices ne trouve-t-on pas déjà à Mexico, et même dans les villes de province, à Guanaxuato et à Queretaro! Ces monumens, qui souvent coûtent un million à un million et demi de francs, pourroient figurer dans les plus belles rues de Paris, de Berlin ou de Pétersbourg. (Humboldt 1811: 11 und 13)*

Der Geist der Rebellion gegen das Mutterland wurde auch durch konkrete äußere Ereignisse genährt, insbesondere durch die Unabhängigkeit der britischen Kolonien in Nordamerika, die sich 1776 eine auf dem Prinzip der Gewaltenteilung aufgebaute parlamentarische Verfassung gegeben hatten. Hinzu kamen die Ideale der französischen Revolution von 1789, deren Ruf nach *Liberté*, *Egalité* und *Fraternité* auch in den spanischen Kolonien Gehör fand. Die Indiorebellion in Peru von 1780 und der Sklavenaufstand in Haiti im Jahr 1791 stehen für die wachsende Unruhe im Vizekönigtum. Doch vor allem die im Zuge des napoleonischen Expansionismus im Jahr 1808 beginnende Unterwerfung Spaniens durch französische Truppen und die Inhaftierung des spanischen Thronfolgers Fernando VII. hatten massive Auswirkungen auf die politische Lage jenseits des Atlantiks. Der Zusammenbruch der spanischen Autorität führte in den Kolonien zu einem Machtvakuum und einer Autoritätskrise, welche die kreolischen Eliten in ihrem Sinne zu nutzen suchten. Sie bildeten *Juntas*, in denen sie politische Autonomie forderten, und riefen zum bewaffneten Widerstand gegen die Spanier auf. In Ermangelung eigener Truppen stattete man die Mestizen ebenso wie die Nachfahren schwarzafrikanischer Sklaven und Indianer mit Waffen aus. Zugleich achteten die Kreolen allerdings sehr darauf, dass diese Bevölkerungsgruppen keine politische Macht erhielten und auch keine autonomen Aufstände anzettelten.

Im September 1810 hatte Hidalgos Aufstand noch keine dezidiert separatistischen Züge, doch beschleunigte sich sehr rasch jene Entwicklung, die letztlich in die Unabhängigkeit führte. Hidalgo und seine Mitstreiter planten zunächst neben der Exilierung der *gachupines*[24], der in der Kolonie lebenden Ibero-Spanier, lediglich eine treuhänderi-

[24] Entsprechend lautete der Kampfruf der Aufständischen: „¡Viva la América y nuestra Señora de Guadalupe, mueran los gachupines y el mal gobierno!" (zit. nach García 1928: 42 f.). Im Vorfeld der Unabhängigkeit lebten auf dem Gebiet des späteren Mexiko 11.000 bis 14.000 Ibero-Spanier. Ihnen standen ca. 1 Million Kreolen, 1,3 Millionen Mestizen und 3,7 Millionen Indianer entgegen. Angaben nach Cardoso 1989: 34.

sche Verwaltung der Regierung für die Dauer der von Napoleon veranlassten Gefangenschaft des spanischen Kronprinzen. Je länger sich jedoch die Freilassung Fernandos VII. und die Befreiung Spaniens von der französischen Besatzung hinauszögerten, umso intensiver dachten die Aufständischen auch über ein neues Verhältnis zum Mutterland und eine neue Organisation des sozialen Gefüges in Neu-Spanien nach.[25] Einen weiteren Impuls erhielt die Unabhängigkeitsbewegung, als Hidalgo gegenüber dem spanischen Intendanten in Guanajuato Ende September 1810 erstmals die Forderung nach Freiheit und Unabhängigkeit aussprach, ohne die Frage der Thronbesteigung Fernandos VII. nochmals zu erwähnen.[26] Zudem entwickelte der Führer der Aufständischen den Gedanken, dass die Menschen in Neu-Spanien über unantastbare Rechte verfügten. Wenngleich Hidalgo kein Konzept für einen souveränen mexikanischen Staat vorlegen konnte, so führte seine Rebellion gegen die Fremdbestimmung zu ersten Rissen in der kolonialen Dominanzstruktur.[27] Und noch bis 1821, dem Jahr der mexikanischen Unabhängigkeitserklärung[28], konnten selbst jene, welche die Loslösung von Spanien forderten, sich nicht auf eine gemeinsame politische Linie einigen. Rückblickend bildet daher die Unabhängigkeit nicht „das Resultat einer Bewegung, die mit einem festumrissenen Programm und einer klaren ideologischen Zielsetzung aufgetreten wäre, sondern eine Antwort, die erst im Lauf der Ereignisse formuliert wurde."[29] Unter den Anführern des Aufstandes, innerhalb der katholischen Kirche während des Unabhängigkeitskampfes[30], doch auch zwischen den Leitfiguren des Aufstandes und der Basis

[25] Hamill 1961: 212.

[26] „...deseamos ser independientes de España y gobernarnos por nosotros mismos" (Hidalgo 1985: 241). Hidalgo verzichtete fortan auf die Erwähnung Ferdinands, um seine Positionen klarer herauszustellen. Dies hinderte jedoch viele Aufständische nicht daran, immer noch die Restauration der Krone zu fordern, so dass es zu der absurden Situation kommen konnte, dass Spanientreue wie auch Aufständische 1811 mit dem gleichen Ruf „¡Viva Fernando VII!" aufeinander schossen. In seinem an den Vizekönig gerichteten Brief vom 3. November 1810 wiederholte Hidalgo seine Forderung nach Unabhängigkeit und Freiheit offiziell und an höchster Stelle. Siehe García 1928: 44.

[27] Hamnett 1992: 187.

[28] Bereits 1810 hatten sich Chile und Kolumbien von Spanien losgesagt, 1811 folgten Venezuela, Paraguay und Uruguay, 1816 sodann Argentinien. Im gleichen Jahr wie Mexiko nahmen Peru und die Dominikanische Republik den Weg in die Unabhängigkeit. Brasilien erklärte 1822 seine Unabhängigkeit von Portugal.

[29] Beyhaut 1965: 26.

[30] „So fühlte sich ein Teil des Klerus zu unbedingter Treue zum spanischen König verpflichtet, im ungünstigsten Fall hatte er partiell geradezu die Mentalität von Staatsbeamten angenommen. [...] Der Pfarrklerus reagiert sehr verschieden, teils gegen, teils für die Revolution. Viele Pfarrer waren begeisterte Anhänger des Aufstandes, ja wurden zu seinen Anführern, andere wirkten erbittert gegen die Loslösung von Spanien. Dieselbe Spaltung galt für den Ordensklerus sowohl zwischen den Orden wie innerhalb der einzelnen Gemeinschaften " (Finger 2011: 185).

des Volkes traten in den einzelnen Regionen Mexikos vielfältige Spannungen auf. Die politische Elite hatte sich in zwei Lager gespalten, so dass liberalen Insurgentenführern wie dem Landpfarrer José María Morelos, die das Ziel einer unabhängigen konstitutionellen Republik nach dem Vorbild der ersten freiheitlichen spanischen Verfassung von Cádiz (1812) verfolgten, die monarchistischen Verteidiger der alten Ordnung gegenüberstanden. Die Rückkehr Ferdinands VII. auf den spanischen Thron im Jahr 1814 und die bald darauf in Spanien einsetzenden Repressionen gegen die Liberalen beendeten auf der Iberischen Halbinsel das konstitutionelle Experiment von 1812. Hiermit endete auch der erste Versuch, die politischen Verhältnisse in Neu-Spanien zu verändern, denn die Truppen des Königs besiegten gemeinsam mit den Spanientreuen die Aufständischen, deren Anführer man mit dem Tode bestrafte. Doch erstmals hatte sich unter Morelos ein kreolischer Patriotismus entwickelt, der die Vision eines souveränen, liberalen und republikanischen Staates immer wirkungsmächtiger werden ließ.

Die innenpolitischen Entwicklungen der Jahre um 1821, in dem die mexikanische Unabhängigkeit erklärt wurde, sind derart verworren, dass selbst Historiker um diese Zeit sehr gerne einen großen Bogen machen.[31] Dementsprechend zählt die erste Hälfte des 19. Jahrhunderts zu den „großen Stiefkindern der Historiographie über Mexiko“[32], und es ist immer noch umstritten, wer die Initiative für die Unabhängigkeitserklärung ergriff, und wer die treibende Kraft bei der Allianz zwischen dem konservativen Monarchisten Iturbide und dem liberalen Guerrero war, die zur Unterzeichnung des Plans von Iguala am 24. Februar 1821 führte.[33] In ihm wurden die sogenannten „drei Garantien“ für das neue Mexiko ausgehandelt: die politische Unabhängigkeit, der Verzicht auf Landenteignung und schließlich die Beibehaltung der katholischen Religion.[34] Zu fragen wäre, warum eben jene konservativen Kreise, die das Streben der Liberalen nach Unabhängigkeit so entschieden bekämpft hatten, nun eben diese Unabhängigkeit befürworteten. Auch zur Erklärung dieses Sachverhalts kann auf die politische Entwicklung in Spanien verwiesen werden.[35] Nachdem dort 1820 eine Revolution gegen das 1814 restaurierte absolutistische Königtum ausgebrochen war, in deren Folge Ferdinand VII.

[31] So das Urteil von Bernecker/Buwe 1992: 500.

[32] A.a.O.

[33] Hamnett 1992: 188.

[34] Konservative und Liberale interpretierten während des gesamten 19. Jahrhunderts den Plan völlig unterschiedlich: „Für Guerrero ebnete dieser Plan den Weg zu Morelos' erklärtem Ziel, der mexikanischen Unabhängigkeit; für Iturbide bewahrte er die inneren Strukturen des Kolonialismus, versprach allen Europäern, die sich dem Plan anschlossen, einen Platz im neuen mexikanischen Reich und garantierte sowohl das katholische Establishment als auch die Rechte der bourbonischen Dynastie“ (Hamnett 1992: 188 f.).

[35] Vgl. Sommerhoff/Weber (1999: 97) sowie Bernecker (1993: 208 f.).

den Eid auf die liberale Verfassung von 1812 leisten musste, befürchteten die Kreolen in Übersee, dass der Funke des neuen spanischen Liberalismus in die amerikanischen Kolonien überspringen und zur Forderung nach demokratischen Reformen führen würde. Dies hätte allerdings den kreolischen Eigeninteressen entgegengestanden, so dass sich ausgerechnet die konservativen Kreolen von Spanien lossagten, um die kolonialen Strukturen in Mexiko zu ihren Gunsten bewahren und die drohende Liberalisierung der Gesellschaft abwenden zu können. Der letzte spanische Vizekönig, der in Sevilla als Sohn irischer Einwanderer geborene Juan O' Donojú, akzeptierte die Unabhängigkeit in Form einer konstitutionellen Monarchie, und Iturbide, der sich 1822 zum mexikanischen Kaiser Agustin I. proklamierte, wurde Mitglied der mexikanischen Regierung.

Zwar hatte Mexiko die politische Souveränität gewonnen, doch war damit keines der politischen, ökonomischen und sozialen Probleme der kolonialen Vergangenheit gelöst. Im Gegenteil: die Erwartung, im unabhängigen Mexiko würden sich nun Reformen leichter als zuvor durchsetzen lassen, wurde immer wieder enttäuscht. Vor allem die Egoismen der politischen Führungseliten und die Beibehaltung oligarchischer Strukturen schufen ökonomische Diskrepanzen und soziale Diskriminierungen, die zum Ausgang des 19. Jahrhunderts die gesellschaftlichen Spannungen ins Unerträgliche steigerten.

Problemfelder nach der Unabhängigkeit

Angesichts des Nebeneinanders sich widersprechender gesellschaftlicher und politischer Optionen ist offensichtlich, dass die kulturelle und nationale Identität Mexikos nach der politischen Unabhängigkeit höchst instabil war. Selbst die identitätsstiftende Stilisierung Hidalgos oder Morelos' als nationale Symbolfiguren, oder die Mythisierung von Begriffen wie *Independencia*, *Nación*, *Patria*, *Progreso*, *Igualdad* und *Libertad* durch die liberalen Schriftsteller Altamirano, Covarrubias, Mateos, Ramírez und Zarco vermochten diese Verwerfungen nicht zu verbergen.[36] Die problematische nationale Identitätskonstruktion und die Krise des politischen Systems veranlassten die mexikanischen Regierungen nach der Unabhängigkeitserklärung wie auch nach dem Ausbruch der Revolution von 1910 zu dem Appell an die Intellektuellen des Landes, unter staatlicher Führung bei dem Prozess des *Nationbuilding* mitzuwirken. Gemäß der Staatsräson sollten soziale Konflikte sowie die zivilisatorische Stadt-Land-Dichotomie verschleiert und die gesellschaftliche Kohäsion gestärkt werden. Der kulturelle Nationalismus trat an die Stelle der nationalen Kultur.

[36] Vgl. Leinen 2000: 61 ff.

Zwar löste die Unabhängigkeit das Problem der politischen Dependenz von Spanien, doch schuf sie eine Vielzahl neuer Probleme, von denen hier nur die wichtigsten genannt werden sollen: Mexiko war seit 1821 ein Staat, aber keine Nation, da Indianer, Mestizen und Kreolen weder über eine gemeinsame Sprache noch über eine gemeinsame kulturelle Tradition verfügten. Auch belegten die Grenzstreitigkeiten mit Guatemala (1823–82) sowie die Annexion der nördlichen Landesteile Kalifornien, Neu-Mexiko und Texas durch die USA (1848), dass man nicht über ein fest umrissenes Territorium verfügen konnte. Für die Konstitution der nationalen Identität fehlte zudem jener gesellschaftliche Grundkonsens, den Ernest Renan als „plébiscite de tous les jours" (1996: 241) bezeichnete.

Auch in kultureller Hinsicht ergaben sich nach der Unabhängigkeit viele offene Fragen. Die Bildungselite wollte das koloniale Paradigma des „rückständigen" Spanien durch die „fortschrittlichen" Vorbilder England, die USA und Frankreich ersetzen. Auf diese Weise fand lediglich ein „geokultureller Dominantenwechsel" (Ette 1994: 26) statt, der paradoxerweise unter Hinzuziehung europäischen Denkens eine von Europa unabhängige Identitätsformel suchen wollte.[37] So bewunderten viele Intellektuelle Großbritannien aufgrund seiner technischen Errungenschaften und seiner wachsenden Wirtschaftsmacht, die USA aufgrund ihrer Verfassung sowie Frankreich wegen seiner zivilisierten Lebensformen und seines Geisteslebens. Entsprechend unkritisch wurden zur Entfaltung eines zivilisatorischen Entwicklungsschubes besonders ab der Mitte des 19. Jahrhunderts die Konzepte des Positivismus, Utilitarismus und des wirtschaftlichen Liberalismus übernommen.

Jenen Intellektuellen, die sich für die Imitation ausländischer Vorbilder aussprachen, standen andere entgegen, die sich auf der Suche nach *mexicanidad* völlig von äußeren Einflüssen lösen wollten. Stellvertretend wäre der Schriftsteller Guillermo Prieto, ein Mitglied der angesehenen *Academia de Letrán* (1836–1856), zu erwähnen, der die Devise des „mexicanizar la literatura emancipándola de toda otra y dándole carácter peculiar"[38] ausgab. Aus heutiger kulturtheoretischer Sicht stellt ein solcher emanzipatorischer Kurs zweifelsohne eine Illusion dar, doch in der zeitgenössischen Wahrnehmung drückte er den verständlichen Wunsch aus, nicht nur politisch, sondern auch kulturell auf eigenen Füßen zu stehen.

Daneben kann auf jene Protagonisten der kulturellen Erneuerung verwiesen werden, die wie der Schriftsteller und Politiker Ignacio Manuel Altamirano durch einen

[37] Dieses im 19. Jahrhunderts verbreitete Symptom kritisierte 1929 der Argentinier Manuel Ugarte in seinem gleichnamigen Essay als „La manía de imitar" (1978: 271 f.).

[38] Prieto 1985: 96.

dritten Weg einen neuen Umgang mit westlichen Kulturmodellen finden wollten. In *La literatura nacional* (1868) rät er, die mexikanische Nationalliteratur solle sich "lo mejor de todas las escuelas literarias del mundo civilizado" zum Vorbild nehmen. Und er fährt fort: "...deseamos que se cree una literatura absolutamente nuestra, como todos los pueblos tienen, los cuales también estudian los monumentos de los otros, pero no fundan su orgullo en imitarlos servilmente" (Altamirano 1949: 14 f.). Die Antithese „Eigenes" vs. „Fremdes" wird überwunden, wobei das Bedürfnis nach einer kulturellen Synthese aus dem Wunsch entsteht, dem seit der Unabhängigkeit zerrissenen Land einen Entwicklungsschub zu vermitteln.

Die politische Instabilität führte aber in Mexiko wie in anderen Nationen des südlichen Kontinentes dazu, dass der erhoffte kulturelle Aufschwung lange Zeit ausblieb. Die für das nationale und kontinentale Selbstverständnis ohnehin problematische imitierende Identitätssuche wurde im Fall Mexikos zusätzlich dadurch erschwert, dass ausgerechnet jene Nationen, die man während und nach dem Unabhängigkeitskampf als Vorbilder gewählt hatte, die nationale Integrität des noch jungen Staates – und hierdurch natürlich auch die Konzeption einer imitierenden Identitätsfindung – in Frage stellten. Zwei militärische Interventionen Frankreichs (1838–39; 1861–62) sowie die Eroberung der nördlichen Landesteile durch die USA im Krieg von 1846–48 straften die Illusion Lügen, nach der die vermeintlichen zivilisatorischen Vorbilder notwendigerweise auch Verbündete Mexikos seien.

Wegmarke 1910: Die mexikanische Revolution – das Fundament des modernen Staates

Im Vorfeld der mexikanischen Revolution blickte das Land auf eine langwährende Präsidentschaft des Generals Porfirio Díaz zurück, der seit 1876 mit einer nur vierjährigen Unterbrechung gemäß der Maxime „Amor, Orden y Progreso" regiert hatte. Wenn Díaz hierbei den auf Liberalität abzielenden Grundsatz „Libertad, Orden y Progreso" des Begründers der positivistischen Tradition in Mexiko, Gabino Barreda, in seinem Sinne abwandelte, so verweist der Ersatz des liberalen Elementes *Libertad* durch den unverfänglicheren Leitwert *Amor* auf seinen paternalistischen Regierungsstil. Der philosophische Positivismus, verkörpert durch die zivile Elite der *científicos*, wurde unter Díaz zum Erfüllungsgehilfen politischer Ziele degradiert.[39]

[39] Vgl. Leinen 1993: 192 f.

Eine liberale Wirtschaftspolitik, die enge Verzahnung mit der sich in einem Industrialisierungsschub befindlichen Wirtschaft der USA und ausländische Investitionen, vorrangig zur Verbesserung der Infrastruktur, bewirkten unter Díaz einen ökonomischen Aufschwung, der durch die Schaffung von Arbeitsplätzen kurzfristig zur Festigung der öffentlichen Ordnung beitrug.[40] Langfristig betrachtet, verschärfte er jedoch die sozialen Spannungen, da seiner „Enrichissez-vous"-Politik folgend vornehmlich die bürgerliche Oberschicht und nordamerikanische Investoren vom mexikanischen Wachstum profitierten. In der Mittel- und Unterschicht wuchs hingegen die Unzufriedenheit mit der Wirtschaftspolitik des Regimes. Dies belegen vor allem die rund 250 Streiks, die trotz des bestehenden Verbots während des Porfiriates, mit wachsender Häufigkeit seit der 1907 einsetzenden Rezession, ausbrachen. Insbesondere in der Gruppe der Tagelöhner und der Indianer, deren Land schon unmittelbar nach der Unabhängigkeit weitestgehend von den Großgrundbesitzern konfisziert worden war, wuchs der Leidensdruck erheblich.[41] Zwischen den gesellschaftlichen Problemen, die seit den 1880er Jahren infolge innerer Misswirtschaft und einer internationalen Wirtschaftskrise zunahmen, und dem offiziell propagierten Mythos der *pax porfiana* öffnete sich eine immer größer werdende Kluft.[42] José Vasconcelos, der von 1921 bis 1924 als Erziehungsminister tätig war, umschrieb im Jahr 1916 Díaz' Politik im Zeichen des Positivismus wie folgt:

> *Por un momento pareció que la fórmula de Comte: Amor, Orden y Progreso, se realizaba en la sociedad. Cuando menos el orden funcionaba a maravilla, aunque el progreso no fuera muy factible dentro de aquellas fórmulas y el amor permaneciese teórico y tibio en medio de la tiranía rusa que había suplantado a la República. Y todo el saber positivista resultaba impotente para redimir la ignorancia pétrea de aquellas masas que el gobierno y los ricos oprimían sin conmiseración. (Vasconcelos 1957: 66)*

In politischer Hinsicht wuchs parallel zu dieser Entwicklung die Unzufriedenheit mit Díaz' patriarchalischem Führungsstil. Kritisiert wurden das von ihm durchgesetzte Prinzip der Wiederwahl des Präsidenten, die oligarchische und plutokratische Herrschaft sowie die Zunahme des Zentralismus. Die 1910 als Revolte gegen das Díaz-Regime beginnende und sich zur Revolution steigernde Erhebung des mexikanischen Volkes und vieler Intellektueller wandte sich zunächst gegen den Anspruch des inzwischen

---

[40] Vgl. Bernecker/Buve 1992: 539 ff. Rund 80 Prozent der US-amerikanischen Investitionen flossen in das Eisenbahnwesen und den Bergbau Mexikos, das den USA seit seiner Unabhängigkeit als wichtiger Lieferant für industrielle Rohmaterialien diente. Während Mexiko 1878 nur 737 Eisenbahnkilometer aufweisen konnte, besaß es 1908 bereits ein Streckennetz von 18.613 Kilometern.

[41] Siehe Bernecker/Buve 1992: 514 und 551 f.

[42] Tobler 1996: 265.

80-jährigen Präsidenten, erneut den verfassungsmäßigen Grundsatz des Verbots einer Wiederwahl zu ignorieren. Mit dem Kampfruf „Sufragio efectivo y no reelección“ löste Francisco Ignacio Madero, eine Leitfigur der Revolution, den Aufstand aus, der alte Regime beseitigen sollte. Doch der neue Präsident Madero wurde schon im Jahr 1913 durch Díaz-treue Offiziere ermordet, mit der Folge, dass er unmittelbar nach seinem Tod zum revolutionären Mythos stilisiert wurde. Zuvor waren seine Versuche einer ökonomischen und politischen Neustrukturierung Mexikos auch auf den heftigen Widerstand des Botschafters der USA, Henry Lane Wilson, gestoßen, der aktiv mit den mexikanischen Konservativen gegen den neuen Präsidenten intrigierte und auf dessen Betreiben hin die USA Mexiko sogar mit einer militärischen Invasion drohten. Seine politischen Verbindungen zu Maderos Mördern legen nahe, dass Wilson über deren Pläne zumindest informiert war.[43] Auch der neue Präsident der Putschisten, General Victoriano Huerta, vermochte ebenso wenig wie Madero die politischen und gesellschaftlichen Verhältnisse zu stabilisieren.[44]

Während der nun einsetzenden zweiten Phase der mexikanischen Revolution gelang es den Revolutionsarmeen des Nordens unter Führung Francisco (Pancho) Villas im Verbund mit den Armeen des Südens unter Emiliano Zapata, das reguläre mexikanische Heer unter Huerta 1914 zur Kapitulation zu zwingen. Villa und Zapata verfolgten jedoch nur ansatzweise die gleichen politischen Ziele. Zapatas Bauern und Landarbeiter engagierten sich vor allem für eine Landreform, während Villas Revolutionäre über kein näher umrissenes Programm verfügten. Beiden Gruppierungen fehlte eine nationale Fortschrittsperspektive. Hatte der gemeinsame Kampf gegen Díaz und Huerta bislang das Bündnis der Revolutionäre gefestigt, so spaltete sich die Revolution nun in die südliche Bauernbewegung Zapatas und die nördliche Revolutionsbewegung, die sich zwischen 1914 und 1916 einen „Bürgerkrieg der Revolutionäre“[45] lieferten. Zeitgleich entwickelte sich im Norden des Landes ein zweiter Konflikt zwischen dem Villismus und der politischen Linie Venustiano Carranzas, dem Carranzismus.[46] Nach dem Sieg der seitens der USA unterstützten Anhänger Carranzas wurde 1917 unter Ausschluss der Zapatisten und Villisten in Querétaro die neue mexikanische Verfassung verabschiedet, die allerdings aufgrund des Betreibens Álvaro Obregóns, eines führenden Generals Carranzas, auch Forderungen dieser radikalen Kräfte berücksichtigte. Liberale Ordnungsprinzipien

[43] Ulloa 1988: 1102 ff.

[44] Tobler 1996: 279.

[45] Sommerhoff/Weber 1999: 106.

[46] Tobler 1996: 287.

der Verfassung von 1857 wurden mit revolutionären Ideen angereichert, so dass folgende Neuerungen hervorzuheben sind: die Landreform (Übertragung des Großgrundbesitzes an dörfliche Genossenschaften, sogenannte *ejidos*, und Kleinbauern; Verstaatlichung der Bodenschätze), die fortschrittliche Arbeits- und Sozialgesetzgebung (Acht-Stunden-Tag, Minimallohn, Aufhebung der Schuldknechtschaft) sowie der verschärfte Antiklerikalismus (Laizisierung des Schulwesens).

Im Umfeld der mexikanischen Revolution, welche nach Díaz' oligarchischer Regierung die soziale Einheit im Zeichen der ökonomischen und politischen Gerechtigkeit schaffen wollte, gewann das Paradigma des *mestizaje cultural* erheblich an Bedeutung. Den Hintergrund für die politische Institutionalisierung dieses ethnischen und kulturellen Konzeptes lieferte die Gründung des *Ateneo de la Juventud* im Jahre 1909, unter dessen Mitgliedern vor allem Alfonso Reyes, José Vasconcelos und der ursprünglich aus Uruguay stammende Pedro Henríquez Ureña hervorzuheben sind. Neben der integrativen Mestizierung sollten Idealismus und Humanismus als „neues Denken" die Alternative zur Ideologie des Positivismus bilden, so dass Mexiko zum Vorbild einer lateinamerikanischen Neorenaissance werden könne. Die Verbreitung von Bildung, so die Überzeugung Henríquez Ureñas, werde zu wirtschaftlichem Wohlstand und zur Entfaltung eines regen, von einem interessierten Publikum getragenen Kulturbetriebes führen.[47]

Während die Revolution der politischen Macht des Porfiriates ein Ende bereitete, wirkten die *ateneístas* zeitgleich im Sinne einer Reformierung des Geisteslebens. Vor diesem Hintergrund distanzierte sich Alfonso Reyes von den aus seiner Sicht rituellen Formen des mexikanischen Patriotismus und der revolutionären Selbstbezogenheit. Allein der freie Dialog mit den Kulturen der Welt ermögliche eine fruchtbare Symbiose von Fremdem und Eigenem. Mexikos Kultur biete sich hierfür besonders an, bilde sie doch seit der Kolonialzeit das Ergebnis transkultureller Prozesse. Das als Symbol einer Kreuzung verstandene „x" im Namen *México* stehe daher für die mexikanische Weltoffenheit ebenso wie für die Bereitschaft, Fremdes mit Eigenem zu kombinieren.[48]

---

[47] Vgl. Leinen 2000: 244 ff.

[48] Reyes 1956: 279. Junco (1967) weist darauf hin, dass 1815 die Madrider Real Academia Española die Schreibung „Méjico" entsprechend der auch heute noch geltenden Ausspracheregeln einführte. Während im 19. Jahrhundert noch „equis y jota convivían fraternalmente, ‚sin distinción de credos políticos o religiosos'" (ebda 28), sei in den ersten Jahrzehnten des 20. Jahrhunderts in Mexiko eine Diskussion über die „politisch korrekte" Graphie geführt worden. Diese Diskussion, so der Mexikaner Junco, sei Ausdruck eines linguistisch unhaltbaren „sentimentalismo" weniger (ebda 57, vgl. dort das Reyes-Zitat: 50). Inzwischen räumt die Real Academia im *Diccionario panhispánico de dudas* (2005) ein, dass im Fall des Nationennamens der

Im Unterschied zum nationalistischen Diskurs der Revolution entwarf Reyes ein dynamisches und polyphones kulturtheoretisches Konzept, das Kulturen trotz ihrer *núcleos resistentes* im wesentlichen als *seres cambiantes*[49] wahrnahm. In dem Maße, wie Reyes Dynamik und Polyphonie mit einem ordnenden Prinzip kombinierte, betonte seine Definition der vielgestaltigen mexikanischen Identität zugleich auch deren synthetischen Charakter. Mexikanismus, lateinamerikanisches und universales Engagement sollten sich zu einer stabilen, aber nicht statischen Identitätskonstruktion verschränken, die ihre Kreativität und Lebendigkeit aus den Wechselbeziehungen dieser drei Ebenen schöpft.

Das athenäistische Konzept des *mestizaje*, als dessen wichtigster Propagandist José Vasconcelos gilt, hatte in diesem Sinne zum Ziel, die nationale und kontinentale Eigenständigkeit, Kreativität und Dynamik hervorzuheben, sie gleichzeitig zu kanalisieren, um sie sodann mit einer universellen Perspektive zu verknüpfen. Dabei übernahm Vasconcelos in seinem Essay *La raza cósmica* (1925) durchaus den Argumentationsgang des ethnozentrischen Rassismus, besetzte aber dessen Inhalte neu. So resultiere die Überlegenheit einer *raza* gerade aus der Mischung, nicht aus ihrer Reinheit:

> *Anotemos lo siguiente con letras mayúsculas: QUE NUESTRA MAYOR ESPERANZA DE SALVACION SE ENCUENTRA EN EL HECHO DE QUE NO SOMOS UNA RAZA PURA, SINO UN MESTIZAJE, UN PUENTE DE RAZAS FUTURAS, UN AGREGADO DE RAZAS EN FORMACION, AGREGADO QUE PUEDE CREAR UNA ESTIRPE MAS PODEROSA QUE LAS QUE PROCEDEN DE UN SOLO TRONCO. (Vasconcelos 1958a: 1202)*[50]

Die ethnische Mestizierung erhält bei Vasconcelos in einer Geste der Selbstbehauptung eine positive Bewertung, nachdem sie noch unter Porfirio Díaz infolge der Fortführung der kolonialen und eurozentrischen Perspektive als defizitär wahrgenommen wurde. Daher erscheint das bislang als Mangel interpretierte Fehlen einer historisch gewachsenen nationalen Identität und einer nach damaligen Maßstäben ethnisch „reinen" *raza* nunmehr als Chance, eine von nationalistischen Vorurteilen unbelastete universale Identität zu gewinnen. Auf die Tatsache, dass dieses neue zwischengesellschaftliche und interethnische Miteinander dem eurozentrischen Überlegenheitsdiskurs im Zeichen der Mestizierung lediglich eine amerozentrische Prägung gibt, geht Vasconcelos freilich nicht ein. Vielleicht liegt aber gerade hierin ein Grund für den großen Zuspruch, den

---

Schreibung „México" der Vorzug vor der linguistisch korrekteren Variante gegeben werden soll: „Aunque son también correctas las formas con *j*, se recomiendan las grafías con *x* por ser las usadas en el propio país y, mayoritariamente, en el resto de Hispanoamérica."

[49] Reyes 1960: 122.

[50] Vgl. ders. 1958b: 904 ff.

seine Zukunftsvisionen in den zwanziger und dreißiger Jahren weit über Mexiko hinaus in ganz Lateinamerika fanden.

Wie sich schon bei Reyes andeutete, sollte auch bei Vasconcelos die athenäistische Auslegung der Mestizierung nicht mit dem postkolonialen Konzept von Hybridität verwechselt werden, das seine Dynamik gerade aus dem Fragmentarischen und Abweichenden herleitet.[51] Im Vordergrund steht bei Vasconcelos vielmehr der Einheitsdiskurs und Verständnis von „Nation", das wie im 19. Jahrhundert dem Leitwert der Homogenität folgt. Dies bewirkt, dass er die indianische Kulturtradition der eurozentrisch markierten Auslegung des *mestizaje* opfert. Bei näherem Hinsehen sieht Vasconcelos daher keine Transkulturation, sondern lediglich die Akkulturation der *indígenas* im Zeichen ihres *blanqueamiento* vor. Mithin bleibt kritisch zu vermerken, dass sein *mestizaje*-Konzept unterschwellig die eurozentrischen und kolonialen Klischees fortsetzte, welche die Dichotomie von (westlicher) Zivilisation und (indianischer) Barbarei als unüberwindbar darstellten. In dieser Perspektive bestätigen Vasconcelos' Ausführungen die generelle Gefahr einer Unterdrückung regionaler Kulturen im Zeichen des Universalismus oder Transnationalismus.[52] Sie stehen daher im Widerspruch zu seinem plakativ verkündeten, zweifelsohne innovativen Anspruch, eine ausgewogene Mischung von Europäischem, Indigenem und Universalem herbeiführen zu wollen.[53]

Vor allem die marxistisch-sozialistische und indigenistische Kritik wandte sich gegen Vasconcelos' Forderung nach einem *blanqueamiento* der in Mexiko lebenden Ethnien.[54] Entsprechend warf man ihm den konservativ-paternalistischen und realitätsfernen Charakter seiner Aussagen vor. Vermutlich trugen jedoch eben diese konservativ-autoritären Tendenzen und der synthetisierende Ansatz dazu bei, dass Vasconcelos' Thesen ab 1929 in das ideologische Fundament der mexikanischen Nationalen Revolutionspartei eingegliedert wurden. Auf diese Weise bahnte sich eine Entwicklung an, die das Identitätskonzept des *mestizaje* zum Propagandainstrument werden ließ. Die Rhetorik der Mestizierung als nationales Projekt förderte die positive Selbstdarstellung der politischen Institutionen, indem sie zur Schaffung der Illusion eines die gesellschaftliche Stabilität fördernden Interessenausgleichs beitrug. Die Mestizierung sollte – bildlich gesprochen – als Dach auf dem mexikanischen Staatsgebäude den Bürgern die Gelegen-

[51] Bhabha 2000: 9, 34, 42, 56 ff. Siehe hierzu auch Leinen 2000: 232 ff.

[52] Vgl. Welsch 1992: 14.

[53] Den wegweisenden Charakter dieser Position bestätigt der Vergleich mit Welsch (1992: 16): „Daher denke ich, dass zukunftsweisende Aspekte nicht auf der Achse Regionalismus plus Universalismus, sondern allein in der aktuellen Kreuzung, Durchdringung, Überlagerung von Kulturformen zu finden sein werden."

[54] Vgl. Martínez Echazábal (1988: 126 f.) und Chiampi (1983: 148).

heit bieten, sich friedlich zum demokratischen Dialog zu versammeln.[55] In Anbetracht der Tatsache, dass es Mexiko über Jahrzehnte nicht gelang, demokratische Strukturen in einer offenen Gesellschaft zu entwickeln, sollte diese Hoffnung eine Utopie bleiben. Das *mestizaje*-Konzept, welches angeblich den gesellschaftlichen Ausgleich garantierte, trug vielmehr dazu bei, dass Vertreter einer mit totalitären Zügen versehenen staatlichen Praxis Hinweise auf politische Korruption und offenkundige Missstände als bloße Erfindung von Staatsfeinden denunzieren konnten.

Zur Wahrung des Mythos der nationalen Einheit beanspruchte der Staat als Verkörperung der Revolution gegenüber seinen Bürgern massive Regelungsbefugnisse, aus denen er den Anspruch ableitete, in alle Bereiche des täglichen Lebens eingreifen zu können. Dies bedeutete keinen Rechtsbruch, denn schon in der Verfassung von Querétaro lag je nach Auslegung die Option eines totalitären, autokratischen und sogar willkürlichen Vorgehens der Staatsmacht im Keim verborgen. Andererseits verklammerte das mythisch stilisierte revolutionäre Erbe lange Zeit alle Klassen und Ethnien miteinander. Die 1929 erfolgte Gründung einer nationalen Sammlungspartei, des späteren *Partido de la Revolución Institucional* (PRI), sollte aber nicht nur der institutionalisierten Herrschaft der Revolution dienen. Ihre Aufgabe war es auch, die regionalen Netzwerke und informellen Strukturen – die Herrschaft der Kaziken – durch einen zentralisierten Machtapparat zu ersetzen. Nachdem durch eine Agrarreform auch die Bedürfnisse der Landbevölkerung erstmals vom Staat anerkannt worden waren, die gesellschaftlichen Stabilität wuchs und ein relatives Wirtschaftswachstum einsetzte, erschienen die mexikanischen Regierungen und der staatstragende PRI als Hüter des Erbes der Revolution lange Zeit als unantastbar.

Am 2. Oktober 1968 endete jedoch dieser Anspruch jäh durch das von Militär und Polizei verübte Massaker an demonstrierenden Studenten auf der *Plaza de Tlatelolco*, dem Platz der drei Kulturen in Mexiko-Stadt. Indem der Staat seine eigenen Bürger

---

[55] Eine solche Vorstellung weist durchaus Parallelen zu Habermas' Entwurf einer idealen Kommunikationsgemeinschaft auf. Der Frankfurter Philosoph ging davon aus, dass die Teilnehmer einer gesellschaftlichen Interaktion in der Lage sind, „ihre Handlungspläne [zu] koordinieren, indem sie sich miteinander über etwas in der Welt verständigen" (1988: 346). Sei dieser Diskurs der wechselseitigen Objektivierung erst einmal eingeübt, so könne das Ich in performativer Einstellung die Perspektiven der ersten, zweiten und dritten Person problemlos übernehmen und ineinander transformieren. Angesichts der politischen Realität bleibt indes zu bezweifeln, ob die Annahme, dass mittels der Entwicklung kommunikativer Vernunft eine intersubjektive Verständigung und eine machtfreie, reziproke Anerkennung des Alter und des Ego möglich ist, nicht sehr idealtypisch gedacht ist. Die Erfahrung deutet vielmehr darauf hin, dass das Regulativ der „Macht" – sei sie nach Foucault (1971: 62) diskursiv oder in anderer Form organisiert – für gesellschaftliches Handeln prägend sein dürfte.

tötete[56], entlarvte er mit brutaler Deutlichkeit den Mythos der gemeinschaftsstiftenden Revolution als Lüge. Da der brutale Korporatismus des PRI seine gesellschaftliche Verwurzelung und ideologische Rechtfertigung verloren „und die Niederschlagung des Widerstands auch die Schwäche des Systems gezeigt" (Borsò 1992: 87) hatte, kritisierte eine wachsende Zahl von Literaten und Essayisten, Publizisten und Wissenschaftlern, dass der Anspruch auf Homogenität und Wahrheit, der den politischen Diskurs bislang markierte, zutiefst repressiv war:

> *Casi en sentido estricto, el acto genocida de Tlatelolco es el epílogo de la fiesta desarrollista, el deterioro de una imagen optimista y milagrosa del país y el principio de una revisión crítica de los presupuestos de sus formas de gobierno y su cultura, de los alcances del proceso institucional y las limitaciones y requerimientos de las distintas respuestas críticas a ese proceso. (Monsiváis 1988: 1502)*

Bis zu seinem Tod am 19. Juni 2010 wurde der prominenteste Essayist und Chronist der mexikanischen Populärkultur, Carlos Monsiváis, nicht müde darauf hinzuweisen, wie weit sich die Politiker des Landes und die offizialisierte Staatskultur von den Menschen und ihren vielgestaltigen künstlerischen Ausdrucksformen entfernt hätten. Die Zukunft Mexikos könne sich daher nicht auf der Grundlage eines gleichgeschalteten Denkens und Handelns entwickeln, sie leite ihre kreativen Impulse vielmehr ausschließlich aus der Heterogenität, der Polyphonie und vor allem der subversiven Kraft der Volkskultur als *Contracultura* ab.[57]

Wegmarke 2010 – Fortschritte, Probleme, Erwartungen

Es wäre vermessen, die komplexe mexikanische Gegenwart in wenigen Sätzen auf den Punkt bringen zu wollen, so dass die folgenden Anmerkungen sehr kursorisch bleiben müssen. Allerdings lassen sich einige Tendenzen ausmachen, die als Indikatoren positiver oder negativer Entwicklungen interpretiert werden können. Geht man beispielsweise davon aus, dass das Bildungsniveau der Bevölkerung ein wichtiger Entwicklungs-

[56] „Laut der offiziellen Version gab es nur um die 40 Tote, Menschenrechtsgruppen und Forscher gehen von bis zu 500 Opfern aus; über 1000 Demonstranten wurden festgenommen und zum Teil verletzt" (Albiez 2008: 20). Im Umfeld der Ereignisse von Tlatelolco sind etwa 6000 Personen spurlos verschwunden, verschleppt oder ohne Gerichtsurteil verhaftet worden. Viele Verhaftete wurden durch Folter oder Erpressung zu ihren Geständnissen gezwungen (Díez Cobo 2009: 44).

[57] Monsiváis (2004) und Cifuentes de Häbig (2010). Weitere Reaktionen der mexikanischen Literatur auf die Herausforderungen nach 1968 kommentieren die Bände Arbeitskreis Mexiko-Studien (1998), Bernecker (2004) sowie neuerdings González Boixo (2009).

und Standortfaktor ist, so dürfte der seit mehreren Jahrzehnten gestiegene Bildungsstand vieler Mexikaner ein erhebliches Potential für die mexikanische Gesellschaft bereithalten. Konnten in den 30er Jahren zwei Drittel der Mexikanerinnen und Mexikaner weder lesen noch schreiben, so ist es bis 2000 gelungen, den Anteil der Analphabeten in der Gruppe der über 15jährigen von 70 % auf 9,5 % zu senken. In der Gruppe der 15 bis 39jährigen betrug 2009 die Analphabetenrate sogar nur noch 2,8 %.[58] Gleichwohl besteht besonders im ländlichen Raum und in den Vorstädten weiterhin ein erhebliches Bildungsgefälle. Problematisch erscheint trotz vieler Fortschritte, dass in Zeiten der globalisierten Arbeitsteilung Bildung allein oft nicht vor Arbeitslosigkeit schützen kann.

Mit Blick auf das politische System Mexikos ist positiv zu vermerken, dass das Monopol des PRI unter Druck geraten ist, so dass sich inzwischen drei Parteien fest etablieren konnten. Diese politische Diversität dürfte eine der größten Errungenschaften nach sieben Jahrzehnten der Einparteienherrschaft sein. Bei den jüngsten Parlamentswahlen vom 5. Juli 2009 wurde der seit 2000 oppositionelle PRI mit 36,75 % der Stimmen wieder zur stärksten Fraktion. 28,01 % wählten den seit 2000 regierenden PAN (*Partido Acción Nacional*) und 12,20 % den sozialistischen PRD (*Partido de la Revolución Democrática*) (Instituto Federal Electoral 2009). Das Fehlen einer stabilen parlamentarischen Mehrheit erschwerte es erheblich, dringend notwendige Reformen anzuschieben.

Der konservative PAN war bei den letzten Parlamentswahlen vor allem gescheitert, weil er die Rauschgiftmafia entgegen seiner Ankündigung nicht effektiv bekämpfen konnte. Auch die negative Wirtschaftsentwicklung führte dazu, dass er abgewählt wurde, denn die Industrieproduktion Mexikos brach im ersten Quartal 2009 um 10 % ein (Blancke 2009).[59] Viele Wähler schienen angesichts der fortwährenden Armut und Gewalt mit der Rückkehr des PRI neue Hoffnung zu verbinden. Die niedrige Wahlbeteiligung von 43 % relativiert jedoch diese Interpretation, so dass eher der Eindruck entsteht, die Mehrheit der Wähler hätte angesichts der innermexikanischen Problemlage resigniert.

Die Tatsache, dass vor und noch während des seit 2006 forcierten Ausbaus der Grenzanlagen zwischen den USA und Mexiko viele Mexikaner in die USA geflohen sind – zwischen 2005 und 2008 jährlich etwa 500.000 Personen (ebda) –, bestätigt den Befund,

---

[58] Angaben nach Sommerhoff und Weber (1999: 124 f.), UNICEF (2010), IEEA (2010) sowie Secretaría de Educación Pública (2009).

[59] Gleichwohl verbesserte sich 2010 die Wirtschaftslage im Norden, so dass das mexikanische Bruttoinlandsprodukt um 5,5 Prozent steigen konnte. Für 2011 und 2012 prognostiziert die OECD zwar niedrigere, aber dennoch positive Wachstumsraten (Endres 2011).

dass ein Leben in Mexiko vielen als hoffnungslos erscheint.[60] Schon 2006 stammten 64 % aller in den USA lebenden spanisch sprechenden Einwanderer aus Mexiko, wobei die Zahl der Mitglieder dieser überwiegend jungen Bevölkerungsgruppe, die im Vergleich zum US-Durchschnitt nur über ein niedriges Bildungsniveau[61] verfügt, ständig wächst. In Kalifornien stellten die *Hispanics* im Jahr 2008 mit 36 % der Gesamtbevölkerung (das heißt 12 Millionen Menschen) die größte Bevölkerungsgruppe, wobei die Mexikaner mit 59 % die größte Ethnie bildeten. Diese Lateinamerikanisierung insbesondere der Südstaaten wird in den kommenden Jahren voraussichtlich noch zunehmen, denn aufgrund hoher Geburtenraten besitzen die *Hispanics* das dynamischste Wachstumspotential aller in den USA lebenden Ethnien.[62] Im Bundesstaat New Mexiko zeichnet sich jetzt schon ab, dass die *Hispanics* mit derzeit rund 42 % der Einwohner in absehbarer Zeit die Mehrheit der Bevölkerung stellen werden (U.S. Census Bureau 2006). Die bis zum Bau des Grenzzaunes zwischen beiden Ländern stark angewachsene Immigration[63] und die demographische Entwicklung führten dazu, dass 2011 insgesamt rund 30 Millionen Mexikaner der ersten oder zweiten Generation in den USA lebten, wo sie rund zehn Prozent der Gesamtbevölkerung ausmachten. Innerhalb dieser Bevölkerungsgruppe sind 11,8 Millionen Menschen in Mexiko geboren, aber bereits 18,5 Millionen als *Mexican Americans* in den USA zur Welt gekommen (Maihold 2011: 17). Doch bei weitem nicht alle Einwanderer sind im Besitz einer Aufenthaltsgenehmigung: Insgesamt schätzt man für das Jahr 2009 die Zahl der illegal in den USA lebenden Mexikaner auf 7 Millionen Menschen (59 % aller illegal in den USA lebenden Männer und Frauen), was nicht weniger als rund 6,5 % der Gesamtbevölkerung der Republik Mexiko entspricht (Passel/D'Vera Cohn 2009). Diese hohe Zahl von Illegalen dokumentiert die Not südlich des Río Grande, doch auch die Bereitschaft vieler im Norden, diese Menschen für wenig Geld unter Umgehung der Gesetze zu beschäftigen.

Zweifelsohne haben die USA im Verlauf ihrer Geschichte auf eindrucksvolle Weise die Fähigkeit nachgewiesen, Zuwanderer erfolgreich zu integrieren. Jedoch scheint in jüngerer Vergangenheit aufgrund der wachsenden materiellen Notlage vieler US-Amerikaner in den Zeiten der Weltwirtschaftskrise und verstärkt durch das Trauma von Nine-Eleven die Bereitschaft hierzu abzunehmen. Erschwerend wirkt auch, dass die Immi-

[60] Bis zum Jahr 2011, so die Zeitung *El Universal*, haben rund 250.000 Mexikaner ihren Wohnort allein aufgrund der wachsenden Gefahr verlassen, Opfer des Drogenkriegs zu werden (Hoffmann 2011: 8).

[61] Vgl. Huntington 2006: 297 ff.

[62] So lag 2002 die Geburtenrate von nichthispanischen Weißen bei 1,8, von Afroamerikanern bei 2,1 und von *Hispanics* bei 3,0 (ebda 287).

[63] In den siebziger Jahren wanderten rund 700.000 Mexikaner legal in die USA ein, in den achtziger Jahren 1.656.000 und in den neunziger Jahren bereits 2.249.000 (ebda).

gration der *Hispanics*, gerade der Mexikaner, sich fast ausschließlich auf den Süden und den Südwesten der USA konzentriert, so dass im Bewusstsein vieler Menschen durch die Einwanderer eine innere Spaltung der Vereinigten Staaten herbeigeführt wird.[64] Nicht zuletzt hemmt die sinkende Assimilationsbereitschaft vieler mexikanischer Immigranten deren Integration, nachdem frühere Einwanderergenerationen noch eher bereit waren, die Werte und Normen der nordamerikanischen Kultur anzunehmen. Der für die Prägnanz seiner Formulierungen bekannte Samuel P. Huntington, dem die Kulturtheorie das Schlagwort des „Clash of Civilizations" verdankt, deutete vor wenigen Jahren die Immigration von Mexikanern als „Angriff auf die amerikanische Identität" (2006: 179). Sicherlich spricht er auch gegenwärtig noch vielen seiner Leser aus dem Herzen, wenn er eine „demographische Reconquista" (ebda 283) ausmacht und die mexikanische Einwanderung als späte Rache für die Annexion nordmexikanischer Gebiete durch die USA in den dreißiger und vierziger Jahren des 19. Jahrhunderts deutet.

Neben der Einwanderungsthematik belastet gegenwärtig der Drogenschmuggel die Beziehungen zwischen den ungleichen Nachbarn USA und Mexiko in besonderem Maße. Implikationen, die sich hieraus ergeben, haben dabei unmittelbare Konsequenzen für die innenpolitische Situation beider Länder, wobei sich im Umfeld des Jahres 2010 die Situation innerhalb Mexikos hochdramatisch darstellt. So hat im vergangenen Jahrzehnt in Mexiko die Drogenkriminalität derart zugenommen, dass sie inzwischen vor allem in den nördlichen Provinzen eine kritische Dimension für die Aufrechterhaltung der öffentlichen Ordnung erreicht hat. Wie der mexikanische Korruptionsexperte Buscaglia in einem Interview erläutert, förderte fatalerweise die zunehmende Demokratisierung Mexikos den Machtzuwachs der Drogenkartelle:

> *Früher organisierte der Staat selbst die Korruption. Bis in die 1980er Jahre hinein wies er den kriminellen Gruppen ihre Territorien und ihre Märkte zu. Es gab eine einzige Partei, und die Kartelle konnten sie nicht kontrollieren. Der autoritäre Staat war stärker. Dann begann ein Demokratisierungsprozess, ungeordnet, mit schwachen Institutionen, der immer noch andauert. Der Staat wurde geschwächt. Das gleiche geschah in anderen Ländern, in Russland zum Beispiel nach dem Ende der Sowjetunion: Die organisierte Kriminalität übernimmt große Teile des Staates. Um das zu ändern, müssen wir den Demokratisierungsprozess zu Ende führen. Im Moment sind wir eine Mafiakratie: Die Mehrheit der Wählerstimmen ist gekauft, das Geld kommt von den kriminellen Gruppen. Sie bestimmen, wer gewinnt und wer verliert. Gouverneure stehen auf ihrer Gehaltsliste. Das wird, bis auf einzelne Ausnahmen, nicht strafrechtlich untersucht. Der erste Staats-*

[64] „Wissenschaftler haben die Befürchtung geäußert, dass der Südwesten zum Quebec der Vereinigten Staaten werden könnte" (ebda 294).

anwalt, der damit anfängt, wird innerhalb von 24 Stunden ermordet. (Buscaglia/Endres 2011)

In den letzten Jahren wuchs die Gefahr, dass die immer mächtigere Drogenmafia in Mexiko auch in die politischen Strukturen eindringt und das staatliche Handeln beeinflusst. Entsprechend warnte schon eine Ende November 2008 veröffentlichte Studie des *United States Joint Forces Command* vor einem „rapid and sudden collapse"[65] Mexikos infolge der Entwicklung eines zunehmend handlungsmächtigen Narco-Staates. Diese Einschätzung wird von vielen Mexikanern geteilt: 2010 waren 39 % der Bevölkerung davon überzeugt, das organisierte Verbrechen gewinne die Oberhand, und nur 37 % glaubten noch an die Durchsetzungsfähigkeit der Regierung (Mitofksi 2010). Drogenkuriere versorgen die USA mit Rauschgift – rund 90 % des dort konsumierten Kokains gelangen über Mexiko ins Land (Hoffmann 2009: 59)[66] – und kaufen von den Erlösen Waffen, die nach Mexiko geschmuggelt werden. Dementsprechend werden Rivalitäten zwischen den vier großen und drei kleineren Drogenkartellen mit massivem Waffeneinsatz ausgetragen, so dass Präsident Felipe Calderón im April 2010 5000 Polizisten allein in die nordmexikanische Grenzstadt Ciudad Juárez beorderte. Wenn jedoch auf jeden Polizisten im Land schätzungsweise 35 Waffen im Besitz des Organisierten Verbrechens kommen (Ceballos Betancur 2011: 22), dann erstaunt es nicht, dass trotz der massierten Polizeipräsenz allein in Ciudad Juárez 2010 mehr als 3000 Menschen ermordet wurden. Keine Stadt der Welt weist eine höhere Mordrate auf.

Auch der durch die Verfassung nicht gedeckte, erst im Nachhinein legalisierte Einsatz von rund 50.000 Soldaten im Kampf gegen die Drogenhändler im Jahr 2010 belegt, in welchem Maße das Machtmonopol des Staates gerade im Norden des Landes gefährdet ist.[67] Die wachsende Drogenkriminalität, der seit Dezember 2006 über 23.000 Menschen zu Opfer fielen[68], untergräbt das ohnehin schwache Vertrauen in die staatlichen Insti-

[65] *International Herald Tribune*, 9.1.2009, zit. in Hoffmann 2009: 57.

[66] Die Dimensionen des Drogenhandels werden nachvollziehbar, wenn die mexikanische Regierung darüber informiert, zwischen dem 1.12.2006 und dem 20.5.2009 78,3 Tonnen Kokain und 4,39 Tonnen Marihuana im Wert von 1.33 Milliarden US-Dollar sichergestellt zu haben (Gobierno Federal 2009). Wie Umfragen belegen, sank die Verfügbarkeit von Marihuana in der mexikanischen Öffentlichkeit von 2009 auf 2010 um 9 %. Immer noch geben 61 % der Befragten an, es sei leicht, sich Marihuana zu besorgen (Mitofski 2010).

[67] Vgl. den „Aide Mémoire" 2010. Am 29. Juli 2011 informierte die Polizei über die Festnahme einer der Schlüsselfiguren des Juárez-Kartells, José Antonio Acosta Hernández, der gestanden haben soll, 1500 Morde in Auftrag gegeben zu haben. Der Festgenommene gestand, von bestochenen Polizisten Informationen aus erster Hand erhalten zu haben (*La Jornada* 2011).

[68] *Proceso* 2010. Allein 2010 starben 15.000 Menschen durch die Kartelle und im Kampf gegen das organisierte Verbrechen.

tutionen, wodurch ein verbreitetes Klima der Unsicherheit entstanden ist: Umfragen zufolge misstrauten 2009 nicht weniger als 84 % der Mexikaner selbst ihren unmittelbaren Nachbarn, und 72 % schätzten es als gefährlich bis sehr gefährlich ein, die Polizei bei ihrer Arbeit zu unterstützen.[69] Wenngleich Fachleute trotz besorgniserregender Indikatoren noch nicht so weit gehen, Mexiko als *failing state* zu bezeichnen (Jäger 2011: 24), so betrachten gerade US-Politiker die Entwicklungen im südlichen Nachbarland und die drohenden Konsequenzen mit großer Sorge. In dieser Situation versuchte im Oktober 2011 der texanische Gouverneur Perry für seine Nominierung als republikanischer Präsidentschaftskandidat mit dem Vorschlag zu werben, dem Vorbild des Engagements in Kolumbien folgend die US-Armee künftig auch in Mexiko bei der Herstellung der Ordnung „beratend" einzusetzen. Wenn sein Vorstoß allenfalls als „misstatement on foreign policy" (Reuters 2011) bewertet wurde, dann spricht dies dafür, dass zumindest einige Kommentatoren und Teile der US-amerikanischen Öffentlichkeit andere Lehren aus früheren Einsätzen paramilitärischer Truppen gezogen haben, als mancher Oppositionspolitiker.

Perrys Vorschlag einer Lösung des Drogenproblems mit militärischen Mitteln ignoriert, dass vor allem wirtschaftsstrukturelle Ursachen in Mexiko, aber auch der Drogenkonsum und die Rechtsprechung in den USA, zur wachsenden Kriminalisierung beitragen: Verbrechen, die im Zusammenhang mit den Drogenhandel stehen, werden auch in Zukunft die Politik und Justiz so lange beschäftigen, wie die Nachfrage in den USA, dem größten Absatzmarkt für Drogen aus Mexiko, ungebrochen bleibt und sich Mexikanern im eigenen Land keine alternativen Einnahmequellen auftun. Gerade die ökonomische Bedürftigkeit vieler Mexikaner bereitet dem Verbrechen den Boden. Immer noch leben 40 % bis 45 % der 110 Millionen Einwohner in Armut, und 18 % aller Mexikaner gelten als extrem arm (Blancke 2009).[70] In dieser prekären Situation wächst gerade innerhalb der benachteiligten Gesellschaftsgruppen die Bereitschaft zur Kriminalität im Allgemeinen und zum ökonomisch besonders attraktiven Drogenhandel im Speziellen. Immerhin liegen in Mexiko die Gewinne aus dem Drogengeschäft inzwischen über dem Niveau der Erlöse der gesamten Tourismusbranche. Selbst die Einnahmen des staatlichen PEMEX-Konzerns, des wichtigsten mexikanischen Herstellers von Erdölprodukten, erreichen nicht die Höhe jener Gewinne, welche die Drogenkartelle einstreichen (Smets 2011: 6). Umgekehrt kann angenommen werden, dass die Vertre-

[69] Blancke (2009) und Mitofksi (2010).

[70] 38 % der Bevölkerung lebten im Jahr 2000 mit einem Pro-Kopf-Einkommen unter 2 US-Dollar am Tag (Pansters 2008: 3).

ter des Organisierten Verbrechens nach dem Prinzip der Geldwäsche einen Teil ihrer Einnahmen in mexikanischen Firmen (vor allem im Baugeschäft, im Bergbau, in der Landwirtschaft und der pharmazeutischen Industrie) oder – wie das Sinaloa-Kartell – im Ausland investieren.[71]

Nicht zu vernachlässigen bleibt, dass die Spirale der Gewalt in Mexiko durch den freien Waffenverkauf in den USA eine besondere Dynamik erhält: Schätzungen gehen davon aus, dass etwa 90 % der Waffen, mit denen sich Mexikaner gegenseitig töten, aus den USA stammen (Arriaga/Worthmann 2011). Das Gewaltniveau in Mexiko, die massive waffentechnische Aufrüstung der Kartelle und die immer militanteren Formen der Auseinandersetzungen sind in erheblichem Maße auf die liberalen Waffengesetze nördlich der Grenze zurückzuführen.

In dieser Situation werden in Mexiko wie in den USA Stimmen laut, den Drogenhandel zu legalisieren und staatlich zu kontrollieren. Auch im mexikanischen Parlament ist das Vorhaben, den Drogenhandel dem Zugriff von Kriminellen zu entziehen, bereits zur Sprache gekommen. Wenngleich das Thema in Politik und Öffentlichkeit kontrovers diskutiert wird[72], so besteht doch Einigkeit darin, dass diese Maßnahme für sich allein genommen nicht hinreichend sein dürfte, um das Klima der Unsicherheit vor allem in den Städten des Nordens zu beenden. Wenn die *Global Commission On Drug Policy*, der unter anderem die Ex-Präsidenten César Gaviria (Kolumbien), Fernando Henrique Cardoso (Brasilien), Ernesto Zedillo (Mexiko), Ex-EU-Generalsekretär Javier Solana und Ex-UN-Generalsekretär Kofi Annan angehören, im Juni 2011 erklärt, der Krieg gegen die Drogen sei gescheitert, so verbindet sich hiermit das Signal, weltweit durch eine kontrollierte Legalisierung von Drogen gegen das Organisierte Verbrechen vorzugehen. Ob in Anbetracht der Tatsache, dass nur wenige Stadtverwaltungen Präventionsprogramme anbieten, Mexiko für eine Liberalisierung des Drogenmarktes schon hinreichend vorbereitet ist, muss dahingestellt bleiben (Ceballos Betancur 2011: 22 f.). Auch bleibt zu fragen, ob sich eine Legalisierung der Drogen allein in Mexiko, nicht aber nördlich des Rio Grande, möglicherweise konterproduktiv auswirken würde. In schlimmsten Fall würden die derzeit in den USA ansässigen mexikanischen Kriminellen nach Mexiko zurückkehren, um von dort aus ihren Geschäften nachzugehen. Alternativ zur Legalisierung von Drogen regt daher Günter Maihold von der Berliner Stiftung Wissenschaft

[71] Der mexikanische Korruptionsexperte Buscaglia nennt in Europa vor allem Bulgarien und Rumänien als Staaten, in denen das Sinaloa-Kartell seine Drogendollars in legalen Firmen anlegt (Buscaglia/Endres 2011).

[72] Die politische Brisanz des Themas belegt die Tatsache, dass sich der Vorgänger Felipe Calderóns im Amt des Staatspräsidenten, Vicente Fox, erst nach dem Ablauf seines politischen Mandats für die Legalisierung des Drogenhandels aussprach (Ceballos Betancur 2011: 22).

und Politik eine intensivere nachrichtendienstliche Überwachung der Kartelle an, wie sie bereits in Kolumbien erfolgreich praktiziert wurde (Schmidt 2010). Auch bleibt zu berücksichtigen, dass der Drogenhandel inzwischen nur mehr eines von vielen Aktivitätsfeldern des Organisierten Verbrechens besetzt. In Sinne einer strategischen Diversifizierung ihrer Aktivitäten und damit der Gewinnmaximierung erschließen die Kartelle seit einigen Jahren verstärkt auch andere Sektoren wie Erpressung, Menschenhandel, Piraterie und Prostitution.

Wie sich in den bereits zitierten Umfragen angedeutet hat, leiden die mexikanischen Institutionen, allen voran die Polizei, unter einem erheblichen Vertrauensverlust. Die verbreitete Not und das geringe Lohnniveau führen dazu, dass selbst Polizisten Hand in Hand mit der Drogenmafia arbeiten und bereit sind, die Seite zu wechseln, wenn dies lukrativ erscheint.[73] Doch auch abseits des Drogenhandels steht die Polizei in großer Nähe zum organisierten Verbrechen. So kann davon ausgegangen werden, dass etwa 80 % der Entführungen in Mexiko – ein großer Teil sicherlich im Auftrag der Kartelle – auf das Konto von Polizisten geht (Blancke 2008).

Eine neue, besonders problematische Dimension erhält die organisierte Kriminalität dadurch, dass die Drogenkartelle durch Erpressung, Bedrohung oder Bestechung von Politikern direkt in politische Entscheidungsprozesse eingreifen.[74] Auch ist nicht auszuschließen, dass die gezielte Ermordung führender Politiker von den Kartellen angeordnet wurde. Dieser Verdacht drängt sich besonders auf, nachdem im Oktober 2011 der Innenminister Felipe Calderóns, José Francisco Blake, einer der konsequentesten Verfechter des Kampfs gegen die Drogenmafia, bei einem Hubschrauberabsturz ums Leben kam. Die Frage, ob es sich um einen tragischen Unfall oder ein Attentat handelte, stellt sich umso mehr, als schon 2008 Blakes Vorgänger im Kabinett, Juan Camilo Mouriño, bei einem Flugzeugabsturz in der Hauptstadt den Tod fand.

In konsequenter Umsetzung ihres Machtkalküls ist es den Kartellen gelungen, sogar die Justiz für sich arbeiten zu lassen: So wurde im November 2008 ausgerechnet der Leiter der Abteilung zur Bekämpfung des organisierten Verbrechens in der Generalstaatsanwaltschaft, Noé Ramírez, der auch als Repräsentant Mexikos beim *UN Office on Drugs and Crime* in Wien tätig war, als Komplize der Beltrán-Leyva-Bande entlarvt (Hoffmann 2009: 74). Ramírez' Festnahme dokumentiert, dass selbst an der Spitze der Legislative die Gesetzesvertreter mit Kriminellen kooperieren.

---

[73] Hoffmann (2009: 64 f.) und Pansters (2008: 6). Die meisten der rund 170.000 Polizisten in Mexiko-Stadt verdienen monatlich 5000 Pesos (rund 200 Euro) oder weniger (Smets 2011: 4).

[74] Siehe den Artikel von Finnegan 2010.

Die engen Verbindungen zwischen Verbrechern und Vertretern des Staates und der Politik führen nach Einschätzung des Auswärtigen Amtes zu einer „außerordentlich hohen Straflosigkeit“ (Auswärtiges Amt 2010). Im Jahr 2008 blieben nicht weniger als 98,76 % der Straftaten ungeahndet.[75] Der neue Begriff des *Narcoterrorismo*, die bis hin zu Massenexekutionen führenden Kämpfe zwischen den Drogenkartellen und der Hinweis auf die drohende Kolumbianisierung des Landes[76] belegen, wie sehr sich die Sicherheitslage speziell im Norden Mexikos verschlechtert hat, und wie schwer es für den Staat ist, die Kontrolle über das Land zu wahren.

Während die Situation in Nordmexiko vor allem durch den Kampf des Staates gegen die Kartelle und die Auseinandersetzungen der Drogenkartelle untereinander geprägt ist, schwelt in Südmexiko seit 1994 der Aufstand der *Indígenas* fort, die sich unter Anführung des Subcomandante Marcos gegen ihre fortwährende politische, ethnische und ökonomische Diskriminierung auflehnen.[77] Vor allem dank des Internets und der Netzwerke Twitter und Facebook konnten die Aufständischen des EZLN (*Ejército Zapatista de Liberación Nacional*) auch im Jahr des *BiCentenario* ihre Öffentlichkeitsarbeit fortsetzen und sich auf internationaler Ebene Gehör verschaffen. Der ungelöste Konflikt in Chiapas ruft die fortwährende wirtschaftliche und ethnische Polarisierung der mexikanischen Gesellschaft in Erinnerung, wobei der Eindruck entsteht, die Regierung spiele den Rebellen gegenüber auf Zeit. Der dauerhafte Einsatz von Soldaten gegen die Zapatisten und in jüngerer Vergangenheit auch gegen die Drogenkartelle im Norden schafft jedoch insofern neue Probleme, als die Militärs bei ihren Aktionen mehrfach im Widerspruch zu den Grundsätzen der demokratischen Ordnung standen. Dementsprechend wies Bernecker für den Chiapas-Konflikt schon 1997 auf die „schleichende Militarisierung“ (1997: 69) des Staates hin, welche die Errungenschaften der Demokratie zu unterhöhlen drohe. Auch in den vergangenen Jahren mussten führende Menschenrechtsorganisationen darauf hinweisen, dass die Zahl der Menschenrechtsverletzungen durch Soldaten zugenommen hat.[78]

---

[75] Pressekonferenz des Präsidenten der nationalen Menschenrechtskommission (*Comisión Nacional de los Derechos Humanos*, CNDH), José Luis Soberanes Fernández, vom 15.12.2008 (*La Jornada* 2010). „La corrupción constituye un elemento clave en la valoración negativa del sistema de procuración de justicia“ (Pansters 2008: 7).

[76] „Die Gewalt und Grausamkeit der Auseinandersetzungen haben längst eine Eigendynamik entwickelt. Bei vielen Attacken auf den Gegner geht es nicht um die Verteidigung bzw. Ausweitung des eigenen Marktanteils am Drogengeschäft, sondern in erster Linie um Rache und Vergeltung oder um Machtdemonstrationen“ (Hoffmann 2009: 70).

[77] Vgl. Huffschmid 2004.

[78] „Aide Mémoire“ 2010. „Actualmente, la inseguridad pública constituye la principal preocupación y demanda de la sociedad mexicana, incluso, situándose por arriba del empleo“ (Moloeznik 2008: 15).

Am Schluss dieser Betrachtungen zur aktuellen Situation Mexikos bleibt als besorgtes Fazit, dass sich das Land aufgrund mehrerer großer Problemfelder in einer sehr kritischen Situation befindet:

1. Die fehlende innere Sicherheit und die eingeschränkte Garantie der Menschenrechte treffen auf eine bedenkliche Wirtschaftssituation. Eine Exportwirtschaft, die 2008 zu rund 85 % von den USA abhing (Blancke 2008), steht unausweichlich vor der Rezession, wenn die Vereinigten Staaten eine Wirtschafts- und Finanzkrise durchlaufen. Trotz zaghafter Wachstumsansätze im Norden Mexikos wird auch mittelfristig die strukturelle Dependenz Mexikos selbst im Rahmen des 1994 von Kanada, den USA und Mexiko unterzeichneten Freihandelsabkommens NAFTA/TLCAN (*North American Free Trade Agreement/Tratado de Libre Comercio de América del Norte*) fortbestehen.
2. Angesichts der ökonomischen Bedürftigkeit vieler Mexikaner wächst der Migrationsdruck. Bis zum Ausbau des Grenzzaunes zwischen Nord und Süd bedeutete die Abwanderung in die USA eine Art Ventil für die mexikanische Gesellschaft. In dem Maße, wie sich dieses Ventil schließt, aber parallel hierzu in Mexiko keine wettbewerbsfähigen Wirtschaftsstrukturen entwickelt werden, wächst der Druck im Innern. Wo Arbeitsplätze fehlen, wächst die Bereitschaft vieler, die eigene Existenz auf illegale Weise oder zumindest im großen Bereich der informellen Wirtschaft zu sichern.
3. Bislang deuten sich keine Lösungen für die erfolgreiche Bekämpfung des Problems der Drogenkriminalität und der allgemeinen Kriminalität mit Entführungsindustrie und Menschenhandel an. Mexiko steht gerade in diesem Problemkomplex vor einer großen Herausforderung, deren Bewältigung umso schwieriger erscheint, als das Gewaltmonopol des Staates in einigen Regionen ins Wanken geraten ist.
4. Für die friedliche und einvernehmliche Regulierung des Konfliktes in Chiapas zeichnen sich gegenwärtig keine Initiativen ab, zumal der Einsatz gegen die Drogenkartelle im Norden derzeit absolute Priorität für die mexikanische Politik besitzt.

Die insgesamt besorgniserregende Bilanz der Gegenwart und die Unsicherheit, ob Mexiko 2012 mit dem voraussichtlichen Sieg des PRI bei den Präsidentschafts- und Parlamentswahlen in eine „Nostalgiefalle“[79] tappt, sollte indes den Blick für positive Entwicklungen im Bereich der Zivilgesellschaft und der Kultur nicht trüben. Gerade die im

[79] „Trampa de nostalgia“ ist eine Prägung des Politologen Vázquez Calero (2011). Der Wunsch nach mehr Stabilität im Innern verleitet derzeit viele Wähler zu der irrigen Hoffnung, dass mit der Rückkehr des PRI an die Macht 2012 sämtliche Probleme des Landes im Handstreich gelöst werden könnten.

Entstehen begriffene Bürgerbewegung gegen den Drogenkrieg, zu deren Führern der Dichter und Schriftsteller Javier Sicilia zählt, dessen Sohn im März 2011 im Auftrag eines Drogenkartells getötet wurde, gibt Anlass zur Hoffnung. Unter dem Motto „Estamos hasta la madre" („Wir haben die Schnauze voll") finden in diesen Monaten landesweite „Friedensmärsche" in den Großstädten, aber auch in jenen Regionen statt, die unter dem Drogenkrieg besonders zu leiden haben.[80] Der Wille vieler, sich für die Entwicklung einer demokratischen Zivilgesellschaft einzusetzen, scheint trotz oder gerade wegen der düsteren Zukunftsaussichten ungebrochen.

Selbstverständlich stehen Künstler und Intellektuelle nicht abseits, wenn es darum geht, aus den Lehren von Vergangenheit und Gegenwart neue Perspektiven für eine bessere Zukunft Mexikos zu entwerfen. Aus der Vielzahl möglicher Namen seien stellvertretend einige genannt: Margo Glantz' Engagement für die Freiheit und Selbstbestimmung der Frauen sollte Erwähnung finden, ebenso Myriam Laurinis Einsatz für Menschenrechte, Carlos Monsiváis' wertvoller schriftstellerischer und chronistischer Nachlass, Juan Villoros Beiträge zur Demokratisierung der Gesellschaft oder Paco Ignacio Taibos II Kritik an Gewalt und Unrecht. Die Anliegen aller Genannten wären es wert, ausführlich vorgestellt zu werden. Um den Rahmen dieses Beitrags nicht zu sprengen, soll ein lediglich kursorischer Hinweis auf Taibo II erfolgen. Für den weit über die Landesgrenzen hinaus bekannten Kriminalschriftsteller, der im Tandem mit dem Subcomandante Marcos den Schlüsselroman *Muertos incómodos* (2005) über die politische Korruption in Mexiko schrieb, besteht kein Zweifel daran, dass der ethische und politische Impetus der Revolution auch gegenwärtig nachwirken sollte. Diese Perspektive eröffnete explizit schon 1977 sein Roman *Cosa fácil*, der mit der Fiktion spielte, Emiliano Zapata sei möglicherweise noch am Leben. Tragischerweise könne der Held der Revolution aber im modernen Mexiko lediglich im Verborgenen, in einer Höhle, existieren. Diese Symbolik vermittelt die Botschaft, dass es offenbar für die Regierenden keine größere Gefahr gebe, als dass die von Zapata verkörperten Ideale der Revolution wieder ans Licht kämen. Der in diese Szene eingeschriebene Kommentar gibt zu erkennen, dass aus Sicht des Schriftstellers die Literatur durchaus jene Ideale zu bewahren vermag, die man in der gesellschaftlichen Gegenwart vergeblich sucht. „Lo que haces es contar", erklärt Taibo in einem Interview die Gesellschaftskritik seiner Romane, „y al mismo tiempo en esa narrativa hay una especie de efecto de mezzo subterráneo de luz al final del túnel. Describes el túnel y describes un túnel en cuyo fondo remoto hay algunas

[80] Vgl. Hoffmann (2011: 14) und Maihold (2011: 21).

manchas de luz" (Calsapéu 2001). In *Cosa fácil* drückt sich diese Ethik des Schreibens als Ausdruck des politischen Handelns und als hoffnungsvolle Manifestation des Widerstands in einem Rat aus, den Zapata dem Protagonisten, doch auch dem Leser, gibt. Am Ende des Romans verabschiedet sich Taibos Detektivfigur von Zapata mit den Worten „Lamento haberlo molestado a estas horas", worauf Zapata sehr vielsagend, fast einem Orakel gleich, feierlich antwortet: „No hay molestia cuando hay buena fe" (Taibo 1998: 222). Vielleicht gibt es auch heute noch kein besseres Motto für Mexikos Zukunft.

Bibliographie

AGAMBEN (2002): *Homo Sacer. Die souveräne Macht und das nackte Leben*. Frankfurt/M.: Suhrkamp.

AGUIAR, José Carlos G./SUÁREZ, María Eugenia (Hgg.) (2008): *Policía, seguridad y transición política. Acercamientos al estado del México contemporáneo*. Amsterdam: Centre for Latin American Studies and Documentation.

ALBIETZ, Sarah (2008): „40 Jahre Tlatelolco-Massaker". In: *Matices* 59, 4, S. 20.

ALTAMIRANO, Ignacio Manuel (1949): „Revistas literarias de México (1821–1867)". In: ders., *La literatura nacional*. Bd. 1. México: Porrúa, S. 3–190.

ARBEITSKREIS MEXIKO-STUDIEN (Hrsg.) (1998): *Streifzüge durch die mexikanische Gegenwartsliteratur*. Berlin: Tranvía.

ARRIAGA, Guillermo/WORTHMANN, Merten (2011): „Gebete an den heiligen Tod". In: *Die Zeit* 22 (26.05.2011), S. 51.

ASSMANN, Jan (1992): *Das kulturelle Gedächtnis. Schrift, Erinnerung und politische Identität in frühen Hochkulturen*. München: Beck.

BERNECKER, Walther L./BUWE, Raymond Th. (1992): „Mexiko 1821–1900". In: Bernecker/Carmagnani/Abel (1992), S. 498–556.

BERNECKER, Walter L./Marcello CARMAGNANI/Christopher ABEL (Hgg.) (1992–1996), *Handbuch der Geschichte Lateinamerikas*. 3 Bde. Stuttgart: Klett-Cotta.

BERNECKER, Walther L. et al. (Hgg.) (2004): *Mexiko heute. Politik, Wirtschaft, Kultur*. Frankfurt/M.: Vervuert.

BERNECKER, Walther L. (1993): „Vom Unabhängigkeitskrieg bis heute". In: ders./Horst Pietschmann, *Geschichte Spaniens. Von der frühen Neuzeit bis zur Gegenwart*. Stuttgart/Berlin/Köln: Kohlhammer, S. 199–383.

BERNECKER, Walther L. (1997): „Mexikos neuere Entwicklung. Wirtschaft und Politik im Wandel". In: *Hispanorama* 78, S. 65–70.

BERNECKER, Walther L. (2010): „Debates sobre el Bicentenario de la Independencia de América Latina (1810–2010)". In: *Hispanorama* 129, S. 15–23.

BEYHAUT, Gustavo (1965): *Süd- und Mittelamerika II. Von der Unabhängigkeit bis zur Krise der Gegenwart* (Fischer Weltgeschichte, 23). Frankfurt/M.: Fischer.

BHABHA, Homi K. (2000): *Die Verortung der Kultur*. Tübingen: Stauffenburg.

Borsò, Vittoria (1992): „Die Aktualität mexikanischer Literatur: von der Identität zur Heterogenität". In: *Iberoamericana* 2, 46, S. 84–108.

Cardoso, Ciro (1989): „Introducción". In: ders. (Hg.), *México en el siglo XIX (1821–1910). Historia económica y de la estructura social.* México: Nueva Imagen, S. 15–37.

Ceballos Betancur, Karin (2011): „Der dümmste Krieg der Welt". In: *Die Zeit* 35 (22.08.2011), S. 22–23.

Certeau, Michel de (1975): *L'écriture de l'histoire.* Paris: Gallimard.

Chiampi, Irlemar (1983): *El realismo maravilloso. Forma e ideología en la novela hispanoamericana.* Caracas: Monte Ávila Editores.

Cifuentes de Häbig, María Ángela (2010): *Entgegengesetzt? Masse – Massenmedien – urbane Kultur in den* Crónicas *von Carlos Monsiváis.* München: Meidenbauer.

Cosío Villegas, Daniel (Hg.) (1988), *Historia general de México.* Bd. 2. México: Harla.

Díez Cobo, Rosa María (2009): „La reescritura de la historia en la narrativa mexicana contemporánea". In: González Boixo (Hg.), S. 31–87.

Ette, Ottmar (1994): „Lateinamerika und Europa. Ein literarischer Dialog und seine Vorgeschichte". In: José Enrique Rodó, *Ariel.* Übers., hg. und erläutert von Ottmar Ette. Mainz: Dieterich, S. 9–58.

Finger, Heinz (2011): „Katholische Kirchengeschichte Lateinamerikas von den Anfängen bis zur ersten Plenarsynode". In: ders./Werner Wessel (Hgg.), *Geschichte der Kirche in Lateinamerika. Eine Ausstellung der Diözesan- und Dombibliothek Köln (2. Dezember 2011 bis 20. April 2012).* Köln: Erzbischöfliche Diözesan- und Dombibliothek, S. 31–216.

Foucault, Michel (1969): *L'archéologie du savoir.* Paris: Gallimard.

Foucault, Michel (1971): *L'ordre du discours.* Paris: Gallimard.

Gadamer, Hans-Georg (^{5}1986): *Hermeneutik I. Wahrheit und Methode: Grundzüge einer philosophischen Hermeneutik.* Band 1. Tübingen 1986.

García, Pedro (1928): „Memoria de don Pedro García sobre los primeros pasos de la Independencia". In: Secretaría de Educación Pública (Hg.), *Documentos de la Independencia.* Bd. 1 (Col. de documentos del Museo Nacional de Arqueología, Historia y Etnografía, Bd. 4). México: Publicaciones de la Secretaría. de Educación Pública, S. 5–113.

Greenblatt, Stephen Jay (1990): „Towards a Poetics of Culture". In: ders., *Learning to curse. Essays in Early Modern Culture.* New York/London: Routledge, S. 146–160.

González Boixo, José Carlos (2009): *Tendencias de la narrativa mexicana actual.* Frankfurt/M./ Madrid: Iberoamericana.

Habermas, Jürgen (1988): *Der philosophische Diskurs der Moderne.* Frankfurt/M.: Suhrkamp.

Hamill, Hugh M. (1961): „Early Psychological Warfare in the Hidalgo Revolt". In: *The Hispanic American Historical Review* 41, 2, S. 206–235.

Hamnett, Brian R. (1992): „Neu-Spanien/Mexiko 1760–1821". In: Bernecker/Carmagnani/Abel (Hgg.), Bd. 2, S. 142–189.

Hidalogo, Miguel (1985): „Intimidación de don Miguel Hidalgo al Intendente de Guanajuato, el 21 de septiembre de 1810". In: Luis Malpica de Lamadrid (Hg.), *La Independencia de México y la Revolución mexicana.* Bd. 1. México: Limusa, S. 241–242.

HOBSBAWM, Eric (1983): „Introduction: Inventing Traditions". In: ders./Terence Ranger (Hgg.), *The Invention of Tradition*. Cambridge: Cambridge Univ. Press, S. 1–14.

HOFFMANN, Karl-Dieter (2011): „Calderóns gescheiterter Feldzug gegen die Drogenkartelle". In: *Aus Politik und Zeitgeschichte*, Beilage zu *Das Parlament* 61, 40–42 (4. Oktober 2011), S. 8–14.

HUFFSCHMID, Anne (2004): *Diskursguerilla: Wortergreifung und Widersinn. Die* Zapatistas *im Spiegel der mexikanischen und internationalen Öffentlichkeit.* Heidelberg: Synchron.

HUMBOLDT, Alexander von (1811): *Essai politique sur le royaume de la Nouvelle Espagne.* Bd. 2. Paris: Schoell.

HUNTINGTON, Samuel P. (2006): *Who Are We. Die Krise der amerikanischen Identität.* München: Goldmann.

JÄGER, Matthias (2011): „Schritt zurück nach vorn? Mexikos Demokratie". In: *Aus Politik und Zeitgeschichte*, Beilage zu *Das Parlament* 61, 40–42 (4. Oktober 2011), S. 22–28.

JUNCO, Alfonso (1967): *La Jota de Méjico y otras Danzas.* Méjico: Editorial Jus.

LEINEN, Frank (1993): „Auf der Suche nach Mexikos kultureller und nationaler Identität: Der Beitrag des *Ateneo de la Juventud*". In: *Literaturwissenschaftliches Jahrbuch* 34, S. 191–213.

LEINEN, Frank (2000): *Visionen eines neuen Mexiko. Das aus dem* Ateneo de la Juventud *hervorgegangene Kulturmodell im Kontext der mexikanischen Selbstsuche. Eine identitätstheoretische Analyse.* Frankfurt/M.: Vervuert.

LÉVI-STRAUSS, Claude (1962): *La pensée sauvage.* Paris: Plon.

LICHTENBERG, Georg Christoph (1971): *Schriften und Briefe: Sudelbücher II, Materialhefte, Tagebücher.* Band 2. München: Carl Hanser Verlag.

LUHMANN, Niklas (1985): „Das Problem der Epochenbildung und die Evolutionstheorie". In: Hans Ulrich Gumbrecht/Ursula Link-Heer (Hgg.), *Epochenschwellen und Epochenstrukturen im Diskurs der Literatur- und Sprachhistorie.* Frankfurt/M.: Suhrkamp, S. 11–33.

LYOTARD, Jean-François (1979): *La condition postmoderne. Rapport sur le savoir.* Paris: Minuit.

MACÍAS DELGADO, Jacinta (1990): „La ilustración cristiana en España". In: *Cuadernos de investigación histórica*, 13, S. 217–236.

MAIHOLD, Günther (2011): „Mexiko und die USA: zwischen NAFTA-Partnerschaft und Zweckgemeinschaft". In: *Aus Politik und Zeitgeschichte*, Beilage zu *Das Parlament* 61, 40–42 (4. Oktober 2011), S. 16–22.

MARTÍNEZ ECHAZÁBAL, Lourdes (1988): „Positivismo y racismo en el ensayo hispanoamericano". In: *Cuadernos Americanos* 2, 3, S. 121–129.

MOLOEZNIK, Marcos Pablo (2008): „Seguridad pública, policía y transición política". In: Aguiar/Suárez (2008), S. 15–39.

MONSIVÁIS, Carlos (1988): „Notas sobre la cultura mexicana en el siglo XX". In: Cosío Villegas (Hg.), S. 1375–1548.

MONSIVÁIS, Carlos (2004): „Vor dem Ende der Ausschlüsse. Über die Gegenkultur und die Vielfalt der Dissidenzbewegungen in Mexiko". In: Walther L. Bernecker et al. (Hgg.), *Mexiko heute. Politik, Wirtschaft, Kultur.* Frankfurt/M.: Vervuert, S. 517–538.

PANSTERS, Wil (2008): „Introducción". In: Aguiar/Suárez (2008), S. 1–14.

PRIETO, Guillermo (1985): *Memorias de mis tiempos.* México: Porrúa.

RENAN, Ernest (1996): „Qu'est-ce qu'une Nation?" In: ders., *Qu'est-ce qu'une Nation? et autres écrits politiques.* Paris: Impr. Nationale, S. 221–243.

REYES, Alfonso (1956): „Apuntes sobre Valle-Inclán" (1923). In: ders., *Obras Completas.* Bd. 4. México: Fondo de Cultura Económica, S. 276–286.

REYES, Alfonso (1960): „Ciencia social y deber social" (1941). In: ders., *Obras Completas.* Bd. 11. México: Fondo de Cultura Económica, S. 106–125.

RINGS, Guido (2010): *La Conquista desbaratada. Identidad y alteridad en la novela, el cine y el teatro hispánicos contemporáneos.* Frankfurt/M.: Vervuert.

RIUS (Eduardo del Río García, 2010): *2010 – Ni Independencia – Ni Revolución.* México D.F.: Planeta.

ROMERO ROISIN, Juan Pablo (2009): „Consideraciones teóricas para la evaluacion de la democracia en Mexico". In: *Estudios Polîticos* 9, 18 (September–Dezember 2009), S. 37–51.

RÜSEN, Jörn (1999): „Ethnozentrismus und interkulturelle Kommunikation". In: Paul Drechsel/ Margit Thea Brandl (Hgg.). *Interkulturalität. Grundprobleme der Kulturbegegnung. Mainzer Universitätsgespräche Sommersemester 1998.* Mainz: Studium Generale der Johannes Gutenberg-Universität, S. 27–41.

SOMMERHOFF, Gerhard/WEBER, Christian (1999): *Mexiko. Geographie, Geschichte, Wirtschaft, Politik.* Darmstadt: Wissenschaftliche Buchgesellschaft.

SMETS, Franz (2011): „Schlaglichter aus einem Land ohne klare Richtung – Essay". In: *Aus Politik und Zeitgeschichte,* Beilage zu *Das Parlament* 61, 40–42 (4. Oktober 2011), S. 3–7.

SUBCOMANDANTE MARCOS/TAIBO II, Paco Ignacio (2005): *Muertos incómodos (falta lo que falta).* México: Joaquín Mortiz.

TAIBO II, Paco Ignacio (1998): *Cosa fácil.* México: Planeta.

TAIBO II, Paco Ignacio (2009): *Temporada de zopilotes. Una historia narrativa de la Decena Trágica.* México D.F.: Planeta.

TOBLER, Hans Werner (1996). „Mexiko". In: Bernecker/Carmagnani/Abel (Hgg.), Bd. 3, S. 257–348.

UGARTE, Manuel (1978): „La manía de imitar" (1929). In: ders., *La nación latinoamericana,* Caracas: Biblioteca Ayacucho, S. 271 f.

ULLOA, Berta (1988): „La lucha armada (1911–1920)". In: Cosío Villegas (Hg.), S. 1073–1182.

VASCONCELOS, José (1957): „El movimiento intelectual contemporáneo de México" (1916). In: ders., *Obras Completas.* Bd. 1. México: Libreros mexicanos unidos, S. 57–78.

VASCONCELOS, José (1958a): „Indología – una interpretación de la cultura ibero-americana" (1926). In: ders., *Obras Completas.* Bd. 2. México: Libreros mexicanos unidos, S. 1069–1303.

VASCONCELOS, José (1958b): „La Raza cósmica (Misión de la raza iberoamericana)" (1925). In: ders., *Obras Completas.* Bd. 2, México: Libreros mexicanos unidos, S. 903–1067.

VEESER, H. Aram (1989): „Introduction". In: ders. (Hg.), *The New Historicism.* New York/London: Routledge, S. IX–XVI.

VILLORO, Luis (1987): „La revolución de independencia". In: Centro de Estudios Históricos (Hg.), *Historia general de México.* Bd. 1. México: El Colegio de México, S. 591–644.

VILLORO, Juan (2004): *El testigo.* Barcelona: Ed. Anagrama.

Waldenfels, Bernhard (1990): *Der Stachel des Fremden*. Frankfurt/M.: Suhrkamp.

Waldenfels, Bernhard (1999): *Sinnesschwellen*. Frankfurt/M.: Suhrkamp.

Welsch, Wolfgang (1992): „Transkulturalität. Lebensformen nach der Auflösung der Kulturen". In: *Information Philosophie* 2, S. 5–20.

Zea, Leopoldo (1957): *América en la historia*. México: Fono de Cultura Económica.

Internetressourcen

Aide Mémoire (2010): „Aide Mémoire. 13th Session of the UN Council on Human Rights. 1 to 22 of March 2010". http://forum-menschenrechte.de/cms/upload/PDF/ab_02-2010/aide_memoires2010/AM_Mexiko_2010_2.pdf (28.05.2010).

Auswärtiges Amt (2010): „Mexiko. Innenpolitik". http://www.auswaertiges-amt.de/diplo/de/Laenderinformationen/Mexiko/Innenpolitik.html (04.06.2010).

Blancke Svenja (2008): „Mexiko: Dreifach verunsichert und verwundbar. Organisierte Kriminalität, politische Instabilität und eine nahende Wirtschaftskrise". http://library.fes.de/pdf-files/iez/05780.pdf (07.06.2010).

Blancke, Svenja (2009): „Die neue alte Distanz? Wahlen in Mexiko als Spiegel der Krisen". http://library.fes.de/pdf-files/iez/06451.pdf 07.06.2010).

Buscaglia, Edgardo/Endres, Alexandra (2011): „Mexiko ist eine Mafiakratie". In: *ZeitOnline* (17.03.2011). http://www.zeit.de/wirtschaft/2011-03/drogenstaat-mexiko-korruption/seite-1 (29.11.2011).

Calsapéu, Brice (2001): „El fundador del neo-policíaco latinoamericano. Una entrevista con Paco Ignacio Taibo II", *Matices* 30 http://www.matices.de/30/Paco_Ignacio_Taibo.htm (17.07.2002).

Endres, Alexandra (2011): „Wirtschaftsboom im Drogenstaat". In: *ZeitOnline* (30.05.2011) http://www.zeit.de/wirtschaft/2011-05/mexiko-wirtschaft-drogenkrieg (6.12.2011).

Finnegan, William (2010): „William Finnegan, Letter From Mexico, 'Silver or Lead'". http://www.newyorker.com/reporting/2010/05/31/100531fa_fact_finnegan#ixzz0ps31D3qM (04.06.2010).

Gobierno Federal (2009): „Indicadores de gestión, en contra de la delincuencia organizada, diciembre 1, 2006 al 30 de abril del 2009" http://www.pgr.gob.mx/prensa/2007/docs08/cifras%20esfuerzo%20nacional%20al%2030%20abril%20triptico.pdf (04.06.2010).

Gobierno Federal (2011): http://www.bicentenario.gob.mx/ (02.11.2011)

Hoffmann, Karl-Dieter (2009): „Regierung kontra Kartelle. Der Drogenkrieg in Mexiko". http://library.fes.de/pdf-files/ipg/ipg-2009-2/2-09_a_hoffmann_d.pdf (04.06.2010).

IEEA Instituto Estatal de Educación para Adultos (Oaxaca) (2010): „El analfabetismo en México". http://www.ieea.oaxaca.gob.mx/index.php?option=com_content&view=category&layout=blog&id=13&Itemid=18 (07.06.2010).

Instituto Federal Electoral (2009): „Atlas de resultados electorales federales 1991-2009". http://www.ife.org.mx/documentos/RESELEC/SICEEF/principal.html (07.06.2010).

La Jornada (2010): „Hay que rediseñar la estrategia de seguridad; la actual fracasó: CNDH". http://www.jornada.unam.mx/2008/12/16/index.php?section=politica&article=003n1pol (28.05.2010).

La Jornada (2011): „Revela 'El Diego' complicidad con policías de Juárez" 02.08.2011. http://www.jornada.unam.mx/ultimas/2011/08/02/212916405-revela-el-diego-complicidad-con-policias-de-ciudad-juarez (03.08.2011).

Lemoine, Ernesto (1978): „La revolución de independencia". In: Juan Salvat (Hg.), *Historia de México.* Bd. 6. http://www.bicentenario.gob.mx/bdb/bdbpdf/CelebracionGritoIndependencia/CelebraciongGritoIndependencia_testimonios.pdf (10.05.2010).

Malaver Cruz, Nancy (2004): „*Noticias del Imperio* y la ficcionalización de la historia". In: *Hojas Universitarias.* http://issuu.com/mireyinn/docs/noticias_del_imperio?mode=embed&documentId=090209140814-e090c9c7ee454a1e92943f3d51209541&layout=grass (27.11.2011).

Mitofski (2010): „Encuesta nacional sobre la percepción de seguridad ciudadana en México". http://mucd.org.mx/assets/files/pdf/encuestas-mitofsky/2010/abril10.pdf (30.05.2010).

Passel, Jeffrey S./D'Vera, Cohn (2009): „A Portrait of Unauthorized Immigrants in the United States" [14. April 2009] http://pewresearch.org/pubs/1190/portrait-unauthorized-immigrants-states (30.05.10).

Proceso (2010): „En México, los narcos mantienen relaciones estables con el sector oficial". http://www.proceso.com.mx/rv/modHome/detalleExclusiva/79762 (04.06.2010).

Real Academia Española (2005): *Diccionario panhispánico de dudas.* http://buscon.rae.es/dpdI/ (11.10.2011).

Reuters (2011): „Republican presidential candidate Rick Perry said on Saturday he would get the U.S. military involved in Mexico's war with drug cartels, in comments likely to upset the Mexican government". http://www.reuters.com/article/2011/10/02/us-usa-campaign-mexico-idUSTRE7910BL20111002 (29.11.2011)

Secretaría de Educación Pública (2009): „Erradicado el analfabetismo en la población entre los 15 y 39 años de edad". http://www.sep.mx/wb/sep1/bol1020409 (28.05.2010).

Schmidt, Michael (2010): „Mexikos Ex-Präsident fordert Legalisierung von Drogen". In: *ZeitOnline* (10.08.2010). http://www.zeit.de/politik/2010-08/mexikos-ex-praesident-fordert (30.11.2011).

Unicef (2010): „Panorama México". http://www.unicef.org/spanish/infobycountry/mexico_statistics.html (28.05.2010).

U.S. Census Bureau (2006). „Hispanics in the United States". http://www.census.gov/population/www/socdemo/hispanic/files/Internet_Hispanic_in_US_2006.pdf (30.05.2010).

Vázquez Calero, Federico (2011): „La trampa de la nostalgia. La seducción del orden mafioso y el Estado imaginario en México". In: *Nueva Sociedad,* 235 (Sept.-Okt. 2011). http://www.nuso.org/upload/articulos/3803_1.pdf (28.11.2011).

Youtube: http://www.youtube.com/watch?v=3d9AZwNgfT8 (02.08.2011).

Youtube: http://www.youtube.com/watch?v=xaIFVm0yDh4 (02.08.2011).

Hundert Jahre *Nationbuilding*. Mexiko zwischen der *República Restaurada* und Tlatelolco (1867–1968)

Vittoria Borsò
(Heinrich-Heine-Universität Düsseldorf)

Nach dem Plan von Ayutla, der die diktatorische Herrschaft von Antonio López de Santa Ana beendete (1. März 1854), scheinen sich in Mexiko die liberalen Hoffnungen durch die Konstitution von 1857 erstmals dauerhaft zu verwirklichen. Doch die erste Republik scheitert infolge der französischen Intervention, des Bürgerkriegs von 1858–1861 zwischen Liberalen und Royalisten und der Ernennung von Maximilian als Kaiser von Mexiko. Nach dessen Erschießung am Cerro de las Campanas in Querétaro, am 19. Juni 1867, ruft Benito Juárez die ‚Zweite Republik' aus. Die infolge der französischen Intervention vereitelten liberalen Pläne versprechen nun mit der ‚restaurierten Republik' von 1867 endlich Realität zu werden, zumindest was die Regierungsform betrifft. Der Triumph von Juárez ist aber ebenso ambivalent wie von kurzer Dauer. Er wird von 1867 bis 1872, also nur fünf Jahre, die Präsidentschaft innehaben, und auf ihn folgt Sebastián Lerdo de Tejada (1872–1876). Beide Präsidenten streben die Gründung einer liberalen und modernen Nation an. Wir wissen aber, dass schon 1876 durch Porfirio Díaz ein paradiktatorisches Regime eingeführt wird, das bis zur Revolution erhalten bleibt.

Die ‚restaurierte Republik', die 1867 mit dem Triumph von Benito Juárez gegen die konservative, monarchistische Partei entsteht und 1876, dem Beginn des sogenannten Porfiriats, endet, besteht also während einer nur neunjährigen demokratisch-republikanischen Regierungsperiode. Trotz der Fragilität und Kürze dieser Zeit spielt Juárez' Triumph eine ungeheuer wichtige Rolle als Gründungsmythos der mexikanischen Nation, ein Mythos, den er selbst genau inszeniert. Denn er nennt seinen triumphalen Einzug in Mexiko nach der Erschießung von Maximilian nicht nur den endgültigen ‚Triumph der Republik', sondern auch „la segunda Independencia" (Juárez 1973a [1867]: 531–533). Tatsächlich waren die Wechselfälle der *fortuna* des unabhängigen Mexikos nach 1821 ununterbrochen von Konflikten gekennzeichnet: das Kaiserreich von Augustín Iturbide (1821–1823); die Republik mit föderativer Struktur und Guadalupe Victoria als erstem

Präsidenten (1823), die Abspaltung von Texas (1836) und schließlich der mit dem Verlust von Neukalifornien und Neumexiko endende Krieg mit den USA (1846–1848).

Mit der Bezeichnung *Segunda Independencia* verspricht Juárez, den 46 Jahre andauernden Unruhen des unabhängigen Staates ein Ende zu setzen. Darüber hinaus etabliert er eine Kontinuität zwischen der glorreichen Unabhängigkeit und der ersten beziehungsweise zweiten Republik, und er gründet hiermit das Narrativ der Entstehung der liberalen Nation als ungebrochenem Emanzipationsprozess. Nach diesem Gründungsmythos inkarniert der mexikanische Staat den Vollzug der Unabhängigkeit und das Werden einer unabhängigen, modernen Nation. Diese Interpretation der Fakten impliziert auch eine entsprechende Deutung der Störfaktoren dieses angenommenen Werdens der Nation: Die Unruhen der ersten Hälfte des Jahrhunderts und das Kaiserreich Maximilians erscheinen in diesem Licht als eine Devianz bzw. eine von einer externen Intervention verschuldete, infame Unterbrechung des glorreichen *Nationbuilding*.

Ein derartiges Narrativ schreibt eine imaginierte Geschichte, die Wesentliches ausblendet. Denn mit der ersten Republik war die Nation keineswegs befriedet. Zu ihr gehörten auch die internen Feinde der Republik. Es sind die Militärs und *Caudillos de la Independencia*, sowie die konservativen Royalisten, die Napoleon III zur Intervention aufgefordert und die Entsendung von Maximilian veranlasst hatten. Damit hat das Szenario des *Nationbuilding* interne Feinde, und die emergente Nation, die sich mit Juárez und dessen Gründungsmythos der *República Restaurada* als *Segunda Independencia* legitimiert, beruft sich auf eine Aporie.

Die mexikanische Historiographie selbst hat im 20. Jahrhundert diese Aporie analysiert. Cosío Villegas betont die Ambivalenz der Liberalen, die mit romantischer Exaltation den Triumph der Republik proklamieren (vgl. Cosío Villegas 1973: 301), und Octavio Paz führt auf der Basis der Kritik des mexikanischen Historikers an: „Más de una vez Cosío Villegas señaló, como una de las fallas más graves de la República Restaurada, la desaparición del Partido Conservador. Sin enemigo al frente, ‚el Partido Liberal agotó su capacidad política creadora'".[1] Noch deutlicher und schärfer urteilt Edmundo O'Gorman, der Philosoph und Historiker, der 1958 die Entdeckung Amerikas als „Inven-

[1] Im Sammelband seiner historischen Essays *El peregrino en su patria* fügt Paz folgende Fußnote hinzu: „Cosío Villegas percibió el fenómeno pero su análisis fue insuficiente. Confundió los intereses con las ideas; los llamados 'conservadores' que se infiltraron en los regímenes liberales (La República Restaurada y el porfiriado) no eran realmente conservadores en el sentido político e ideológico de la palabra: eran hombres de negocios, burgueses o latifundistas, como muchos de sus congéneres liberales. [...] La falla política e histórica de la República Restaurada consistió en ser una democracia no *entre* distintos partidos sino dentro de uno solo: el liberal" (Paz 1987a: 355–356).

ción de América" in beeindruckender Weise uminterpretierte. In Bezug auf die ,Zweite Republik' legt O'Gorman die inhärente Beziehung zwischen Traditionalismus und Republik offen, die in der Wiederholung des Scheiterns des mexikanischen Traditionalismus liegt. Denn es besteht insoweit eine Kontinuität zwischen dem Ersten Kaiserreich von Iturbide (1821–1823) und dem Triumph der Republik (1867), als es sich bei Iturbide um den ersten Versuch des unabhängigen monarchischen Traditionalismus Mexikos handelt, dessen letzte Möglichkeit mit dem Triumph der Republik zu Fall gebracht wird (vgl. O'Gorman 1969: 86).[2] Mit seiner Interpretation, die Intervention Maximilians sei das Machwerk des mexikanischen Traditionalismus, revidiert O'Gorman die These, das zweite Kaiserreich von Maximilian sei eine Deviation der Nationalgeschichte infolge fremder Intervention oder auch das sinistre Produkt einer niederträchtigen Minderheit von „dementes" (O'Gorman 1969: 75).

Die Aporien des Gründungsmythos, auf den sich das *Nationbuilding* stützt, vermehren sich, wenn man die Nähe des impliziten Liberalismus von Maximilian zu dem offenen Liberalismus von Juárez bedenkt. Maximilians Dekret von 1865 über „La libertad de cultos y nacionalización de los bienes del clero" (Maximiliano: 1973) entsprach in erstaunlicher Weise dem Erlass von Juarez über die „Nacionalización de bienes eclesiásticos y libertad de cultos" von 1859 und 1860 (Juárez: 1973b). Deshalb hatte der Bischof Pelagio Antonio Labastida, der Maximilian zur Durchsetzung der eigenen monarchischen und konservativen Ziele nach Mexiko gerufen hatte, letztlich den Kaiser Mexikos an dessen Gegner Juárez indirekt ausgeliefert. Auch dies zeigt die Pertinenz der Kritik von O'Gorman an der heroischen Interpretation des Triumphs der Republik, denn diese zweite Unabhängigkeit wurde nicht gegen einen Fremden (Maximilian), sondern gegen mexikanische Interessen, nämlich die Interessen des monarchischen und klerikalen Mexikos selbst gewonnen. So O'Gorman:

> *Con la victoria republicana se logra, sin duda, independizar a la nación; pero – y he aquí lo notable y decisivo – independizarla del poder de un régimen y gobierno mexicanos; es decir, de algo interno a su historia y por eso más incisivo y más poderoso de lo que pueda ser una dominación extranjera más o menos permanente. Se trata, pues, de una indepen-*

[2] Innerhalb der Logik des Triumphs der Republik handelt es sich nicht um den Sieg eines Systems gegen seine Antagonisten, sondern um die definitive Durchsetzung des republikanischen Regimes. Der Triumph von Juárez hat damit eine amerikanistische und nationalistische Bedeutung, birgt die entstehende Nation doch den besiegten und abgespaltenen Imperialismus in sich. Der Imperialismus ist nämlich die Ermöglichungsbedingung des republikanischen Sieges. Ohne den Feind des Imperialismus wäre die Republik ohne Seinsbedingung (vgl. O'Gorman 1969: 77).

dencia que podemos asemejar a la de quien logra vencer en sí mismo [...]. (O'Gorman 1969: 85)

O'Gorman demontiert die Bedeutung der konstitutionellen Regierung, deren Sieg nur die politische Niederlage einer monarchischen und konservativen Partei bedeutete, die noch die novohispanische Erbschaft inkarnierte. Nur in diesem Sinne, meint O'Gorman, hatte Juárez Recht mit dem Satz, den er im Manifest von „El triunfo de la República" äußerte, als er sich auf seinen triumphalen Einzug in Mexiko-Stadt am 15. Juli 1867 bezog: Die nationale Unabhängigkeit ereignete sich „por segunda vez" (O'Gorman 1969: 84–85). Diese Relativierung der historischen Bedeutung des Triumphs der Republik geht aber nicht in das offizielle Gedächtnis der mexikanischen Nation ein, die den Mythos der Republik, die mit der Konstitution von 1857 eingerichtet und 1867 wiederhergestellt wurde, unabhängig von der Couleur der jeweiligen Regierung weiterführen wird:

Ganaron en apariencia los partidarios de la federación; no obstante, en realidad, México siguió siendo un Estado centralista y patrimonialista: no tuvimos reyes sino caudillos y dictadores constitucionales que llamamos presidentes. Así, la guerra de Independencia y sus secuelas –las guerras civiles, los caudillos militares, la invasión norteamericana, la intervención francesa y el fusilamiento de Maximiliano– acabaron para siempre con los sueños criollos de un Imperio mexicano pero no cambiaron la realidad profunda de nuestro país. (Paz 1987b: 167)

Porfiristas und Revolutionäre haben sich jeweils als Erben der liberalen Konstitution und der Gesetzgebung der Reform verstanden, ohne den inneren Kolonialismus wirklich zu besiegen. So Octavio Paz, der Cosío Villegas' Analyse beipflichtet:

La razón salta a la vista: los tres proyectos – el liberal, el positivista y el revolucionario – son variantes de la misma idea. Los une el mismo propósito y los anima la misma voluntad: convertir a México en una nación moderna. (Paz 1987b: 352)

Das Projekt des *Nationbuilding* koinzidiert in Mexiko – wie im übrigen Lateinamerika – mit dem Projekt der Modernität. Das Werden lateinamerikanischer Nationen erscheint auch als Garant für die kulturelle und technische Modernisierung, deren Versprechen alle Regierungsformen legitimiert – anders als in Europa, wo kulturelle Modernisierung oder politische Projekte wie das des Gesellschaftsvertrags Rousseaus die Vorbedingung für die Entstehung des nationalen Gedankens sind. Derartige Aporien im Gründungsmythos der modernen mexikanischen Nation setzen sich in weiteren Dispositiven fort, die die mexikanische Nation als „vorgestellte Gemeinschaft" konstituieren, wobei Mexiko als ehemalige Kolonie Europas, wie auch die von Benedict Anderson analysierten südostasiatischen Kolonien (vgl. Anderson: 2005) ausgeprägte Laboratorien für die Metanarrative der europäischen Nationen sein können.

Man kann jedenfalls die krisenhafte Genealogie der mexikanischen Nation nicht ernst genug nehmen. Der Gründungsmythos der Nation bezieht sich auf eine Republik, die über einen Feind triumphiert, welcher von innen kommt und am Leben bleiben wird, und zwar als die Bedrohung eines internen Kolonialismus. Diese Bedrohung hat die Revolution von 1910 überdauert, sie wird mit der *matanza* von Tlatelolco erneut traumatisch sichtbar und existiert auch in der jüngsten sozialpolitischen Geschichte Mexikos, etwa in der Korruption des Staatsapparats durch den *Narcotráfico*.

Trotz dieser Befunde wollen wir weder den frühen mythisierenden Tendenzen von Octavio Paz folgen, wenn er die *Caudillos* der Unabhängigkeit mit dem rettenden Gott Quetzalcoátl vergleicht, noch die seit *Postdata* (vgl. Paz: 1970) apokalyptisch anmutenden Visionen übernehmen. Vielmehr werden wir im Folgenden die Aporien des Nationsprojektes betrachten, aber auch diejenigen Stimmen verfolgen, die den krisenhaften Verlauf und den endgültigen Sturz des Mythos der Nation im Jahre 1968 denunziert haben. Die internen Widersprüche eines hundertjährigen Mythos sind also Thema der nächsten Überlegungen.

‚Die reformierte Republik' zwischen Parusie und Apokalypse: Aporien des *Nationbuilding*

„A los liberales urge unificar versiones"
(Monsiváis 2000a: 22)

Nach Gründung der Nation durch die *República Restaurada* wird die nationale Kultur musealisiert. Dies wird in der Proliferation von Statuen und Monumenten sichtbar, die die Teilung der Nation zwischen Siegern und Besiegten ratifizieren (vgl. Monsiváis 2000a: 22–23). Juárez bleibt der strahlende Sieger, der das Nationenprojekt inkarniert. Und auch das am Historismus orientierte Monument zu Ehren von Juárez im Alameda-Park von Mexiko-Stadt, das Porfirio Díaz während seiner Protodiktatur fertigstellen und 1910, dem Jahr des Beginns der Revolution, einweihen lässt, zeigt, in welcher exorbitanten Weise sich das Porfiriat durch den Bezug auf den von Juárez inkarnierten Gründungsmythos der Nation legitimieren will. Diese Flexibilität des Mythos, der jeweils konträre Parteien repräsentieren kann, ist der Vielfalt konträrer Visionen des Nationenprojektes selbst geschuldet: Das *Nationbuilding* ist in Mexiko durch tiefe Konflikte gekennzeichnet. Die Einheit der Nation birgt innere Widersprüche in sich. Die *próceres* der Nation erben die novohispanischen Prinzipien von *ordenar y subordenar* und ersetzen diese durch das paradoxe Programm von *ordenar y liberalizar*. Die Liberalisierung Mexikos wird per Dekret ausgerufen, wie in der Colonia die Gründung der

Stadt auf der Basis architektonischer Pläne der europäischen Renaissance geplant wurde (vgl. Angel Rama: 1984). Die gespaltene Nation soll *ex nihilo* als liberale Einheit entstehen. Die vorgestellte Gemeinschaft hat keinen Referenten in der Wirklichkeit. Es bedarf deshalb des liberalen Imaginären, um das Vakuum zu füllen und die fehlenden Bindungen der unterschiedlichen Parteien, Ethnien und Rassen zu kompensieren. Daher fungieren die Romane, neben der Architektur, als starke Dispositive der Nationengründung. Diese müssen die *patria* territorial definieren und die imaginierte Gemeinschaft mit Leben füllen. Problematisch ist die Imagination eines *fondo común*, nämlich einer psychischen und – angesichts der buchstäblichen Herrschaft des Positivismus – auch rassischen Einheit des Mexikaners. Diese schwere Aufgabe kann nur durch Reduzierung der konkreten Heterogenität des Landes auf eine vorgestellte, homogene Einheit gelingen. Dies impliziert aber auch die Ausgrenzung der Verschiedenheit, einer Diversität, in der auch Bolívar im Diskurs von Angostura am 15.02.1819 das schwierigste Moment der Gründung einer Konföderation von südamerikanischen Staaten erkannt hatte. Vieles deutet darauf hin, dass zur Erreichung einer homogenen Identität der Nation nach dem Triumph der Republik jene Errungenschaften des beginnenden 19. Jahrhunderts rückgängig gemacht wurden, welche u. a. auf die starke Rezeption von Alexander von Humboldts *Essai politique sur le Royaume de la Nouvelle-Espagne* (1808–1811) über die wirtschaftspolitische Situation von *Nueva España* zurückgingen. Ähnliches gilt für die Pluralität, die Autoren wie Fernando de Lizardi modelliert hatten, oder auch das Bewusstsein für die sprachliche Vielfalt in der Sprach- und Kulturgeschichte von Pimentel. Nach der Unabhängigkeit lautet die brisante Frage: Wie stark werden die ethnischen und kulturellen Differenzen die Einheit desintegrieren, die die Mitglieder des Staates in einer Nation versammelten? (vgl. König 1998: 21). Juárez selbst exkludiert den indigenen Teil der Bevölkerung, als er die Kräfte der Nation gegen die Ausländer zusammenruft. Und selbst in der Verfassung von 1857 muss sich der ‚wilde' Indio in die Zivilisation integrieren.[3] Denn während der Präsidentschaft von Juárez und noch vor dessen Scheitern im Jahre 1874 versucht das liberale Regime, die Nation gegen die internen Kämpfe am Leben zu halten. Deshalb, aber auch wegen des Modernitätsprojekts, das auf der Nation lastet, müssen alle ‚archaischen' Elemente ausgesondert werden, die den Fortschritt der

[3] So Aguilar Camín weiter: „La actitud del liberalismo hacia las tradiciones y el mundo colonial está resumida en el atuendo de Benito Juárez, un indio puro que, al vestirse de invariable levita negra, dejaba de ser indio, para volverse el líder de una nación cuya existencia previsible no podía incluir a los indios como tales, sino como ciudadanos. Todo Juárez es un acto de voluntad antindígena, de desarraigo y autocoerción civilizatoria" (1993: 76).

modernen Nation gefährden könnten. So sind bezüglich der ethnischen Differenzen die liberalen Väter der Nation viel zurückhaltender und konservativer als die Denker der ersten Hälfte des Jahrhunderts.[4] Manuel Ignacio de Altamirano, der wie Juárez von *indígenas* abstammt, missachtet die indianischen Sprachen – im Gegensatz zu Pimentel – und bedauert, dass die spanische Kolonisation die totale Hispanisierung Mexikos nicht geschafft habe. „Pero en cambio la civilización habría ganado inmensamente, dando a la pobre raza indígena, con la lengua española, una clave mejor para penetrar los secretos de la cultura europea."[5] Dies betont auch Carlos Monsiváis in *Las herencias ocultas*:

> *En su programa, los liberales no le hallan mayor sentido a la supervivencia de las culturas indígenas, propias, se declara, de mexicanos conquistados por las supersticiones y es conveniente que ejerzan, a través de la enseñanza, su condición civil. (Monsiváis 2000a: 212)*

In seinen Chroniken beklagt Altamirano den Verfall der indianischen Bevölkerung in den *barrios pobres* an der Peripherie der Stadt – hier nutzt er die Krankheitsmetaphorik und sieht die Notwendigkeit eines Programms, das die ‚soziale Krankheit' auskuriert. Aber noch näher an essentialistischen Rassenvorstellungen sind die Charaktermerkmale seiner Romanfiguren. In *El Zarco* (1869) wird der Mulatte, El Tigre, als das verächtlichste Monster aller infernalen *bandidos* dargestellt. Die Physiognomie ist animalisch, die Haltung barbarisch, während der Indio Nicolás als *bon sauvage* innere und äußere kreolische Züge trotz seiner dunklen Haut hat. Es gibt keinen Zweifel am ideologischen Kolonialismus des Erzählers in diesem Roman.

Insgesamt sind die Romane, die unmittelbar nach 1867, dem Triumph der Republik, zu einer Blüte des Genres im 19. Jahrhundert führen, mächtige Dispositive zur Entstehung des nationalen imaginären Mexikos. Wie auch in anderen amerikanischen und europäischen Ländern beziehen sich die vornehmlich melodramatischen Plots auf den Gründungsmythos der ‚zweiten *Independencia*'. So beschreibt Juan A. Mateos die Geschichte des Jahrhunderts als eine Kontinuität zwischen der ‚ersten *Independencia*' (*Los insurgentes*, 1869) und der zweiten von 1867 (*El cerro de la campana*, 1868). *Insurgen-*

[4] Zur vergleichenden Analyse der ersten und zweiten Jahrhunderthälfte in Bezug auf Diversität (unter anderem unter dem Einfluss von Alexander von Humboldt) vgl. Vittoria Borsò (2010).

[5] Altamirano: „Generalización del idioma castellano" (1981: 77–78), zit. nach Garza Cuarón (1989: 625). Monsiváis meint: „Y en materia educativa, el gran problema, así Ramírez no lo ubique muy explícitamente, es la integración del indígena. En su programa los liberales no le hallan mayor sentido a la supervivencia de las culturas indígenas, propias" (2000a: 212). Auch Ignacio Ramírez beklagt paternalistisch den ‚kindlichen Geist' der Indigenas: „para contar con ellos [los indígenas] como ciudadanos, hemos de comenzar por hacerlos hombres", zit. nach Monsiváis (2000a: 212).

tes, Republikaner und populäre *guerrillos* sind hier die Helden. Die Romane konstituieren dabei auch ihre eigenen Leser als „lectores niños" (Glantz: 2003) und fungieren so als pädagogische Instrumente paternalistischer Liberaler, die mit dem Medium Buch eine Art ‚tragbare Schule' schaffen. Die *comunidad mexicana* und die Identität der Nation entstehen auf Kosten einer indianischen Bevölkerung, die es zu desindianisieren gilt. All dies wird durch die spezielle Art des Positivismus in Mexiko gefördert, eines „positivismo realista y popular", wie Pedro Henríquez Ureña jene in Mexiko herrschende Fassung des auch von den *Científicos* um Porfirio Díaz vertretenen Positivismus nennt (1984). Ein solcher Positivismus war unfähig, über die eurozentrischen und imperialistischen Prämissen nachzudenken, die den Fortschritt der Nation in der Ausrottung der „Krankheiten der Rasse" suchten. Dies war aber auch die Position der liberalen *procéres* und Literaten der Nation, wenn auch – so Roger Bartra (1987: 18) – leicht gemildert durch eine humanistische Religiosität und eine paternalistische Toleranz gegenüber dem ungebildeten indianischen Teil der Bevölkerung. Wie von Monsiváis in *Las herencias ocultas* (2000) dargestellt, gilt es indes, auch die Schriften der Liberalen *a contrapelo* zu lesen, denn die sinnlich-erotischen Beschreibungen konterkarieren z. B. das pädagogische und moralische Melodrama. Auch in den Subjektivierungsprozessen, die keinen offiziellen Diskurs subjektiver Agenten der Geschichte konstituieren, sind in der Erzählliteratur Angebote für Aneignungsprozesse vorhanden (vgl. Foucault: 1987), die das Potential haben, Subjekte zu mobilisieren, oder zumindest von den Nationenmythen abzulenken.

Von der Segunda Independencia über die Revolution zu Tlatelolco: Das hundertjährige Überleben des Mythos und kritisch-subversive Visionen der mexikanischen Nation

Auch für die Revolution von 1910 und die postrevolutionäre Zeit war die für das *Nation-building* in Mexiko fundamentale These der Kontinuität von Unabhängigkeit und Revolution maßgeblich. Octavio Paz übernimmt diesen Diskurs: In „De la Independencia a la Revolución", einem der Essays des *El laberinto de la soledad* (Paz: 1950), definiert Paz die Unabhängigkeit als einen Klassenkonflikt, der bereits eine im Keim befindliche agrarische Revolution in sich barg, während die reformierte Republik von Juárez der Unabhängigkeit den wahren Sinn gab. Darüber hinaus stärkt Octavio Paz 1950 noch den Mythos der historischen Kontinuität zwischen den *Caudillos de la Independencia* und denen der Revolution. Paz' Vision der Geschichte Mexikos definiert jeweils die ‚guten' und die ‚schlechten' Versionen eines Emanzipations- und Modernisierungsprozesses, den auch er mit der Unabhängigkeit beginnen lässt. Es ist eine politische Theologie, die die staatlichen Versionen bestärkt (vgl. Mols 1981: 23). In „De la Independencia a la Revolución" bezeichnet Paz die Revolution als „un hecho que irrumpe en nuestra historia como una verdadera revelación de nuestro ser" (Paz 1987b: 206–207). Seine Interpretation des Revolutionsmythos basiert auf der Metapher der „devolución", im Sinne von „vuelta al origen". Schon seit *El laberinto de la soledad*, welches von Carlos Monsiváis als „un hermoso tratado de mitificación" bezeichnet wird (Monsiváis 1977: 338), mythisiert Paz' Diskursstrategie das historische Geschehen. Von Anfang an erscheint daher die Revolution als die Erlösung von der historischen Schuld gegenüber den vorhispanischen Kulturen, welche jedoch auch nach Paz als archaisch und unbeweglich gelten. Die Geringschätzung der lokalen Ressourcen zeitgenössischer Kulturen und Sprachen indigener Bevölkerungsgruppen ist die Folge. Mit der internationalen Formel der ‚existentialistischen Natur' des Mexikaners, stellt sich Paz insgesamt in den Dienst des nationalen Diskurses, der sich mit dem *Alemanismo* der 50er Jahre kosmopolitisch gibt. Auch *Postdata* (1970), mit dem Paz auf die Ereignisse von Tlatelolco reagiert – er gibt weiterhin sein Amt als mexikanischer Botschafter in Indien zurück – führt nicht aus dem Labyrinth heraus. Vielmehr kehren die analogische Logik und die archetypische Argumentation nach C.G. Jung wieder. Denn in *Postdata* wird eine natürliche Korrespondenz zwischen der Natur des Mexikaners und der als Ort der blutigen Opfer fungierenden Pyramide festgestellt, und diese ‚Natur des Mexikaners' setze sich in der *matanza* von Tlatelolco fort. Damit wird von der historischen Verantwortung des Präsidenten Gustavo Díaz Ordaz und des PRI abgelenkt; die politische Gewalt gilt als eine unumgängliche Manifestation der *intrahistoria* Mexikos. Zu Recht kritisiert Aguilar Mora schon im Jahre 1978 die ahistorische und moralisierende Sicht von Paz, der nur sich selbst und seine Gegenwart affirmiere: „El privilegio del juicio sólo le está concedido al historiador-intérprete, y en un tiempo que es siempre su presente y no el nuestro" (Aguilar Mora 1978: 44).

Parallel zur Interpretation der Fakten war der in der Folge der Mexikanischen Revolution entstehende Diskurs der *mexicanidad* ebenfalls ein Dispositiv der Stärkung des Mythos der Nation. Denn die postrevolutionäre Suche nach dem ‚authentisch Mexikanischen' findet in der Mestizierung die Vorstellung einer politisch und kulturell realisierten Utopie, nach der die Mestizen mit der Revolution ihren politischen Sieg feiern konnten. Wenn der *criollismo* die Unabhängigkeit herbeigeführt und die indianischen Elemente ausgegrenzt hatte, so erhielten diese in der postrevolutionären Nation zwar scheinbar Eingang in die neue kulturelle Formel der Mestizierung, die vorgibt, eine aus der Verbindung der indigenen mit den europäischen Traditionen hervorgegangene Identität zu sein. Doch bewirkt die Mestizierung nur eine *mésalliance* von Besiegten und Siegern, von Schändern und Geschändeten, so Octavio Paz' berühmte Formel der *chingada* für die Malinche als Metonymie des ‚Mexikaners' in *El laberinto de la soledad*. Die Konsequenz der absoluten Suche nach der Essenz des Mexikaners ist die existentielle Tragik. Mit dem im Labyrinth der Einsamkeit eingesperrten ‚Mexikaner' wird die Melancholie der *orfandad* fortgeführt, die der *mexicanidad* im Sinne von Manuel Gamio inhärent war. Mit der *otredad* wird der ‚Mexikaner' erneut marginalisiert; die Einsperrung in dem Labyrinth der Einsamkeit vertieft nur den kolonialistischen Blick. Erneut wird dem Mexikaner eine Identität verliehen, indem das Mexikanische als Differenz vom Europäischen definiert wird. Durch einen psychologischen (wie bei Samuel Ramos) und abstrakten Essentialismus wird dabei die Diversität konkreter Existenzen ausgrenzt, beides eine Form kolonialisierten Wissens. Auch die späteren Versionen der *mexicanidad* – etwa die Mestizierung als utopisches Konzept von Leopoldo Zea – vermögen nichts an dieser Position zu ändern. Erst nachdem die Utopie der Revolution im Jahre 1968 angesichts der *matanza* von Tlatelolco zusammenbricht, werden sich die Intellektuellen stärker durchsetzen, die einen Ausweg aus den Identitätsdiskursen suchen, wie z. B. Roger Bartra in *La Jaula de la Melancolía* (1987) luzide analysieren wird. Denn erst nach Tlatelolco fallen die Einheitsutopien der Nation insoweit zusammen, als die Mythen der Nation nicht mehr glaubwürdig sind.

Dennoch standen die mexikanische Literatur und Kultur in der ersten Hälfte des 20. Jahrhunderts im Bann des Revolutionsmythos, des Mythos einer erfolgreichen Umwälzung und der Integration des Indios in einen fortschrittlichen, modernen Staat. Am Maßstab des Mythos wurden sowohl das chaotische Geschehen in einer ersten Phase geformt und idealisiert, wie auch ab den 40er Jahren die historischen Fakten kritisiert. Der Mythos, der das Fehlen eines revolutionären Programms kompensierte, gründete auf dem Zapatistischen Anspruch, alte Rechte durch die Agrarrevolution wiederherzustellen.[6] Indem sie aber die Fehler der historischen Verwirklichung des Mythos kritisiert hatten, bestätigten letztendlich auch die Revolutionsromane die mythischen Metaerzählungen einer potentiellen historischen Entelechie der mexikanischen Revolution. Doch der Hinweis darf nicht fehlen, dass auch vor Tlatelolco ‚andere' Sichten auf die Ge-

[6] Auf den Zapatistischen Geist beruft sich der Impetus der mexikanischen Reformen im 20. Jahrhundert, und zwar im Sinne eines revolutionären, dialektischen Prinzips und der Überwindung der bürgerlichen Revolution, die die Erfüllung ihrer Ziele lediglich im Durchsetzen einer administrativen Reform gesehen hatte.

schichte Mexikos durchgehend zu finden sind: Bei den *Contemporáneos*, der sog. ‚*otra vanguardia*' der 20–30er Jahre, oder bei Autoren wie José Revueltas, etwa in *El luto humano* (1943), um nur einige Beispiele zu nennen. Nicht zufällig wird Revueltas zum Helden der Studentenrevolte von '68 erkoren. Schon im Jahre 1950, dem Erscheinungsjahr von *El laberinto de la soledad*, äußert sich José Revueltas während eines von der UNAM organisierten Kongresses zum Thema „Posibilidades y limitaciones del mexicano" wie folgt über die Studien zur *mexicanidad*:

> *Cuando los intelectuales y profesores pretenden definir al mexicano por su sentido de la muerte, por su resentimiento, por su propensión a la paradoja y por sus inhibiciones y elusiones sexuales, no están haciendo otra cosa que una literatura barata de salón. (Revueltas 1985: 45)*

Mit *El luto humano* dekonstruiert Revueltas den Mythos der Revolution und zeigt, dass dieser auf dem Revanchismus einer unterdrückten Rasse basierende Mythos von genealogischer Bedeutung für die andauernde Gewalt der mexikanischen Geschichte ist. Dieser Roman rekonstruiert die performative Kraft der Mythen einer *génesis oscura* des Mexikaners, wie auch den Determinismus einer apokalyptischen, melancholischen und tragischen Vision, die von der Idee eines unreinen Ursprungs herbeigeführt wird. Denn der Wunsch nach Revanche führt zum Determinismus der Gewalt, zu einer regelrechten Gewaltspirale. Die Figur namens Adam ist in diesem Roman der Kain, der den Mord an dem revolutionären Messias namens ‚Natividad' ausführt. Adam ist auch die Schlüsselfigur, die in einer archaischen Welt eingesperrt ist und das apokalyptische Ende verantwortet. Dieser Roman zeigt überdies, dass aus der Emanzipation von *los de abajo* lediglich die Quelle von *arribismo* wurde. Gewalt und Korruption zerstören das Potential der Revolution. Die Mexikaner werden zum Fraß der *zopilotes*, welche am Anfang des Romans schon da waren und das Szenario bis zum Ende einrahmen. Revueltas kritisiert die dunkle Seite des Mythos der Revolution, nämlich den internen Kolonialismus, der das gesamte *Nationbuilding* begleitet, weil dieser im Namen der ‚Mestizierung' dieselben Exklusionen weiterführt und vertieft. Nur durch Exklusionen ist die Bildung einer vorgestellten Gemeinschaft der mexikanischen Nation möglich gewesen. Die Kritik des Mythos durch diesen Links-Intellektuellen ist zugleich ein Appell an jeden Einzelnen, sich der eigenen historischen Verantwortung bewusst zu werden.

Wie auch Juan Rulfos *Pedro Páramo* (1955), der große Abgesang der Revolution,[7] zeigt, hat der Glaube selbst an den Revolutionsmythos zur Gewaltspirale in der Geschichte des modernen Mexiko beigetragen. In diesem Roman fällt der Mythos bereits

[7] Zur Analyse der erwähnten Romane von Revueltas und Rulfo vgl. Borsò (1994).

in sich zusammen. Der letzte Satz „Dio un golpe seco contra la tierra y se fue desmoronando como si fuera un montón de piedras“ (Rulfo 1955: 156) zerschlägt das Monument der Revolution in tausend Stücke.

Der Phönix aus der Asche der Revolution: von der *cultura popular* zur *sociedad civil*

Bis zur definitiven Krise von ’68 haben sich auch die zum Establishment gehörenden Intellektuellen und Literaten, insbesondere um den Dichterfürsten Octavio Paz und die Zeitschrift *Vuelta*, der Suggestion von Revolutionsmythen ebenso wenig entziehen können wie die Regierungspartei. Diese kompensierte das Misslingen der Umwälzungen durch den Staatsapparat, der die Demokratie mit stalinistischen Strukturen unterlief und eine rigide Kontrolle kultureller und ideologischer Bestandteile der Nationalidentität nach sich zog. Das alles dauerte an, bis schließlich auf Befehl des Präsidenten Díaz Ordaz die blutige Niederschlagung demonstrierender Studenten am 2.10.1968 auf dem historischen Platz der Drei Kulturen erfolgte. In diesem Moment brach der Mythos der Revolution in sich zusammen. Der 2.10.1968 ist insofern eine *fecha parteaguas*, als aus Angst vor dem Verlust internationalen Ansehens kurz vor der Eröffnung der Olympischen Spiele in Mexiko-Stadt der Staat auf dem legendären Platz von Tlatelolco die Jugendbewegung durch seine Milizen brutal niedermetzelt. Zwischen 1000 und 3000 Studenten werden getötet. Die genauen Zahlen kennen wir nicht. Der Mythos der Revolution hat die Kinder der Revolution getötet. Die Diskurse, die in den verschiedenen historischen Phasen den Revolutionsmythos aufrechterhalten hatten, verloren nach der Krise von 1968 endgültig an Glaubwürdigkeit.

Als Zeugen der *matanza* von Tlatelolco ergreifen unmittelbar nach 1968 Elena Poniatowska in *La noche de Tlatelolco* (1971) und Carlos Monsiváis in *Días de guardar* (1971) das Wort, um mit der Kontingenz, Inkohärenz und Unmittelbarkeit des Geschehens ihre eigene Verortung mitten in der Menge kundzutun und um sich auf diese Weise als verantwortliche Subjekte zu konstituieren. Carlos Monsiváis konzentriert sich auf die Rolle des Chronisten, welcher als Flaneur, wie zufällig, verschiedene *parcours* durch die *barrios* der Stadt durchläuft, sich mitten in der Menge bewegt und das Ohr noch mehr als den Blick nahe an der Diversität der Stadtbewohner hält.[8] Damit erneuert er die traditionsreiche Gattung der *Crónicas*. Ähnlich wie bei einem mitschneidenden Reporter hört man die verschiedenen Stimmen und *timbres* der unterschiedlichen Spre-

[8] Ich beziehe mich auf die Phänomenologie des Gehens in der Stadt nach Michel de Certeau (1988).

cher. Die Menge wird – analog zu der von Michael Hardt und Toni Negri definierten *multitude* (Hardt/Negri 2000) – zu einer neuen Kategorie, die die Vielheit partikulärer Register erfasst, welche als subversive, mythenstürzlerische Agenten im Raum der Stadt auftreten. Mit der Phänomenologie des Chronisten vollzieht Monsiváis eine politische Geste, die die Asymmetrie zwischen Elite und anonymer Masse im Sinne von „populacho, vulgo, gleba" hinter sich lässt.[9] Genau das Scheitern der Revolutionspartei in Tlatelolco ist die Chance für die Entstehung einer *cultura popular*, die den Keim der Zivilgesellschaft in sich trägt.

Die Ressourcen der *cultura popular* werden insgesamt auch für die Literatur bedeutend. Transversale Widerstände, Karnevalisierung, parodistischer und hedonistischer Umgang mit Medienritualien, Ironisierung politischer Diskurse, Diversität der Lebensstile geraten ins Zentrum.[10] Die *cultura popular* bekommt damit die Kraft einer *contracultura*. Dieser gelingt es nicht nur, aus der Sackgasse der ethnischen und sozialen Differenzen herauszutreten, die die Tragik des sogenannten „Mexikaners" ausmachen. Die sozialen Differenzen werden gewiss nicht geleugnet, vielmehr wird die Matrix demontiert, die sie generiert. Kulturelle Vorbilder werden entsakralisiert und Asymmetrien zwischen Hochkultur und Populärkultur als hinfällig denunziert. Wie kann dies geschehen? *Cultura popular* meint eben nicht eine soziale Schicht oder einen soziologisch bzw. politisch definierten Raum, einen Raum, auf den die Politik oder die Wissenschaft quasi ethnographisch und jedenfalls patriarchalisch schauen kann. *Cultura popular* ist vielmehr ein epistemologischer Ort, ein anderer Blick auf das Zentrum, auf das Establishment. *Cultura popular* ist ein *registro cultural* (vgl. Monsiváis 2000b: 29). Ein inzwischen zum Ikon gewordenes Beispiel für die Ressourcen der *cultura popular* ist Jesusa Palancares, Akteurin der Revolution, die von Elena Poniatowska interviewt wurde. Poniatowska transkribierte ihre Erfahrungen und ihre Sicht der mexikanische Revolution in ihrem Roman *Hasta no verte Jesús mío* (1970), mit dem die sich in Lateinamerika zur erfolgreichen Gattung entwickelnde sogenannten *novela testimonial* begann. Poniatowska selbst hat den Anspruch der reinen Mitschrift kritisch selbstreflektiert.[11] Ihre Beteiligung an der Transkription und Komposition des Textes zeigt ja die Aporie dieser

[9] Zur Kritik dieser asymmetrischen Blickkonstellation des Erzählers in den klassischen Romanen bis zu Juan Rulfo oder Cabrera Infante vgl. Carlos Monsiváis (2000b) und Borsò (2005).

[10] Vgl. Borsò (2008 und 2011).

[11] Im Rückblick sieht sich Poniatowska in Bezug auf Jesusa Palancares in einer ethnographischen Konstellation, etwa wenn sie ihr Unwohlsein betont, als sie, aus den Stadtteilen der Hochbourgeoisie von Mexiko-Stadt kommend, die Grenze zum sozial niedereren *barrio* überquerte, in dem Jesusa lebte. Elena Poniatowska (1994); vgl. Borsò (2008a).

Gattung, die immer schon eine im Akt des Schreibens vermittelte Zeugenschaft ist. Viel bedeutender ist aber die sprachliche Agentialität von Jesusa.[12] Denn die Konstellation der Rede entspricht hier nicht mehr den üblichen Romanen, in denen ein der Elite zugehöriger Erzähler einem Subalternen bauchrednerisch seine Stimme verleiht – eine Konstellation, die Carlos Monsiváis auch in den klassischen Romanen der Revolution gegeben sieht. Vielmehr ist in *Hasta no verte Jesús mío* das *timbre*, die Körnigkeit der Stimme von Jesusa, der ehemaligen *soldadera*, derart, dass sie von ihrer Position heraus die trotz der Revolution von 1910 hierarchischen, asymmetrischen Beziehungen der Geschlechter- und sozialen Ordnung hinterfragt und fragil werden lässt. So zitiert Monsiváis die Stimme Jesusas:

> *Y desde entonces todo fueron fábricas y fábricas y talleres y changarros y piqueras y pulquerías y cantinas y salones de baile y más fábricas y talleres y lavaderos y señoras fregonas y tortillas duras y dale que dale con la bebedera del pulque, tequila y hojas en la madrugada para las crudas [...] Y hombres peores que perros del mal y policías ladrones y pelados abusivos. (Monsiváis 2000b: 41)*

Das Sprachregister der *cultura popular* lässt in Texten von Poniatowska und Monsiváis das ‚andere' Lebenswissen der Frauen aus einfachen oder indigenen Schichten hervortreten, durch das sie überleben konnten (wie Jesusa Palancares, aber auch la Generala oder la Adelita).[13] Gerade wegen des Scheiterns des Staates und des PRI im Jahre 1968 treten die Menschen aus der jahrzehntelangen Lethargie hervor, in die sie durch die Delegierung der sozialen Reformen an den Staat gefallen waren. Das Jahr 1968 führt ein anderes Paradigma ein, das die Heterogenität zum Diskurs macht, welche durch unterschiedliche Diskursstrategien des *Nationbuilding* seit 1867 ausgeschlossen war und nur indirekte, transversale Stimmen zugelassen hatte.

Die nächste Krise des Staates anlässlich des Erdbebens von 1985, das große Teile des Zentrums von Mexiko-Stadt zerstörte, lässt das Vertrauen in die schützende Rolle des Staates ein weiteres Stück schwinden. Jedenfalls ist dabei das Erscheinen einer *sociedad civil* erkennbar, die in Mexiko wie in anderen Ländern Lateinamerikas von Schwierigkeiten begleitet ist. Ihre Entstehung wird dadurch beschleunigt, dass der Staat beim aufgetretenen Notstand versagt hatte. Entsprechend der Diagnose von Monsiváis in *Entrada libre. Crónicas de la sociedad que se organiza* (1987) entsteht eine Art *sociedad civil* aus der Asche des politischen Establishments, dessen Ohnmacht beim Erdbe-

---

[12] Ein Zitat von Jesusa selbst, welche die Serie ihrer vier Abbildungen kommentiert. Die ersten beiden sind feierlich: „‚A MI ME LLAMABAN LA REINA XÓCHITL'"; die anderen beiden mit einem eher karnevalesken Lachen: „‚AHORA YA NO TENGO EL DIABLO ADENTRO'" (Poniatowska 1994: 52–53).

[13] Vgl. Poniatowska (2000).

ben mit aller Radikalität zum Vorschein getreten war. Inwieweit die neo-zapatistische Bewegung im Januar 1994, in der kulturelle Praktiken als Politik erfolgreich benutzt wurden und die zum politischen Zusammenbruch des PRI nach über siebzigjähriger Regierungsmacht führte (vgl. Huffschmid 2004), als eine Fortsetzung dieser Geburt der subversiven Ressourcen des Populären aus der Krise des Establishment gewertet werden kann, wäre eine lohnende Frage. Ich schließe meine Überlegungen jedoch mit einer Stellungnahme von Carlos Monsiváis zum Schicksal der *sociedad civil* anfangs des 21. Jahrhunderts ab.

Als Monsiváis 20 Jahre nach dem Erdbeben die weiteren Entwicklungen Revue passieren lässt, fragt er sich auch nach dem Schicksal der *cultura popular* von Posttlatelolco und der nach dem Erdbeben auftauchenden *sociedad civil* in der aktuellen Globalisierung. Einerseits führt die technologische Macht des globalen Imperiums zu einer „cumbre de la unilateralid" und ist apokalyptisch, da ohne Alternativen, andererseits aber wird die Technologie auch zu einer Quelle der Diversität. Der mexikanische Schriftsteller findet eine unerwartete Wendung: „Soy globalizado, y nada de lo que es global me es ajeno" (Monsiváis 2005: 53). Hier wird die wichtigste transversale Taktik von Monsiváis erkennbar. Es ist die Inszenierung einer singulären Stimme („me es"), einer partikulären Geste desjenigen, der sich nicht von einer nationalen oder globalen Hegemonie kolonialisieren lässt, sondern in seinem partikulären Kontext situiert ist und zugleich von einer globalen Perspektive aus eine persönliche Stärke und Ethik gewinnt. Diese Form translokaler *ciudadanía global*, die das Bewusstsein der Mexikaner potentiell von den Mythen der Nation befreit, „[se opone] a la guerra de numerosos gobiernos y de la gran mayoría de las sociedades nacionales" (Monsiváis 2005: 53). Es ist die Autoaffirmation einer Subjektivität, die in ständigem Fluss ist. Eine performative Subjektivität, die aus der Interrelation mit der Macht gewonnen wird, deren prominenteste Theoretiker Michel Foucault und Judith Butler sind.

Der *cronista andante* erfährt nicht nur die Fragmentierung der Megalopolis, sondern auch eine kulturelle Strategie, die die Opposition zwischen Rettung und Apokalypse, und damit auch den Ausdruck der Krise eines gescheiterten Staates und einer Prophezeiung des Endes der Geschichte hinter sich lässt. Die urbane Bewegung, die aus Tlatelolco entstanden ist und mit dem Erdbeben zur *sociedad civil* führte, antizipiert jene *ciudadanía global* als alternative Kraft, die nationalen und nationalistischen Diskursen widerspricht. Während die politischen Formeln von Modernisierung und demokratischer Öffnung Werke von Mythomanen waren, die den ‚Identitätsmangel' der dritten Welt kompensieren wollten, öffnen die ins Monströse wachsende Stadt und ihre

Massenmedien mit ihren internationalen Flüssen den Raum für mögliche Alternativen von Lebensstilen. Der Begriff der Apokalypse verliert seinen Bezug auf die Entelechie der Revelation oder des definitiven Scheiterns.

In seinem anspruchsvollen Text *Los rituales del caos* (1995) definiert Monsiváis die Apokalypse um. Mexiko ist die postapokalyptische Stadt. Es gibt kein Ende und keine ‚Parusie', Erscheinung der Wahrheit. Die postapokalyptische Situation ist eine Chance. Zwar befindet sich die Megalopolis in einem politischen, ökologischen und sozialen Zustand extremer Krise, doch heißt die Krise auch Entscheidung zu einer potenziellen Transformation. *Los rituales del caos* ist nicht nur eine ironische Demontage nationaler Mythen, sondern auch die Öffnung eines anderen Raums. Daher wird México Distrito Federal als *ciudad post-apocalíptica* weiterleben. Bejaht werden die Energien, die jeder Konsument dem Chaos der Stadt für sich entreißt, womit das unmögliche Leben erlebbar gemacht wird. Statt der Verheißung einer Erlösung durch die Nation oder den Staat werden hier kulturelle Kräfte entfesselt. Monsiváis nennt das Vergnügen die fluide Sprache der Anti-Ideologie. Vergnügen heißt auf Spanisch *diversión*, ein Wort, das die gleiche Wurzel wie *diversidad* und *divergencia* hat. Vergnügen und Flüssigwerden der Sprache sind Effekte des Lachens, betont der Schriftsteller: Ironie, Humor, Entspannung – für das Überleben im Stress der Hauptstadt entscheidende Ressourcen. Damit wird der mexikanische kulturelle Diskurs von Ursprung, Authentizität und ihrem Gegenteil, nämlich Leere, Verlust, Schizophrenie, Tragik oder Einsamkeit brüchig. Diese Konzepte haben keinen Sinn mehr, weil sich die Weltkulturen in ständiger Transformation befinden und ihre Kommunikation lediglich der Ausdruck einer Synchronisierung zeitlicher und räumlicher Diversitäten ist. Das Thema der Identität der Nation verlässt endlich seinen Status als herrschende Idee zur Orientierung der Diskurse über die mexikanische Kultur. Identitäten sind vielmehr Artikulationen eines sozialen Kontextes und der Performativität von Interrelationen. Kulturelle Manifestationen aus ‚zweiter Hand' sind kreativ, wie Néstor García Canclini, fünf Jahre vor Homi Bhabha, in *Culturas híbridas. Estrategias para entrar y salir de la modernidad* (1989) mit Bezug auf das Benjaminsche Konzept des Nachlebens der Übersetzung illustriert hat.

Das *imaginario nacionalista* der mexikanischen Nation dauert hundert Jahre an: vom Triumph Juarez' im Jahre 1867 bis zur *matanza* von Tlatelolco am 02.10.1968. Denn der Gründungsmythos der *Segunda Independencia* hatte direkt zum neuen Gründungsmythos der neuen Nation im 20. Jahrhundert, nämlich der mexikanischen Revolution, geführt. Erst mit Tlatelolco fallen jene Identitätsdiskurse in sich zusammen, welche die nationale Elite von liberalen Gründern nach der *Segunda Independencia* bzw. postrevolutionären Intellektuellen nach der Revolution von 1910 artikuliert hatten, und zwar in Form von Metaerzählungen der Emanzipation und des *desarrollo* vermittels der die Modernisierung verheißenden mexikanischen Nation. Es ist eine Erzählung, welche die Nation mit Kohärenz, Dramatizität und Eloquenz ausstattete.

Mit dem hier entfalteten Narrativ einer hundertjährigen Einsperrung im Labyrinth der Nation habe ich versucht, neben der Aporien des *Nationbuilding* auch das *paradigma contestatario* zu betrachten, dessen Akteure unter anderem José Revueltas, Carlos Monsiváis, Margo Glantz und Elena Poniatowska sind. Die Krise von Tlatelolco gibt dem späten 20. Jahrhundert die Signatur. Durch die Gewalt hat der Staat die Brüchigkeit des Seins der Nation gezeigt. Aber die Kultur hat sich dadurch vom Bann von hundert Jahren *Nationbuilding* befreit, ohne dass indes die Geschichte dieses Macondo tatsächlich zum Ende gekommen ist. Denn Mexikos *Nationbuilding* lebt weiter in den Medien des *Centenario* und *Bicentenario*, aber viele erkennen vielleicht heute, dass es sich um vorgestellte Bilder handelt. Jedenfalls äußern sich eine ganze Reihe Stimmen in dieser Richtung, und es bleibt zu hoffen, dass ihnen zugehört wird.

Bibliographie

AGUILAR CAMÍN, Héctor (1993): *Subversiones Silenciosas*. Mexiko-Stadt: Alfaguara.

AGUILAR MORA, Jorge (1978): *La divina pareja, Historia y mito: Valoración e interpretación de la obra ensayística de Octavio Paz*. Mexiko D.F.: Era.

ALTAMIRANO, Ignacio M. (2000 [1869]): *El Zarco*. Mexiko D.F.: Siglo Veintiuno Ed.

ALTAMIRANO, Ignacio Manuel (1981b): "Generalización del idioma castellano". In: *Antología*. Selección y prólogo de Nicole Giron. Mexiko D.F.: UNAM, S. 77–79.

ANDERSON, Benedict (2005): *Die Erfindung der Nation. Zur Karriere eines folgenreichen Konzepts*. Frankfurt/Main, New York: Campus.

BARTRA, Roger (1987): *La jaula de la melancolía: Identidad y metamorfosis del mexicano*. Mexiko D.F.: Grijalbo.

BORSÒ, Vittoria (1994): *Mexiko jenseits der Einsamkeit. Kritischer Rückblick auf die Diskurse des Magischen Realismus*. Frankfurt/Main: Vervuert.

BORSÒ, Vittoria (2005): „Machtgrenzen und Körperschwellen. Zur performativen Macht des Populären in der Literatur und Massenkultur Mexikos (Rulfo, Monsiváis, Poniatowska)". In: Marianne Braig et al. (Hgg.): *Grenzen der Macht – Macht der Grenzen. Lateinamerika im globalen Kontext*. Frankfurt/Main: Vervuert, S. 103–134.

BORSÒ, Vittoria (2008): „La ciudad (post-) apocalíptica y la contingencia. Carlos Monsiváis o el gozoso, maldito arte de sobrevivir". In: Jenny Haase et al. (Hgg.): *El andar tierras, deseos y memorias. Homenaje a Dieter Ingenschay*. Madrid, Frankfurt/Main: Iberoamericana / Vervuert, S. 379–393.

Borsò, Vittoria (2008a): „Elena Poniatowska, autobiografía y tecnología(s) del yo: la escritura como resistencia y forma de vida". In: *América sin nombre* 11–12, S. 49–58.

Borsò, Vittoria (2010): „Paradojas del nation-building en la genealogía de la 'literatura nacional' mexicana: Ignacio M. Altamirano y Juan A. Mateos". In: Robert Folger (Hg.): *Escribiendo la independencia. Perspectivas postcoloniales sobre la literatura hispanoamericana del siglo XIX.* Madrid: Iberoamericana, S. 225–245.

Borsò, Vittoria (2011): „Mexikanische Profanierungen. *Cultura popular* oder die Kontingenz". In: Roger Lüdeke (Hg.): *Kommunikation im Populären. Interdisziplinäre Perspektiven auf ein ganzheitliches Phänomen.* Bielefeld: transcript, S. 327–346.

Certeau, Michel de (1988): *Arts de faire. L'invention du quotidien.* Paris: Gallimard.

Cosío Villegas, Daniel (1973): „Cavilación sobre la paz". In: Álvaro Matute (Hg.): *México en el siglo XIX. Antología de Fuentes e interpretaciones históricas.* México D.F.: UNAM, S. 300–316.

Foucault, Michel (1987): „Das Subjekt und die Macht". In: Hubert L. Dreyfus/Paul Rabinow (Hg.): *Michel Foucault – jenseits von Strukturalismus und Hermeneutik.* Frankfurt/Main: Athenaeum-Verlag, S. 243–261.

García Canclini, Néstor (1995 [1989]): *Culturas híbridas. Estrategias para entrar y salir de la modernidad.* Buenos Aires: Sudamericana.

Garza Cuarón, Beatriz (1992): „Francisco Pimentel, precursor de las historias de la literatura mexicana". In: Antonio Vilanda (Hg.): *AIH, Actas X* (1989) T. IV, 1991, S. 617–626.

Glantz, Margo (2003): „Ignacio M. Altamirano: los géneros de la nación". In: *Fractal*, 31, S. 95–105.

Hardt, Michael/Negri, Toni (2000): *Empire.* Cambridge, Massachusetts, London: Harvard UP.

Henríquez Ureña, Pedro (1984): „Barreda". In: Pedro Henríquez Ureña: *Estudios Mexicanos.* Mexiko D.F.: Fondo de Cultura Económica, S. 221–223.

Hidalgo, Miguel (1973 [1810]): „Decretos en favor de indios y castas". In: Álvaro Matute (Hg.): *México en el siglo XIX. Antología de Fuentes e interpretaciones históricas.* Mexiko D.F.: UNAM, S. 78–79.

Huffschmid, Anne (2004): *Diskursguerilla: Wortergreifung und Widersinn. Die Zapatistas im Spiegel der mexikanischen und internationalen Öffentlichkeit.* Heidelberg: Synchron.

Humboldt, Alexander von (1811): *Essai politique sur le royaume de la Nouvelle-Espagne*, Band 1. Paris: Chez F. Schoell.

Juárez, Benito (1973 a [1867]): „El triunfo de la República". In: Álvaro Matute (Hg.): *México en el siglo XIX. Antología de fuentes e interpretaciones históricas.* Mexiko D.F.: UNAM, Instituto de investigaciones históricas, S. 531–534.

Juárez, Benito (1973 b): „Nacionalización de bienes eclesiastíacos y libertad de cultos. 1859 y 1860". In: Álvaro Matute (Hg.): *México en el siglo XIX. Antología de fuentes e interpretaciones históricas.* Mexiko-Stadt: UNAM, Instituto de investigaciones históricas, S. 154–156.

König, Hans-Joachim (1998): „Los movimientos de la Independencia hispanoamericanos. Actores y programas". In: Dieter Janik (Hg.): *La literatura en la formación de los Estados hispanoamericanos (1800–1860).* Frankfurt/Main: Vervuert, S. 9–34.

MATEOS, Juan Antonio (1868): *El cerro de las campanas*. Mexiko D.F.: Cumplido.

MATEOS, Juan Antonio (1869): *Los insurgentes*. Mexiko D.F.: Imprenta del comercio.

MAXIMILIANO, Fernando (1973): „Libertad de cultos y nacionalización de los bienes del clero". In: Álvaro Matute (Hg.): *México en el siglo XIX. Antología de fuentes e interpretaciones históricas*. Mexiko D.F.: UNAM, Instituto de investigaciones históricas, S. 157–158.

MONSIVÁIS, Carlos (1991 [1971]): *Dias de guardar*. Mexiko D.F.: Era.

MONSIVÁIS, Carlos (1977): „Notas sobre la cultura mexicana en el siglo XX". In: Daniel Cosío Villegas (Hg.): *Historia general de México*, Vol. IV. Mexiko D.F.: El Colegio de México, S. 303–476.

MONSIVÁIS, Carlos (1987): *Entrada libre, crónicas de la sociedad que se organiza*. Mexiko D.F.: Era.

MONSIVÁIS, Carlos (1995): *Los rituales del caos*. Mexiko D.F.: Era.

MONSIVÁIS, Carlos (2000a): *Las herencias ocultas del pensamiento liberal del siglo XIX*. México D.F.: Instituto de Estudios Educativos y Sindicales de América.

MONSIVÁIS, Carlos (2000b): *Aires de familia. Cultura y sociedad en América Latina*. Barcelona: Anagrama.

MONSIVÁIS, Carlos (2005): *No sin nosotros. Los días del terremoto 1985–2005*. Mexiko D.F.: Era.

MOLS, Manfred (1981): *Mexiko im 20. Jahrhundert*. Paderborn et al.: Schöningh.

O'GORMAN, Edmundo (1969): *La supervivencia política novohispana*. Mexiko D.F.: Centro de Estudios de Historia de México-Fundación Cultural de Condumex.

PAZ, Octavio (1967 [1950]): *El laberinto de la soledad*. Mexiko D.F.: Fondo de Cultura Económica.

PAZ, Octavio (1970): *Postdata*. Mexiko D.F.: Siglo Veintiuno Ed.

PAZ, Octavio (1987a): „Las ilusiones y las convicciones (Daniel Cosío Villegas)". In: Octavio Paz/Luis Mario Schneider (Hg.): *México en la obra de Octavio Paz*, I: *El peregrino en su patria. Historia y política de México*. Mexiko D.F.: Fondo de Cultura Económica, S. 339–359.

PAZ, Octavio (1987b): „De la Independencia a la Revolución". In: Octavio Paz/Luis Mario Schneider (Hg.): *México en la obra de Octavio Paz*, I: *El peregrino en su patria. Historia y política de México*: Mexiko-Stadt: Fondo de Cultura Económica, S. 189–223.

PONIATOWSKA, Elena (1970): *Hasta no verte Jesús mío*. Mexiko D.F.: Era.

PONIATOWSKA, Elena (1998 [1971]): *La noche de Tlatelolco*. Mexiko D.F.: Era.

PONIATOWSKA, Elena (1994): *Luz y luna, las lunitas. Con fotografías de Graciela Iturbide*. Mexiko D.F.: Era.

PONIATOWSKA, Elena (2000): *Las soldaderas*. Mexiko D.F.: Era.

RAMA, Ángel (1984): *La ciudad letrada*. Hanover, NH: Ediciones del Norte.

RAMOS, Samuel (1965): *El perfil del hombre y la cultura en México*. Mexiko D.F.: Espasa Calpe.

REVUELTAS, José (1943): *El luto humano*. Mexiko D.F.: Editorial México.

REVUELTAS, José (1985): *Ensayos sobre México*. Mexiko D.F.: Era.

RULFO, Juan (1955): *Pedro Páramo*. Mexiko D.F.: Fondo de Cultura Económica.

1810 und 1910 im Jahr 2010: Repräsentationsformen der Erinnerung in Mexiko

Friedhelm Schmidt-Welle
(Ibero-Amerikanisches Institut, Berlin)

Einleitung

Erinnerung und mit ihr Erinnerungsforschung sind in den letzten fünfundzwanzig Jahren zu einem der zentralen Querschnittsthemen nicht nur der Kulturwissenschaften, sondern auch anderer Disziplinen wie etwa der Medizin, Biologie und der klinischen Psychologie geworden. Diese meist unter dem Begriff „Hirnforschung" zusammengefassten Disziplinen haben die Funktionsweisen des menschlichen Gehirns zum Gegenstand, wobei sie sich in erster Linie auf die Analyse von Hirnkrankheiten beziehen, also wie auch immer gearteten Einschränkungen der Erinnerungsfähigkeit des Individuums bis zum völligen oder zeitweisen Verlust des autobiografischen (bzw. episodischen) Gedächtnisses (Markowitsch 2009: 72–99). Im Anschluss an Maurice Halbwachs (2008)[1] haben in Deutschland vor allem Aleida und Jan Assmann die Erforschung der Funktionsweisen des kollektiven Gedächtnisses vorangetrieben (A. Assmann 2008; J. Assmann 2005). Ihre Studien nehmen die Anregungen der empirischen Hirnforschung insofern auf, als sie wie diese vom Konstruktionscharakter jeglicher Erinnerung ausgehen, mithin vom beständigen Umschreiben der individuellen wie kollektiven Erinnerung und ihrem stets neuen Einschreiben in die historische Erfahrung und die Projektionen auf die Zukunft.

In Lateinamerika prägen bis heute vor allem Studien zur postdiktatorialen Memoria die Erinnerungsforschung. Erinnerung wird hier in erster Linie im Kontext von historischen Traumata untersucht, seien diese kollektiv oder individuell. Das gilt auch für die Analysen literarischer oder medialer Repräsentation von Erinnerung, die daher großenteils auf Testimonio-Literatur oder Filme zum Thema Militärdiktatur Bezug nehmen.

[1] Halbwachs nimmt eine ganze Reihe von Erkenntnissen der heutigen Hirnforschung vorweg, insbesondere den (Re-)Konstruktionscharakter von Erinnerungen, dies allerdings spekulativ und nicht empirisch. Vgl. insbesondere Halbwachs 2008: 57–72.

Erinnerung wird in dieser Perspektive vor allem als Akt der Aufarbeitung der Vergangenheit und Widerstand gegen das Verdrängen oder das „Vergessen“ konstituiert.[2]

Demgegenüber geht es mir im vorliegenden Aufsatz nicht um die Erinnerung und die Erinnerungskultur in Mexiko mit Bezug auf historische oder individuelle Traumata, sondern um die Konstruktion von Erinnerung und ihre mögliche Einschreibung in eine kollektive bzw. kulturelle Erinnerung anlässlich der – im Wesentlichen positiv besetzten – Jubiläen historischer Ereignisse, nämlich der Feierlichkeiten zu 200 Jahren nationaler Unabhängigkeit sowie 100 Jahren Mexikanischer Revolution, die im Jahr 2010 stattfanden. Es geht mir folglich auch nicht um eine Kritik der historischen Ereignisse, auf die sich die Jubiläen beziehen,[3] sondern um eine kritische Betrachtung des heutigen Umgangs mit diesen Ereignissen.

Jubiläen sind aber an sich, das ist in Berlin nicht anders als in Mexiko-Stadt, in Deutschland nicht anders als in Mexiko, historisch oft zweifelhafter Natur. Während die Daten von Kriegsbeginn und Kriegsende meist deutlich eingrenzbar sind, berufen sich beispielsweise die 750-Jahrfeier Berlins ebenso wie die 200-Jahrfeier der mexikanischen Unabhängigkeit auf ungesicherte Dokumente (im erstgenannten Fall) oder (im letztgenannten) auf historische Ereignisse, die nur schwerlich als reales Gründungsdatum eines unabhängigen Staates gelten können. Mexiko ist, wie übrigens auch die anderen hispanoamerikanischen Länder, die 2010 ihr *Bicentenario* feierten, 1810 weder unabhängig geworden, noch hat es in diesem Jahr eine eigene Verfassung bekommen. Wichtige Voraussetzungen für das Erreichen der Unabhängigkeit wurden in den Jahren vor 1810 gelegt, sie selbst wurde streng genommen erst 1821 erlangt – und so hat die ironische Frage vieler mexikanischer Historiker, was 1810 eigentlich passiert sei, durchaus ihre Berechtigung.

Im Gegensatz allerdings zu allen anderen hispanoamerikanischen Staaten, die 2010 einen historisch nur schwerlich belegbaren *Bicentenario* feierten, kann Mexiko wenigstens im Fall der Mexikanischen Revolution auf historisch Belegbares setzen – auch wenn ihr offizieller Beginn am 20. November 1910 mit einer Niederlage der aufständi-

[2] Ich setze den Begriff „Vergessen“ hier bewusst in Anführungszeichen, da nach den Erkenntnissen der Hirnforschung ein gesundes Gehirn nahezu nichts vergisst, was einmal im Langzeitgedächtnis gespeichert wurde. Diese Erkenntnis bezieht sich allerdings auf die Ebene des Individuums und nicht auf ein mögliches kollektives, d.h. kulturelles Erinnern oder Vergessen (Markowitsch 2009: 66–68). Vgl. zu einer Kritik der allein am Individuum orientierten Gedächtnisforschung und zur kollektiven Erinnerung J. Assmann (2005: 48–66) und Welzer (2004). Vgl. zu einem mehr interdisziplinär orientierten, über die postdiktatoriale Erinnerung und deren Repräsentation hinausgehenden Ansatz die Beiträge in Schmidt-Welle (2012, in Vorbereitung).

[3] Hierzu verweise ich auf den einleitenden Aufsatz von Frank Leinen im vorliegenden Band.

schen Maderisten endete. Und so nutzte man die vorgebliche Übereinstimmung beider Jubiläumsjahre, um *Bicentenario* und *Centenario* gleich in einem zu feiern – was zumindest den unschätzbaren Vorteil hätte mit sich bringen können, die Feierlichkeiten zwecks Kostenersparnis in politischen Krisenzeiten zusammen zu legen. Dies verbot sich allerdings im Falle Mexikos zumeist aus ideologischen Gründen, weshalb die 200-Jahrfeiern und die 100-Jahrfeiern trotz gemeinsamer Ankündigungen in den Massenmedien im Allgemeinen nicht aufeinander bezogen und weitgehend voneinander getrennt gefeiert wurden.[4] Aber wenigstens beim Logo des *Centenario* und des *Bicentenario* ist eine solche Verknüpfung auch unter ästhetischen und designtechnischen Aspekten geglückt.

Abbildung 1: Logo *Bicentenario* / *Centenario* Mexiko 2010

Was ich mit diesen Ausführungen aber betonen will, ist Folgendes: Die 200-Jahrfeier der nationalen Unabhängigkeit ist in erster Linie ein *symbolisches* und kein *historisches* Datum; ihre gesellschaftliche Funktion besteht in der Konstruktion von Erinnerung jenseits der konkreten historisch verbürgten Fakten. Es geht also um den Umgang mit

[4] Eine Ausnahme bildet diesbezüglich die im mexikanischen Fernsehen ausgestrahlte Diskussionsrunde „Discutamos México" („Lasst uns über Mexiko diskutieren"), in der Historiker, Kulturwissenschaftler und Intellektuelle bisweilen Verbindungen zwischen nationaler Unabhängigkeit, Mexikanischer Revolution und der heutigen Situation des Landes herstellten.

Abbildung 2: Mexikanische Geldscheine zu den Jubiläen

Abbildung 3: Fahrkarte der S-Bahn in Mexiko-Stadt

und die Funktionalisierung von Geschichte für ideologische Zwecke in der Gegenwart und mit Blick auf die Zukunft (Rabotnikof 2010).

Das offizielle Gedenken der Unabhängigkeit und der Mexikanischen Revolution

Vor dem Hintergrund der Konstruktion solcher symbolischer Gründungsdaten für die kulturelle Erinnerung muss man die Feiern zum *Bicentenario*, letztlich aber auch diejenigen zum *Centenario* interpretieren, will man die immensen Anstrengungen verstehen, welche die mexikanische Regierung 2010 unternommen hat, um die Jubiläen der Unabhängigkeit und der Revolution mit Leben zu füllen. In diesem Kontext ist auch die offizielle, von Regierungsseite lancierte Werbekampagne des *Bicentenario / Centenario* aufschlussreich. Neben eigens aufgelegten Münzen und Geldscheinen (Abb. 2), die sich den symbolträchtigen Daten widmen und zumeist die historischen Heldenfiguren darstellen, und neben einer virtuellen Reise in die Vergangenheit mit der standesgemäßen Fahrkarte der S-Bahn in Mexiko-Stadt (Abb. 3) sind es vor allem Videoclips für das Fernsehen sowie Internetauftritte (Garrigan 2010: 211–218) und die Präsenz in sozialen Foren im Internet (ebda 215)[5], welche die regierungsoffizielle oder auch die hauptstädtische Version der Geschichte in nahezu alle Haushalte transportieren.[6]

„200 años de ser orgullosamente mexicanos" („200 Jahre voller Stolz Mexikaner") heißt das Motto der Videoclips für das Fernsehen. Auffällig an den Filmen ist neben der weichzeichnenden Ästhetik friedlicher, oft idyllischer Szenen insbesondere die Kombination aus den dargestellten individuellen Leistungen von Menschen aus allen Bevölkerungsschichten und Bildern von funktionierenden Freundeskreisen und konfliktfreien Familien mit den Insignien der Nation, vor allem der Nationalflagge. Suggeriert wird ein weitgehend konfliktfreies, klassenloses Mexiko, mit dem sich jede Bewohnerin und jeder Bewohner des Landes identifizieren kann. Dabei spielt der Rekurs auf die Tradition eine zentrale Rolle, denn sie ermöglicht gerade diese Identifikation und den Stolz auf die eigene Nation über Generationen hinweg.

Und in der Tat könnte die Bevölkerung des Landes auf das in den Videoclips der Kampagne gezeigte Mexiko stolz sein – würde es denn der heutigen Realität wirklich

5 Vgl. z. B. die Seite zu den Helden der Unabhängigkeit auf Facebook: http://www.bicentenario.gob.mx/index.php?option=com_content&view=article&id=728&Itemid=197 [10.09.2011].

6 Vgl. beispielhaft die folgenden Filme unter: http://www.youtube.com/watch?v=W74M_OvwkeQ&feature=channel [10.09.2011]; http://www.youtube.com/watch?v=PSGkXrrCYps&feature=channel [10.09.2011].

entsprechen. Selbstverständlich handelt es sich hier um Werbung, und die schöngefärbte Ästhetik entspricht daher nicht von ungefähr derjenigen einer x-beliebigen Shampoo- oder Bierreklame. Was allerdings verkauft wird, ist kein einzelnes Produkt, sondern die Identifikation mit dem mexikanischen Nationalstaat und mit dessen Unabhängigkeit an sich. Was verkauft wird, ist also eine *imagined community*, eine imaginäre Gemeinschaft in dem Sinne, wie sie Benedict Anderson in seinem kanonischen gleichnamigen Buch zum Thema analysiert hat (Anderson 1983). Diese imaginäre Gemeinschaft wird in den Kurzfilmen als konfliktfreie und vor allem multiethnische Gesellschaft konstruiert; indigene Vergangenheit und Gegenwart fügen sich nahtlos in den Nationalstaat ein.

Wie schwer es die genannte Kampagne allerdings in einer Zeit hat, in der Mexiko von einer tiefsitzenden politischen Krise und dem vom mexikanischen Präsidenten selbst offiziell erklärten „Krieg" gegen die Drogenmafia erschüttert wird, zeigen unter anderem die Reaktionen auf die Werbeclips, die bei „YouTube" eingestellt wurden. Zwar hatte die mexikanische Regierung in weiser Voraussicht das Kommentieren der Videos der Werbekampagne unterbunden, doch der Kreativität der mit der Politik des Landes Unzufriedenen tat das keinen Abbruch. So wurde zum Beispiel zur Musik der Gruppe *Cartel de Santa*, „México lindo y bandido" („Schönes Banditenmexiko", in Anspielung auf das bekannte Volkslied „México lindo y querido", „Schönes, geliebtes Mexiko"), ein Videoclip eingestellt, der die offizielle Kampagne scharf kritisiert, indem er der Werbung für das schöne Mexiko die reale Gewalt, Korruption und die Drogenkriminalität entgegenstellt.[7]

Ein zweiter Videoclip auf „YouTube" enthält eine ähnliche Aussage, und er endet mit dem Satz „Infierno federal" statt „Gobierno federal", also „Bundeshölle" statt „Bundesregierung". Er stellt den oben genannten offiziellen Filmen eine auch im ästhetischen Sinne schwarzweiße Realität entgegen und thematisiert in erster Linie die ökonomische Krise sowie die daraus erwachsende Armut ganzer Bevölkerungsschichten.[8] Die Liste der Videos und der bösen Kommentare zur Regierungskampagne ließe sich fortsetzen, wobei Äußerungen zum Motto „200 Jahre voller Stolz Mexikaner" wie „Ich kenne niemanden, der 200 Jahre alt ist" noch zu den weniger kritischen gehören. Zumindest scheint also für die Generation „YouTube" zu gelten, dass sie sich mit der imaginierten

7 http://www.youtube.com/watch?v=CAgVqXJML6k&feature=fvsr [28.11.2010]. Der Videoclip kann derzeit in Deutschland nicht angesehen werden, da er von Sony, der Produktionsfirma der Gruppe *Cartel de Santa*, gesperrt wurde.

8 http://www.youtube.com/watch?v=Vyyf_2blLhU&feature=related [10.09.2011].

Gemeinschaft einer homogenen mexikanischen Nation oder wenigstens mit der derzeitigen Regierung und deren propagandistischen Anstrengungen zur Betonung dieser Homogenität nicht mehr identifiziert.

Allerdings machen die angesprochenen kritischen Videos zur Regierungskampagne meines Erachtens auch ein Dilemma deutlich. Nicht nur das patriotisch nationale bis nationalistische Projekt einer homogenen mexikanischen Nation, wie es gerade in der Symbolik der Unabhängigkeit und der Mexikanischen Revolution zum Tragen kommt, befindet sich in einer Krise. Vielmehr muss man auch eine Zivilgesellschaft hinterfragen, die alle Schuld an der derzeitigen Situation im Lande ausschließlich der jeweiligen Regierung anlastet, wie es die vorgestellten, aber auch weitere Videoclips tun. Sie scheinen mir nämlich über die Kritik an der Regierung hinaus kein alternatives Projekt einer offenen Zivilgesellschaft zu entwickeln oder auch nur anzudeuten.

Neben den hier vorgestellten regierungsoffiziellen Videos zum *Centenario* bzw. *Bicentenario* sind auch das von dem mexikanischen Fotografen Willy Sousa verantwortete „Museo Monumental Itinerante" („Monumentales wanderndes Museum") und die darin gezeigten Fotos und Videos Teil des offiziellen Gedenkens.[9] Sousa selbst hat damit die zentrale regierungsoffizielle Ausstellung zu den Feierlichkeiten konzipiert, die vom mexikanischen Präsidenten Felipe Calderón persönlich eingeweiht wurde. Sousa hat auch mehrere Werbekampagnen für das mexikanische Tourismusministerium kreiert, von denen sich die Fotografien in der Ausstellung kaum unterscheiden. Teilweise wurden auch Fotos aus den Tourismuskampagnen direkt in die Ausstellung übernommen. Die mit hohem Retuschieraufwand geschönten Fotos zeigen unverhältnismäßig oft indigenes Kunsthandwerk oder ländliche Szenen und beschwören so ein nahezu unwirkliches Mexiko herauf, in dem alles Indigene das eigentliche Mexiko repräsentiert. Der Kern der Nation wird damit in die indigenen Kulturen verlegt, ohne dass die schwierige soziale Situation der indigenen Bevölkerung in der Gegenwart an irgendeiner Stelle auch nur erwähnt würde.[10]

Mehr noch als in Videoclips, Fotos und monumentalen Ausstellungen manifestiert sich das offizielle Gedenken allerdings in den Feiern zum 15./16. September, dem Tag

[9] http://www.presidencia.gob.mx/?DNA=85&page=1&Prensa=15154&Contenido=53735 [10.09.2011]. Siehe zur Eröffnung dieser Fotoausstellung auf dem zentralen Platz der Hauptstadt im März 2010: http://www.eluniversal.com.mx/ciudad/100540.html [10.09.2011]. Einen Überblick zu den Exponaten gibt: http://www.presidencia.gob.mx/infografias/2010/03/03/museo_monumental_itinerante/index.html [10.09.2011].

[10] Die Ausstellung hat daher eine Reihe von kritischen Kommentaren in der Presse und in *blogs* inspiriert. Vgl. unter anderen: http://arturo-garcia-hernandez.blogspot.com/2010_03_01_archive.html [10.09.2011] sowie http://blog.lib.umn.edu/pedeltmh/pedelty/2010/03/willy-sousa-and-cinematic-mexico.html [10.09. 2011].

des „Grito de Dolores“ („Ruf von Dolores“), mit dem der katholische Priester Miguel Hidalgo die Unabhängigkeit eingeleitet (und eingeläutet) haben soll, sowie in den Feiern zum 20. November, dem Beginn der Mexikanischen Revolution, wobei der Gedenktag zur Unabhängigkeit traditionell mehr gefeiert wird als derjenige zur Revolution. Neben dem jährlichen Festakt auf dem zentralen Platz der Hauptstadt, für den angesichts des besonderen Anlasses allerdings 2010 die Menge der Feuerwerkskörper auf nicht weniger als acht Tonnen erhöht wurde, gab es im letzten Jahr vor dem nächtlichen „Grito de Independencia“ (der Rede des Präsidenten mit dem Schlachtruf der Unabhängigkeit) und der obligatorischen Militärparade am Tag danach auch einen Umzug durch das historische Zentrum von Mexiko-Stadt, der der mexikanischen Geschichte und der Vielfalt ihrer Kulturen gewidmet war.[11]

Der Umzug wurde von zahlreichen Choreografen gestaltet, die jeweils eigene Themen inszenierten, ein Heer von freiwilligen Helfern wirkte bei der Umsetzung mit. Die Bandbreite reicht von der Darstellung des barocken Mexiko in einem Mottowagen mit historischer Fassade und Videoinstallation über die Repräsentation der Vielfalt mexikanischer Trachten und Volkstänze aus allen Landesteilen sowie der Ausstellung traditionellen Spielzeugs und Kunsthandwerks bis zur doch reichlich kitschigen Präsentation der indigenen prähispanischen Vergangenheit in einer riesigen Schlange. Sie sollte den Gott Quetzalcoatl darstellen, erinnerte aber nicht nur die lokale Presse mehr an chinesische Drachenfeste denn an die mexikanische Götterfigur. Noch dazu wurde hier wie so oft in Mexiko eine Traditionslinie von den Tolteken und Mexica bis zur nationalen Unabhängigkeit hergestellt, da Quetzalcoatl im Umzug von Menschen begleitet wurde, die Feigenkakteen in den Nationalfarben Rot – Weiß – Grün auf den Köpfen trugen. Die Konstruktion dieser sozusagen „imperialen“ Traditionslinie von den prähispanischen Hochkulturen bis zur nationalen Gegenwart hatte schon Néstor García Canclini Anfang der 1990er Jahre in seiner Analyse des Ethnologischen Museums von Mexiko-Stadt als nationalistische Monumentalisierung und Ritualisierung von Kultur kritisiert (García Canclini 1990: 164–177). Sie wurde 2010 auch an den Dekorationen der Fassaden des zentralen Platzes von Mexiko-Stadt für die Feierlichkeiten deutlich, welche die Embleme und Helden der Unabhängigkeit sowie die Zahlen 1810 und 2010 in eine Reihe stellten mit den indigenen prähispanischen Kulturen in Gestalt der beiden zentralen Pyramiden von Tenochtitlan und mit der Natur des Hochlandes von Mexiko, symbolisiert durch die Vulkane Popocatépetl und Iztaccihuatl. Damit wurde eine direk-

[11] Auf der offiziellen Homepage des mexikanischen *Bicentenario* kann der Umzug in einem 54-minütigen Film betrachtet werden: http://www.bicentenario.gob.mx/ [10.09.2011].

te Linie gezogen zwischen der „ewigen" Natur und den ebenso „ewigen", unsterblichen Symbolen der modernen Nation (Abb. 4, vgl. auch Abb. 6).

Abbildung 4: Fassaden um den Zócalo von Mexiko-Stadt, © Astrid Welle

Der meines Erachtens interessanteste Teil des Umzugs von 2010 ist das Defilee der Unabhängigkeits- und Revolutionshelden (4.51 – 6.15 Minuten)[12], bildet es doch den einzig reflektierten Ausschnitt des bunten Treibens. Die Tatsache, dass die Heldenfiguren überlebensgroße Marionetten sind, die von Teilnehmern des Umzugs in Bewegung gesetzt und damit für die Gegenwart im wahrsten Sinne des Wortes manipuliert werden, lässt auf die Reflexion des Repräsentationscharakters der Inszenierung selbst schließen und bildet derart Geschichte nicht nur einfach ab, sondern zeigt ihre Funktionalisierung für die Gegenwart. Die unkritische Haltung gegenüber der mexikanischen Geschichte, welche die übrigen Teile des Spektakels kennzeichnet, wird damit aufgelöst.

Den Höhe- und Schlusspunkt des Umzugs am 15. September bildete die Figur eines riesigen Kolosses mit abgebrochenem Schwert (37.38 – 44.51 Minuten)[13] (Abb. 5).

Die monumentale Figur soll einen Unabhängigkeitskämpfer oder Revolutionär darstellen, über dessen Symbolkraft und Identität die Meinungen in der mexikanischen Gesellschaft weit auseinander gehen und über dessen gewollte oder ungewollte Ähn-

[12] Siehe Fußnote 11.

[13] Siehe Fußnote 11.

Abbildung 5: Die Aufrichtung des Kolosses, © A. Linares García, Wikimedia Commons

lichkeit mit derzeitigen oder früheren Präsidentschaftskandidaten vielfach spekuliert wurde.

Allgemein fällt bei den offiziellen Gedenkfeiern zum *Bicentenario* und *Centenario* auf, dass heute eine Tendenz zur Eliminierung der politischen Konflikte vorherrscht, die zur Zeit der nationalen Unabhängigkeit und der Revolution existierten. Die einzelnen politischen Fraktionen erscheinen bei den Gedenkfeiern so, als hätte es interne Konflikte nie gegeben und als hätten die einzelnen Revolutionäre ihre politischen Aktionen alle zeitgleich in die Tat umgesetzt. So werden Miguel Hidalgo, Ignacio Allende und Jose María Morelos friedlich nebeneinander gestellt. Und selbst der lange als Verräter der Unabhängigkeitsbewegung gescholtene konservative General Agustín de Iturbide, der sich 1822 zum Kaiser krönen ließ, wurde 2010 rehabilitiert, indem erstmals der Triumphbogen seines Einzugs in Mexiko-Stadt mit dem *ejército trigarante* an einem der Eingänge zum zentralen Platz der Hauptstadt für die Feiern der Unabhängigkeit nachgebaut wurde (Abb. 6).[14]

[14] Vgl. zur früheren Funktion von Iturbide als Antiheld für die mexikanische Geschichtsschreibung Tenorio Trillo (2009: 133–142). Gerade diese Funktion wird mit dem Triumphbogen von 2010 in Frage gestellt.

Abbildung 6: Triumphbogen, © Uwebart, Wikimedia Commons (Ausschnitt)

Ähnlich verhält es sich bei den Revolutionshelden, wobei hier der Graben zwischen historischer Rivalität und heutigem vereinheitlichendem Gedenken noch tiefer ist. Madero, Carranza, Villa, Zapata, Obregón erscheinen in Illustrationen friedlich vereint, obwohl sie sich in der Realität nicht nur gegenseitig bekämpften, sondern zum Teil sogar umbringen ließen. Auch der Text des „Grito" zur Unabhängigkeitsfeier ist im Laufe der Zeit verändert worden, um internationale politische Konflikte zu vermeiden. Der negative Bezug auf die spanische Kolonialmacht im Satz „Mueran los gachupines" („Tod den Spaniern") wurde aus dem alljährlichen „Grito" des Präsidenten gestrichen. In den einzelnen Stadtteilen der Metropole verwenden die meist der politischen Linken zuzurechnenden Bezirksbürgermeister ihn allerdings weiterhin.

Genau wie die offiziellen Videos der Regierung soll die symbolische Homogenisierung der unterschiedlichen historischen Fraktionen und politischen Interessen die imaginäre Gemeinschaft *aller* Mexikaner stärken, zumal sich in der heutigen mexikanischen Gesellschaft aufgrund kultureller Globalisierungsprozesse, Transkulturation, massiver Migration, transnationaler Gemeinschaften und zunehmender Fragmentierung der Lebenswelten eine solche Gemeinsamkeit nur noch schwerlich herstellen lässt.

Unabhängig von der derzeitigen politischen Situation haben *Centenario* und *Bicentenario* aber so hohe Symbolkraft, dass viele Institutionen sich genötigt sehen, sich jenseits ideologischer Differenzen den Feiern anzuschließen. Selbst die in Mexiko traditionell besonders konservative katholische Kirche feiert mit, obwohl sie als Institution weder die Unabhängigkeit noch die Mexikanische Revolution seinerzeit befürwortet, sondern beide ganz im Gegenteil vehement bekämpft hatte – trotz der Beteiligung des niederen Klerus an der Unabhängigkeitsbewegung (Bernecker, Pietschmann, Tobler 2007: 122f., Brading 2007, Ceballos Ramírez 2007). Und die massive Präsenz der Embleme der Jubiläen sowie die Zahl der Zuschauer bei den großen medienwirksamen Ereignissen legen zumindest nahe, dass ungeachtet vereinzelter Proteste ein großer Teil der Bevölkerung sich mit den patriotischen Inszenierungen identifiziert – zumal die „Ruinen und Routinen der Erinnerung", wie sie Mauricio Tenorio Trillo (2009: 38) nennt, durch die patriotische Bildung in Mexiko den Schülerinnen und Schülern von klein auf eingeimpft werden.

Es gibt jedoch auch Widersprüche zwischen den Institutionen sowie Interessengruppen und deren Umgang mit den Feierlichkeiten. Diese äußern sich aber hauptsächlich in einer stärkeren Akzentuierung des *Bicentenario* bzw. des *Centenario*. So liegt das Hauptgewicht im Falle des dem konservativen „Partido Acción Nacional" (PAN, „Partei der nationalen Aktion") angehörenden Präsidenten mehr auf dem Jubiläum der Unabhängigkeit, zumal seine Partei den „Partido Revolucionario Institucional" (PRI, „Partei der Institutionalisierten Revolution") 2000 von der Macht verdrängt hatte – jene Partei also, die sich bis zu ihrer Ablösung unmittelbar auf die Revolution berief und teilweise weiterhin beruft. Die Regierung von Mexiko-Stadt dagegen, die vom linken „Partido de la Revolución Democrática" (PRD, „Partei der Demokratischen Revolution") gestellt wird, legt das Gewicht mehr auf die 100-Jahrfeier der Mexikanischen Revolution und deren sozialrevolutionäre Ikonen Francisco (Pancho) Villa und Emiliano Zapata. So konstruiert sich jede der Parteien eine eigene Tradition, in der Unabhängigkeit und Revolution als Legitimation aktueller politischer Diskurse gleichermaßen funktionalisiert, aber unterschiedlich gewichtet werden.

Historiografische Revision der Unabhängigkeit und der Revolution

Die 200- bzw. 100-Jahrfeiern sind allerdings vielfältiger, als es sich nach der Analyse des offiziellen Gedenkens ahnen lässt. Sie erschöpfen sich keineswegs in der von der Regierung verbreiteten Version der Geschichte und mit ihr in der Kontrolle über kollektives Erinnern und Vergessen sowie in der Vereinnahmung der kulturellen Erinnerung für die gegenwärtige Politik. Dies wird einerseits an den Debatten unter Historikern deutlich. Sie tragen zu einer Revision der mexikanischen Geschichte jenseits der offiziellen, noch immer in den Grundschulen des Landes gelehrten Version der Heldenverehrung bei.

Dabei lassen sich im Wesentlichen zwei Tendenzen ausmachen: einerseits die Vertiefung der Kenntnisse zur Geschichte der Unabhängigkeit, die vor allem regionalspezifische Aspekte einbezieht und die inneren Widersprüche dieser Epoche über die Analyse der Mikrogeschichte deutlich macht. Andererseits eine grundsätzliche Revision der offiziellen Geschichte, die in erster Linie die Beziehungen Mexikos zu Spanien im Vorfeld der Unabhängigkeit untersucht und somit verdeutlicht, dass sich das Verhältnis zur Kolonialmacht bei den politischen Fraktionen im späteren Mexiko unterschiedlich darstellte. Damit verbunden sind auch eine Reihe von Arbeiten zur Geschichte der Konservativen im Umfeld der Unabhängigkeit, die aufgrund der offiziellen Geschichte und der Notwendigkeit der Legitimation der Unabhängigkeit auch für die späteren Generationen bis vor wenigen Jahren kaum untersucht wurde. Diese Revision hat vor allem zu der Erkenntnis geführt, dass die Geschichte der Unabhängigkeit wesentlich komplexer und in sich widerspruchsvoller ist als bisher angenommen.[15]

[15] Vgl. unter anderen die Beiträge von José M. Portillo Valdés, José A. Piqueras, Brian Connaughton und Elías José Palti in Leyva et al. (2010) sowie die Beiträge in Mayer (2007).

Ein ähnlich gelagerter Prozess ist bezüglich der Mexikanischen Revolution bisher kaum erkennbar, was allerdings auch damit zu tun hat, dass sie in der Vergangenheit bereits sehr intensiv erforscht wurde. Die meisten Arbeiten, die nun im Umfeld des *Centenario* erschienen sind, befassen sich in erster Linie mit den Revolutionshelden; so sind eine Reihe von Biografien zu deren politischem Wirken publiziert worden. Daneben wurden größtenteils Überblicksdarstellungen zur Geschichte der Revolution wieder aufgelegt und zum Teil aktualisiert (Meyer 2010; *Nueva historia general de México* 2010).

Kulturelle Repräsentationen und Anlässe zum *Centenario / Bicentenario*

Auch im Kulturbereich hat es 2010 sehr unterschiedliche Repräsentationen von Unabhängigkeitsepoche und Mexikanischer Revolution gegeben. Eine Reihe von Veranstaltern nutzten den Anlass, um Sondermittel für die Finanzierung ihrer Projekte zu ergattern, so dass zeitweise auf nahezu der Hälfte der Kultur- und Sportveranstaltungen in Mexiko-Stadt und anderen Regionen das Etikett des *Bicentenario / Centenario* klebte, auch wenn sie nur geringen oder gar keinen Bezug zu deren Thematik hatten. So wurde z. B. eine Regatta *Bicentenario* durchgeführt (Abb. 7), und selbst eine Ausstellung zu Moctezuma wurde unter dasselbe Motto gestellt.

Gleichzeitig gab es eine Vielzahl von Veranstaltungen, die unmittelbar Bezug auf die Jubiläen nahmen, darunter die Wiederaufführung zahlreicher Theaterstücke und einige Ausstellungen. Eine wohltuende Ausnahme unter den Ausstellungen, die großenteils die offizielle Version der Geschichte noch einmal auflegten, war diejenige im „Museo de Arte Popular" (Volkskundemuseum) von Mexiko-Stadt, „Villa y Zapata. Una iconografía revolucionaria" („Villa und Zapata. Eine revolutionäre Ikonografie").[16] Sie widmet sich nicht nur der Geschichte der beiden sozialrevolutionären Generäle, sondern stellt auch die anschließende Herausbildung einer Ikonografie dar, die zu ihrer Verwandlung in Volkshelden beitrug und die ihre heutige Wahrnehmung weitgehend bestimmt. Dabei werden die beiden Revolutionäre als modische Embleme für heutige Generationen sichtbar. In Literatur und Film wurden die Ereignisse der Unabhängigkeit und der Revolution ebenfalls verschiedentlich thematisiert. Hierauf komme ich im weiteren Verlauf dieses Beitrags zurück.

[16] Siehe die Ankündigung des Museums auf seiner Webseite: http://www.map.df.gob.mx/index.php/Exposiciones/villa-zapata.php [10.09.2011].

Abbildung 7: Regatta *Bicentenario*, aus: *Mexicanísimo* 30 (2010)

Kommerzialisierung und Werbung im Zeichen der Jubiläen

Die breite öffentliche Wirkung der Jubiläen oder auch nur ihre vermeintliche Wirkung führten dazu, dass zahlreiche Firmen die Feiern des *Bicentenario* und des *Centenario* für eine Kommerzialisierung bzw. für Werbung unter dem Etikett der Unabhängigkeits- und Revolutionsfeiern nutzten. Der Geschäftstüchtigkeit, aber auch bisweilen dem Wucher waren in diesem Punkt kaum Grenzen gesetzt: Preissteigerungen für Hotelzimmer rund um den zentralen Platz der Hauptstadt, die für die Nacht vom 15. auf den 16. September bis zu 70.000 Pesos pro Zimmer (also etwa 4.400 Euro) kassierten, bildeten dabei nur die Spitze des Eisbergs. Vom Nachtisch „Texturas del Bicentenario" („Textur der 200-Jahrfeier") im Hotel Four Seasons (Abb. 8) über den Verkauf von patriotischen Kleidungsstücken (Abb. 9) bis zur Werbung mit den Unabhängigkeits- und Revolutionshelden für das Beerdigungsunternehmen J. García López („Nuestros muertos son leyenda", „Unsere Toten sind Legende"), bei der an Plakatwänden Totenschädel gezeigt werden, die leicht wiedererkennbare Attribute der Revolutionäre zeigen wie etwa das Kopftuch von Morelos oder den Hut von Zapata (Abb. 10) – die Bandbreite der kommerziellen Verwendung der Feierlichkeiten könnte kaum größer sein.

Abbildung 8: Patriotischer Nachtisch, aus: *EXIgente. Lo chic de lo nuevo* 1, 1 (2010)

Abbildung 9: Patriotisches Kleid, © Astrid Welle

Abbildung 10: Werbung des Beerdigungsunternehmens J. García López

Selbst Google feiert auf seiner mexikanischen Eingangsseite mit (Abb. 11).

Abbildung 11: Google-Eingangsseite in Mexiko am 16. September 2010.

Welch ein „Glücksfall" (und Zufall oder vielleicht auch kein Zufall?) war es in diesem Kontext, dass ausgerechnet im Jahr 2010 bei der Kür der „Miss Universe" das Siegerkrönchen an die Mexikanerin Jimena Navarrete verliehen wurde, die neben dem begehrten Titel gleich auch noch von der mexikanischen Presse den inoffiziellen der „Reina del Bicentenario" („Königin des *Bicentenario*") zugesprochen bekam (Abb. 12).

Abbildung 12: „Die Königin des *Bicentenario*", aus: *EXIgente. Lo chic de lo nuevo* 1, 1 (2010)

Selbst vor der Nutzung der Bilder sozialrevolutionärer Ikonen schrecken Werbestrategen nicht mehr zurück. Und so wird neben den bereits genannten legendären Helden des Beerdigungsunternehmens J. García López auch das berühmte Foto einer der Kämpferinnen aus der Mexikanischen Revolution (Abb. 13) heutzutage für die Werbung eines Kaufhauses für mexikanisches Modedesign verwendet (Abb. 14). Die Liste der Beispiele ließe sich fortsetzen, doch mag dieser kursorische Einblick genügen, um die Nutzung der Jubiläen für kommerzielle Zwecke zu verdeutlichen.

Abbildung 13: „La Adelita" Historische Fotografie von Jerónimo Hernández

Bicentenario und *Centenario* in Film und Literatur

Zum Schluss möchte ich noch einen Blick auf Film und Literatur zum *Bicentenario* bzw. zum *Centenario* werfen. Wie wir gesehen haben, wurden die Jubiläen von unterschiedlichen Interessengruppen genutzt: Die mexikanische Regierung versuchte angesichts der derzeitigen Legitimationskrise, die *imagined community* zu stärken; Gruppen der Zivilgesellschaft kritisierten sie genau dafür und organisierten sich über Internetforen; Firmen betrieben im letzten Jahr Werbung mit dem *Bicentenario*- bzw. *Centenario*-

Abbildung 14: Werbung „El Palacio de Hierro", aus: *EXIgente. Lo chic de lo nuevo* 1, 1 (2010)

Etikett; darüber hinaus berichtete die Presse umfangreich, und es gab zahlreiche Diskussionsrunden im Fernsehen; Kulturveranstalter widmeten sich der Thematik ebenso wie der akademische Betrieb und erreichten wenigstens teilweise eine Revision überkommener Interpretationen oder eine genauere Klärung der historischen Ereignisse.

Angesichts dieser Vielfalt an symbolischer Vereinnahmung, aber auch der Vielfalt der Debatten und Darstellungsformen muss es zunächst verwundern, dass Film und Literatur sich 2010 nur wenig an der Repräsentation der Unabhängigkeit und der Mexikanischen Revolution beteiligten – und dies vor dem Hintergrund, dass Literatur in den letzten Jahren vermehrt in ihrer Funktion als mögliches kulturelles und kollektives Gedächtnis interpretiert wird.

Im mexikanischen Kino gibt es nur wenige Filme, die sich explizit dem Thema widmen und die im Jahr der Jubiläen entstanden. Obwohl mit Hilfe der staatlichen Filmförderung des „Instituto Mexicano de Cinematografía" (IMCINE, „Mexikanisches Filminstitut") eine Reihe von zehn Kurzfilmen bekannter mexikanischer Regisseure unter dem Obertitel *Revolución* finanziert und von verschiedenen Fernsehkanälen ausgestrahlt wurde, bevor sie in die Kinos kam, stellt man bei genauerer Betrachtung dieser Filme fest, dass sie lediglich am Rande Bezug auf die Unabhängigkeit und die Revolution nehmen und sich vielmehr Gegenwartsproblemen widmen und insofern teilweise die Feierlichkeiten konterkarieren. Darüber hinaus sind mit Förderung durch das IMCINE und auf der Grundlage einer Ausschreibung zum Thema *Bicentenario / Centenario* mehrere abendfüllende Spielfilme und ein Animationsfilm entstanden, von denen hier nur die in 2010 in die Kinos gekommenen kurz besprochen werden sollen.

Hidalgo, la historia jamás contada (*Hidalgo, die nie erzählte Geschichte*), unter der Regie von Antonio Serrano, dem Regisseur des Kassenschlagers *Sexo, pudor y lágrimas* (*Sex, Scham und Tränen*), beleuchtet, ganz im Sinne der Tradition des lateinamerikanischen neuen historischen Romans der 1980er und 1990er Jahre, die unbekannte Seite des Unabhängigkeitshelden, seine geheimen Liebesaffären, seine Einsamkeit und seine innere Zerrissenheit, bringt diese allerdings in einer sehr traditionellen Formensprache in die Kinos, die nicht wenige Elemente historisierender Kostümfilme aufweist. Vielleicht ist der Film gerade deshalb in Mexiko zu einem Erfolg geworden.

Jorge Fons, Regisseur so bedeutender Filme wie *Rojo amanecer* (*Roter Morgen*) und *El callejón de los milagros* (*Die Straße der Wunder*), erzählt mit der ihm eigenen kontrastierenden Filmsprache und unter Verwendung ständiger filmischer Perspektivwechsel in *El atentado* (*Das Attentat*) die Geschichte eines gescheiterten Anschlags auf den Diktator Porfirio Díaz im Jahr 1897 und zugleich den Niedergang des Regimes, der mit der Mexikanischen Revolution seinen Höhepunkt erreichte. Der Film ist eine kritische und pessimistische Version und Vision der mexikanischen Geschichte, welche die autoritären Strukturen in der mexikanischen Gesellschaft über den konkreten historischen Rahmen der Handlung hinaus verdeutlicht und sich insofern auch auf die Gegenwart bezieht.

Luis Estrada wirft mit *El infierno* (*Die Hölle*) einen kritischen Blick auf die Gegenwart des Landes, und zwar gerade jene Realität, die in den offiziellen Feierlichkeiten verständlicherweise ausgeklammert wird: Gewalt, Korruption, Drogenhandel und illegale Migration.

Carlos Kuri entfaltet demgegenüber in seinem gänzlich unironischen Animationsfilm *Héroes verdaderos* (*Wahre Helden*) ein affirmatives, die Heldenverehrung wieder aufgreifendes und zugleich fortschreibendes Bild der Unabhängigkeitskämpfer und des sie unterstützenden „Volkes". Die fünf jugendlichen Protagonisten, die verschiedene ethnische Gruppen repräsentieren, geraten in die Unabhängigkeitskämpfe und werden zu den im Titel genannten wahren Helden. Die ganz im Sinne einer harmonischen und homogenen *imagined community* konstruierte Geschichte hat nicht von ungefähr das Wohlwollen des Bildungsministeriums und auch der privatwirtschaftlichen Investoren gewonnen, suggeriert sie doch eine „einfache" multiethnische Gesellschaft mit klarer Unterteilung in Gut und Böse und der Abwesenheit ethnischer Konflikte. Werbung auf Schulheften, Säften, Kaugummis und Dosenbohnen sind der Lohn für so viel Patriotismus und Heldentum (Abb. 15).

Und die Literatur? Um sie ist es 2010 seltsam still geblieben, was die 100- und 200-Jahrfeiern angeht. Nun kann man (und auch ich neige hierzu) behaupten, sie sei ein langsames (und umso reflektierteres) Medium, das immer erst mit einer gewissen Verzögerung auf historische Ereignisse reagiert. Dieses Mal ist es aber umgekehrt, denn die Literatur hat das Thema größtenteils vorweg genommen und im Vorfeld abgearbeitet (Schmidt-Welle 2010).

Diese ungewöhnliche Verkehrung hat mit der lateinamerikanischen Literaturgeschichte zu tun, in erster Linie mit der Mode der „neuen" historischen Romane seit den 1980er Jahren. Diese neuerliche Blüte der „nueva novela histórica" führte dazu, dass sich eine Reihe bekannter mexikanischer Autorinnen und Autoren historischer Themen von der Eroberung der Neuen Welt über die Unabhängigkeitskämpfe bis zur Mexikanischen Revolution annahmen. Und das Neue an diesen neuen historischen Romanen war ja gerade die Entmystifizierung der Helden der Unabhängigkeit und der Revolution, die Beleuchtung ihrer persönlichen Geschichte und ihres politischen Scheiterns. So schrieb Vicente Leñero bereits 1981 das Drama *Martirio de Morelos* (*Morelos' Martyrium*), das in Mexiko seinerzeit einen Skandal auslöste, weil es zum ersten Mal einen der Unabhängigkeitshelden in einem gar nicht heldenhaften Licht erscheinen ließ. Und Jorge Ibargüengoitia veröffentlichte 1982 den Roman *Los pasos de López* (*López' Spuren*), in dessen einsam durch eine menschenleere Landschaft reitendem Protagonisten nur unschwer der gescheiterte Hidalgo zu erkennen ist.

Abbildung 15: „Wahre Helden",© der Fotos: Friedhelm Schmidt-Welle

Diese Tradition der Dekonstruktion von Heldenbildern setzt sich unter anderem in den 2006 und 2007 erschienenen historischen Romanen *Zapata* und *Morelos: morir es nada* (*Morelos: Sterben ist das Geringste*) von Pedro Ángel Palou fort, der zu den Initiatoren der Gruppe *Crack* gehört. Jorge Fons' bereits genannter Film über das Attentat auf Porfirio Díaz beruht auf der Vorlage eines historischen Romans von Álvaro Uribe aus dem Jahr 2007, *Expediente del atentado* (*Die Akte des Attentats*). Und Paco Ignacio Taibo II veröffentlichte 2009 *Temporada de zopilotes* (*Zeit der Geier*), eine Chronik über die Ereignisse der *Decena Trágica* von 1913, während der unter anderen der damalige mexikanische Präsident Gustavo Madero von konservativen Putschisten ermordet wurde.

Doch 2010 spielen die Jubiläen in der Literatur nur eine untergeordnete Rolle – sieht man einmal von Carmen Boullosa ab, die auch zu diesem Anlass einen Roman veröffentlicht, für dessen Handlung sie drei historische Daten wählt, nämlich gerade 1810, 1910 und 2010: *Las paredes hablan* (*Die Mauern sprechen*). Aber Boullosa hatte ja auch bereits zum 500. Jahrestag der Entdeckung der Neuen Welt sowie zum 400-jährigen Erscheinen des *Quijote* Romane publiziert, die sich den jeweiligen Themen widmeten, auch wenn sie anderen Schriftstellern gerne die Kommerzialisierung der Literatur vorhält. Ansonsten blieb es ruhig im Literaturbetrieb des Jahres 2010, und vielleicht ist dies angesichts der unzähligen Vereinnahmungen des *Bicentenario* sowie des *Centenario* durch Politik, Kulturbetrieb und Privatwirtschaft ja nicht die schlechteste Nachricht.

Patriotische Embleme und Globalisierung

Allerdings macht die Globalisierung, bei allem Patriotismus, der besonders zum *Bicentenario / Centenario* erneut zum Tragen kam oder neu aufgelegt bzw. (re-)interpretiert wurde, auch vor Mexiko nicht Halt. So werden viele der Insignien dieses Patriotismus heutzutage nicht mehr in Mexiko, sondern in China hergestellt. Das gilt insbesondere für Landesfahnen und Anstecknadeln mit Fähnchen in den Farben der mexikanischen Flagge. Da sich die chinesischen Arbeiter aber nur wenig oder gar nicht für die Details des mexikanischen Patriotismus oder gar der mexikanischen Geschichte zu interessieren scheinen, kommt es dabei des Öfteren zu Irrtümern wie dem im Folgenden illustrierten (Abb. 16).

Statt des Adlers auf dem Feigenkaktus mit der Schlange im Schnabel steht auf der Anstecknadel „United States of Americ[a] – Quarter Dollar". Dürfen wir dies nun als Prognose für die Zukunft lesen oder als subtile Interpretation transkultureller Prozesse

Abbildung 16: Mexikanischer Quarter Dollar, © des Fotos: Friedhelm Schmidt-Welle

und transnationaler Gemeinschaften jenseits des auf nationaler Ebene gepflegten Patriotismus?

Bibliographie

ANDERSON, Benedict (1983): *Imagined Communities. Reflections on the Origin and Spread of Nationalism.* London: Verso.

ASSMANN, Aleida (2008): *Erinnerungsräume. Formen und Wandlungen des kulturellen Gedächtnisses.* 4. Aufl. München: Beck.

ASSMANN, Jan (2005): *Das kulturelle Gedächtnis. Schrift, Erinnerung und politische Identität in frühen Hochkulturen.* 5. Aufl. München: Beck.

BERNECKER, Walther L./Horst Pietschmann/Hans Werner Tobler (2007): *Eine kleine Geschichte Mexikos.* Frankfurt/Main: Suhrkamp.

BOULLOSA, Carmen (2010): *Las paredes hablan.* Madrid: Siruela.

Brading, David (2007): "La ideología de la Independencia mexicana y la crisis de la Iglesia católica". In: Mayer 2007, S. 357–375.

Ceballos Ramírez, Manuel (2007): "Un siglo de la Iglesia en México: entre la Reforma liberal y la Revolución Mexicana (1850–1940)". In: Mayer 2007, S. 377–396.

García Canclini, Néstor (1990): *Culturas híbridas. Estrategias para entrar y salir de la modernidad.* México, D.F.: Grijalbo/Consejo Nacional para la Cultura y las Artes.

Garrigan, Shelley (2010): „Dematerializing Patrimony: The Mexican Bicentennial in the Digital Era". In: *Iberoamericana* 10, 39, S. 211–227.

Halbwachs, Maurice (2008): *Das Gedächtnis und seine sozialen Bedingungen.* 3. Aufl. Frankfurt/Main: Suhrkamp.

Ibargüengoitia, Jorge (1982): *Los pasos de López.* México, D.F.: Océano.

Leñero, Vicente (1981): *Martirio de Morelos.* México, D.F.: Ariel, Seix Barral.

Leyva, Gustavo et al. (Hg.) (2010): *Independencia y Revolución. Pasado, presente y futuro.* México, D.F.: Universidad Autónoma Metropolitana, Fondo de Cultura Económica.

Markowitsch, Hans J. (2009): *Das Gedächtnis. Entwicklung, Funktionen, Störungen.* München: C. H. Beck.

Mayer, Alicia (Hg.) (2007): *México en tres momentos: 1810 – 1910 – 2010. Hacia la conmemoración del Bicentenario de la Independencia y del Centenario de la Revolución Mexicana. Retos y perspectivas.* Bd. 1. México, D.F.: Universidad Nacional Autónoma de México, Instituto de Investigaciones Históricas.

Meyer, Lorenzo (Hg.) (2010): *México para los mexicanos: La Revolución y sus adversarios.* México, D.F.: El Colegio de México.

Nueva historia general de México (2010). México, D.F.: El Colegio de México.

Palou, Pedro Ángel (2006): *Zapata.* México, D.F.: Planeta.

Palou, Pedro Ángel (2007): *Morelos: morir es nada.* México, D.F.: Planeta.

Rabotnikof, Nora (2010): „De conmemoraciones, memorias e identidades". In: Leyva, Gustavo et al. (Hg.): *Independencia y Revolución. Pasado, presente y futuro.* México, D.F.: Universidad Autónoma Metropolitana, Fondo de Cultura Económica, S. 413–436.

Schmidt-Welle, Friedhelm (2010): „Helden und Antihelden. Die Unabhängigkeitsperiode in der hispanoamerikanischen Literatur bis zum Bicentenario". In: *Humboldt* 154, S. 47–48. Auch im Internet unter: http://www.goethe.de/wis/bib/prj/hmb/the/154/de6568428.htm.

Schmidt-Welle, Friedhelm (Hg.) (2012): *Culturas de la memoria. Teoría, historia y praxis simbólica.* México, D.F.: Siglo XXI (In Vorbereitung).

Taibo II, Paco Ignacio (2009): *Temporada de zopilotes.* México, D.F.: Planeta.

Tenorio Trillo, Mauricio (2009): *Historia y celebración. México y sus Centenarios.* México, D.F.: Tusquets.

Uribe, Álvaro (2007): *Expediente del atentado. México, D.F.: Tusquets.*

Welzer, Harald (2004): „Gedächtnis und Erinnerung". In: Friedrich Jaeger, Jörn Rüsen (Hg.): *Handbuch der Kulturwissenschaften.* Band 3: Themen und Tendenzen. Stuttgart, Weimar: J. B. Metzler.

Internet

http://arturo-garcia-hernandez.blogspot.com/2010_03_01_archive.html (10.09.2011).

http://www.bicentenario.gob.mx/ (10.09.2011).

http://www.bicentenario.gob.mx/index.php?option=com_content&view=article&id=728&Itemid=197 (10.09.2011).

http://blog.lib.umn.edu/pedeltmh/pedelty/2010/03/willy-sousa-and-cinematic-mexico.html (10.09.2011).

http://www.eluniversal.com.mx/ciudad/100540.html (10.09.2011).

http://www.map.df.gob.mx/index.php/Exposiciones/villa-zapata.php (10.09.2011).

http://www.presidencia.gob.mx/?DNA=85&page=1&Prensa=15154&Contenido=53735 (10.09.2011).

http://www.presidencia.gob.mx/infografias/2010/03/03/museo_monumental_itinerante/index.html (10.09.2011).

http://www.youtube.com/watch?v=CAgVqXJML6k&feature=fvsr (28.11.2010).

http://www.youtube.com/watch?v=PSGkXrrCYps&feature=channel. (10.09.2011).

http://www.youtube.com/watch?v=Vyyf_2blLhU&feature=related (10.09.2011).

http://www.youtube.com/watch?v=W74M_OvwkeQ&feature=channel (10.09.2011).

Filmographie

El atentado. Regie: Jorge Fons. Farbe. 120 Min. Mexiko, 2010.

El infierno. Regie: Luis Estrada. Farbe. 150 Min. Mexiko, 2010.

Héroes verdaderos. Regie: Carlos Kuri. Farbe. 90 Min. Mexiko, 2010.

Hidalgo, la historia jamás contada. Regie: Antonio Serrano. Farbe. 95 Min. Mexiko, 2010.

Revolución. Regie: Mariana Chenillo, Fernando Eimbcke, Amat Escalante, Gael García, Rodrigo García, Diego Luna, Gerardo Naranjo, Rodrigo Plá, Carlos Reygadas, Patricia Riggen. Farbe. 108 Min. Mexiko, 2010.

The Empire Writes Back: Fray Servando Teresa de Mier, *Memorias*

Stephan Leopold
(Johannes Gutenberg-Universität Mainz)

Für Robert Folger

Barbarity overrunning the politest Nations, and the most barbarous becoming civilized.
Jonathan Swift, *Gulliver's Travels* III.10

Vorbemerkungen: Kreolische Subjektivität

Zu den Paradoxien der Ereignisgeschichte gehört es, dass die Dekolonisation Hispanoamerikas einer Kolonisierung der Alten Welt geschuldet ist. Hätte nämlich Napoleon nicht bei dem Versuch, seine Vorstellung eines geeinten Europas zu verwirklichen, den spanischen König zum Verzicht auf den Thron gezwungen und durch seinen Bruder Joseph ersetzt, so wäre es am 25. Mai 1810 in Buenos Aires auch nicht zu jenem folgenschweren Eid auf den in Bayonne festgehaltenen Ferdinand VII. gekommen, der den Startschuss für die Independencia gegeben hat. Wie kontingent dieses Ereignis für sich genommen auch sein mag, wie paradox eine aus Treue zur Kolonialmacht ausgerufene Unabhängigkeit auch anmutet – der Wunsch, sich vom Mutterland für immer abzunabeln, ist nicht über Nacht erwachsen.

Der Grund hierfür ist in der geopolitischen Isolierung Hispanoamerikas zu suchen, mit der ein asymmetrisches Verhältnis zum Mutterland einhergeht, das sich bei näherer Betrachtung in einen ökonomischen und einen administrativen Aspekt untergliedern lässt. Zunächst in aller Kürze zum ökonomischen Aspekt.[1] Wie man weiß, konnte das in drei Vizekönigreiche unterteilte Amerika aufgrund des Kolonialpakts nur mit dem Mutterland Handel treiben, und zwar ausschließlich zu dessen Konditionen. Dieser Status quo wurde aufrechterhalten durch die Vorherrschaft der lokalen Repräsentanten der

[1] Ich beziehe mich hier auf die einlässliche wirtschafts- und verwaltungsgeschichtliche Darlegung bei Halperin Donghi 1988: 26–104.

metropolitanen Wirtschaft, das heißt durch die Steuerbehörden und jene Händler, die in Verbindung mit der iberischen Halbinsel standen. Auf diese Weise wurden die Kosten der Importe aus dem Mutterland hoch gehalten, was wiederum mit sich brachte, dass die Kolonien keine wirtschaftliche Eigenständigkeit entwickeln konnten.

Diese Situation ändert sich ab der Mitte des 18. Jahrhunderts mit dem vor allem von England vorangetriebenen Welthandel – dies jedoch nicht zugunsten der amerikanischen Kolonien. Es ist im Gegenteil so, dass nunmehr die spanische Krone bestrebt ist, den Handel stärker vor Ort zu kontrollieren, was zu einem Zustrom an Händlern aus der Metropolis, vor allem aber auch zu einer effizienteren Verwaltung führt. Wo man bislang aufgrund der Ferne der Metropolis getreu dem Prinzip des *obedezco y no cumplo* eifrig in die eigene Tasche wirtschaften konnte, hat man es in der Folge der Verwaltungsreform nun mit einer Kontrollinstanz von bis dato ungekannter Effizienz zu tun. Die Bevorzugung der spanischen Einwanderer tut hier ein Übriges, und so geht die Verwaltungsreform deutlich zu Lasten der *criollos*, die nun aber – und dies ist das für uns Interessante – gerade aufgrund der für sie spürbaren Nachteile beginnen, eine spezifisch kreolische und spezifisch amerikanische Subjektivität zu entwickeln.

Die Herausbildung kreolischer Subjektivität bedingt aber nicht nur eine durch die Verwaltungsreform gegebene ökonomische Benachteiligung, sondern auch eine asymmetrische Teilhabe an der Verwaltung selbst. Wie bekannt ist, stellen die *criollos* im kolonialen Hispanoamerika die lokalen Eliten, und sie stehen, sofern man Benedict Anderson glauben darf, demographisch betrachtet zu den gebürtigen Spaniern in einem Verhältnis von 70 zu 1.[2] Die *criollos* sind jedoch von den höchsten Verwaltungsposten ausgeschlossen und können auch nicht wie die Spanier zwischen den Kolonien und dem Mutterland hin und her wechseln. Damit ergibt sich nun eine vertikale und eine horizontale Achse von sozialer Mobilität: Die Beamten aus Spanien dürfen sich auf beiden Achsen frei bewegen, sie zirkulieren zwischen der Metropolis und dem Mutterland und können durch diese Bewegung zugleich von den hohen in die höchsten Staatsämter aufsteigen. Die zahlenmäßig weit überlegenen *Criollo*-Eliten sind auf beiden Achsen beschnitten: Zum einen ist es ihnen verwehrt, in die den Spaniern vorbehaltene Spitze der Verwaltung aufzusteigen, zum anderen beschränkt sich ihre horizontale Bewegungsfreiheit auf ihren jeweiligen Verwaltungsbereich, also auf die Vizekönigreiche und die daran angegliederten Regionen. In ethnischer, religiöser, sprachlicher und kultureller Hinsicht sind die *criollos* dabei von den peninsularen Spaniern kaum zu unterscheiden:

---

2 Anderson 1991: 57.

Einzig der Geburtsort ist hier ausschlaggebend. Wer in den Kolonien geboren wird, ist und bleibt *criollo.*[3]

Dies wäre nun die negative Seite kreolischer Abkunft. Ihr positives Moment erwächst just aus dieser Benachteiligung. Wenn nämlich die kreolischen Beamten auf ihrer Laufbahn immer wieder ihre horizontale wie vertikale Begrenzung erfahren müssen, so machen sie diese Erfahrung nicht allein, sondern teilen sie mit anderen kreolischen Beamten. Anderson geht daher davon aus, dass der Parcours, den die kreolischen Beamten während ihrer Laufbahn vollziehen, nicht bloß ein Weg begrenzter räumlicher Verschiebung ist, sondern zugleich auch eine Art Bildungsreise hin zu einer spezifisch amerikanischen Subjektivität darstellt.[4] Subjektivität versteht sich hier im doppelten Wortsinne als *subiectum* und *subiectus* und leitet sich mithin, wie Fredric Jameson mit Blick auf Hegels berühmte Parabel von Herr und Knecht aus der *Phänomenologie des Geistes* gezeigt hat, immer aus einer Bewusstwerdung der eigenen Unterworfenheit her.[5] Auch wenn Anderson nicht explizit auf diese doppelte Subjektivität Bezug nimmt, zielt sein Argument doch in ebendiese Richtung. Die horizontal wie vertikal begrenzte Laufbahn führt den kreolischen Beamten mit anderen ebenfalls in ihrer Laufbahn begrenzten kreolischen Beamten zusammen, wobei er erkennt, dass er als Amerikaner unter den Spaniern steht, die als Herren einzig den vollen Genuss an der Kolonie haben. Der kreolische Beamte verhält sich demzufolge zu den Spaniern wie der Hegelsche Knecht zum Herrn. Dieser *ist* nach Hegel Selbstbewusstsein, da er über die Anerkennung des Anderen, des Knechts, verfügt und den „Gegenstand der Begierde" – hier Amerika – ungestört genießen kann. Während nun der Herr aufgrund dieses ungestörten Genusses gar nicht mehr zu Bewusstsein kommen kann, muss der Knecht, indem er den „Gegenstand der Begierde" für den Herrn „bearbeitet" und demnach nicht genießt, zu einem Bewusstsein über seine Knechtschaft gelangen.[6] Den hieraus entwachsenden Erkenntnisprozess hat Anderson folgendermaßen auf die Formel gebracht:

---

[3] Anderson 1991: 57 f. Ideologem dieser Ausgrenzung ist eine Naturalisierungsthese, die auf der Anschauung beruht, die *criollos* seien aufgrund ihrer amerikanischen Geburt von unstetem Geist und daher nicht für höhere Ämter geeignet. Vgl. hierzu Jara 1979: 143 f.

[4] Anderson 1991: 63.

[5] Jameson, der die postkoloniale Situation im Blick hat, interpretiert Hegels Herr/Knecht-Parabel dahingehend, dass die vom Westen ausgebeutete Dritte Welt – der Knecht – gerade aufgrund ihrer Ausbeutung durch die Erste Welt zu einer „true materialistic consciousness of his situation" komme, während die von der Ausbeutung profitierende Erste Welt – der Herr – kein Bewusstsein von sich selbst erlangen könne und verdammt sei „to a luxury of a placeless freedom in which any consciousness of his own situation flees like a dream" (1986: 85).

[6] Hegel 1970: 150 f.

> *Nonetheless, hidden inside the irrationality was this logic: born in the Americas, he [scil. the criollo] could not be a true Spaniard; ergo, born in Spain the peninsular could not be a true American. (Anderson 1991: 58)*

So gewendet ist kreolisches Selbstbewusstsein also das Bewusstsein darüber, dass man als Amerikaner Amerika nicht genießen kann, dass aber der Spanier, der es genießen kann, indes kein Amerikaner ist und damit – das wäre der letzte, revolutionäre Schritt – genau genommen auch gar kein Recht auf diesen Genuss hat.[7]

Ist kreolische Subjektivität, wie sie Anderson skizziert hat, ihrer historischen Pragmatik nach wesentlich unbestimmt und also bereits vor der Verwaltungsreform des späten 18. Jahrhunderts greifbar, so trägt diese Reform nichtsdestoweniger beträchtlich zu deren endgültigen Konturierung bei. Mitverantwortlich sind hier zweifellos auch die unter Karl III. in Spanien wirksamen aufklärerischen Tendenzen, die in Hispanoamerika zur Gründung wissenschaftlicher Akademien nach spanischem Vorbild führen und damit auch einen Wandel im Publikationswesen nach sich ziehen. Hierzu gilt es sich in Erinnerung zu rufen, dass gerade der Buchdruck in Hispanoamerika traditionell streng reglementiert war. Bis zum 17. Jahrhundert gab es nur in Mexiko und in Peru Druckereien, und diese produzierten fast ausschließlich geistliches Schrifttum. Andere Bücher mussten aus Spanien importiert werden und unterlagen einer selbst nach spanischen Maßstäben rigiden Zensur.[8] Dies begann sich bereits im 17. Jahrhundert langsam zu ändern, und gegen Ende des 18. Jahrhunderts verfügten selbst kleinere Städte über Druckunternehmen. In diesen Druckereien entstanden nun nicht nur Raubdrucke der verbotenen und nach Amerika geschmuggelten Werke französischer Aufklärer, sondern bald auch Periodika, Zeitschriften und Zeitungen in bisher ungekanntem Ausmaß. Sind die ab 1722 in Mexiko, Lima und Buenos Aires gegründeten Zeitschriften zunächst noch meist von kurzer Lebensdauer, so setzt in der zweiten Hälfte des Jahrhunderts ein regelrechter Zeitschriften-Boom ein. Der von José Antonio de Alzate gegründete, ab 1768 erscheinende *Diario Literario de México* lanciert erstmals wissenschaftliche Artikel aufklärerischen Zuschnitts, und ab den 1780er Jahren entstehen bald allenthalben Zeitschriften, die – häufig unter dem Namen *Mercurio* – aufklärerisches Gedankengut verbreiten. Zu den in diesem Sinne maßgeblichsten Periodika zählt der *Telégrafo Mercantil, Rural, Político, Económico, e Historiógrafo del Río de la Plata*, der ab 1800 als

---

7 Das ist denn auch die kreolische Position im fortschreitenden 18. Jahrhundert. Mit Blick auf Mexiko vgl. hierzu Brading (2004: 15–43) sowie Jara (1979).

8 Siehe hierzu ausführlich García Oro 1990.

Organ der *Sociedad patriótica, literaria y ecónomica* von Buenos Aires erscheint und eine Vorreiterrolle in der Verbreitung der Unabhängigkeitsideen einnimmt.[9]

Wie man sieht, besteht eine zeitliche Koinzidenz zwischen der Verwaltungsreform und der Herausbildung der Zeitungen. Die Zeitungen entstehen parallel zur Reform; sie sind in gewisser Weise deren Beiprodukt und Ausdruck des Wandels. Zeitungen können also durchaus – im Rahmen der Zensur – patriotische, auf die Unabhängigkeit zielende Inhalte verbreiten. Zur Konstitution des kreolischen Selbstbewußtseins bedarf es dieser subversiven Semantik jedoch nicht einmal. Bereits in ihrer pragmatischen Funktion wirken sie für die jeweiligen Regionen nach innen hin konsolidierend. Die oben beobachtete Asymmetrie zwischen Spaniern und Kreolen greift auch hier. Anderson kann belegen, dass die in Amerika ansässigen Spanier, sofern es ihnen möglich ist, spanische Zeitungen lesen, da diese Zeitungen ihnen Auskunft über ihre Welt geben und sie in ihrer spanischen Identität versichern. Für die Kreolen liegt der Fall anders. Eine spanische Zeitung sagt nichts über die amerikanische Erfahrungswelt aus und ist daher auch für die *criollos* von geringem Interesse. Die Kreolen lesen ihre eigenen Zeitungen, und das hat sowohl semantische als auch pragmatische Implikationen. In semantischer Hinsicht sind die kreolischen Zeitungen deshalb von Interesse, weil sie von Ereignissen in den jeweiligen kolonialen Verwaltungsbereichen berichten und somit einen Bezug zur Lebenswelt der dort ansässigen Kreolen herstellen. Für die Herausbildung kreolischer Subjektivität vielleicht noch entscheidender ist indes die pragmatische Dynamik des kreolischen Zeitungswesens, weil ein Kreole, wenn er eine lokale Zeitung liest, sich im Verein mit einer Vielzahl ihm unbekannter kreolischer Landsleute weiß.

Diese pragmatische Dynamik ist Anderson zufolge denn auch ausschlaggebend dafür, dass sich vermittels des kreolischen Zeitungswesens eine *imagined community* herausbilden kann; denn auch wenn der kreolische Zeitungsleser seine Landsleute niemals persönlich kennenlernen wird, erfährt er sich doch im Akt des Lesens als dieser spezifischen Gruppe zugehörig.[10] Die über die Lektüre der gleichen Zeitung konstituierte Lesegemeinschaft ist daher auch der Anfang einer Nationalgemeinschaft.[11] Darüber hinaus – und das ist vielleicht nicht minder gewichtig – hat der kreolische Zeitungsleser zugleich

---

[9] Vgl. hierzu überblicksweise den Eintrag von Laferl 1995: 107. Ausführliche Untersuchungen finden sich bei Otero (1953), Tarín-Iglesias (1972) und Benítez (2000).

[10] Zur Definition der *imagined community* als eines Gemeinschaftsgefühls ohne persönliche Kenntnis aller Mitglieder der Gemeinschaft siehe Anderson 1991: 6 f.

[11] Bhabha (1994, insbes. Kap. 8) spricht in ähnlichem Zusammenhang von einer „Time of the Nation", von einem Chronotopos also, der durch die kollektive Teilhabe an einer spezifischen – hier durch die Zeitungen generierten – nationalen Zeitlichkeit entsteht. Zum Begriff „Chronotopos" siehe Bachtin 1989.

Kenntnis von solchen Zeitungen, die in den anderen kolonialen Verwaltungsbereichen publiziert werden. Selbst wenn er diese Presseprodukte nicht liest, ist ihm bewusst, dass in den anderen Verwaltungsbereichen ebenfalls spezifisch kreolische *imagined communities* bestehen. Letzteres gilt umso mehr, als die Zeitungen und Zeitschriften, die mit dem Ende des 18. Jahrhunderts in Hispanoamerika zirkulieren, ihrerseits immer mit dem Bewusstsein der unterschiedlichen kolonialen Parallelwelten geschrieben sind. So betrachtet liegt in der Pragmatik des Zeitungswesens nun auch bereits jene Partikularität begründet, die Hispanoamerika so deutlich von den Vereinigten Staaten unterscheidet. Jede Region hat ihr partikulares Selbstbewusstsein, von dem aus sie sich jedoch mit Amerika identifizieren kann: Amerikaner ist man gegenüber den Spaniern; Mexikaner, Peruaner, Argentinier hingegen gegenüber den Nachbarn.[12]

Kreolische Subjektivität entsteht somit in Bezug auf den Anderen. Auf der Ebene der Administration ist es die Begrenzung auf der horizontalen und vertikalen Achse, durch die es zu einer spezifisch kreolischen Selbsterfahrung kommt: Während der Spanier das gesamte Weltreich durchmessen kann, ist die Laufbahn des Kreolen an seine Region gebunden. Er ist nicht nur in Amerika geboren, sondern wird, indem ihn die Spanier in seiner Laufbahn begrenzen, erst eigentlich zum Amerikaner. Diese Amerikanisierung wendet sich im Zeitungswesen nun gleichsam ins Positive: Die Periodika konstituieren hier eine Lesegemeinschaft, die man durchaus euphorisch erfahren kann. Wer kreolische Zeitungen liest, kann sagen: *nosotros los Americanos*, und er weiß sich dabei mit den anderen Amerikanern im Verein gegen die peninsularen Spanier.

In der Folge möchte ich mich nun einem Autor zuwenden, der einerseits emblematisch für die kreolische Subjektivität bürgt, andererseits bereits über sie hinausweist: dem mexikanischen Dominikaner Fray Servando Teresa de Mier, dessen Schriften von einer jahrzehntelangen Verfolgung durch die Spanier handeln und zugleich, indem sie von einer Rück-Reise nach Spanien berichten, die schonungslose und aufgrund ihres grotesken Zuschnitts zumeist auch recht witzige Dekonstruktion des spanischen Herrn darstellen. Der immer wieder in Ketten gelegte und über Jahre eingekerkerte Servando ist damit auch in jeder Hinsicht Hegels Zeitgenosse: Er, der seine Schriften zumeist im Gefängnis schreibt, ist der Knecht, der gerade indem er in der Schrift sukzessive zu Bewusstsein kommt, seine Ketten „aufheben" kann. Geschieht diese Aufhebung dabei, wie sich zeigen wird, zu keinem geringen Maße im Medium der französischen und englischen Literatur, so steht Servando nicht nur bereits jenseits der kreolischen Subjek-

---

[12] Anderson 1991: 62 ff.

tivität, sondern auch am Anfang einer postkolonialen Literatur Hispanoamerikas. Diese, wenn man so will, doppelte Dialektik will ich an den beiden auf den ersten Blick sehr unterschiedlichen Texten entfalten, aus denen sich das heute unter dem Namen *Memorias* rubrizierte autobiographische Werk Servandos wesentlich zusammensetzt: Der *Apología* und der *Relación*.

La virgen de Guadalupe: Ein Mythos auf dem Prüfstand

Der Begriff des *writing back*, vom dem die folgenden Überlegungen getragen sind, wurde ursprünglich von dem indischen Romancier Salman Rushdie geprägt und meint eine Schreibpraxis, bei der die koloniale Peripherie gleichsam an das Zentrum der Macht zurückschreibt: „...the Empire writes back to the Center...". Wie man sich dieses Zurückschreiben genauer vorstellen muss, haben Bill Ashcroft und andere Autoren in der für die Postcolonial Studies wesentlichen Abhandlung *The Empire Writes Back* dargelegt. Man schreibt zurück, indem man die Sprache des Anderen, die unweigerlich zur eigenen geworden ist, mit Versatzstücken – also Worten, Bildern, Rhythmen – der eigenen Kultur auflädt und so die Sprache des Anderen diesem gleichsam entfremdet. Das *writing back* basiert also auf einer Dialektik von Aneignung und Enteignung: Indem der Kolonisierte aus dem Objektstatus des Beschriebenen heraustritt und als Subjekt der Sprache selbst zu schreiben beginnt, speist er nicht nur seine spezifische Alterität in die Sprache des Kolonisators ein, sondern stellt auch dessen zuvor noch unangefochtene Perspektive in Frage. Zurückschreiben ist das Verfassen von Gegendarstellungen.[13]

Ein Verfasser von Gegendarstellungen ist auch Fray Servando – und das von Anbeginn. Als er am 12. Dezember 1794 in der Colegiata del Tepeyac vor dem Vizekönig, dem Erzbischof Núñez de Haro, der Audiencia und den wichtigsten Vertretern des Vizekönigreichs eine Predigt zu Ehren der Virgen de Guadalupe hält, kommt es zum Eklat. In seiner Predigt belegt Servando nämlich mit theologischer Spitzfindigkeit, dass die landläufige Version, wonach die Jungfrau dem Indio Juan Diego das noch heute in der Basilica de Guadalupe ausgestellte Tuch übergeben habe, nur die halbe Wahrheit sei. Bei dem Tuch handele es sich in Wirklichkeit um den Mantel des heiligen Thomas, der Amerika nach der Zeitenwende im Auftrag des Herrn missioniert habe. Dabei beruft sich Servando auf den Lizenziaten Borunda, der, wie viele Kreolen, die These vertritt, der heilige Thomas sei niemand anderes gewesen als der toltektische Gottkönig Quetz-

[13] Ashcroft 1989, hier insbes. 37–77.

alcóatl, der nicht nur von heller Haut und weißem Bart gewesen sei, sondern bei seiner Flucht zugleich die spätere Ankunft der Spanier vorhergesagt habe.[14]

Was für den unbedarften Leser wohl einigermaßen abenteuerlich klingt, ist genaugenommen nichts Neues. Die Thomaslegende, obzwar vom Konzil von Lima 1555 offiziell verboten[15], erfreute sich unter den kreolischen Autoren seit jeher großer Beliebtheit. So identifiziert etwa der mexikanische Protoethnologe Fray Diego Durán – der wie Servando Dominikaner war – in seiner um 1577 entstandenen, jedoch erst im 20. Jahrhundert gedruckten *Historia de las Indias de Nueva España* den mythischen König Topiltzin alias Quetzalcóatl mit dem Heiligen Thomas[16], und der peruanische Augustinerpater Alonso Ramos Gavilán widmet in seiner 1622 in Lima erschienenen *Historia del Santuario de Nuestra Señora de Copacabana* ganze fünf Kapitel der Thomaslegende, um zu belegen, „[que] ha passado por estas partes uno de los discípulos del redentor".[17] Auf der Linie von Diego Durán liegt auch der Carlos de Sigüenza y Góngora zugeschriebene Traktat *El fénix del Occidente. Santo Tomás descubierto con el nombre de Quetzalcóatl* aus dem Jahre 1675[18]; das von Ramós Gavilán vorgebrachte Argument macht sich auf spanischem Boden schließlich Calderón in seiner Comedia *La aurora en Copacabana* (1661) zunutze.[19] Ihrem Inhalt nach folgen die vier genannten Texte durchaus ähnlichen Fragestellungen. Was sie jedoch vor allem vergleichbar macht, ist die Funktion der Thomaslegende, welche die heidnische Neue Welt mit der christlichen Alten Welt verbindet und demgemäß die heilsgeschichtliche Verspätung Amerikas zu

---

14 Zu einer ideengeschichtlichen Darstellung des Argumentationsgangs siehe Diego Fernández 1998. Die bisher gründlichste Aufarbeitung liefert Domínguez-Michael 2004: 27–45.

15 Die These wurde erstmals von Manuel de Nóbrega, einem Jesuitenprovinzial in Brasilien, aufgestellt und erzeugte eine heftige Polemik, bevor sie 1555, auf dem Dritten Konzil von Lima, offiziell verboten wurde. Vgl. hierzu Eguiarte Bendímez 2002, hier 187, Anm. 13.

16 „Las hazañas y maravillas de Topliltzin y sus hechos heroicos son tan celebrados entre los indios y tan mentados y casi con apariencias de milagros, que no sé qué me atreva a afirmar ni escribir de ellos, sino que en todo me sujeto a la corrección de la santa iglesia católica. Porque aunque me quiera atar al sagrado evangelio que dice por San Marcos que mandó Dios a sus sagrados apóstoles que fuesen por el mundo y predicasen el evangelio a toda creatura, prometiendo a los que creyesen y fuesen bautizados la vida eterna, no me osaré afirmar en que este varón fuese algún apóstol bendito. Pero gran fuerza me hace su vida y obras a pensar que, pues estas eran creaturas de Dios racionales y capaces de la bienaventuranza que no las dejarías sin predicador, y si lo hubo, fue Topiltzin. El cual aportó a esta tierra, y según la relación de él se da, era cantero que entallaba imágenes de piedra y las labraba curiosamente. Lo cual leemos del glorioso santo Tomás ser oficial de aquel arte y también sabemos haber sido predicador de los indios [gemeint ist hier freilich Indien, S. L.]" (Fray Diego Durán 1967: 9 f.).

17 Ramos Gavilán 1988: 53.

18 S. hierzu Domínguez-Michael 2004: 35 f.

19 Vgl. hierzu Leopold 2008.

tilgen versucht. Ganz in diesem Sinne will auch Servando die Thomaslegende verstanden wissen. In seiner Apologie der Guadalupe-Predigt liest sich dies folgendermaßen:

> *Y si no era posible sostenerla [scil. la tradición de la Virgen de Guadalupe] para que nos quedase una cosa tanto más gloriosa cuanto va de no haber merecido la parte mayor del mundo una ojeada de la misericordia a Jesucristo ni a su Madre hasta mil seiscientos años después de la muerte del Redentor, o haberla logrado al mismo tiempo que las demás partes del mundo, no menos pecadoras que la América. [...]*
> *He dicho que esta opinión es la más conforme a la Sagrada Escritura, porque Jesucristo, enviado a predicar a los apóstoles, les mandó: "Yendo al mundo entero, predicad el Evangelio a toda criatura que está por debajo del cielo; y sedme testigos desde Jerusalén y Judea hasta lo último de la tierra". ¿Sería dable que en una orden tan fuerte, general y absoluta no se hubiese comprendida la mitad del globo? Y ¿qué disculpa podrían tener los apóstoles de no haberla cumplido, habiéndoles su Maestro comunicado expresamente los poderes de su omnipotencia para levantar los obstáculos? (Fray Servando Teresa de Mier 1982: 19–21)*[20]

Wie man sieht, argumentiert hier Servando äußerst geschickt, denn wenn es in der Bibel heißt, Jesus habe seinen Jüngern aufgetragen, das Evangelium von Jerusalem bis ans Ende der Welt zu tragen (Matth. 24.14), so wäre es wohl einigermaßen widersinnig, dass die mit der Allmacht und Allwissenheit des Heilands ausgestatteten Agenten des Heils dabei den halben Globus vergessen hätten. Der Gedanke ist witzig und erlaubt es Servando, die heilsgeschichtliche Asymmetrie zwischen Alter und Neuer Welt zu dekonstruieren, um die traditionelle Vorstellung einer Konsekutivität durch Simultaneität zu ersetzen. Alte und Neue Welt sind also gleichzeitig vom Sündenstand zum Heil aufgestiegen. Der einzige Unterschied zwischen Alter und Neuer Welt besteht daher auch darin, dass erstere das Evangelium bewahrt, während in letzterer, nachdem Quetzalcóatl/Thomas vertrieben worden war, die Frohe Botschaft wieder vergessen wurde. Dies habe Servando zufolge bereits Karl V. anerkannt:

> *[Q]ue el mismo emperador Carlos V escribió a los indios disyuntivamente, diciéndoles „el Evangelio que nunca habíais oido, o que habéis olvidado, etc." Los vasallos [scil. los cronistas españoles], pues, no deberían querer ser más delicados que sus soberanos.*
> *Digo esto porque algunos me acusaban de que había intentado quitar a los españoles la gloria de haber traído el Evangelio. ¿Cómo pude haber pensado en quitarles una gloria que es muy nuestra, pues fue de nuestros padres los conquistadores, o los primeros misioneros, cuya sucesión apostólica está entre nosotros? Gloria filiorum patres eorum. La gloria de los Apóstoles tampoco perjudica a la de sus sucesores; y tan glorioso es haber*

[20] Ich zitiere durchweg aus dieser Ausgabe. Die Angabe des Bandes und die Seitenzahlen folgen den Belegstellen fortan in runden Klammern.

> *introducido el Evangelio al principio como restablecerlo, después que se había olvidado o trastornado.*
> *Yo pienso aun que es cosa más gloriosa para los españoles la predicación antigua de Santo Tomé, que el no haber precedido, porque constando de sus propias historias que debieron la posesión de la América, menos a su espada que a las profecías antiguas sobre su venida y dominio, creídas generalmente en toda la América como de Santo Tomé, es más glorioso, sin duda, haber debido este favor a un apóstol de Jesucristo que no al diablo, o a cosa suya como profetas idolatras. (I, 27)*

Servando argumentiert hier wiederum mit äußerster Raffinesse. Zunächst gibt er zu verstehen, dass der Umstand einer ersten Evangelisierung Amerikas durch den Hl. Thomas die Legitimation der Conquista nicht unbeschadet lasse, stütze sich diese doch gerade auf den biblischen Missionsauftrag. Wenn Servando aber zugleich die Absicht leugnet, den Spaniern die Legitimation zu entziehen, so mit dem Hinweis auf die Kreolen, die als Nachfahren der Konquistadoren und ersten Siedler deren rechtmäßige Erben seien. Die Spanier der Gegenwart werden auf diese Weise gleich doppelt enteignet: Zum einen entzieht Servando durch die Thomaslegende der Conquista und also dem Kolonialreich implizit die Legitimation, zum anderen überträgt er so den verbleibenden Ruhm der Wiederaufrichtung des Glaubens allein auf die Kreolen als Nachfahren der Konquistadoren. All dies tut er dabei, wie er letztlich darlegt, ausschließlich zum Wohle der Spanier; denn nur wenn die Thomaslegende tatsächlich wahr sei, lasse sich die Conquista überhaupt rechtfertigen. Sollte es nämlich so sein, dass Quetzalcóatl nicht ein Apostel des Herrn, sondern vielmehr der Teufel gewesen sei, so wäre die von ihm prophezeite Ankunft der Spanier auch kein Heilsereignis, sondern schlicht ein Werk des Teufels.

An der *Apología del Doctor Mier* lässt sich deutlich erkennen, wes Geistes Kind deren Verfasser ist. Er ist ein Meister der rhetorischen Figur der Praeteritio, also des „ich sage nicht, dass...“. Und so richtet sich der Text – sofern sich in ihm die ursprüngliche Predigt widerspiegelt – denn auch an zwei Adressaten: einmal an die kolonialen Autoritäten, denen Servando mit aller Treuherzigkeit zu versichern versucht, dass seine Guadalupe-Predigt letztlich dem Wohl der Kolonialgesellschaft gedient habe, einmal an die *Criollo*-Eliten, die zwischen den Zeilen zu lesen wissen und in der Predigt einen Aufruf zum Widerstand erkennen. Dass auch die kolonialen Autoritäten – zumal vor dem Hintergrund der französischen Revolution und der im Vorjahr erfolgten Hinrichtung Ludwigs XVI. – zu einer solchen ironischen Lektüre durchaus in der Lage waren, zeigt sich daran, dass Servando im Anschluss an seine Predigt umgehend die *missio canonica* verlor und für zehn Jahre aus dem Vizekönigreich Nueva España nach Spanien verbannt wurde[21], wo nicht nur seine diversen Bemühungen um Rehabilitierung scheiterten, sondern er auch immer wieder in Konventen und Kerkern unter teils denkbar ungünstigen Bedingungen inhaftiert war.

Othering Spain: Fray Servando in Lilliput

Die *Apología* entstand post festum um 1818 im Inquisitionsgefängnis von Mexiko. Das mexikanische Unabhängigkeitsprojekt war zu diesem Zeitpunkt vorerst gescheitert, und Servando, der aufgrund der Mitwirkung eines Aufstandes unter Führung des spanischen Revolutionärs Xavier Mina im Vorjahr in der Festung Soto de Marina festgenommen worden war, wollte mit seiner Schrift bei der Inquisition offenbar eine Strafmilderung erwirken.[22] Wie wenig der Text hierzu angetan ist, wird man nicht zu wiederholen brauchen. Auch ist Servando keineswegs ein gebrochener Mann. Letzteres zeigt sich schon daran, dass der Vierundfünfzigjährige zur gleichen Zeit an jener *Relación de lo que sucedió en Europa al doctor Don Servando Teresa de Mier* arbeitete, für die er zu Recht literarischen Ruhm erlangt hat.

Die autobiographische *Relación* verbindet die Geständnissituation und den erratischen Parcours des pikaresken Romans[23] mit einer Inszenierung des Selbst, die mehr als deutlich an Rousseaus *Confessions* (1784) erinnert.[24] Dass Servando die französische Literatur rezipiert hat, steht außer Frage. 1801 kommt er nach diversen Gefängnisausbrüchen nach Frankreich, wo er eigenen – gleichwohl nicht ganz korrekten – Aussagen zufolge Chateaubriands *Atala* ins Spanische übersetzt haben will (II, 28 ff.).[25] Der Umstand, dass die Übersetzung unter fremdem Namen erschien, also plagiiert worden sei, gehört zu jenen Selbstdarstellungen, die Servando nicht selten dazu gereichen, sich als ein von aller Welt und überall zu Unrecht Verfolgter zu bedauern. Auf diese, wenn man so will, rousseauistische Dimension, werde ich noch zu sprechen kommen. Sie stellt indes nur die eine Seite der *Relación* dar. Über weite Strecken ist der Text nämlich weniger auf Servando selbst, denn auf Spanien hin ausgerichtet, und hierbei nimmt Servando nun eine Perspektive ein, die einigermaßen offensichtlich an die *Lettres persanes* (1721) erinnert: Bei Montesquieu sind es die mutmaßlichen Barbaren aus dem Morgenland, die auf das zivilisierte Frankreich blicken, in der *Relación* ist es der vermeintlich

[21] Domínguez-Michael 2004: 94 ff.

[22] Ebda 86.

[23] Vgl. hierzu Domínguez-Michael 2003.

[24] Auf die Bezüge zu Rousseau hat in aller Kürze und ohne Belegstellen Ette (1991: 151) aufmerksam gemacht.

[25] Siehe hierzu auch Domínguez-Michael 2004: 176 ff.

barbarische *americano*, der seinem Staunen darüber Ausdruck verleiht, dass die Metropolis in keiner Weise seinen Vorstellungen entspricht. In beiden Fällen geht es um ein *writing back*: Dieses erfolgt bei Montesquieu aus einer Entfremdung an der eigenen Kultur heraus, bei Servando dient es dem Zweck einer Umkehrung von metropolitanem Zentrum und kolonialer Peripherie.

In dieser letzten Hinsicht ist die *Relación* ein satirischer Text, der in seiner Schärfe weit über Montesquieu hinausgeht und seine konzeptistischen Anleihen bei Quevedo nicht verleugnet. Angetrieben wird diese satirische Schreibweise von einem Verfahren, das man in den Postcolonial Studies als *Othering* bezeichnet und das dort üblicherweise eine koloniale Vertextungsstrategie meint, durch welche der Kolonisator den Autochthonen als „Wilden" kategorisiert.[26] Berühmt hierfür ist etwa die „Carta a Luis de Santangel", in der Columbus 1492 die Bewohner der karibischen Inseln nur in Form von Negativität beschreibt: Sie hätten keine Kleider, keine Sprache, keine Waffen, ja nicht einmal eine Religion, weshalb die Kolonisierung und Missionierung auch ein Leichtes sei. Dann gebe es freilich auch noch die bösen *carib*. Diese seien Menschenfresser, damit keine Menschen und deshalb bestens zur Sklavenarbeit geeignet.[27] Man versteht das Prinzip: Es dient dazu, koloniale Strukturen und Praktiken zu legitimieren, und dies dadurch, dass der Andere vermittels zumeist ethnisch substantialisierter Stereotypisierungen in einer radikalen Alterität arretiert wird.[28]

Dieser Form des *Othering* begegnen wir auch nach der Unabhängigkeit immer wieder. Etwa bei Esteban Echeverría, dem sie dazu gereicht, in *La cautiva* (1837) den *indio* als das radikale Andere zur Zivilisation festzuschreiben und solchermaßen einen sakralen, vom Autochthonen gereinigten Staatskörper zu entwerfen.[29] Während nun Echeverría und nach ihm Sarmiento koloniale Stereotypisierungen perpetuieren, wendet sich Servando in der *Relación* gegen eben diese Stereotypisierungen und gegen jene von der spanischen Kolonialmacht vertretene Naturalisierungsthese, wonach die Kreolen aufgrund ihrer amerikanischen Geburt nicht mit höherer Vernunft begabt seien.[30] Servando dreht hierzu den Spieß um und projiziert den stereotypisierenden Blick des Anderen auf den Anderen selbst.[31] Dabei bleibt er jedoch nicht einer mimetischen Rivalität mit dem Anderen – also dem Kolonialdiskurs – verhaftet, sondern rekurriert

[26] Zur Terminologie siehe Bhabha 1991: 219–226.

[27] Colón 1992.

[28] Ich teile daher auch nicht die optimistische Lektüre, die Greenblatt (1991: 52–85) dem Text angedeihen lässt.

[29] Vgl. Xuan 2010.

[30] Siehe oben Anm. 2.

[31] Vgl. hierzu Pierini 1993: 809.

zugleich auf Diskursmodelle der Aufklärung, die es ihm erlauben, eine gleichsam objektive Position einzunehmen. Ich werde auch hierauf im anschließenden Kapitel noch genauer zu sprechen kommen. Vorerst sollen die Intertexte im Mittelpunkt stehen, und dabei scheinen mir neben den bereits erwähnten *Lettres persanes* insbesonders *Gulliver's Travels* (1722) von Belang zu sein. Mit Swifts satirischem Erzähler teilt Servando das affichierte ethnologische Interesse an den aufgefundenen Gemeinwesen und nicht zuletzt den gleichermaßen enzyklopädischen wie beißend ironischen Gestus bei deren Beschreibung. So beginnt er den Bericht seiner Spanischen Reise denn auch mit der geologischen Beschaffenheit des Landes und dem Klima:

> *[N]o se puede decir la verdad de España sin ofender a los españoles. Como ellos no viajan para poder hacer comparación, y los que vienen para América vienen de niños, sin haber visto a su patria con ojos racionales, España es lo mejor del mundo, el jardín de los Hespérides, aunque en la mayor parte está sin cultivo, y las tres partes del terreno son infecundas. Raro es el año que no tienen falta del pan, aunque la mayor parte de España se mantiene de maíz y pan de centeno o de mijo. Su clima es el del paraíso terrenal, aunque en unas partes el frío es intolerable, y [...] en otras partes el calor es insoportable. Las estaciones se distinguen perfectamente con muertes repentinas, y tal mortandad en el tránsito de una estación a otra, que parece una epidemia. Las viruelas casi siempre de asiento y el vicio de las estaciones hacen en cada ciudad una compañía ciegos y otra de perláticos, y otras enfermedades crueles. (II, 136 f.)*

Wenn Servando das euphorische Heimatbild der in die Neue Welt gekommenen Spanier mit der harten Realität abgleicht, liegt hierin bereits eine erste Umkehrung des kolonialen Diskurses vor, denn gemeinhin gilt ja in den Chroniken Amerika als „paraíso terrenal" und Hesperidengarten.[32] Eine zweite Umkehrung besteht darin, dass er den Spaniern, die entweder nicht reisten oder ihr Land niemals mit „ojos racionales" gesehen hätten, die Urteilskraft abspricht und sie also in die Position des vermeintlich geistesschwachen Kreolen bringt. Nur wer wie die Spanier jedes Urteilsvermögens entbehrt, wird verkennen, dass Spanien das exakte Gegenteil von Amerika und daher auch fast überall steril ist.[33] Der Hinweis auf den flächendeckenden Brotmangel macht darüber hinaus deutlich, dass Spanien anders als Amerika kaum etwas aus eigener Kraft zu produzieren vermag. Letzteres liegt zuvörderst an dem feindseligen Klima, das die iberische Halbinsel zu einem infernalischen *locus horribilis* macht. Die Jahreszeiten folgen – anders als in Mexiko, wo es keine Jahreszeiten gibt – mit einer solchen Abruptheit aufeinander, dass die Leute reihenweise sterben oder, sofern sie am Leben bleiben,

[32] Vgl. in diesem Sinne die bereits zitierte „Carta a Luis de Santangel", in: Colón 1992: 219–226.

[33] Zur Umkehrung des Entdeckungsdiskurses siehe auch Rodrigo 1997.

Opfer grauenvoller Epidemien werden, die sie blind oder gelähmt zurücklassen. Und selbst wenn die Bewohner Spaniens diesen Heimsuchungen entgehen, so bleiben sie doch vom Schicksal gezeichnet. Sie sind nämlich, wie Servando bei seiner Ankunft im stolzen Aragonien feststellt, zwergenhafte Barbaren:

> *Luego que comenzamos a ver hombres chiquitos, con una chaquetilla negra y sombreros que en España sólo llevan los aragoneses, conocimos que estábamos en la tierra del coño. Porque así como los demás españoles a cada palabra añaden un ajo redondo, excepto los valencianos, que dicen pacho, y es nombre torpe de la oficina de generación, así los aragoneses dicen a cada palabra co... Y esto es manera que llegando a una casa con boleta de alojamiento, el muchacho gritó a su hermana: „Co... anda, dile al co... de la madre que aquí esta el co... del soldado". [...] ¿No es un escándalo que el pueblo español no pueda hablar tres palabras sin la interjección de una palabra tan torpe, cosa que no se ve en ninguna otra nación? (II, 155)*

Bereits die extreme Kleinwüchsigkeit der Aragonesen gemahnt an *Gulliver's Travels.*[34] Ebenso die Bezeichnung von der „Tierra del coño", wodurch Aragonien nicht nur zu einer „fremden Welt" wird, sondern zugleich auch jener Aspekt von Kreatürlichkeit, Sexualität und Exkrementelles in den Vordergrund tritt, der bei Swift immer auf der Seite der irrationalen Menschheit zu finden ist. Man denke hier insbesondere an den vierten Romanteil „A Voyage to the Country of the Houyhnhnms", wo die Opposition Mensch/Tier dahingehend invertiert ist, dass die mit Verstand und Sittlichkeit begabten *Houyhnhnms* Pferde sind, mit den tierhaften *Yahoos* indes *allegorice* die Menschheit gemeint ist. Wie sehr Swift dabei für seine Satire auf das koloniale Imaginarium zurückgreift, zeigt sich daran, dass der Erzähler die *Yahoos* augenblicklich als „Indian[s]" begreift und demgemäß seinerseits das Stereotyp des Wilden gegen die „Mankind" wendet.[35] Dieser Stoßrichtung folgt auch Servando, dies freilich mit der Einschränkung, dass bei ihm nicht die gesamte Menschheit, sondern vor allem die Spanier Wilde sind, und der vermeintlich wilde *indiano* – also er selbst – ein Wesen hoher Sittlichkeit darstellt.[36] Das Toponym der „Tierra del coño" bezieht sich daher auch auf die weithin bekannte Unart der Spanier, ihren Worten durch die Nennung des weiblichen Genitals Nachdruck zu verleihen. Dieser begegnet Servando mit einem gleichsam quevedesken Witz, wenn

[34] Domínguez-Michael (2004: 128–136) widmet ein ganzes Kapitel dem „complejo liliputense", von dem die *Relación* durchzogen ist, doch geht er dabei, trotz eines einschlägigen Mottos aus *Gulliver's Travels* erstaunlicherweise nicht weiter auf den Roman ein.

[35] Swift 1970: 193 und 199.

[36] Die Swift'sche Fügung gebraucht Servando expressis verbis mit Blick auf das spanische Vizekönigreich Neapel: „Al entrar uno en Nápoles le parece a uno que entra en un pueblo de indios [...]" (II, 74).

er in der zitierten Rede von dem Jungen, der seiner Schwester zuruft, die obszöne Interjektion zwischen Eigentlichkeit und Uneigentlichkeit changieren lässt: Der Junge nennt seine Schwester *coño*, sagt sie möge sich an den *coño* der Mutter wenden, bis am Ende selbst der Soldat zum *coño* wird.

Auf den Aspekt der Animalisierung kommt Servando zu sprechen, sobald er nach Kastilien, in das neben Aragonien zweite Kernland der spanischen Krone gelangt:

> *En Castilla hay pan y vino, y nada más; la olla son nabos; y la falta de comercio en la distancia a que están los puertos la tiene en la miseria, y sus lugares son miserables y puercos. La arquitectura de las casas me hacía reír; la pared de la puerta es elevada, y la de enfrente tan baja que el techo toca el suelo; y casi todas son de tierra y de un piso más bajo que la calle. La puerta se cierra con una y dos tablas amarradas con una cuerda. Allí vive con ellos el marranito, la gallina, el gato y el perro. (II, 158)*

Wenn für den desolaten Zustand des Landes das Fehlen von Handel und die Entfernung von den Häfen verantwortlich sind, so gibt Servando damit wiederum deutlich zu verstehen, dass Spanien ohne seine überseeischen Besitzungen nichts ist. Der auf sich selbst gestellte Kastilier lebt deshalb nicht nur in grotesker Armut, sondern gleichsam in Erdverschlägen, die er mit seinen Haus- und Nutztieren teilt. Er ist ein Schwein oder eben ein *Yahoo*.

In Madrid, der Hauptstadt des spanischen Weltreichs, gipfelt schließlich diese semantische Bewegung, wenn dort nun Exkrementelles, Genitalität und Entartung zusammenfallen:

> *Nos vamos acercando a Madrid, y como en otros países se anuncia la cercanía de la capital por quintas, casas de recreo o lugarcitos más pulidos, a Madrid por todas partes rodean lugarejos infelicísimos en ruinas, todos de tierra, y de la gente más miserable: no se ve un árbol en contorno; el terreno árido embiste hasta que llega uno a sus puertas. La primera vez que yo entré fue por la puerta de Fuencarral, y como en otras ciudades se divisan columnas de mármol, yo vi dos muy elevados, y pregunté que eran. Estiércol para hacer pan. Sacaba la cabeza del coche, y en todas las esquinas leía a pares carteles impresos con letras garrafales que decían „D. Gregorio Sencsens y D. qué sé yo, hacen bragueros para uno y otro sexo". Me figuré que aquél era un pueblo de potrosos, y no lo es sino de una raza degenerada, que hombres y mujeres hijos de Madrid parecen enanos, y me llevé grandes chascos jugueteando a veces con alguna niñita que yo creía ser de ocho o nueve años y salíamos con que tenía sus dieciséis. (II, 159 f.)*

Wer nach Madrid kommt, muss ein weitläufiges Ruinenfeld passieren und feststellen, dass das sterile Ödland der kastilischen Hochebene nicht nur bis vor die Stadttore reicht, sondern gegen diese nachgerade anstürmt. Innerhalb der Stadtmauern sieht es kaum besser aus. Wo andere Städte mit Marmorsäulen prunken, ragt in Madrid stapelhoch getrocknetes Exkrement gen Himmel, das man dort, wie Servando erfährt, in Ermangelung von Brennholz, zum Betrieb der Brotöfen braucht. Alles ist Verfall. Die offenbar ubiquitären Reklametafeln für Bruchbänder „para el uno y otro sexo" versteht Servando deshalb auch im Sinne einer kollektiven Genitalschwäche, die sich – so die Isotopiekette – in einer „raza degenerada" niederschlage, deren Kleinwüchsigkeit derart ausgeprägt sei, dass er, Servando, nach eigenem Bekunden oft noch junge Frauen für achtjährige Kinder halten muss. Von der „Tierra del coño" kommt man also in der Tat direkt nach Liliput.

Trotz ihrer pygmäischen Kleinwüchsigkeit sind die Madrilenen dennoch keineswegs zu unterschätzen – sie sind vielmehr ein wildes und gefährliches Volk, vor dem man auf der Hut sein muss:

> *¿Qué son los manolos? Lo mismo que los curros en Andalucía. Manolo es Manuelito, y Curro es Francisco. Esta es la gente natural del país, gente sin educación, insolente, jaquetona, y, en una palabra, españoles al natural, que con su navaja o con piedras despachan a uno, si es menester, después de mil desvergüenzas. (II, 161)*

Sind die männlichen Madrilenen gerade deshalb „españoles al natural", weil sie einen bei der ersten Gelegenheit niederstechen oder erschlagen, so zeichnet sich die „Naturhaftigkeit" der Frauen anderweitig aus:

> *En ninguna parte de Europa tienen el empeño que las españolas por presentar a la vista los pechos, y las he llegado a ver en Madrid en el paseo público con ellos totalmente de fuera, y con anillos de oro en los pezones. Lo mismo que en los dedos de los pies enteramente desnudos, como todo el brazo desde el hombro. [...]. En el Jardín Botánico y en el paseo del Retiro [...] es donde se ven las mayores visiones. Las mujeres vestidas de diosas y sacerdotisas, o con un vestido tan ligero que se les señalan las más menudas partes de su cuerpo. (II, 162)*

Die Madrileninnen gehen oben ohne auf die Straße. Doch damit nicht genug. Sie durchbohren ihre öffentlich zur Schau gestellten Brustwarzen darüber hinaus auch noch mit goldenen Ringen, die sie sich allerdings nicht minder gern an die nackten Zehen stecken. Im Botanischen Garten und im Buen Retiro geht es fast noch freizügiger zu. Dort bekommt Servando die „mayores visiones" zu Gesicht, wenn die höher gestellten Hauptstädterinnen wie heidnische Göttinnen oder Tempelpriesterinnen in dünnen Gazeschleiern – gemeint dürfte die Empire-Mode sein – durch die königlichen Gärten ziehen und ihn „las más menudas partes de su cuerpo" sehen lassen.

Worauf all das abzielt, ist nicht schwer zu erraten – zumal Servando bereits eingangs bekundet hatte: „La España [...] es de África, y sólo por un error de geografía se coloca en Europa" (II, 74). Die Madrileninnen sind Naturwesen in *malam partem*, sie schmücken sich auf primitive Weise, und kaum sind sie unter Bäumen, laufen sie fast nackt. An einer anderen Stelle vergleicht Servando die Spanier mit Hottentotten (II, 225), und ebendies soll auch seine Beschreibung der Hauptstadt suggerieren: Spanien, das sich anmaßt, über die vermeintlich wilden *indianos* zu gebieten, ist in Wahrheit ein Hottentottenreich. Und selbst dort, wo es wie im Botanischen Garten oder im Retiro etwas stilvoller zugeht, gemahnt es bestenfalls an das heidnische Karthago. Afrikanische Zustände herrschen daher auch nachts, wenn die Innenstadt jäh von Prostituiertenscharen überflutet wird:

> *A las oraciones de la noche se apoderan de la Puerta del Sol [...] y de todas las calles contiguas una infinidad de muchachas prostituidas, muy bien puestas, con sus basquiñas y mantillas blancas, que no hacen sino pasar y repasar muy aprisa, como quien va a otra cosa que lo que realmente busca, y así están andando hasta las diez de la noche. Hecho el ajuste se despacha en los zaguanes y escaleras, y cuando yo entraba a mi casa por la noche no hallaba donde pisar, por los diptongos que había en los descansos. Hay muchas alcahueterías; pero eso es para los más decentes. Suceden con esto mil chascos, porque los zaguanes de Madrid son las secretas y meaderos públicos, y es necesario entrar por un caminito que queda en medio, recogiendo la ropa para no ensuciarse. (II, 163)*

Sind die Prostituierten anfangs noch in adrettem Weiß gekleidet, so lassen sie alle Sittsamkeit fahren, sobald sie mit einem Freier einmal handelseinig geworden sind; denn dergleichen Übereinkünfte werden kurzerhand in der Öffentlichkeit vollzogen: vorzugsweise in Hauseingängen oder Treppenhäusern. So geschieht es auch, dass der arme Servando, wenn er einmal nachts nach Hause kehrt, gar nicht weiß, wo er hintreten soll, kommt es doch auf praktisch jedem Treppenabsatz, wie er sich ausdrückt, zu Diphthongen. Gemeint sind hier Laute wie *ai, au, ua* usw., die nicht nur in der Kopula zweier Vokale bestehen, sondern auch die Kopulation der Körper begleiten.[37] Madrid ist also die rechtmäßige Hauptstadt der atavistischen „Tierra del coño". Afrikanisch ist es dabei nicht allein aufgrund der gleichsam naturwüchsigen Sexualität, sondern auch wegen des unzivilisierten Umgangs mit Exkrementen. Wenn nämlich Servando auf seinem Heimweg nicht gerade über ein kopulierendes Paar stolpert, dann tritt er, falls er nicht aufpasst, sprichwörtlich in die Scheiße. Der Austausch von Körpersäften und deren Abgabe finden am selben Ort statt, was mit sich bringt, dass Madrid nicht nur ein riesiges Freiluftbordell, sondern eben auch eine stinkende Kloake ist.

[37] Zu diesem wiederum quevedesken Sprachwitz siehe auch Pierini 1993: 813.

Im königlichen Palast liegen die Dinge nur dem Anschein nach anders. Zwar gelten dort die adeligen Kammerzofen der Königin als *monjas*, doch auch sie sind, wie man bald erfährt, in eine erotische Tauschökonomie eingebunden:

> *Las camaristas [scil. de la reina], que son las monjas de Palacio, viven en el último piso de él, sin que nadie las trate, sino muy de ceremonia, con sus maestras, que son Grandes o damas de la reina, ya entradas en edad de discreción. De allí van saliendo casadas con los pretendientes de empleos, porque a estas jovencitas nobles destinadas a servir en días de ceremonia a la reina y princesas, sirven de dote los mejores empleos de la nación. Como, por ejemplo: a una alemana cincuentona, criada de la reina, se le dio de dote la dirección de la Lotería de México. Optaron a la plaza varios; pero la vieja se agradó de Obregón, mexicano de veintiséis años, porque las viejas siempre gustan de jóvenes que no las pueden querer, porque nadie puede querer a la muerte, que representa una vieja. Y cátate aquí a Obregón director general. Así solamente pudo un criollo tener empleo de jefe. (II, 166 f.)*

Die Textstelle ist in mehrerlei Hinsicht interessant. Zunächst werden die *cameristas* dadurch aufgewertet, dass sie als Mitgift die höchsten Staatsämter erhalten, womit sie metonymisch zum Staat stehen und also zu Staatskörpern werden. Wer eine hohe Funktionärsstelle anstrebt, muss sich folglich um eine dieser Kammerzofen bewerben. Wie sehr dies dabei wiederum nach dem Prinzip der Prostitution funktioniert, wird spätestens dann deutlich, wenn die Kammerzofen keine „jovencitas" mehr sind, und daher auch erotische und ökonomische Attraktion in einem Missverhältnis zueinander stehen. Letzteres ist der Fall bei dem jungen Mexikaner Obregón, der sich als Direktor der kolonialen Lotterie bewirbt und dafür eine „cincuentona" – also eine Frau jenseits der Menopause – heiraten muss. Diese „vieja", die gleich unter einer Reihe von Bewerbern auswählen kann, ist damit in der Position des Freiers oder, um noch einmal die Terminologie Hegels zu bemühen, kann aufgrund ihrer Stellung ungehindert das „Objekt der Begierde" sexuell genießen. Ihre Lust ist daher auch umso größer, als sie weiß, dass der junge Obregón sie gar nicht begehren kann, und er ihr also nur als Hure zu Diensten ist. Für seinen Körpereinsatz erhält der junge Mexikaner freilich seinen Lohn: Indem er sich mit dem Körper der „vieja" verbindet, hat er auch am spanischen *corpus politicum* Anteil – für seine Unterwerfung darf er aufsteigen.

Spätestens an dieser doppelten Bewegung wird nun auch augenfällig, dass es Servando weniger um einen pittoresken Einzelfall geht, als vielmehr um eine gleichnisartige Illustration der Kolonialstruktur. Der junge Obregón steht metonymisch für die Kolonie, die, in eine weibliche Position gebracht, zur Prostitution gezwungen werden kann. Hinter der deutschen Favoritin der Königin verbirgt sich deshalb auch niemand anderes als der unliebsame Fremdherrscher. Die Inversion der Gender-Positionen sowie die Diskrepanz des Alters weisen darüber hinaus auf die „Unnatürlichkeit" einer solchen Verbindung hin. Dies gilt umso mehr, als aus der Verbindung der mit dem Tod assoziierten Alten und dem jungen Mexikaner eben keine Nachkommenschaft erwachsen kann. Die Umarmung von Alter und Neuer Welt bleibt mithin ebenso steril wie es Spanien – zumindest nach der Schilderung Servandos – immer schon gewesen ist.

Auf dieses Moment der Sterilität, das Servando ja bereits zu Anfang eingeführt hat und das er bei jeder sich bietenden Gelegenheit bekräftigt, scheint in den *Memorias* alles hinauszulaufen. Daher auch die Prostitutionsmetapher. Prostitution steht nicht im Zeichen der Nützlichkeit, sondern für Verschwendung und Unfruchtbarkeit; denn Prostituierte gelten nach traditionellem Wissen als steril. Es ist demnach nur zu schlüssig, wenn Spanien bei Servando ein Land der Prostitution ist. Hinter dieser Prostitution verbirgt sich freilich auch ein koloniales Inferioritätstrauma, das Servando in seinem Schreiben umzukehren und gegen den Kolonialherrn zu wenden versucht. Muss sich also der mexikanische Obregón prostituieren, so deshalb, weil ganz Spanien, dieser afrikanische Appendix Europas, ein Bordell ist. Das Gleiche gilt für die Sterilität: Da Spanien steril ist, wird auch alles, was es berührt, steril. Wie die „vieja" steht Spanien für den Tod.

In seinen kurz vor der endgültigen Unabhängigkeit Mexikos entstandenen Schriften wird es Servando nicht müde, diesen Aspekt zu geißeln. In dem gleichen Zusammenhang sieht er auch das von den Spaniern eingeführte und von der Verfassung von Cádiz ratifizierte Kastenwesen, diene dieses doch einzig dazu, die Eheschließungen in der Kolonie zu unterbinden und damit der natürlichen Fruchtbarkeit Amerikas einen Riegel vorzuschieben. Spanien will Amerika nicht nur finanziell sondern auch demographisch ausbluten. Das Kastensystem ist ein schleichender Ethnozid, und dieser Form mortalistischer Biopolitik kann nur die endgültige Befreiung Abhilfe schaffen.

Rousseau *reloaded* – oder der Anfang postkolonialer Literatur

Vergleicht man die *Apología* und die *Relación*, dürfte man sich wohl unschwer dem Fazit von Christopher Domínguez-Michael anschließen können, wonach die beiden Texte in einem Verhältnis von *expositio* und *narratio* zueinander stünden.[38] In der *Apología* wird ein spezifischer Kasus dargelegt, dessen Folgen dann in der *Relación* detailliert

[38] Domínguez-Michael 2004: 128.

auserzählt werden. Dennoch handelt es sich bei der *Apología* und der *Relación* um zwei ganz unterschiedliche Textsorten. Während erstere dem theologischen Diskurs zuzuordnen ist, verweist letztere bereits über ihren Titel auf ein Spezifikum der spanischen Bürokratie: die sogenannte *relación de servicios y méritos*. Diese ist nun, wie Robert Folger jüngst dargelegt hat, das diskursive Grundmuster für den pikaresken Roman und insbesondere für den *Lazarillo de Tormes*.[39] Wer eine *relación de servicios y méritos* verfasst, will etwas erlangen, und zur Erlangung dieses Gutes – etwa eine Staatspension oder eine Beamtenstelle – muss er sich in ein günstiges Licht rücken. Letzteren Aspekt wird man auch für Servandos *Relación* anzusetzen haben, denn der Autor lässt in der Tat keine Gelegenheit verstreichen, sich nicht als ein grundgutes und zu Unrecht verfolgtes Subjekt darzustellen. In dieser Hinsicht ist die *Relación* in der Tat die konsequente *narratio* der *Apología*, diente doch bereits diese dazu, die Guadalupe-Predigt von dem Vorwurf der Heterodoxie und des hochmütigen Aufruhrs gegen die Krone zu entlasten.

In stilistischer Hinsicht wird man indes genauer zwischen beiden Texten zu unterscheiden haben. Rhetorisch ist die *Apología* dem *genus iudicale* verpflichtet und, was die *elocutio* angeht, in einem noch weitgehend barocken, also spezifisch novohispanischen Stil gehalten, der sich nicht zuletzt aus den von Servando herangezogenen Bezugsquellen speist. Die *Relación* gehorcht ganz anderen Mustern. Sicherlich ist der pikareske Roman prägend, doch scheint gerade die Stellung des Ich und mithin die Frage der Subjektivität bereits jenseits des Gattungsmusters angesiedelt zu sein. Das gilt insbesondere für das grundgute Wesen, das diesem Subjekt zu eigen ist. Von sich selbst sagt Servando:

> *Pero como hay otras que equivocan también, extrañamente, mi carácter, les ruego pregunten a cuantos me han tratado algo de cerca y sabrán que puntualmente el origen principal de una vida llena de desgracias es mi candor y la sencillez de un niño. En vano mis amigos me han exhortado a tener, decían, un poco de picardía cristiana. No está en mi mano tener malicia. Y los que confunden con ella la extremada viveza pintada en toda mi figura se acuerdan que es muy compatible con el candor que se notó casi siempre en todos los grandes ingenios. Laissez ce pauvre betela [sic.], decía el suizo del célebre Lafontaine a los misioneros que en la hora de la muerte atormentaban a su amo por sus cosas, laissez ce pauvre betela, le bon Dieu n'aura pas le courage de le damner. Yo desafío a ser mi enemigo quien llegase a conocerme. Vería que la acrimonia misma de mis discursos proviene de la ingenuidad con que no acierto a disfrazar la verdad y aún me sorprendo de haber ofendido con ella. Hay en mis escritos, también cierta hipocresía de cólera porque*

[39] Folger 2009.

no está en mi mano escribir sin vehemencia. Mi imaginación es un fuego, pero mi corazón está sobre la región de los truenos. No puedo aborrecer ni a mis enemigos. Porque de mis amigos, por supuesto, ninguno ha sufrido o fallecido sin el obsequio de mis lágrimas. (II, 293 f.)

Unser Passus ist in mehrerlei Hinsicht bedeutsam. Zunächst einmal wendet sich Servando explizit gegen das pikareske Gattungsmuster, wenn er bekundet, dass er trotz der Ermahnungen seiner Freunde nicht im Stande gewesen sei, selbst „un poco de picardía cristiana" zu entwickeln. Der Grund hierfür sei der ihm angeborene „candor", durch den ihm jede Bosheit und Taktik versagt sei. Dass hinter diesem „candor" noch mehr stecken könnte als das eigene Naturell, wird bereits durch den etwas unvermittelt eingefügten Lafontaine-Vergleich angedeutet, denn darin gibt sich ja Servando als versierter Kenner der französischen Literatur und Kultur zu erkennen. Ist sein Gewährsmann dazu ein Schweizer, so wird man über den Diener Lafontaines hinaus auch noch an einen anderen Schweizer zu denken haben – an Rousseau nämlich, der für den gesamten Passus ganz unzweifelhaft Pate gestanden hat. In der *Dédicace* zu den *Confessions* heißt es:

Voici le seul portrait d'homme, peint exactement d'après la nature et dans toute sa vérité, qui existe et probablement existera jamais. Qui que vous soyez que ma destinée ou ma confiance ont fait l'arbitre du sort de ce cahier, je vous conjure par mes malheurs [...] de ne pas anéantir un ouvrage unique et utile [...] et de ne pas ôter à l'honneur de ma mémoire le seul monument sûr de mon caractère, qui n'ait pas été défiguré par mes ennemies. Enfin fussiez vous, vous-même un de ces ennemis implacables, cessez de l'être envers ma cendre, et ne portez votre cruelle injustice jusqu'au temps où ni vous ni moi vivrons plus; afin que vous puissiez vous rendre au moins une fois le noble témoignage d'avoir été généreux et bon quand vous pouviez être malfaisant et vindicatif: si tant est que le mal qui s'adresse à un homme qui n'en a jamais fait, ou voulu faire, puisse porter le nom de vengeance. (Rousseau 1959: 3)

In der *Dédicace* sind bereits die beiden wesentlichen Aspekte der *Confessions* aufgerufen: Rousseaus Insistenz auf seiner Unfähigkeit, absichtsvoll Böses zu tun, und sein mehr oder weniger stark ausgeprägter Verfolgungswahn, der dazu beiträgt, dass er sich als ein einzigartiges, von der Welt missverstandenes Subjekt entwerfen kann.[40] Servando folgt diesem Muster, und wenn er dabei die Vehemenz seines Stils und seine teils doch recht aggressive Rhetorik rechtfertigt, rekurriert er damit auf eine ebenfalls von Rousseau immer wieder für sich in Anschlag gebrachte Charaktereigenschaft: das Unvermögen, sich an die Gepflogenheiten der *politesse* zu halten. Letzteres gilt beiden – Rousseau und Servando – als Beleg für ihre uneingeschränkte Ehrlichkeit.

[40] Vgl. hierzu Starobinski 1999: 131–176.

Nun ist es eine Sache, wenn Rousseau dergleichen von sich behauptet. Eine andere Sache ist es, dass Servando zur Charakterisierung seines singulären Selbst Rousseau zitiert, denn damit wird er ja zu einem Selbst aus zweiter Hand oder aber zu einem Selbst aus dem Geist der französischen Literatur. Wie sehr dieses intertextuelle Moment für die *Relación* als Ganzes zu veranschlagen ist, hat sich bereits an der satirischen Perspektive des Textes gezeigt, die ja Servando, wiederum einigermaßen offensichtlich, den *Lettres persanes* entlehnt und die er bei Bedarf durch Anleihen bei Swift anreichert. Ich wäre daher auch vorsichtig, die *Relación*, wie dies Robert Folger in einem hellsichtigen Aufsatz getan hat, ausschließlich im Sinne einer Mimikry des stereotypisierenden Blicks des Anderen – also dem der spanischen Kolonialmacht – zu lesen. Es ist zweifellos richtig, dass Servando, indem er mit geradezu obsessioneller Insistenz die Spanierinnen in ihrer Sexualität und Degeneration beschreibt, koloniale Stereotypen umkehrt und sich im Sinne eines „viajero-etnógrafo y colonizador" entwirft, „que construye la superioridad civilizadora en términos de una masculinidad superior, reduciendo el cuerpo del otro a rango de objeto sexual, o sea, lo convierte en un conjunto pasivo de fragmentos sexualmente caracterizados."[41] Was bei dieser Deutung jedoch unweigerlich verloren gehen muss, ist der literarische Aspekt dieses Unterfangens. Das soll nicht heißen, dass es Servando mit seinem *Othering* nicht ernst gewesen wäre. Indem er jedoch mit einer für den gebildeten Zeitgenossen ziemlich hohen Durchsichtigkeit auf die Mustertexte der aufklärerischen Satire zurückgreift[42], öffnet er den mimetischen Kampf mit dem Anderen auf eine dritte Instanz: die französische und englische Literatur. Servando wäre aus dieser Warte auch weniger ein in kolonialer Mimikry gespaltenes Subjekt, sondern bereits ein Vorreiter jener postkolonialen Literatur Hispanoamerikas, die zu ihrer Selbstkonstitution auf die „fortschrittlichen" Kulturen Europas zurückgreift, um sich von der „rückständigen" und oppressiven Kultur Spaniens abzugrenzen.

Hierin scheint mir nun auch das bahnbrechende Moment der *Memorias* zu liegen. Während Servando in der *expositio* der *Apología* noch weitgehend innerhalb der novohispanischen Diskursmuster operiert, emanzipiert er sich in der *narratio* der *Relación* gerade dadurch, dass er seine Rede hybridisiert. Den vielzitierten Ausspruch bezüglich eines ihn befragenden Gefängnisvorstehers, „[m]i historia le pareció una novela, y seguramente fingida" (II, 205), hat man meines Erachtens vor diesem Hintergrund poe-

[41] Folger 2010: 29.

[42] Zu einem diesbezüglichen Skalierungsmodell siehe Pfister 1985: 25 ff. Pfisters zentrale Kategorien sind dabei die Kommunikativität des Intertextes sowie dessen Transformationsgrad, die in unseren Fällen beide als gleichermaßen hoch einzustufen sind.

tologisch zu lesen. Das Ich, das in dieser *historia* spricht, ist in der Tat insofern fingiert, als es sich nach Maßgabe der Rousseau'schen Vorlage modelliert und damit gerade an eine Autorität Anschluss sucht, die jenseits des novohispanischen Erfahrungsbereichs liegt.[43] Der Rekurs auf Montesquieu und Swift betrifft die *historia* selbst, die dann nicht mehr eine im Sinne Rousseaus wahrheitsgemäße Darlegung sein kann, sondern sich als ein literarisches Kompositum zu erkennen gibt, in dem es weniger um die Wahrhaftigkeit, denn um eine Befremdlichkeit nach Maßgabe des rhetorischen Wirkziels der *admiratio* geht. In diesem Sinne kann nun Servando auf gleichsam doppelte Weise den Blick des kolonialen Anderen abschütteln. Er verwandelt den Anderen unter seinem literarisch gebrochenen Blick in dessen eigene stereotype Projektion, und zugleich tut er dies in einem Diskurs, der nicht mehr der Diskurs des kolonialen Anderen ist. Der solchermaßen hybride Diskurs ist jener Ausweg, den die hispanoamerikanische Literatur des 19. Jahrhunderts gehen wird, um der Sackgasse des kolonialen Erbes zu entkommen. Das heißt nicht, dass dies zur Gänze gelänge. An Echeverría haben wir gesehen, wie sich dort die kolonialen Stereotypen hinsichtlich des *indio* ungebrochen fortsetzen, und auch Servando, der in seiner *Relación* das spanische Vizekönigreich Neapel abschätzig als „un pueblo de indios“ begreift[44], ist von dergleichen Voreingenommenheit keineswegs frei. Die postkoloniale Literatur Hispanoamerikas wird lange brauchen, dieses Legat zu überwinden.

Bibliographie

ANDERSON, Benedict (^{2}1991) [1983]: *Imagined Communities. Reflections on the Origin and Spread of Nationalism*. London: Verso.

ASHCROFT, Bill u. a. (1989): *The Empire Writes Back. Theory and Practice in Post-Colonial Literatures*. London/New York: Routledge.

BACHTIN, Michail M. (1989) [1975]: *Formen der Zeit im Roman. Untersuchungen zur historischen Poetik*. Hg. v. E. Kowalski u. M. Wegener. Frankfurt/M.: Fischer.

BAHBHA, Homi K. (1994): *The Location of Culture*. London: Routledge.

BENÍTEZ, José Antonio (2000): *Los orígenes del periodismo en nuestra América*. Buenos Aires: Lumen.

BRADING, David A. (^{10}2004) [1973]: *Los orígenes del nacionalismo mexicano*. Übers. v. Soledad Loaza Grave. Mexico D.F.: Era.

[43] Vgl. hierzu Greenblatts (1984: 9) weithin bekannte Konzeption des *self-fashioning*. Diese spezifische Art der Selbstformung impliziert die Unterwerfung des sprechenden Subjekts unter eine außerhalb seiner selbst liegende Autorität (hier die französische und englische Aufklärung) und die Abgrenzung von einem bedrohlichen Dritten (hier der koloniale Diskurs).

[44] Siehe oben Anm. 36.

Colón, Cristobal (1992): „Carta a Luis de Santangel". In: Ders., *Textos y documentos completos.* Hg. v. Consuelo Varela u. Juan Gil. Madrid: Alianza, S. 219–226.

Diego Fernández, Rafael (1998): „Influencias y evolución del pensamiento político de Fray Servando Teresa de Mier". In: *Historia mexicana* 48, 1, S. 3–35.

Domínguez-Michael, Christopher (2003): „El narrador: La ley del pícaro". In: *Hispamérica* 32, 94, S. 3–12.

Domínguez-Michael, Christopher (2004): *Vida de Fray Servando.* Mexico D.F.: Era.

Eguiarte Bendímez, Enrique A. (2002): „América dentro de la obra de Calderón de la Barca: *La aurora en Copacabana*". In: Arellano, Ignacio (Hg.): *Calderón 2000.* Bd. II. Kassel: Reichenberger, S. 181–196.

Ette, Ottmar (1991): „Der Blick auf das Andere. Eine kontrastive Lektüre der Reisen Alexander von Humboldts und Fray Servando Teresa de Miers". In: Schlieben-Lange, Brigitte u. a. (Hgg.): *Europäische Sprachwissenschaft um 1800: Methodologische und historische Beiträge zum Umkreis der „idéologie". Eine Vortragsreihe im Rahmen des DFG-Projekts „Ideologie-Rezeption".* Münster: Nodus, S. 137–171.

Folger, Robert (2009): *Picaresque and Bureaucracy: Lazarillo de Tormes.* Newark, Delaware: Juan de Cuesta.

Folger, Robert (2010): „'Mi historia ... una novela, y seguramente fingida': estereotipos (post) coloniales y alegoría nacional en las *Memorias* de Fray Servando". In: Folger, Robert/Leopold, Stephan (Hgg.): *Escribiendo la independencia. Perspectivas postcoloniales sobre la literatura hispanoamericana del siglo XIX.* Madrid: Iberoamericana-Vervuert, S. 21–44.

Fray Diego Durán (1967): *Historia de las indias de Nueva España e islas de la tierra firme.* 2 Bde. Hg. v. Ángel María Garibay. México D.F.: Porrua.

Fray Servando Teresa de Mier (^{3}1982) [1946]: *Memorias.* 2 Bde. Hg. v. Antonio Castro Leal. México, D.F.: Porrua.

García Oro, José (1990): *Los reyes y los libros*, Madrid: Cisneros.

Greenblatt, Stephen (1984) [1980]: *Renaissance Self-Fashioning. From More to Shakespeare*, Chicago: Chicago UP.

Greenblatt, Stephen (1991): *Marvelous Possessions. The Wonder of the New World.* Chicago: Chicago UP.

Halperin Donghi, Tullio (1988) [1969]: *Geschichte Lateinamerikas. Von der Unabhängigkeit bis zur Gegenwart.* Übers. v. Elke Wehr. Frankfurt/Main: Suhrkamp.

Hegel, Georg Wilhelm Friedrich (1970): *Phänomenologie des Geistes.* In: Ders., *Werke.* Bd. III. Hg. v. Eva Moldenhauer u. Karl August Michel. Frankfurt/Main: Suhrkamp.

Jameson, Fredric (1986): „Third-World Literature in the Era of Multinational Capitalism". In: *Social Text* 15, S. 65–88.

Jara, René (1979): „El criollismo de Fray Servando Teresa de Mier". In: *Cuadernos americanos* 222, S. 141–162.

Laferl, Christopher (1995): „Reformen, katholische Aufklärung, Unabhängigkeitskriege". In: Rössner, Michael (Hg.): *Lateinamerikanische Literaturgeschichte*, Stuttgart u. a.: Metzler, S. 105–109.

LEOPOLD, Stephan (2008): „La victoria del telos o la ironía de la representación: tipología, legitimación y mestizaje en *La aurora de Copacabana*". In: Tietz, Manfred/Arnscheidt, Gero (Hgg.): *Calderón y el pensamiento ideológico y cultural de su época* (Archivum Calderonianum 11). Stuttgart: Steiner, S. 317–336.

OTERO, Gustavo Adolfo ([2]1953): *La cultura y el periodismo en América*. Quito: Liebman.

PFISTER, Manfred (1985): „Konzepte der Intertextualität". In: Ders./Broich, Ulrich (Hgg.): *Intertextualität. Formen, Funktionen, anglistische Fallstudien*. Tübingen: Niemeyer, S. 1–30.

PIERINI, Margarita (1993): „Un fraile heterodoxo en la España de Carlos IV: Las Memorias de Fray Servando Teresa de Mier". In: Martínez Cuitiño, Luis/Lois, Elida (Hgg.): *Actas del III. Congreso Argentino de Hispanistas: 'España en América y América en España'*. Buenos Aires: Facultad de Filosofía y Letras, S. 806–815.

RAMOS GAVILÁN, Alonso (1988) [1621]: *Historia del Santuario de Nuestra Señora de Copacabana*. Hg. v. Ignacio Prado Pastor. Lima: Prado Pastor.

RODRIGO, Enrique (1997): „Una 'anti-relación de Indias': La *Relación* de Fray Servando Teresa de Mier". In: Paolini, Claire J. (Hg.): *La Chispa '97: Selected Proceedings*. New Orleans: Tulane University, S. 355–363.

ROUSSEAU, Jean-Jacques (1959): *Les Confessions*, in: Ders., *Œuvres complètes*. Hg. v. Bernard Gagnebin u. Marcel Raimond. Paris: Gallimard (Pléiade).

STAROBINSKI, Jean ([2]1999) [1961]: *L'œil vivant. Corneille, Racine, La Bruyère, Rousseau, Stendhal*. Paris: Gallimard.

SWIFT, Jonathan (1970): *Gulliver's Travels*. Hg. v. Robert A. Greenberg. New York: Norton.

TARÍN-IGLESIAS, José (1972): *Panorama del periodismo hispanoamericano. Desde sus orígenes a nuestros días*. Barcelona: Salvat.

XUAN, Jing (2010): „Sacrificio sublime, sacrificio obsceno. La fundación del cuerpo nacional en *La cautiva* y *El matadero* de Esteban Echeverría". In: Folger, Robert/Leopold, Stephan (Hgg.): *Escribiendo la independencia. Perspectivas postcoloniales sobre la literatura hispanoamericana del siglo XIX*. Madrid: Iberoamericana-Vervuert, S. 97–127.

El sueño de la patria letrada: tradición, herejía y modernidad en las letras de México. El destino de la poesía mexicana en el siglo XIX[1]

Pablo Mora
(Universidad Nacional Autónoma de México)

El sueño criollo de la patria

Los hombres de letras mexicanos del siglo XIX heredaron el sueño criollo de la patria anhelada de años anteriores, un sueño que fraguaron en la lengua, y que, como suele suceder, algunos lo expresaron usando la poesía como una de las más nobles formas de manifestar la patria despojada. Desde el siglo XVIII ya se leían versos de jesuitas que recordaban – vislumbraban – esa patria "mexicana", desde el destierro; una patria que se hacía doblemente necesaria, sentimental y geográfica. Juan Luis Maneiro[2], desde Europa decía:

Tiene la patria no sé qué dulzura
Que siempre gira el corazón por ella,
Sin hallar otro bien en su amargura
Ni en sus viajes ideales otra estrella...[3]

Esa herencia cobró dimensiones distintas y dramáticas en los años que duró la lucha por la independencia, y más todavía en periodos de guerra de intervención o durante las disputas políticas internas entre 1824 y 1855, cuando México titubeaba para consolidarse como nación. Es por esta razón, entre otras, que la patria tan anhelada, ya recordada, sin poder constituirse definitivamente, legitimarse, se convirtió en uno de los temas

[1] La versión extensa de este artículo aparece en el libro *Patrimonio literario en México del Siglo XIX*, libro en colaboración con Antonio Saborit, Pablo Mora y Eduardo Contreras, de próxima aparición.

[2] Juan Luis Maneiro (1744–1802), Landívar, José Antonio Bermúdez son algunos de los que establecieron los tonos poéticos del nacionalismo criollo. Por ejemplo, es notable en Maneiro la forma como utiliza la topografía mexicana, el barrio de Tacuba, como forma de recuerdo. Con ellos se proyecta por primera vez el sueño criollo. Dice en uno de sus poemas: "Yo cedo por Tacuba, pueblo inmundo, / Roma, famosa capital del mundo" (Maneiro 1988: 28).

[3] El poema se titula "Rapto de un afligido" y está citado por Méndez Plancarte (1979: IX). Dichos poemas se encuentran localizados en la Biblioteca Nacional de México Poesías mexicanas políticas 3.

literarios fundamentales durante el siglo XIX hasta dar una de sus expresiones más altas, cien años después, en los versos de la "Suave Patria" de Ramón López Velarde en 1921:

Yo que sólo canté de la exquisita
partitura del íntimo decoro,
alzo hoy la voz a la mitad del foro,
a la manera del tenor que imita
la gutural modulación del bajo,
para cortar a la epopeya un gajo.
(López Velarde 2004: 260)

La trayectoria entre los versos del jesuita y de López Velarde, producidos en el año de la celebración del centenario (1921), nos permite hacer un recorrido por un árbol literario singular en el que podemos vislumbrar tanto los momentos más decisivos de esa construcción de nación con frutos literarios distintos, verdes algunos y maduros otros; un recorrido que pasa también por nódulos inciertos o ramas sólidas y brillantes que han hecho la riqueza de una parte de nuestro patrimonio literario en el siglo XIX.

La luz y las texturas de esos frutos literarios y, muy concretamente, de aquel patrimonio literario fraguado en versos, resulta un material que registra los cambios de color, de olor, de materiales y de sonido, según las estaciones históricas y las corrientes estéticas prevalecientes. En ese sentido, no son muy frecuentes los versos que logran trascender los sellos de su época y gozan de un brillo permanente – como el ejemplo de López Velarde y –, por lo regular, aquéllos que han sobrevivido a los años iniciales del siglo XIX suelen adoptar un tenor más acorde con la tradición dominante entonces, en este caso española, según los cantos patrióticos de un poeta ilustrado, como José Manuel Quintana, desprendidos de la invasión napoleónica, o bien de la poesía bucólica y arcádica de un Meléndez Valdés. Pero también, ya desde entonces, se filtran versos de lucha, más de carácter popular, como los de Joaquín Fernández de Lizardi que, siempre marginal, introducía un discurso más local y mestizo. Sin embargo, de esas primeras décadas de vida independiente, los versos que se solía privilegiar y que resonaron y aparecieron sistemáticamente en las antologías del siglo XIX fueron los de hombres más cultos como Andrés Quintana Roo o Francisco Sánchez de Tagle, de los árcades Martínez de Navarrete o Anastasio de Ochoa, todos ellos colaboradores en algún momento de aquel periódico fundacional, el *Diario de México* (1805–1817). No por eso, los versos de Fernández de Lizardi dejarían de tener su sello y su importancia como expresiones herederas de los modelos clásicos españoles a través de formas como la del soneto o la novela picaresca, como lo ha advertido José Emilio Pacheco.

Por lo pronto, la patria que se buscaba o anhelaba estaba presente bajo los dictados, paradójicamente, de preceptivas neoclásicas, hispánicas, en donde los parámetros dejaban poco para una expresión autocrítica, madura, o que ostentara la transgresión o juego prosódico, un requisito ineludible o indispensable para poetas posteriores.

En todo caso, para todos los escritores que forjaron la literatura del siglo XIX, el de la patria fue un tema literario que se había expresado no sólo en ese sueño, antes de la Independencia, sino que sobre todo se expresó en uno de los instrumentos más preciados en el orbe de las naciones: la lengua española. Este valor intrínseco fue fundamental para seguir cultivando y reforzando ese instrumento, que por momentos parecía sin vigor y de poca fortaleza dada la situación nacional de los primeros años de vida independiente, pero que, con los años, alcanzaría su esplendor bajo la ejecución de los escritores modernistas, a partir del último cuarto del siglo XIX.

Esta aventura, que por lo menos va de 1810 a 1880, es la que marcó prácticamente todo el siglo XIX, una vez alcanzada la soberanía intelectual y se convirtió, a lo largo del proceso de conformación del patrimonio literario, en uno de los puntos temáticos de peso. Este punto temático, con los desafíos o herejías literarias de algunos escritores, nos puede servir, en buena medida, como un fluido de contraste para ver el proceso de una tradición y su modernidad en las letras mexicanas. Por ello de los versos de un José Juan Tablada, de Amado Nervo, de Salvador Díaz Mirón, de Laura Méndez de Cuenca a los de un escritor anterior como Navarrete u Ochoa o, acaso, de Manuel Carpio y de Guillermo Prieto, hay vínculos notables que constituyen lo que llamamos una tradición literaria. Se trata de un patrimonio literario que también se muestra en otros géneros porque, como una suerte de recurso natural, aunque este sea aquí cultural, estará sujeto a la armadura brillante de esa lengua española que tiene varias propiedades, entre otras, la de ser aquélla que también nos dio la religión; ese "Niño Dios" que – como lo advierte López Velarde – "te escrituró un establo" – México – pero también nos ubicó con "los veneros de petróleo el diablo" (*Idem.*)

El instrumento de la lengua: valor cultural universal

Durante el siglo XIX, y de manera muy importante en las primeras décadas de vida independiente, tanto criollos como mestizos o toda la clase letrada fueron conscientes muy pronto de que si se quería alcanzar una patria de gran fortaleza y riqueza como la que proyectaba el propio barón de Humboldt desde sus observaciones de la naturaleza y la cultura, era indispensable no sólo conservar ese valor de la lengua –valor ilustrado–

sino que la patria tenía que estar sustentada en un verdadero conocimiento y dominio de esa lengua. La única forma de garantizar dicho valor era, sobre todo, como lo habían hecho los verdaderos maestros del idioma (Garcilaso, Herrera, Cervantes) adoptando y estudiando las fuentes y las formas de los clásicos grecolatinos, entre otros procedimientos. Este anhelo no sólo se convirtió en una obsesión en los escritores mexicanos sino que se hizo un motivo fundamental que, con los años, ofreció a la lengua española una renovación universal y originaria a la vez, con registros inéditos y antiguos. Y es que, para nuestro siglo XIX, este logro, aunque ya se había alcanzado en los textos de Sor Juana Inés de la Cruz y de Juan Ruiz de Alarcón, la literatura escrita por autores americanos, según criterios políticos y geográficos, no era entonces tan significativa porque representaba, por un lado, ser "el producto" de una copia de la literatura española en tierras americanas, y, por otro, al tiempo de la consumación de la independencia tampoco era el producto brillante privilegiado del español, a la luz de las preceptivas del momento. En todo caso, lo que sí reconocieron los escritores mexicanos, a lo largo de todo el siglo XIX, fue que Sor Juana, sin ser un modelo literario a imitar para la época, era el ejemplo del escritor desafiante de su siglo, en último caso, modelo cultural. Con el ejemplo de Sor Juana se establecía un precedente de esa aspiración del humanismo criollo que había alcanzado una madurez intelectual y prestigio literario desafiante ante sus propios contemporáneos en España, a ejemplo del espíritu renacentista, traído por los españoles desde los tiempos del descubrimiento y de la conquista. Quienes vieron con más claridad este proceso fueron, en buena medida, algunos escritores modernistas (Luis G. Urbina, Salvador Díaz Mirón, Amado Nervo, Enrique González Martínez), los ateneístas (Alfonso Reyes, Julio Torri, Pedro Henríquez Ureña, Alfonso Cravioto, Martín Luis Guzmán) y sobre todo los contemporáneos (Xavier Villaurrutia, José Gorostiza, Jorge Cuesta, Salvador Novo) ya en pleno siglo XX.

Para 1917, por ejemplo, Luis G. Urbina hacía un recuento histórico de nuestro patrimonio literario: "El idioma castellano es la forma única que nos ha dado y nos dará personalidad literaria en el universo de las Ideas."[4] Con lo que mostraba que para un modernista la lengua española seguía constituyendo un instrumento de identidad indiscutible como lo fue para los humanistas en México. Esta joya se valoró tanto que en los momentos más difíciles de la historia mexicana, la invasión extranjera durante el siglo XIX, lo que más se temía era la desaparición del país y de la lengua española. Precisamente, en uno de esos momentos dramáticos de nuestra historia, Manuel Carpio

[4] Luis G. Urbina. *La vida literaria de México*. Madrid: Imprenta Sáez Hermanos, 1917, 15.

confió a sus perfectos endecasílabos el deseo de conservar el recuerdo de un México a punto de desaparecer. Se trata de los versos que escribió en 1847 a raíz de la invasión norteamericana:

Yo vi en las manos de la patria mía
verdes laureles, palmas triunfadoras,
y brillante con glorias seductoras
yo la vi rebosar en alegría
[...]
¡Patria infeliz! sin Curios ni Catones,
ha sido tu destino lamentable:
leyes te dieron con sangriento sable
del Norte los terribles batallones.

Para después manifestar, a la manera de un jesuita desterrado en tierras santas, ese recuerdo de México en lengua española:

Allá en la soledad ¡oh patria mía!
Siempre estarás presente en mi memoria.
¿Cómo olvidar tu congojosa historia?
¿Cómo olvidar tu llanto y tu agonía?
(Carpio 1998: 216)

Manuel Gutiérrez Nájera hace este reconocimiento de la lengua como instrumento y caja maravillosa en varios momentos de su obra. Por ejemplo, cuando debate con un crítico español sobre el uso de la lengua española en tierras americanas: "Hay literaturas o literatura en la América Latina. Nosotros conocemos a "nuestra madre" España. La "madre" es la que, según parece, no conoce a sus hijos" (Gutiérrez Nájera 1995b: 99). Pero también apunta, reconociendo ese valor vivo de la lengua "... nosotros no hablamos un diccionario... hablamos un idioma, y el idioma vive, crece, y se le caen los dientes y le salen otros, y hasta suele verse en la penosa necesidad de usar dientes postizos..." cuando se refiere a los préstamos de otras lenguas.

José Juan Tablada, en sus memorias, recuerda sus primeros encuentros con Manuel Gutiérrez Nájera y refiere el valor que le otorgaba a la lengua:

Debemos individualizarnos, pero dentro de nuestra tradición literaria. No hay que imitar a los clásicos servilmente; eso sería ridículo y aun imposible: debemos interpretarlos dentro de nuestra vida propia. ¿Y el idioma? ... El nuestro es magnífico, fue, mejor dicho, porque ha venido a menos, como uno de esos ancianos que fueron ricos y poderosos y hablan sólo de sus tiempos pasados. Pero ese anciano puede volver a ser rico y poderoso, aquí, en América. (1937: 175)

Y, en efecto, lo que cocinaban los modernistas desde 1880 era una renovación de ese "anciano" que se podía y debía mostrar al mundo con nuevos y vigorosos atributos. Y es que esta era la única forma de alcanzar la independencia espiritual. El Duque Job (Manuel Gutiérrez Nájera) ubicaba con una perspectiva histórica más crítica y rica con respecto a la formación de esa patria literaria la necesidad de rejuvenecer y revitalizar una madre que se hacía vieja y desgastada en su afán por imitar modelos y abrevar en las mismas fuentes.

Detrás de esta pretensión se fraguaba algo muy importante: alcanzar la independencia espiritual por medio de la misma lengua, una conquista que entrañaba una herejía que la misma Sor Juana ya había practicado, como lo planteó Jorge Cuesta (1978) muchos años después; un desafío que se había resistido a mostrarse en plenitud desde los días de nuestra independencia, pero que ya antes había dado muestras de su vigor. Gutiérrez Nájera no sólo aspiraba a ser mexicano sino sobre todo a pertenecer a la historia universal de la poesía y entendió de manera muy clara que de lo que se trataba no era de ser mexicano a priori sino de ser original con todo el oficio y la imaginación posibles, es decir, quería, ante todo, apropiarse de un patrimonio espiritual universal, a través de la lengua española, y ser ciudadano del mundo. Sólo a partir de esa apropiación era posible hacer algo que valiera más la pena. Sin embargo, este proceso fue costoso y largo porque tuvo que abrirse paso en un siglo de muchos tropiezos y adversidades.

Entre odres clásicos y altares del cristianismo

Una vez lograda la independencia política, republicana o constitucional, los escritores entendieron que era indispensable sustentar esa nueva vida con instituciones científicas y modernas mediante un valor decisivo que apelaba al ser ilustrado del hombre. Y este valor, en los terrenos de la lengua, lo identificaron inmediatamente en las preceptivas vigentes procedentes del neoclasicismo. Así, el ejercicio literario se concentró desde el principio al resguardo de la lengua por medio de una poesía de corte bucólico y neoclásico. En el *Diario de México* se dieron a conocer plumas como las de Fray Martínez de Navarrete, el padre Anastasio de Ochoa, Francisco Sánchez de Tagle y Andrés Quintana Roo. En buena medida, como resultado de esta experiencia, Martínez de Navarrete publicó en 1823 los *Entretenimientos poéticos* (México: Valdés), una obra que aparece con el retrato del mismo poeta y constituye un libro de un escritor en toda forma. Sin embargo, como advierte Manuel Toussaint sobre este autor, aparecen rasgos de una herejía porque aparte de la "sencillez poética, opuesta al culteranismo y que a veces raya en la más lamentable prosa, hay una experiencia de amor, una dialéctica especial de enamorado, que nos hace sospechar que todas las personas que figuran con designaciones fingidas: Clorila, Melito, Silvio, etc., fueron seres de la vida real que intervinieron en las emociones del poeta y viven en sus versos."[5] El sacerdote Martínez de Navarrete deja mostrar su interés por las cosas mundanas y reales cuando dice:

¿De qué me sirve, papeles,
Hijos de un bastardo amor,
Versos con tanto favor,
Si vosotros sois tan crueles?
...
De mi deshonra testigos,
Vergüenza me da teneros...[6]

Este mismo poeta escribe un texto que inclusive ofrece muestras de una sensibilidad romántica cuando al mundo convencional de naturaleza amena y luciente de "Ratos tristes" introduce versos como "Pone en mi mano un lúgubre instrumento, / unísono al que pulsa la elegía, / de ébano negro... " Y su destino encuentra: "Deidad tan melancólica y sombría, / de mi confusa idea / como de cueva lóbrega salía;... "[7] De otra manera más prosaica, e incorporando un mundo más local, también se fraguaban los textos de Lizardi que registraban voces populares y críticas de la vida virreinal. Por otro lado, en los terrenos de la prosa, otro escritor como Fray Servando Teresa de Mier se abría paso dentro de las convenciones de la vida religiosa y palaciega con una autobiografía digna de un hereje.[8]

Ahora bien, el culto a las fuentes y al gusto clásico es, en el caso mexicano, en realidad, toda una tendencia desde que los españoles implantaron su lengua en tierras americanas. Como lo plantea Jorge Cuesta en el mismo artículo citado: se trata de un clasicismo mexicano que se refiere a una corriente del pensamiento y de la escritura mexicana que se reconoce universal por su apego a los ideales que despertaron el conocimiento y la pasión universales de la España –una España que "inventa" y descubre América y deja la raíz fecunda de su herejía en la lengua y literatura de los siglos XVI y XVII. En ese sentido, se refiere a la herencia de una vocación por privilegiar las formas universales sobre las particulares. Así ejemplificó desde su origen la obra de Sor Juana Inés de la Cruz y Juan Ruiz de Alarcón. Es un pensamiento que antes de reconocerse

[5] En Toussaint 1992: 513.
[6] *Idem.*
[7] Navarrete 1939: 149, 150.
[8] Teresa de Mier 1946.

heredero de la España castiza se siente vástago del universalismo de esa cultura – continúa Cuesta. Algunos autores han denominado a esa tradición de pensamiento como humanismo mexicano, un pensamiento que se conecta con una serie de preocupaciones y tradiciones específicas. Gabriel Méndez Plancarte (1979: VII) las expone como una afición al mundo y fuentes griegas y latinas, un pensamiento religioso y una defensa por lo americano, entre los signos más característicos.

La misma vocación que plantea la necesidad de las fuentes griegas y latinas es la que refleja la poesía patriótica, aquella que buscó valores de libertad e identidad en los héroes y guerreros. Los entusiasmos por el triunfo de la Independencia, como lo tradujo el propio Andrés Quintana Roo en su "Oda al dieciséis de septiembre", dan cuenta de este sustento clásico y cristiano. Pero sobre todo, como lo advierte el propio Gutiérrez Nájera, una de las virtudes de dicha obra radica en que, como las grandes silvas de Andrés Bello para América, aquí el poeta mexicano supo vislumbrar la vida republicana de la nación, es decir, "sintió el soplo de la oda que pasaba" (Gutiérrez Nájera 1995c: 512). En el inicio del poema mencionado, Quintana Roo utiliza como interlocutores a la musa poética y clásica (a la de Virgilio) mas también interpela al Dios del cristianismo para denunciar los abusos españoles sobre el Anáhuac en nombre de la religión.

Moral corrompedora
predican con la bárbara insolencia,
y por divinas leyes
proclaman los caprichos de sus reyes...[9]

En 1826, con la presencia del cubano José María Heredia, por segunda vez en México, y las gestiones de Manuel Eduardo de Gorostiza, que promueve el exilio de dos escritores italianos y la introducción de la primera litografía, se funda la primera revista literaria mexicana ilustrada, *El Iris*. Esta revista es importante por el precedente que marca en el desarrollo editorial, en la crítica de espectáculos y en la historia de la litografía en México. Para entonces Heredia ya había escrito dos de los poemas más importantes de la primera mitad que marcaron el imaginario poético de los escritores mexicanos: "En el Teocalli de Cholula" (1920) y "Al Niágara" (1824). Este punto es importante porque Heredia, en el poema de 1824, alcanza sin duda uno de los mejores momentos de la poesía americana con registros de carácter radicalmente románticos – heréticos frente a la tradición – derivados de una noción de lo sublime muy particular.[10] En todo caso, Heredia logró una poesía más visionaria en la que desde tierras de América del Norte

[9] En Urbina *et al.* 1985: 137–138.
[10] Altenberg 2001.

y mediante la Naturaleza y estruendo del Niágara logró que viéramos y oyéramos – a través de la prosodia –, el trópico de la isla.[11]

Mientras tanto, en México se construía, con tropiezos, un panorama institucional, entre guerras internas y rebeliones permanentes, con un proyecto de educación emergente y aún precario. No obstante, en 1836 se fundaba, al margen de la propia escuela, la Academia de Letrán, una tertulia literaria que buscó dos cuestiones fundamentales: la conformación de una literatura nacional dentro de una plataforma de espíritu democrático. Las reuniones de los jóvenes hombres de letras tendrían como fruto tanto los textos publicados en *El Año Nuevo* (1837–1840) como en la revista *El Recreo de las Familias* (1838), dos revistas editadas por el joven Ignacio Rodríguez Galván. En este contexto, la presencia y la producción de los dos jóvenes de dicha Academia: Fernando Calderón e Ignacio Rodríguez Galván destacarían tanto por los dramas como por la poesía.[12] Particularmente significativos eran dos poemas de Calderón: el "Sueño del tirano" y "El Soldado de la libertad", así como uno de Ignacio Rodríguez Galván: "La Profecía de Guatimoc", éstos dos últimos poemas de 1838, derivados en buena medida de la situación endeble del país, año de la guerra contra Francia o "de los Pasteles". Sin duda estas dos producciones literarias incluían desafíos y temáticas distintos a los planteados hasta entonces en la literatura mexicana: en el primer caso hay una imitación magistral de Byron y de Espronceda; en el segundo, un poema narrativo y dramático con cuestionamientos históricos importantes como el reconocimiento de la imposibilidad de la presencia del pasado indígena por el desconocimiento de las lenguas prehispánicas. Los dos textos marcan la presencia plena del romanticismo en México en dos de sus modalidades: el romanticismo histórico y de carácter cristiano, por un lado, y por el otro, un romanticismo formal, de una prosodia ágil y perfecta, vetas que definirán a la literatura mexicana hasta 1870.

En este marco histórico y literario, es importante subrayar, ante la titubeante construcción nacional, un cambio de ánimo en los escritores de la época, concretamente a partir del año de 1836, notable por sucesos que revelaron la modulación hacia un optimismo original en la construcción de la nación, pero éste implicaba la necesidad de una regeneración nacional formulada en los valores nuevos de la clase media y alta naciente.

[11] Los versos dicen: "Mas ¿qué en ti busca mi anhelante vista / Con inútil afán? ¿Por qué no miro / Alrededor de tu caverna inmensa / Las palmas ¡ay! Las palmas deliciosas, / Que en las llanuras de mi ardiente patria / Nacen del sol a la sonrisa; y crecen, / Y al soplo de las brisas al Océano, / Bajo un cielo purísimo se mecen?..." ("Al Niágara", Heredia 1993: 253).

[12] Hay que agregar, como lo advierte Tola de Habich (1996), la aparición de la primera novela de temática indígena escrita por un mexicano: "Netzula" de José María Lacunza.

En realidad, una de las necesidades que se comenzó a revalorar a la luz del nuevo contexto político fue la búsqueda de una espiritualidad que había sido desplazada por las guerras y la inestabilidad política y social. En ese sentido, la única manera de restituir un estatus de plenitud humana en la modernidad era mediante la conquista de un ámbito no sólo material, sino también espiritual, un estatus que ya tenía sus bases en la religión. Pero con la independencia política y las nuevas formas de vida generadas por las repúblicas o monarquías se hacía doblemente imprescindible la necesidad de reivindicar un reino espiritual sobre el material mediante el eclecticismo o la moderación.

Para 1840, mientras que algunos escritores buscaban reconsiderar el pasado o los beneficios de la religión, el resto pensaba que la única vía para alcanzar la libertad de expresión, los derechos del hombre y la libre conciencia era a través de la ilustración y la educación – y ahí la literatura representaba una herramienta eficaz en el fomento de las necesidades religiosas y espirituales y, en todo caso, en la transmisión de valores morales. De ahí que autores como Manuel Carpio, José Joaquín Pesado, Guillermo Prieto y el propio Rodríguez Galván vieran que la fuerza de la poesía y, de la literatura en general, estaba en que permitía ahondar en asuntos de índole religiosa y espiritual sin tener que reivindicar el poder de la iglesia. Ellos mismos, unos más explícitamente, encontraron en la poesía uno de los mecanismos para establecer esas armonías y esos requisitos espirituales. Por eso no es una casualidad que dos de los escritores más leídos en la primera mitad del siglo XIX hayan sido el poeta Lamartine y Chateaubriand, dos autores que dieron principios poéticos e históricos por medio de la revaloración del devenir del cristianismo. Por otro lado, en el terreno de la filosofía, reconocieron esa necesidad espiritual a raíz de las reflexiones de filósofos como Benjamín Constant, Víctor Cousin, en algunos casos, de los neocatólicos como Lammenais. En Constant reconocieron la importancia de reivindicar las necesidades espirituales del hombre, el sentimiento religioso intrínseco frente a lo desconocido, mientras que en Cousin encontraron que la base de las instituciones modernas era el cristianismo, la verdadera religión. En cuanto a Lamartine descubrieron en su poesía el tono melancólico y sentimental necesario para traducir un destino nacional que se cobijaba bajo la historia del cristianismo adoptada por Chateaubriand. Los textos de los mexicanos en esta etapa son poemas melancólicos, basados en la historia de los pueblos cristianos o sujetos a retomar valores morales.[13]

Ahora bien, si es cierto que no hay textos de grandes dimensiones e importantes en estos años, salvo algunos de los mencionados, uno de los poemas que resume en buena

[13] Véanse los poemas de José Joaquín Pesado (1839), particularmente "La Visión".

medida esa experiencia nacional durante los primeros 30 años es el "Himno Nacional". En efecto, si hiciéramos un primer corte hasta 1854, lo que se experimentó durante las primeras tres décadas de vida soberana y la mitad del siglo XIX fueron guerras internas, intervenciones, separatismos, indefiniciones políticas, inestabilidad social y política y, en consecuencia, la imposibilidad de conformar una nación. Así, las expresiones literarias de estas décadas tienen la marca de un sueño criollo desprendido de una serie de valores culturales, como el de la constitución de esa nación moderna y nueva, al mismo tiempo que enfrenta una realidad de contradicciones. Por ello y para sorpresa de algunos lectores en el siglo XXI, uno de los textos que resulta una verdadera expresión de la primera mitad del XIX es la obra que todos los lunes se entona por los niños y niñas mexicanos: el Himno Nacional, premiada en 1854.[14] En otras palabras, en la versión original y completa del texto de Francisco González Bocanegra podemos encontrar fielmente el espíritu de esa época porque sintetiza puntualmente en todos los sentidos las aspiraciones y realidades de la nación: prosódica, bélica, religiosa, romántica, caudillista, providencial y mesiánica. El evento público y el momento histórico son importantes porque mientras Santana se hacía nombrar su Alteza Serenísima, el Mesías que era llamado para reconstruir México, se cantaba dicho Himno, por primera vez, el 16 de septiembre en el Gran Teatro de Santa Anna.

Los años críticos: Reforma y monarquía

Mientras tanto, durante los años de 1850 y 1855, Francisco Zarco ensayó, en sus crónicas de modas y literarias, terrenos de una escritura visionaria e imaginativa sorprendentes. Al mismo tiempo, en esa época también comenzó a trabajar en sus textos los vínculos entre el análisis político con el literario y moral. Zarco tomaba la batuta del periódico liberal *El Siglo XIX* hasta su muerte en 1869.

Desde la breve presidencia de Comonfort hasta la llegada de Maximiliano en 1864, México vivió uno de sus periodos más violentos e indefinidos con la guerra de Reforma, la invasión francesa, el segundo imperio, y como consecuencia la actividad literaria disminuyó notablemente. Mientras en 1859 Ignacio Ramírez escribía "Después de los

[14] A la versión original se le han omitido varias estrofas relativas a Santa Anna y Iturbide. Por ejemplo al referirse al primero: "Del guerrero inmortal de Zempoala / te defiende la Espada terrible, / y sostiene su brazo invencible /tu sagrado pendón tricolor / (...)El será del feliz mexicano / en la paz y en la guerra el caudillo, / porque el supo sus armas de brillo / circundar en los campos de honor" (http://es.wikipedia.org/wiki/Himno_Nacional_Mexicano, 6-11-2011).

asesinatos de Tacubaya", un soneto perfecto que alude a la muerte de Juan Días Covarrubias, Prieto descubría literalmente las armas de las letras al salvar de la muerte a Juárez gracias al poder de su retórica y versificación. Sin embargo, también otro poeta ciego describía y cifraba la guerra y situación de México a la luz de la historia cristiana. Juan Valle narraba en tercetos puntuales y fotográficos la guerra civil:

Como a José sus bárbaros hermanos,
a sus hermanos los guerreros tratan,
y en sangre fraternal manchan sus manos.

Como los escritores de la primera mitad del siglo XIX, liberales y conservadores, reconocían en la Divina Providencia los dictados que iban a reordenar la realidad mexicana[15], sólo que ahora se trataba de una providencia que se hacía republicana porque, entre líneas, ese Moisés estaba en la figura de Juárez, que liberó al pueblo de Israel de Egipto:

Y el mismo que a su pueblo protegido,
por en medio del mar camino abriendo
dejó en él al egipcio sumergido…
[…]
Y cual llegó a la tierra prometida
el escogido pueblo tras la guerra,
llegaremos tras lucha fraticida
de paz y unión a la anhelada tierra.[16]

En 1864, el propio Altamirano escribió uno de los poemas más emblemáticos de corte romántico, "Al Atoyac", mostrando una veta distinta en tanto al tratamiento de la naturaleza tropical y recuperando a Heredia sin mencionarlo. El poeta guerrerense encontraba una música distinta vinculada con el paisaje histórico nacional y reclamaba a los poetas de la primera mitad sustituir la poesía de la Naturaleza por la poesía del género religioso de la historia. Les reclamaba que en lugar de las montañas y naturaleza mexicana antepusieran "con la imaginación los paisajes de Judea, de Sodoma y de Egipto y [se pusieran] a describirlos con piadoso afán… " (Altamirano 2006: 293).

En 1866, Riva Palacio escribió la canción "Adiós, mamá Carlota… ", heptasílabos de corte popular, en un escritor culto, que se usan para la toma de Querétaro en 1867 para acabar con el imperio de Maximiliano. Ignacio Ramírez publicó su poema "El hombre-Dios" (1866), en el que expone sus ideas filosóficas sobre el materialismo, pero también sucumbe a otra religiosidad: la del amor contaminado por los ecos de la guerra, en armadura de formas clásicas.

[15] Esa misma alusión se hace en el "Himno Nacional Mexicano". *Cf.* nota 14.
[16] En: Valle 1995: "La guerra civil", 49, 52–53.

Dos años después del triunfo de Benito Juárez y la República en 1867, la Ley de Instrucción Pública suprimía la enseñanza religiosa y el propio Ignacio Manuel Altamirano abogaba por un cambio en la tradición literaria en tanto buscaba la musa del amor y la naturaleza frente al dominio de la historia del cristianismo por los poderes de la Iglesia, la aristocracia y los militares. Poco después también se comenzó a publicar el periódico *La Sociedad Católica* y se debatió en torno a los excesos del racionalismo y el romanticismo. Precisamente los escritores de una publicación como *La Voz de México* (1872) comenzaron a plantear la necesidad de una filosofía espiritualista mediante la restauración del valor del alma y una vez más de la fe cristiana. Sin embargo, esta empresa aunque se mantuvo a lo largo de toda la segunda mitad del siglo XIX, al lado de *El Tiempo* de Victoriano Agüeros, permaneció dentro del cerco de lo privado más que de lo público, fermento de una cultura más soterrada, a diferencia de la primera mitad del siglo XIX. Los liberales habían tomado definitivamente la batuta.

Virtudes de la vida pública y privada: la república de clásicos y románticos

Si bien en todas las historias literarias se advierten la importancia y las virtudes literarias de la revista de Altamirano, *El Renacimiento* (1869), que en un espacio democrático convocó a cuanto escritor buscara el renacimiento de la literatura (como ya antes lo habían planteado en términos de nacimiento los de la Academia de Letrán), esta época también la definieron los escritores que se reunieron en la Sociedad Netzahualcóyotl (1868–1872), una generación que, en sus mejores exponentes, tuvo una breve vida, pero que supo establecer el cambio discreto de utilería entre los espacios públicos y privados.

Poetas románticos como Manuel Acuña, Juan de Dios Peza, Agustín F. Cuenca y Laura Méndez de Cuenca, Manuel M. Flores pulsaron versos con tonos nuevos en la búsqueda de otros himnos, más íntimos, amorosos, melancólicos, fúnebres, secularizadores. Por su parte, Peza era testigo de la desdicha del suicidio del amigo Manuel Acuña (1873), un suceso que tuvo su impacto como en España, cuatro décadas antes, con el suicidio de Larra.

En efecto, en general muchos escritores – incluidos algunos liberales – seguían siendo cuidadosos con esa función de la poesía como depositaria de valores cristianos, de la mujer y la belleza como formas de verdad. Era por otras vías por la que se abría camino la escritura mexicana hacia la modernidad. Una de ellas, por ejemplo, el poema mencionado de Altamirano "Al Atoyac" (1864), que motivaron el primer texto lírico realmente moderno, al mismo tiempo que Agustín F. Cuenca abrevaba en la poesía gongorina y lopista en México, con una dicción más conceptuosa y un uso de la versificación con tonos distintos, la presencia del poema como realidad musical y metafórica independiente. Se trata del poema de Cuenca "A orillas del Atoyac" (1877), es decir, a orillas del poema de Altamirano, dedicado a una "onda", la del río y el poema; un texto que en su tradición y herejía –el mismo Altamirano criticaba los contagios gongorinos de Cuenca– llevaba raíces de modernidad.

Onda clara, onda azul, onda turgente
que de este valle tu rumor alejas
y te lanzas al mar indiferente;
e indiferente a mi dolor me dejas.
***
¡Adiós! yo quedo en mi dolor pensando
que eres fugaz como la vida triste,
pues viéndote venir, fuiste pasando;
y viéndote pasar, desapareciste.

(*Cuenca 1920: 34*)

Las reformas a la Constitución y la vida republicana habían permitido la práctica secular, cuando antes había sido sólo imaginada, inventada, en un proceso moral y bajo un romanticismo histórico basado en el cristianismo y el sentimentalismo. En otras palabras, es importante tener presente que la práctica literaria en México no se correspondió inmediatamente con una práctica moderna, reformada, sino que primero fue en papel, con ataduras y amarres. Cuando llegó esa realidad, sobre todo a partir de 1869, ésta cobró otra forma, pero era todavía discreta, no radical. El momento en el que coincide una práctica literaria moderna con una práctica social moderna es a partir de 1872, en las ciudades, a la muerte de Juárez, y de manera plena con el modernismo, a partir de 1880.

Durante esos años, la presencia de los versos de Heine[17] y de Bécquer, la lectura de la poesía sentimental de Schiller, los acotados registros de Poe, las flores caídas y la enfermedad en el amor (sífilis) de Manuel M. Flores, la inteligencia y el romanticismo liberal de Laura Méndez de Cuenca, la enfermedad crónica de Agustín F. Cuenca y la muerte en duelo de Santiago Sierra, son algunos de los sucesos que arropan una modulación significativa en la poesía, poco estudiada en su conjunto, la vida y la literatura como fatalidad, que permitió el surgimiento de la literatura moderna. Una mujer como Laura Méndez de Cuenca mostraría los agrios sabores del adulterio o la orfandad madura y la duda. En "Sombras" dice:

El hombre sin cesar tala y construye,
y en alas de la fe se agita y brega,
quién por la dicha plácida que huye,
quién por la tardía muerte que no llega.

Fe de la infancia, préstale tu ayuda
al espíritu flaco y macilento;
que el torcedor candente de la duda
ya no calcine más mi pensamiento.
(*Méndez de Cuenca 2006: 78*)

En el año de 1876, también apareció la primera reflexión literaria que discutía las relaciones entre filosofía y literatura a la luz de la poesía sentimental (positivismo vs idealismo) en el artículo "El arte y el materialismo" de Gutiérrez Nájera (1995a: 49–64) y el propio José María Vigil apelaba a otras literaturas y sus paradojas frente a los escritores mexicanos dentro de la retórica nacionalista en "Algunas consideraciones sobre la literatura nacional" (Vigil 1996: 276–278).

La presencia del positivismo en la educación había radicalizado, en cierta medida, los intereses de la educación sentimental a través de la religión y por eso se comenzó

[17] No hay que olvidar que Manuel Gutiérrez Nájera introduce y discute la influencia de la literatura alemana entre 1875–1877, además de que se publica *Fausto* de Johann Wolfgang von Goethe,traducción de Rafael Cosmes y Cossío, México, Imprenta en la Calle de Tiburci. Por otra parte, en agosto de 1873, se publica "Huitzilopochtli" de Henrich Heine, traducido por Jorge Hammeken y Manuel de Olaguíbel. (En *El Domingo*, 10 y 17 de agosto de 1873) En la nota introductoria dicen: "Que Enrique Heine fue un poeta de primer orden que reunía en sus composiciones la filosofía alemana al *esprit* francés de una manera inimitable, es un hecho literario bien conocido en el mundo de las letras. Pero que hubiese escrito un poema entero sobre un episodio de nuestra conquista; que hubiese cantado nuestras glorias anematizando al invasor extranjero; que hubiese elegido a los aztecas como sujeto para uno de sus más artísticos cuadros, esto había quedado sepultado en un olvido que podría imputarse a nuestra ingratitud, si por desgracia no pudiera justificarnos el lamentable estado de ignorancia en que nos encontramos respecto del mundo intelectual europeo." (p.1).

a discutir la necesidad de otras formas de conocimiento que no fueran sólo las experimentalistas. Se recurrió a la literatura y a la filosofía que, a fin de cuentas, eran formas del pensamiento humano capaces de establecer vínculos entre el mundo material y el espiritual; en el caso de la filosofía se recurrió particularmente al espiritualismo y al idealismo, corrientes que permitían establecer puentes entre lo material y lo espiritual y moral. Se trataba de encontrar esa forma artística que sublimara los sueños, los sentimientos y la imaginación del hombre sin interrumpir el progreso de una nación y sin desviar los valores morales.

Una de las vías que compartieron prácticamente todos – y en la que estaban perfectamente de acuerdo – era la del culto a las fuentes clásicas, e inclusive algunos escritores estaban plenamente identificados con esta tarea por su práctica en la traducción y las versiones perifrásticas. En 1885, apareció también la segunda edición de *Horacio en España* de Menéndez y Pelayo, y desde entonces se incrementaron las traducciones de poesía clásica. Pagaza publicó *Murmurios de la selva* en 1887 y a raíz de esto tanto Justo Sierra como Manuel Gutiérrez Nájera publicaron textos en torno a ella. Si Sierra publicaba en tercetos una epístola dedicada al autor de "Murmurios..." y destacaba: "... y el Idilio / enlaza a tu corona de cristiano / una rama del lauro de Virgilio..."; por su parte, Gutiérrez Nájera, en otra epístola, una suerte de reseña a la carta en verso de Justo Sierra, advertía a los poetas:

> *El poeta filósofo [Sierra] se encara con el poeta sacerdote [Pagaza] y le dice: ¿por qué revives los cánticos helénicos, por qué bebes inspiración en la serena fuente de Blandusia, por qué trascienden tus estrofas a los tomillos que cantó Virgilio? Nuestro espíritu está acongojado, nuestro camino está circuido por la sombra; vamos a tientas sin saber adónde; nuestra fe tenía alas y voló, nuestra conciencia tenía hambre y sed del ideal... tú eres poeta y sacerdote, canta para los suyos el canto de la esperanza...!*[18]

Estas palabras dejan entrever y calibrar claramente un momento poético crítico, sí, pero en un ambiente literario atento a la tradición clásica antes que académica o romántica. Permiten, en efecto, asomarse a una tradición viva que desde Francisco Xavier Alegre, Fray Manuel Martínez de Navarrete y Montes de Oca pasando por Pagaza, Sierra, Othón y Fernández Granados, o Joaquín Casasús, traspasa el siglo XIX y permanece en el XX.[19] Por eso, Gutiérrez Nájera será quien diga, abonando argumentos para la nueva literatura: "La poesía es esencialmente pagana. Ama la forma, y este inmenso amor

[18] Gutiérrez Nájera, 1995a: 334.

[19] Sin duda algunos estudiosos de la cultura clásica ya han advertido y estudiado esta tradición que desde Landívar pasando por los Árcades, Carpio hasta Sebastián Segura, Clearco Meonio, Pagaza, Othón, Balbino Dávalos, Joaquín Casasús y Fernández Granados, entre otros.

redime hasta los pecados de lesa humanidad que Virgilio canta, que Catulo deifica y que Ovidio no repugna…" (Gutiérrez Nájera 1995: 251). De esta manera, la poesía que venía a reforzar estos postulados era la parnasiana francesa, cuya presencia era un desafío a los ojos de los lectores y poetas mexicanos que la vieron como ejemplo y no necesariamente como una reacción a una estética romántica. Tampoco la concebían como una confrontación al excesivo positivismo, sino como la apuesta y el reconocimiento de un camino que era necesario retomar, más allá de los limitados alcances del academicismo o sentimentalismo poéticos. Precisamente ese bloque resistente de la poesía clásica lo ofrecería, en versión moderna, la poesía parnasiana, que reivindicaba modelos antiguos, era impersonal, pero a diferencia de la tradición poética francesa, aquí se buscaba una modulación para retomar un sendero que ya se había trazado en la tradición mexicana desde la Conquista: el clasicismo; se trataba, una vez más, en palabras de lo planteado por Jorge Cuesta, unos años después, de una cultura del desarraigo (1978: 182–183).

Por esos años, Gutiérrez Nájera ya había leído en una de las sesiones del Liceo Hidalgo el poema que marcó la entrada de una poesía moderna con el tema de la ciudad: "La duquesa Job" (1885) al mismo tiempo que Guillermo Prieto publicaba versos de estirpe popular, *Romancero nacional*.

Ahora bien, las consecuencias, transformaciones y adaptaciones de todas estas discusiones se proyectarían en su versión moderna a través de escritores – con traducciones –, por un lado, como José María de Heredia (1842–1905), Leconte de Lisle (1818–1894), Paul Verlaine (1844–1896), Henrich Heine (1797–1856), etcétera, por otro, de escritores como Gaspar Núñez de Arce, de traducciones de Alfred Musset (1810–1857), de Josué Carducci (1835–1907), de Gabriel D'Anunnzio, Théophile Gautier (1811–1872), etcétera. El poeta que ya tocaba sólidamente esos acordes en 1889 era nada menos que Salvador Díaz Mirón con su texto clásico, parnasiano y erótico a la vez sobre "Cleopatra":

A menudo suspiraba;
y sus altos pechos eran
cual blanca leche, cuajada
dentro de dos copas griegas,
y en alabastro vertida,
sólida ya, pero aún trémula.

¡Oh! yo hubiera dado entonces
todos mis lauros de Atenas
por entrar en esa alcoba
coronado de violetas,
dejando ante los eunucos

mis coturnos a la puerta.
(Díaz Mirón 1997: 393)

Y dos años más adelante el mismo Gutiérrez Nájera con "Non Omnis moriar" de 1893. Quizá por eso el propio Sierra apuntará en el "Prólogo" a las *Poesías* (1896) de Gutiérrez Nájera:

Gutiérrez Nájera, en su erotismo balbuciente e indistinto todavía, de imitación con frecuencia, que era el acento genuino y daba el tono a sus composiciones, no se mostraba rebelde a la tradición cristiana. Pero ese erotismo debe, en rigor, vestir el ropaje clásico y ser más o menos latinizante o helenizante, para no ser un pecado; es decir, debe, tratándose del sentimiento humano más hondo, y de donde brota en raudal inagotable la savia misma de la poesía eterna, debe, decimos, procurar hacerse pasar a los ojos del lector como un juego armonioso, como una imitación sin substancia de los antiguos; debe, en suma, disimularse y ponerse el rótulo de clásico. (Sierra 1977: 404)

Los idilios de la suave patria: modernidad y patrimonio

El escritor que planteó nuevas coordenadas y desafíos en la literatura moderna fue José Juan Tablada, primero con la publicación de dos poemas "Misa Negra" y "Ónix", ambos de 1893, en los que, además de plantearse un credo sacrílego del ideal y de darse las pautas de los cambios en las letras y el periodismo que se avecinaba, se asumía una secularización. Tablada, a los 21 años, abría de alguna manera un ciclo en la tradición que venía desde el mundo profano al que soterradamente sucumbió Martínez de Navarrete y le daba lustre, y pasaba por aquella anécdota de Ignacio Ramírez cuando en su ingreso a la Academia de Letrán en 1837 había pronunciado: "No hay Dios".[20] Por su parte Tablada terminaba su poema "Onix":

Fraile, amante, guerrero, yo quisiera
saber qué oscuro advenimiento espera
el anhelo infinito de mi alma,
si de mi vida en la tediosa calma
no hay un Dios, ni un amor, ni una bandera.
(Tablada 1971: 272)

Pero en ese mismo año de 1893 también Balbino Dávalos se enrocaba frente a la tradición para buscar una conciencia poética distinta:

[20] Guillermo Prieto en su célebre e imprescindible *Memorias de mis tiempos* cuenta ésta y otras anécdotas de lo ocurrido en el México de la primera mitad del siglo XIX. Al lado de *La vida en México* de Madame Calderón de la Barca y de la novela *Los bandidos de río frío* de Manuel Payno me parece que son tres obras esenciales para entender el México que se construía. Particularmente las de los escritores Prieto y Payno son obras que significativamente aparecieron a finales del siglo XIX.

Suelo escribir mis versos
raros de forma y fondo,
gracias a los esfuerzos
que bajo el arte escondo.

(*Davalos 2002: 125*)

Estos poemas, y muy directamente los de Tablada, ponen de cabeza a la sociedad y provocan malestar, pero más importante aún es que los textos serían fundamento para la otra gran publicación de las letras modernas en México: *La Revista Moderna* (1898–1911), una publicación que no sólo presentó a la literatura moderna sino que constituyó ella misma una época literaria y artística definitiva en el patrimonio literario mexicano. El mismo año de los poemas de Tablada, el poeta clásico y veracruzano, Pagaza, publicó *Últimas trovas*, y todavía en el año de 1894, dos revistas más daban la pauta de ese cambio, mostrando, por un lado, en la segunda época de *El Renacimiento*, comandada por el escritor Enrique de Olavarría y Ferrari, la consolidación de una forma de escritura que tenía su gran deuda durante todo el siglo XIX con el peso del proyecto histórico y de nación como eje fundamental. Por el otro lado, como si en ese año emblemático nos mostrara las dos caras de Jano, apareció también la otra cara hemerográfica, *Revista Azul* (1894–1896) editada por Manuel Gutiérrez Nájera y a la que se le sumó la pléyade de escritores modernistas. El mismo Gutiérrez Nájera publicó el artículo "El Renacimiento" en *El Partido Liberal* (14 de enero de 1894) y criticó la poesía del primer *Renacimiento* (1869) como poesía de retablo y no mística. Decía al referirse a la segunda etapa, en palabras de un amigo: "en México siempre está la literatura naciendo, renaciendo y volviéndose a morir".

Si bien es cierto que durante todo el siglo XIX la fuente por excelencia fue la de los periódicos, los grandes acueductos de la tradición, es decir, el periodismo fue el gran vaso comunicante o el taller que permitió los contagios y cruzamientos literarios que fecundaron la literatura moderna en México, particularmente, entre 1894 y 1896 ocurrieron varios sucesos dentro de la historia del periodismo en México que constituyen un hito en el patrimonio de las letras. Fue entonces que se dio un cambio en los procesos de producción y aparecieron nuevas formas del reportaje con periódicos como *El Mundo* y *El Imparcial* de Rafael Reyes Spíndola, lo que de golpe hizo obsoleto el periodismo que se hacía desde Ignacio Cumplido y Vicente García Torres. Se trataba del desplazamiento de un periodismo más tradicional, basado en el artículo de opinión y de gran estirpe como lo plasmó el magnífico periódico liberal *El Monitor Republicano* de Vicente García Torres, pero también se dejó atrás, como lo advirtió Tablada, el periodismo de los "Bravos", un periodismo de duelos y de algunos escritores advenedizos.

Esa misma fecha de 1896, apenas a un año de la muerte de Gutiérrez Nájera, la obra de éste se publicaba con el nombre de *Poesías* acompañada del prólogo espléndido – ya citado – de Justo Sierra, resumiendo los cambios y las causas de la nueva literatura. Jesús Valenzuela, fundador, entre otros, de *La Revista Moderna*, ofrecía algunos de los argumentos que habían sido causa de la literatura moderna, en marzo de 1898:

> *La difusión de las ideas positivistas hecha más tarde por los discípulos de Barreda, la lectura de los materialistas, pesimistas (Büchner, Schopenhauer) y otros desconsoladores, y la de los poetas Baudelaire, Mallarmé y Verlaine, en una atmósfera saturada no sólo por la duda y el desencanto, sino por el desprestigio de nuestras inocentes creencias seculares entre el pueblo mismo, fijaron definitivamente la dirección de la poética... (Valenzuela 2002: 307)*

Esas palabras eran parte de la polémica de los primeros meses de 1898 en la que participarían, entre otros, Amado Nervo y Victoriano Salado Álvarez (1899). La literatura moderna se radicalizaba frente a la propia tradición en su clasicismo, hispanismo y hasta en cierto modernismo. Mientras Nervo, Valenzuela, Tablada pugnaban por un purismo y una autonomía en el arte, otros escritores abogaban por un arte utilitarista a la sociedad y, en general, una literatura que fuera el reflejo de la sociedad como los establecía Taine.

Para un escritor como Salado Álvarez la literatura decadente no correspondía al comportamiento nacional. Esta polémica se dio en buena medida a raíz de la publicación del libro de Francisco M. Olaguíbel, *Oro y negro*, prologado por Nervo, una discusión en la que Salado Álvarez reconocía que no tenía o se tenía pertinencia para una nación como México, sobre todo cuando se trataba de una poética que partía de la imitación francesa y apelaba a una serie de usos y costumbres exóticas. Por su parte, Nervo abogaba por la literatura – decadente o no – como forma de rebelión contra la monotonía, "desabrida del lloro romántico". En el fondo, lo que se discutía era esa calidad universal de la literatura que fragua en el símbolo y en el espíritu eterno, más allá de ser producto de su medio o de un nacionalismo. La literatura era para el grupo de "decadentes" una forma visionaria y no una proyección de la realidad. En ese sentido, a través del símbolo, ellos supieron establecer ese reino de las correspondencias – esgrimido por Baudelaire–, conjurado más adelante por Mallarmé. Por otro lado, a la luz de la tradición, lo que sucedía era que Valenzuela no se pronunció por esos bienes espirituales en los términos que caracterizaron a gran parte de los escritores a lo largo del siglo XIX – espíritu igual a religión católica – sino que la literatura y el arte eran una forma de conocimiento del mundo, como también lo era el mundo científico. Valenzuela reconocía que la lengua castellana, como decía Quevedo, se había formado de muchas leches.

Con todo, lo mejor estaba aún por publicarse. Para los primeros años del siglo XX todavía había lugar para que se escribieran dos de las más grandes obras modernas que sintetizan y son, en buena medida, muestra de toda la aventura del siglo XIX. Las dos obras son fruto de lo que desde años antes de la independencia los humanistas mexicanos habían soñado: restituir el instrumento de la lengua con todos sus atributos de esplendor, e inclusive tocar sus cuerdas para volver a oírlo con nuevos acordes. Las dos obras son fruto de una síntesis de los sueños y corrientes del siglo XIX. Me refiero, primero, a *Lascas* (1901) de Salvador Díaz Mirón, y a *Poemas rústicos* (1902) con el poema posterior de "Idilio salvaje" (1906) de Manuel José Othón.[21] Las obras son la suma de la tradición clásica, la romántica, la parnasiana, la hispánica, en otras palabras, son hijas de la herejía del humanismo renacentista que trajeron los españoles en el siglo XVI, eran herederas de obras como las de Garcilaso, de las Soledades de Luis de Góngora, de la poesía de Quevedo y de la obra de Sor Juana Inés de la Cruz, hijas de una herejía que rompe los nacionalismos para entregar las luces de "lascas" o los paisajes precisos y rústicos, clásicos y nuevos del potosino. Mientras Othón pavimentaba el paisaje – el desierto – y esculpía a la mujer ante la desolación del olvido del amor, también utilizaba formas esculturales clásicas y poderosas en el arrepentimiento del amor más profundo y se confesaba enamorado de una india brava; la flagelación del paisaje era categórica:

Bloques gigantes que arrancó de cuajo
el terremoto de la roca viva;
y en aquella sabana pensativa
y adusta, ni una senda ni un atajo.

Asoladora atmósfera candente
do se incrustan las águilas serenas,
como clavos que se hunden lentamente.

Así, una vez presenciado el deslave, el recuerdo del amor era el relieve que destacaba en el desierto.

En la estepa maldita, bajo el peso
de sibilante grisa que asesina,
irgues tu talla escultural y fina
como el relieve en el confín impreso.

[21] Acaso también habría que mencionar la obra de Luis G. Urbina, *Ingenuas* (1902), una obra menos radical pero sin duda cumbre dentro de su proyección melancólica, romántica y parnasiana. Aún más importante es la escritura en diciembre de 1906 de la obra maestra de Luis G. Urbina: "El poema del Lago".

el viento entre los médanos opreso
canta como una música divina,
y finge, bajo la húmeda neblina,
un infinito y solitario beso.
(*Othón 1997: 510*)

Este paisaje era otro muy distinto en el caso del veracruzano. Díaz Mirón desde un risco frente al mar, como Góngora, alcanzaba una de sus piezas de orfebrería más lucientes y palpitantes:

Radioso y jovial firmamento.
Zarcos fondos, con blancos celajes
como espumas y nieves al viento
esparcidas en copos y encajes.

Y en la excelsa y magnífica fiesta,
y cual mácula errante y funesta,
un vil zopilote resbala,
tendida e inmóvil el ala.

El Sol meridiano fulgura,
suspenso en el Toro;
y el paisaje, con varia verdura,
parece artificio de talla y pintura,
según está quieto en el oro.

Este paisaje era también talla en el retrato que hacía de la payita Sidonia, una joven inmigrante de familia italiana que había llegado a las costas de México y que será poseída por un campesino jarocho:

Blondo y grifo e inculto el cabello,
y los labios turgentes y rojos,
y de tórtola el garbo del cuello,
y el azul del zafiro en los ojos.
Dientes albos, parejos, enanos,
que apagado coral prende y liga,
que recuerdan, en curvas de granos,
el maíz cuando tierno en la espiga.
(*Díaz Mirón 1997: 432*)

En todo caso no es una casualidad que estas dos obras fueran dos idilios, al cabo de un siglo de luchas y autodefiniciones que cifraron el sueño criollo y lo conjuraron: poesía clásica y universal con el sello de una tradición mexicana que sucumbe ante la fascinación por la lengua.

Todavía en 1906 aparecería la revista *Savia Moderna*, una muestra de lo que sería la simiente del grupo del Ateneo de la Juventud, un grupo moralmente crítico, humanista y aristocrático, reivindicador de la cultura clásica que transformó las artes y la literatura y que estableció nuevos principios para toda la literatura del siglo XX (Pedro Henríquez Ureña, José Vasconcelos, Antonio Caso, Julio Torri, Alfonso Cravioto, Alfonso Reyes, etc). El cierre de ese primer centenario de la independencia, lo encumbrarían, entre otras, dos obras emblemáticas: *Juana de Asbaje* de Nervo (Madrid: Hernández, 1910) y *Cuestiones Estéticas* de Reyes (París, Ollendorf, 1910) Las dos obras son un reflejo de algunos de los propósitos suscritos en el proyecto cultural del Ateneo de la Juventud. Si bien Nervo no pertenece al grupo de ateneístas, era más bien un modernista que se trasmutaba en la propia poesía, aquí realizó el primer rescate realmente moderno de la obra y vida de Sor Juana, una autora que era desafío en todos los sentidos. A partir de entonces se comienza a leer abiertamente, con nuevos ojos (así sucedió con el grupo de poetas de Contemporáneos), y alcanzará aún más renombre. En Madrid, en Unión Iberoamericana, Nervo lee algunos fragmentos de este libro. En cuanto al libro de ensayos de Reyes es importante advertir la singularidad de que un autor se estrenara con una primera obra de ensayos. El escritor regiomontano demuestra su cultura literaria y los dotes de gran lector con amplios registros. El libro versa sobre temas como el "Teatro Ateniense", "Cárcel de Amor", novela de Diego de San Pedro, "Sobre la estética de Góngora", "Sobre la simetría en la estética de Goethe", "Sobre el Procedimiento Ideológico de Stéphane Mallarmé", etcétera. Literatura plenamente universal, heterodoxa.

Epílogo

La tradición lírica mexicana y, en general, las letras mexicanas tienen un interés que, más allá de las historias de la literatura, resulta decisivo por el hecho de ser una de las formaciones esenciales de nuestra identidad y de nuestras conquistas espirituales. La lengua representó uno de los frutos culturales más preciados por nuestra cultura y en ese sentido fue a través de un proceso de apropiación que volvimos a ser esos ciudadanos del mundo. La lengua, con la religión y la tradición clásica, ha sido uno de los tres elementos que han estado en juego y como desafío durante todo el siglo XIX. Así, no es casualidad que sean dos idilios los que curan la tradición de las heridas del camino largo del siglo XIX. El idilio de Salvador Díaz Mirón sucede en el risco que encumbra el mar y el trópico de Veracruz, pero podría ser el risco clásico de las

Soledades de Góngora; el de Othón asume el desierto potosino para fertilizarlo de una semilla que no necesitaba del riego ortodoxo sino de un cataclismo, el arrepentimiento moral del poeta con la piedra caliza del mármol. Othón deja que el soneto sirva de grava para que, en carretadas, se oiga música de flagelación y con la cruz de la mujer se fecunde una planta inverosímil. Ese desierto es una suerte de Partenón hereje de nuestra poesía. No en vano Ramón López Velarde y los Contemporáneos van a ser, en pleno siglo XX, quienes vuelvan a abrevar en ese desierto fértil. López Velarde abogaba por una estatua en nombre del poeta potosino y los Contemporáneos lo antepusieron en su célebre antología de la poesía mexicana de 1929 (Cuesta 1985).

Este amor por la lengua, bajo los hilos conductores que hemos seleccionado, nos permiten contar esa historia patrimonial literaria de algo que finalmente es el pan nuestro de cada día. Las obras del siglo XX han seguido manteniendo ese valor y ese resplandor universal. Y es que el humanismo en México ha permitido que el hombre de letras, desde Alzate hasta Juan Rulfo, Antonio Alatorre y Octavio Paz sea, en palabras de Méndez Plancarte, el humanista que "sin mengua de la filial devoción a la patria, sabe ser y sentirse "ciudadano del mundo" (*Ibidem*: VII).

Bibliografía

ALTAMIRANO, Ignacio Manuel (2006): "Poesía épica y poesía lírica en 1870". En: *Para leer la patria diamantina. Una antología general.* (Selección y estudio preliminar de Edith Negrín). México: Fondo de Cultura Económica, pp. 285–320.

ALTENBERG, Tilmann (2001): *Melancolía en la poesía de José María Heredia.* Madrid: Iberoamericana/Frankfurt/Main: Vervuert.

CARPIO, Manuel (1998): *Poesía.* México: UNAM (Ida y regreso al Siglo XIX).

CUENCA, Agustín F. (1920): *Poemas selectos.* México: Ediciones México Moderno.

CUESTA, Jorge (1978): "El clasicismo mexicano". En: *Poemas y Ensayos.* t. II. México: UNAM, pp. 178–194.

CUESTA, Jorge (1985): *Antología de la poesía mexicana moderna.* México: Fondo de Cultura Económica (Letras mexicanas).

DÁVALOS, Balbino (2002): *Las ofrendas.* Colima, Méx.: CONACULTA-Gobierno del Estado de Colima/Secretaría de Cultura.

DÍAZ MIRÓN, Salvador (1997): *Poesía completa* (recop., intr., y notas de Manuel Sol). México: Fondo de Cultura Económica (Letras mexicanas).

GUTIÉRREZ NÁJERA, Manuel (i.e. 'El Duque Job' 1894): "El Renacimiento". En: *El Partido Liberal*, 14 de enero de 1894, pp. 1–2.

GUTIÉRREZ NÁJERA, Manuel (1995): *Obras, t. I. Crítica Literaria. Ideas y temas mexicanos. Literatura mexicana.* México: UNAM.

GUTIÉRREZ NÁJERA, Manuel (1995a): "El español de América". En *Obras* (1995), pp. 97–99.

GUTIÉRREZ NÁJERA, Manuel (1995a): "Al autor de 'Murmurios de la selva', epístola de Justo Sierra". En: *Obras* (1995), pp. 333–336.

GUTIÉRREZ NÁJERA, Manuel (1995a): "La Academia Mexicana". En: *Obras* (1995), pp. 247–262.

GUTIÉRREZ NÁJERA, Manuel (1995b): "El arte y el materialismo". En: *Obras* (1995), pp. 49–64.

GUTIÉRREZ NÁJERA, Manuel (1995c): "Don Andrés Quintana Roo". En: *Obras* (1995), pp. 509–512.

HEINE, Heinrich. "Huitzilopochtli". (Traduccción e introducción de Jorge Hammeken y Manuel de Olaguíbel). En: *El Domingo*, 10 y 17 de agosto de 1873.

HEREDIA, José María (1993): *Obra poética*. La Habana: Editorial Letras Cubanas.

LÓPEZ Velarde ([2]2004): *Obras*. México: FCE.

MANEIRO, Juan Luis (1988): *Vidas de algunos mexicanos ilustres*. (Estudio introductorio y apéndice de Ignacio Osaorio Romero). México: UNAM.

MARTÍNEZ DE NAVARRETE, Manuel Fray (1823): *Entretenimientos poéticos*. México: Imprenta de Valdés.

MÉNDEZ DE CUENCA, Laura (2006): *Impresiones de una mujer a solas*. (Estudio de Pablo Mora). México: Fondo de Cultura Económica.

MÉNDEZ PLANCARTE, Gabriel (1979): *Humanistas del siglo XVIII*. México: UNAM.

NAVARRETE, Manuel de. *Poesías profanas*. México: Universidad Nacional de México, 1939.

NERVO, Amado (1898): "Los modernistas mexicanos. Réplica a Victoriano Salado Álvarez". En: Clark de Lara, Belem (2002): *La construcción del modernismo*. México: UNAM, pp. 249–258.

OTHÓN, Manuel José (1997): *Obras Completas, t. I* (comp. de Joaquín Antonio Peñalosa). México: FCE (Letras mexicanas).

PESADO, José Joaquín (1839): *Poesías originales y traducidas*. México: Ignacio Galván.

PRIETO, Guillermo: "Algunos desordenados apuntes que pueden considerarse cuando se escriba la historia de la bella literatura mexicana". En: *La misión del escritor*. México: UNAM, pp. 111–124.

SALADO ÁLVAREZ, Victoriano (1899): *De mi cosecha: estudios de crítica*. Guadalajara, Mex: Ancira y Hnos A. Ochoa.

SIERRA, Justo (1977): *Obras completas, t. III. Crítica y artículos literarios*. México: UNAM.

TABLADA, José Juan (1937): *La feria de la vida*. México: Ediciones Botas.

TABLADA, José Juan (1971): *Obras, t. I. Poesía* (recop., ed., prólogo y notas de Héctor Valdés). México: UNAM/Centro de Estudios Literarios (Nueva Biblioteca Mexicana: 25).

TERESA DE MIER, Fray Servando (1946): *Memorias*. México: Porrúa.

TOLA DE HABICH, Fernando (1996): *El Año Nuevo*. Edición facsímil. (Estudios preliminares de Fernando Tola de Habich). México: UNAM.

TOUSSAINT, Manuel (1992): "Nuevos aspectos en la biografía de fray Manuel Navarrete". En: *Obra literaria*. México: UNAM, pp. 513–530.

URBINA, Luis G. (1902): *Ingenuas*. París: Librería de la viuda de Ch. Bouret.

URBINA, Luis G. (1917): *La vida literaria de México*. Madrid: Imprenta Sáez Hermanos.

URBINA, Luis G. *et al.* (1985): *Antología del Centenario*. México: UNAM.

VALENZUELA, Jesús (2002): *La construcción del modernismo*. México: UNAM.

VALLE, Juan (1995): *Antología poética*, México: UNAM.

VIGIL, José María: "Algunas consideraciones sobre la literatura mexicana". En: *La misión del escritor*. México: UNAM, pp. 273–284.

Unabhängigkeit *a la mexicana*: Laureana Wright de Kleinhans und Juana Belén Gutiérrez de Mendoza als weibliche Akteure im Pressewesen vor 1911

Yasmin Temelli
(Heinrich-Heine-Universität Düsseldorf)

Vorbemerkungen

In einem Mausoleum auf dem Pariser Friedhof Montparnasse ruhen seit nunmehr nahezu einhundert Jahren die Gebeine des mexikanischen Präsidenten Porfirio Díaz.[1] Frische Schnittblumen und Topfpflanzen an der spitzbogigen Eisentür des Grabmals zeigen jedoch bereits an, dass der autokratisch regierende General überaus präsent geblieben ist. Wer die im Inneren auf dem Boden liegenden, meist auf Papierfetzen, teils auf Plaketten verewigten Botschaften neueren Datums entziffert, mag nur schwerlich glauben, dass hier ein *caudillo* liegt, dessen über 30 Jahre währende Entwicklungsdiktatur (1876–1911) zum Ausbruch der mexikanischen Revolution geführt hat, die rund eine Million Menschen das Leben kostete: „México te admira", „México lo ama" oder „Es tiempo que vuelva"[2] ist hier zu lesen; Sympathiebekundungen, die ganz im Zeichen des Neoporfirismus stehen[3] und eine Negation der Schattenseiten des mit repressiven und klientelistischen Methoden operierenden autoritären Regimes bedeuten.

Während die einen zu Don Porfirios Pariser Grabstätte pilgern und die anderen der im Rahmen der Feierlichkeiten des *Centenario* mythisierten und instrumentalisierten Revolutionshelden gedenken[4], wird im Folgenden der Fokus auf weniger präsente (Erinnerungs-)Räume[5] gelegt. Im Zentrum der Analyse befinden sich zwei vor 1911 er-

[1] Díaz begab sich ein halbes Jahr nach seiner siebten Wiederwahl und dem Ausbruch der mexikanischen Revolution ins französische Exil. Er verstarb in Paris am 2. Juli 1915.

[2] Gesehen und dokumentiert am 22.07.2008 und am 20.03.2011.

[3] Vgl. zum Neoporfirismus Garner 2001: 12 ff.

[4] Vgl. hierzu im vorliegenden Band den Beitrag von Friedhelm Schmidt-Welle.

[5] Raum wird hier im Sinne der topologischen Wende der Kulturwissenschaften als „Feld sozialer Beziehungen" (Borsò 2004: 19) verstanden, die eben nicht allein Ereignisse in Räumen fassen, sondern auch

schienene Publikationen – *Violetas del Anáhuac* und *Vésper*[6] – und hier insbesondere die Positionierungen zweier maßgeblicher Autorinnen: Laureana Wright de Kleinhans und Juana Belén Gutiérrez de Mendoza.[7]

Die Letztgenannte agierte als aktive Unterstützerin Francisco Indalecio Maderos im genuin revolutionären Sinne, und beide einte das Streben nach dem Aufbruch einer Ordnung, die nicht erst die Ära der porfiristischen Dauerherrschaft strukturierte: die des Patriarchats. Diese Mission verfolgten die Mexikanerinnen insbesondere auf dem Weg des politischen Journalismus, der bereits mit der während des Unabhängigkeitskampfes 1812 verkündeten *libertad de imprenta* einen (überaus polemischen) Anfang genommen hatte und seither für die Presselandschaft von prägender Bedeutung war und ist. Wright de Kleinhans stand als *directora literaria* den *Violetas del Anáhuac. Periódico literario redactado por señoras* (1887–1889) vor, und Gutiérrez de Mendoza gründete mit *Vésper. Justicia y Libertad* (1901–1932) ihr eigenes Publikationsorgan.[8]

Ihr Engagement gilt es insbesondere vor dem Hintergrund der porfiristischen Gesellschaftsordnung zu analysieren, in der die Trennung in eine weiblich-private und männlich-öffentliche Sphäre als natürlich gegebene Raumverortung der Geschlechter normiert wurde. Dies galt für Mexiko in erhöhtem Maße in einer Zeit des leitmotivischen *orden y paz*[9], welche die Ära des Generals Díaz zumindest im Vergleich zu den von Krisen und Kriegen geprägten Jahrzehnten seit der Unabhängigkeit kennzeichnete.

Ereignisse, die Räume erst erzeugen (ebda.). Von Interesse sind im Folgenden insbesondere die Konfigurationen der Geschlechterbeziehungen. Eine entscheidende räumliche Konstellation stellt dabei nach Michel Foucault die weiter unten erläuterte Macht dar. Vgl. Borsò 2004: 23.

6 Für ein leichteres Textverständnis und eine flüssige Lesbarkeit wurden die Quellen im Hinblick auf Orthographie und Interpunktion modernisiert und vereinheitlicht.

7 Vgl. hier auch die entsprechenden Kapitel in Temelli 2010.

8 Zunächst wurde die Zeitschrift auf den Namen *Las Hijas del Anáhuac* getauft. Ab dem 22.01.1888, der neunten Ausgabe, erfolgte eine Umbenennung der Zeitschrift in *Violetas del Anáhuac*, um Verwechslungen mit einer anderen Publikation zu vermeiden, die denselben Titel wählte. Zugunsten einer eindeutigen Zuordnung wird im Folgenden der Name *Violetas del Anáhuac* verwendet; ausgenommen sind die Quellenverweise, die sich auf die ersten acht Ausgaben beziehen. Bei Literaturangaben wird wie folgt abgekürzt: *HdA* (*Las Hijas del Anáhuac*) und *VdA* (*Violetas del Anáhuac*). In den *Violetas del Anáhuac* finden sich heterogene Texte und Textsorten. Der politische Journalismus ist hier eine Ausrichtung unter anderen.

9 Die von Gabino Barreda, dem Begründer der positivistischen Tradition in Mexiko, geprägte Maxime *libertad, paz y progreso*, ihrerseits abgewandelt von Auguste Comtes *amour, paix et progrès*, wurde mit fortschreitender Etablierung des Regimes zu *orden, paz y progreso* modifiziert. Entsprechend urteilt Leinen über die Entwicklung des Positivismus, dass dieser „von einer Philosophie, die zur Zeit der *Reforma* nach einer Phase heftigster innenpolitischer Differenzen der Wiederherstellung der Ordnung dienen sollte, zur Legitimierung des perpetuierten Herrschaftsanspruchs einer politischen Oligarchie [degenerierte]" (Leinen 2000: 85).

„Traditionally strong in times of war and civil strife, Mexican women were slow to challenge the domestication of women and often fearful of taking a step into areas where their decency would be put into question" (Franco 1989: 93).[10] Ein öffentliches Wirken von weiblicher Seite – so es sich nicht um karitative und damit wiederum systemstabilisierende Auftritte handelte – bedeutete dabei nicht nur ein Aufs-Spiel-Setzen der Reputation, sondern gleichzeitig eine Modifikation der gültigen Konfigurationen.

Es mag dabei nicht verwundern, dass fast ausschließlich eine kleine Minderheit spanischer, kreolischer und mestizischer Frauen der Mittel- und Oberschicht das Privileg genoss, Texte publizieren zu können.[11] Im Gegensatz zu den aufgrund ihrer *class* und *race* benachteiligten Arbeiterinnen und *indígenas* verfügten sie über einen entscheidenden Teilzugang zu Wissens- und Machtressourcen. Allerdings wird am Beispiel der mütterlicherseits von den *caxcanes* abstammenden Autodidaktin Belén Gutiérrez de Mendoza zu zeigen sein, dass diese Faktoren nicht ausnahmslos determinierend wirkten.

Im Folgenden wird anhand der Analyse paradigmatischer Texte der Zeitschriften aufgezeigt, wie die Autorinnen ihr kulturelles Kapital einsetzten, welche Argumentationsstrategien sie wählten, inwieweit sich die Texte in die porfiristische Presselandschaft (des-)integrierten und welche Formen die Unabhängigkeit *a la mexicana* annehmen sollte.

Verstanden wird ihr Schreiben hier im Rahmen eines strategischen Raums, der sich innerhalb eines diskursiven Ordnungssystems der Gesellschaft befindet. Dieses wird wiederum von spezifischen Wert- und Wahrheitsvorstellungen konstituiert, von einem „régime de vérité".[12] Es wird zu sehen sein, welche Praktiken einer das Leben verwaltenden Biomacht sich in den Texten manifestieren; einer Macht, die darauf abzielt, Kräfte auf eine bestimmte Art und Weise – mittels eines komplexen Ensembles von Hand-

---

[10] Siehe in diesem Zusammenhang den Lebensweg der ersten mexikanischen Journalistin Leona Vicario, die während des Unabhängigkeitskrieges den Aufständischen Nachrichten aus Mexiko-Stadt überbrachte. Im Umkehrzug versorgte sie die Einwohner der Hauptstadt mit Neuigkeiten von der Front (García 1910). Über das Engagement der Mexikanerinnen während der französischen Intervention informiert Zendejas 1962.

[11] Allerdings wird die Oberschicht vorwiegend als apathisch und bildungsfern charakterisiert. So beklagt sich beispielsweise Mateana Murguía de Aveleyra über den mangelnden Absatz der *Violetas del Anáhuac*: „En la clase aristocrática es donde menos circula nuestro semanario; y con profundo pesar hemos oído decir a nuestro agente: 'En ninguna casa donde hay coche, se le permite la entrada al periódico'" (*VdA* 06.01.1889).

[12] Foucault 1994: 112. Foucault führt hier aus: „Chaque société a son régime de vérité, sa «politique générale» de la vérité: c'est-à-dire les types de discours qu'elle accueille et fait fonctionner comme vrais; les mécanismes et les instances qui permettent de distinguer les énoncés vrais ou faux, la manière dont on sanctionne les uns et les autres" (ebda).

lungskodifizierung und, wie Foucault sie nennt, „pratiques de soi" (Foucault 1984: 18)[13] – zu ordnen, um sie so erfolgreich zu regulieren und dabei wachsen zu lassen.[14] Von besonderem Interesse ist vor diesem Hintergrund die Frage nach einer möglichen Emergenz transversaler Widerstände (vgl. Foucault 1994: 226), die quer zur Ordnung verlaufen und aus ihrer häufig randständigen Position ein anderes Licht auf das Zentrum zu werfen vermögen. Hier sieht Borsò mit Foucault die „Einlassstelle des Subversiven: Denn die Abhängigkeit der Macht von der Freiheit derjenigen, die untergeordnet werden [...] führt die Macht an ihre Grenzen, verkehrt sie in Ohnmacht" (Borsò 2011: 25).

Im Hinblick auf die Zeit des Porfiriats erscheint neben einer Analyse der Positionierung in dem autokratisch organisierten Regime auch eine Auseinandersetzung mit den zeitgenössischen Geschlechterverhältnissen unter Berücksichtigung der Untersuchung von R.W. Connell zum Handlungsmuster hegemonialer Männlichkeit als vielversprechend (vgl. Connell 2005)

Laureana Wright de Kleinhans und die *Violetas del Anáhuac*[15]

Wright de Kleinhans (1846–1896) zählt zu den wenigen Autorinnen im Mexiko des 19. Jahrhunderts, die nicht dem historischen Vergessen anheimgefallen sind, wobei die dennoch äußerst begrenzte Quantität der vorliegenden biographischen Angaben in erheblicher Diskrepanz zu ihrer Bedeutung steht. Wie zu beleuchten sein wird, erfährt sie

[13] Im Hinblick auf die Konstituierung des Ichs als moralisches Subjekt erläutert Foucault, jede moralische Handlung „implique aussi un certain rapport à soi; celui-ci n'est pas simplement «conscience de soi», mais constitution de soi comme «sujet moral», dans laquelle l'individu circonscrit la part de lui-même que constitue l'objet de cette pratique morale, [...] se fixe un certain mode d'être qui vaudra comme accomplissement moral de lui-même; et, pour se faire, il agit sur lui-même, entreprend de se connaître, se contrôle, s'éprouve, se perfectionne, se transforme" (Foucault 1984: 35).

[14] Während bis in die zweite Hälfte des 18. Jahrhunderts der Souverän über Leben und Tod bestimmte – „*faire* mourir ou [...] *laisser* vivre" (Foucault 1976: 181) –, ist die Biomacht auf Produktion und die Sicherung des Lebens ausgerichtet. Sie hemmt und vernichtet nicht, sondern lässt Kräfte wachsen und reguliert durch deren spezifische Organisation die Bevölkerung. Die Subjekte werden an einer entsprechenden Norm ausgerichtet, vor der sie bestehen müssen.

[15] Die zwölfseitige Wochenzeitschrift aus Mexiko-Stadt wurde von Frauen für Frauen gestaltet. Insgesamt erschienen in der Zeit vom 04.12.1887 bis zum 24.06.1889 zwei Bände mit 55 Nummern im ersten und 24 Nummern im zweiten Jahrgang; sie sind vollständig erhalten. Bis zum 17.02.1889 war Wright de Kleinhans für die inhaltliche Ausrichtung verantwortlich; für die letzten vier Monate übernahm Mateana Murguía de Aveleyra den Posten der *directora literaria*. 36 Mitwirkende sind namentlich bekannt, mehrere Beiträge sind nur mit Initialen gekennzeichnet oder wurden anonym veröffentlicht.

zu Recht eine Würdigung als „precursora del periodismo femenino en México“ (Romero Aceves 1982: 428 f.) und Verfechterin der „igualidad de derechos de ambos sexos“ (Mussachio 1989).[16] Zu Lebzeiten wusste sich Kleinhans durch eine rege Publikationstätigkeit und Präsenz in zahlreichen Zirkeln eine öffentlichkeitswirksame Position zu sichern.[17] Die in Taxco (Guerrero) geborene Tochter einer Mexikanerin und eines US-Amerikaners (ihren zweiten Nachnamen erklärt die Heirat mit einem Österreicher), wählte für die von ihr thematisch verantwortete Wochenzeitschrift *Violetas del Anáhuac* einen ebenfalls auf Transkulturalität hinweisenden Namen: Die aus dem Náhuatl stammende Bezeichnung *anáhuac* definiert ursprünglich etwas, das sich nahe am Wasser befindet. Aufgrund des in vorspanischer Zeit von Kanälen durchzogenen *valle de México* entwickelte sich hieraus eine synonymische Verwendung für Mexiko-Stadt. Allerdings lässt sich die semantische Anknüpfung an die aztekische Hochkultur primär durchaus auch im Sinne des porfirstischen Nationaldiskurses lesen, der die Konstruktion einer identitätsstiftenden Traditionslinie anstrebte (vgl. Tenenbaum 1994: 23 ff.).

Wright de Kleinhans' zentrale Thematik lässt sich anhand der Titel ihrer Monographien *La emancipación de la mujer por medio del estudio* (1891) und *Educación errónea de la mujer y medios prácticos para correjirla* (1892) unschwer erkennen: Im Fokus ihrer Schriften steht die Bildung und Erziehung der Frau und zwar – so lässt es sich im *Prospecto* der ersten Ausgabe der *Violetas del Anáhuac* nachlesen – spezifisch die der mexikanischen Frau. Die neue Zeitschrift sei:

> *Un medio de expresión femenil, destinado a sostener los intereses, los derechos y las prerrogativas sociales de nuestras compatriotas. La mujer mexicana, adicta por naturaleza a todo lo bello y a todo lo grande, ha llegado en su mayor parte a un grado bastante elevado de ilustración, y necesita por lo mismo un campo donde pueda ensanchar sus conocimientos y darlos a luz, haciéndolos extensivos a su sexo en general, a fin de que se levante a la altura de la sociedad en que vive y de la época que representa. México, nuestra querida patria, marcha como todos los pueblos americanos, a la vanguardia del adelanto*

[16] Cano sieht in ihr sogar „the most brilliant and radical defender of women's emancipation [in her time]“ (Cano 1998: 112).

[17] Kleinhans veröffentlichte nachweislich in *El Estudio*, *El Federalista*, *El Diario del Hogar*, *El Álbum de la Mujer*, *El Correo de las Señoras* und den *Violetas* (1884); post mortem veröffentlichten *El Periódico de las Señoras* und *La Mujer Mexicana* Beiträge von ihr. Insbesondere für die letztgenannte Zeitschrift kam der Autorin eine maßgebliche Vorbildfunktion im Hinblick auf die inhaltliche Gestaltung zu. Zudem wurde eine in den Redaktionsräumen der *Mujer Mexicana* angesiedelte Bibliothek nach ihr benannt. Sie war Ehrenmitglied in der literarischen Vereinigung *Netzahualcóyotl* (ab 1869), dem *Liceo Mexicano* (ab 1885) und dem *Liceo Altamirano* in Oaxaca (ab 1885). Des Weiteren war sie Mitglied in der wissenschaftlichen und literarischen Vereinigung *El Porvenir* (ab 1872) und im *Liceo Hidalgo* (ab 1873).

> *intelectual y está llamando a ocupar el lugar que por su ilustración le corresponde en el proscenio de la cultura moderna. (HdA 04.12.1887)*

Mittels der im Porfiriat grundsätzlich immunisierend wirkenden Zielvorgabe der *cultura moderna*, planen die *directora literaria* und ihre Redaktion ein Forum für die Vertretung weiblicher Interessen und Rechte. Frau, Bildung und (intellektueller) Fortschritt werden hier in einem interdependenten Zusammenwirken dargestellt; der als notwendig postulierte Weg der Mexikanerin in die Öffentlichkeit steht im Dienst der *querida patria*. Auf diese Weise erodieren die *Violetas* die traditionelle Grenze zwischen der männlich-öffentlichen und privat-weiblichen Topographie. Mit der positivistisch inspirierten Fortschrittslogik des Systems operierend – Krumpel spricht von einer „Vergötzung des Fortschrittsbegriffs" (Krumpel 2004: 172) –, wird hier gegen eine *gender*-spezifische Verortung transversaler Widerstand geleistet. Die Wahrheitsvorstellung einer biologischen Determinierung, *por naturaleza*, wird bestätigt und gleichzeitig argumentationsstrategisch geschickt für eine Erweiterung des weiblichen Radius instrumentalisiert. Der hymnisch-pathetische Tenor steht dabei im paradigmatischen Einklang mit der dezidiert nationalen Ausrichtung der Zeitschrift. Die Sorge um das Soll und Sein der mexikanischen Frau schließt allerdings eine transkulturelle Dynamik keineswegs aus.[18] Ganz im Gegenteil lässt Wright de Kleinhans den Blick regelmäßig gen Europa – insbesondere Frankreich wurde im Porfiriat eine Vorbildfunktion als Kulturnation zugesprochen – sowie in Richtung auf die USA schweifen. Der Nachbar im Norden galt im diskursiven Ordnungssystem der Entwicklungsdiktatur als genereller Fortschrittsmaßstab, so dass sich hier wiederum ein neuer Raum für die Argumentation der Autorin öffnet. Der „campo de instrucción [...] gloriosamente recorrido ya por el sexo femenino norte-americano y europeo" (Wright de Kleinhans 2005: 85) sollte nun auch für die Mexikanerinnen als selbstverständliches Lebensumfeld gelten. Darüber hinaus durchqueren die *Violetas del Anáhuac* mit der Forderung nach Emanzipation von bestehenden Normierungen und Restriktionen nicht allein den *campo de instrucción*. Die Marschroute führt weiter in Richtung der explizit politischen Sphäre, wiederum im argumentationsstrategisch abgesicherten Gefolge der US-Amerikanerinnen:

> *Ya en el territorio de Wyoming la mujer goza del derecho de sufragio por completo. [...] El movimento en favor de la emancipación de la mujer va tomando proporciones notables. [...] ¿Cuándo será la igualdad de derechos de los dos sexos la verdadera regeneración de la humanidad? (VdA 24.02.1889)*

[18] Vgl. zu kulturellen Räumen und Passagen im Hinblick auf *gender* und Mexiko Borsò/Gerling (2007: 93 ff.).

Dem aktiven und passiven Wahlrecht in Wyoming wird implizit über die Wendung der *emancipación de la mujer* eine nationenübergreifende Bedeutung zugesprochen, die Gleichheit der Geschlechter und das Wohl der Menschheit erscheinen in der Folge als korrelierend. Im Sinne einer Selbstdisziplinierung ist es dabei konsequent, den direkten Vergleich zum mexikanischen (Wahl-)Recht und somit eine offene Konfrontation zu vermeiden, das für die bestehende Ordnung hochexplosive Anliegen in eine defensiv erscheinende Frageform zu kleiden und anonym zu veröffentlichen.

An dieser Stelle lässt sich die Wirkungsweise der Biomacht demonstrieren: Die (kulturellen) Kräfte der Akteure werden nicht unterbunden, sondern vielmehr wird die Zeitschrift durch Subventionen unterstützt und ihr Wachstum auf diese Weise angeregt.[19] Der Versuch, die Zeitschrift somit in die porfiristische Presselandschaft zu integrieren und ihre Publikationstätigkeit entsprechend zu regulieren, glückt allerdings nur äußerst bedingt.

So stellt Kleinhans' Lob der regimefeindlichen Zeitung *Diario del Hogar* für „el atrevimiento de sus ideas" (*VdA* 30.09.1888) in seiner vergleichsweise direkten Kritik eine Ausnahme dar, doch werden immer wieder in den Texten der *directora literaria* und weiterer *Violetas* gültige Wert- und Wahrheitsvorstellungen von einer subversiv wirkenden Perspektive aus betrachtet. Der inhärente Konflikt eines Systems, das auf die Einbindung der Mexikanerinnen zur Realisierung des – insbesondere wirtschaftlich gedachten – Modernisierungsprojektes angewiesen war und gleichzeitig auf der Persistenz traditioneller Strukturen beruhte, erleichterte den *Violetas* dabei ein Eindringen in den sich öffnenden Raum.

Von Bedeutung ist hier eine Portraitserie von 18 Mexikanerinnen, die Wright de Kleinhans für die *Violetas del Anáhuac* biographierte und deren Bildnis als Lithographie die jeweilige Titelseite schmückte.[20] Bezeichnend ist hierbei nicht allein die aus-

[19] Seit Publikationsbeginn am 04.12.1887 wurden die *Violetas* mit 22,50 *pesos* im Wert von 30 Abonnements unterstützt. Bereits diese recht gering erscheinende Anzahl sicherte die Erscheinung der Zeitschrift, so dass sich hier die auf Produktion angelegte Funktionsweise der Biomacht manifestiert. Herausgeber und Verwalter Ignacio Pujol verfasste in diesem Zusammenhang mehrere Briefe an die *Secretaría de Justicia e Instrucción Pública*; ein sechs Monate später eingereichtes Gesuch um Erhöhung des Zuschusses auf 50 Abonnements wurde abgelehnt. Vgl. *Secretaría de Justicia e Instrucción Pública* (1888).

[20] Die Portraits werden von der ersten Ausgabe an bis zum 24.02.1889 in einem zunächst zweiwöchigen, dann unregelmäßiger werdenden Rhythmus veröffentlicht. Redaktionsmitglieder sind im Folgenden mit einem ‚V' gekennzeichnet. Eine Berücksichtigung erfahren in dieser Reihenfolge: Carmen Romero Rubio de Díaz, Micaela Hernández, Matilde de P. Montoya, Augustina Ramírez, Isabel Prieto de Landázuri, Sor Juana Inés de la Cruz, Dolores Guerrero, Esther Tapia de Castellanos, Refugio Barragán de Toscano, Gertrudis Tenorio Zavala, Ángela Peralta, Laureana Wright de Kleinhans (V), Mateana Murguía de Aveleyra (V),

nahmslos nationale Auswahl, sondern insbesondere, dass hier auch mehrere Redaktionsmitglieder eine Wertschätzung erfuhren: Die Auszeichnung der Equipe ist ein Schritt ins Rampenlicht, der sicherlich sowohl einem Prestigegewinn der Zeitschrift dienlich sein als auch damit einhergehend die individuellen Leistungen und Persönlichkeiten hervorheben soll. Den als Vorzeigefrauen stilisierten Mexikanerinnen (primär Dichterinnen und Lehrerinnen) kommt so ein als nachahmenswert präsentierter Modellcharakter zu.[21] Auch Kleinhans selbst ist in dieser Galerie verewigt, für die Würdigung zeichnet ihre Kollegin Mateana Murguía de Aveleyra verantwortlich. Wenngleich der *humilitas*-Topos den zeitgenössischen Usancen gemäß in den Texten seine Verwendung findet und grundsätzlich auch in der Konsequenz einer wirkungsvollen Handlungskodifizierung die Unverzichtbarkeit des im Privaten tätigen *ángel del hogar* bekräftigt wird, so steht doch in erster Linie das Agieren in der Öffentlichkeit im Vordergrund: So wird der Mitinitiatorin der unter Miguel Hidalgo angeführten Unabhängigkeitsbewegung, María Josefa Ortiz de Domínguez, „que inscribió su nombre en los nobles anales del patriotismo" (*VdA* 24.02.1889), von Kleinhans ebenso Bewunderung gezollt, wie Matilde de Montoya, der ersten mexikanischen Ärztin: „Tal es la heroína que, siguiendo la prosecución de un sueño ridículo para unos, imposible para otros y reprobado para los demás, ha abierto a la mujer mexicana el camino de la ciencia" (*HdA* 01.01.1888). Mit Montoya wird eine Heldin gefeiert, die ihrem Traum erfolgreich folgte und somit eine Rolle als Wegbereiterin einnimmt. Einmal mehr ist die Logik in Bezug zu der Matrix eines dem positivistischen Glauben an die Wissenschaft huldigenden Regimes zu setzen. Der *camino de la ciencia* ist der postulierte Weg in eine modernisierte Zukunft; wer ihn beschreitet, kann in der Folge auch als Frau nicht vom Pfad der Tugend abgewichen sein. Die argumentationsstrategisch geschickte Verknüpfung sanktionierter Zielvorgaben mit einer Emanzipation der Frau ist charakteristisch für Wright de Kleinhans' Texte.

Geradezu en passant steht dabei die hegemoniale Männlichkeit zur Diskussion. So dürfte sich das Prinzip der Vorherrschaft des souveränen, starken Alphawesens[22] diskursiv insbesondere im Auftreten und Handeln des Regierungschefs manifestieren. Doch Wright de Kleinhans rechnet hier vielmehr mit dem Einfluss der Präsidentengattin Carmen Romero Rubio de Díaz:

Ignacia Padilla de Piña (V), Francisca Carlota de Cuéllar (V), Fanny Natali de Testa (V; keine Lithographie), Dolores Correa Zapata (V) und María Josefa Ortiz de Domínguez (keine Litographie).

[21] Die Frauenportraits finden Eingang in Kleinhans' posthum veröffentlichtes Werk *Mujeres notables de México* (1910).

[22] Vgl. Connell 2005: 76 ff.

> *Concebimos la ruiseña esperanza de que quizás sea la joven esposa del actual Presidente de México a quien está reservado velar como el ángel titular del progreso sobre el adelanto patrio; que quizás sea ella a quien esté reservado influir con el triple prestigio del amor, de la virtud y de la razón en el ánimo del primer magistrado de la República para que se borre de nuestro Código la repugnante mancha de la pena de muerte. (HdA 04.12.1887)*

Die Hoffnungen für den ersehnten *progreso* Mexikos lässt Kleinhans auf den Schultern der First Lady ruhen. Als Schutzengel des Fortschritts kommt ihr hierbei ein weitaus umfassenderes Aufgabengebiet als dem traditionellen Engel im trauten Heim zu. Und es bleibt nicht bei allgemein gehaltenen Wünschen: Die erste Frau im Staat soll als eine Art „graue Eminenz" über ihren Mann Einfluss auf die aktuelle Tagespolitik nehmen und die Abschaffung der Todesstrafe bewirken. General Díaz erscheint in diesem Szenario lediglich noch als ausführendes Organ für die Entscheidungen seiner Gattin – eine bemerkenswerte Umformulierung des zwischengeschlechtlichen Kräfteverhältnisses auf oberster Regierungsebene. Die Autorin nutzt die Bewegungsmöglichkeiten im diskursiven Ordnungsrahmen maximal aus und sichert sich dabei mit einem Rekurrieren auf porfiristische Leitmotive und Wahrheiten konsequent ab. So schließt ihre Ode an die Handlungsmöglichkeiten der Präsidentengattin mit den Worten: „¿Deliramos con utopías? ¡Tal vez no! Una mujer hizo que se realizara la Independencia de México; ¿por qué otra no haría que se consumara su perfeccionamieno civil?" (ebda).

Juana Belén Gutiérrez de Mendoza und *Vésper*[23]

Gutíerrez de Mendoza (1875–1942) hätte bei der Formulierung dieser Frage sicherlich nicht nur Akzentverschiebungen vorgenommen: Delirieren wir mit Utopien? Keinesfalls! Eine Frau hat dafür gesorgt, dass die Unabhängigkeit Mexikos wahr wurde, warum sollte eine andere nicht das Ende der porfiristischen Diktatur einläuten? Denn es war ebendiese Rolle, die sich Gutíerrez de Mendoza mit allen Leibes- und Publikationskräften bemühte, auszufüllen.

[23] Die genaue Anzahl der publizierten Ausgaben ist unbekannt, nur äußerst wenige (aus den Jahren 1906, 1910 und 1911) sind erhalten geblieben. Mendieta Alatorre gelang es Anfang der 1980er Jahre, zwei Ausgaben von *Vésper* in der *Biblioteca Nacional* zu editieren. Die beiden Nummern vom 15. Mai 1903 und 8. Juli 1903 sind inzwischen verschwunden, möglicherweise gingen sie beim Umzug der Nationalbibliothek in die *ciudad universitaria* der UNAM verloren. Angeblich existieren weitere Nummern in Privatsammlungen, die allerdings ungenannt bleiben (vgl. Mendieta Alatorre 1983: 123). Die vorliegenden Beiträge sind in erster Linie von Gutiérrez de Mendoza unterzeichnet, stammen von Elisa Acuña y Rossetti oder sind anonym verfasst. Letzteres weist in Übereinstimmung mit der Angabe weiterer Mitarbeiter auf die Möglichkeit hin, dass in mehreren Fällen aus Angst vor Repressionen auf eine Namensnennung verzichtet wurde.

Die journalistische Kritik der auf einer Hacienda in Santiago Papasquiaro (Durango) aufgewachsenen Autodidaktin[24] richtete sich zunächst gezielt gegen die Arbeitsbedingungen der *mineros*, welche sie durch die Heirat mit dem Minenarbeiter Cirilo Mendoza als Augenzeugin miterlebte und für deren Ausbeutung sie Porfirio Díaz als Verantwortlichen anprangerte. Die entsprechenden Reportagen – abgedruckt in den regimefeindlichen Publikationen *Diario del Hogar* und dem *Hijo del Ahuizote* – blieben nicht ungelesen und führten 1897 zu einer ersten Inhaftierung in Minas Nuevas (Coahuila). Den Weg ins Gefängnis trat die unerschrockene Journalistin regelmäßig an, von der Verfolgung ihrer politischen Ziele konnte sie nichts und niemand abbringen.[25] So gründete die junge Witwe und Mutter von zwei Töchtern 1901 in Guanajuato das Periodikum *Vésper*,[26] dessen programmatischer Untertitel *Justicia y Libertad* bereits als unmissverständliche Kampfansage an das autokratische Regime zu werten ist. Eine Rekonstruktion der bis 1932 datierenden Epochen des grundsätzlich als Wochenzeitung angelegten Vierseiters ist aufgrund der regelmäßig erzwungenen Publikationseinstellungen nicht in Gänze möglich.[27] So drohte *Vésper* bereits kurz nach der Gründung das Aus: Die ökonomische Misere konnte die *directora propietaria* durch den Verkauf einiger Ziegen, ihres einzigen Besitzes, und der finanziellen Zuwendung politischer Sympathisanten abwenden; der kurz darauf angewiesenen Festnahme durch den Gouverneur entzog sie sich dank der Warnung eines Freundes mit der Flucht gen Mexiko-Stadt. Dieser widrige Auftakt steht dabei ganz im Einklang mit dem weiteren Lebensweg der Antiporfiristin[28] und der Historie ihrer Publikation.

[24] Gutiérrez de Mendoza besuchte aufgrund der Intervention des Eigners Don Felipe und gegen den Wunsch der Eltern, insbesondere der Mutter, die Haciendaschule und konnte so ein Fundament für ihr Selbststudium legen Vgl. Porter 2003: 106 f.

[25] Auch nach Díaz' Regierungszeit nahmen die Gefängnisaufenthalte kein unmittelbares Ende. 1914 wurde sie unter Victoriano Huerta inhaftiert, Grund war die Herausgabe der gegen ihn gerichteten Publikation *La Guillotina*. 1916 wurde sie erneut als Anhängerin der zapatistischen Bewegung festgenommen, diesmal auf Veranlassung von Venustiano Carranza.

[26] Den Name *Vésper* wählte Gutiérrez in Erinnerung an ihren als Kind verstorbenen Sohn Santiago, der sich gerne von ihr den Venusstern zeigen ließ. Darüber hinaus lässt sich hier mit Porter anführen, dass „the title suggested hope and keeping an eye toward the horizon" (Porter 2003: 107).

[27] Die Herausgeberin trug diesem Umstand insofern Rechnung, als der Preis für die Abonnenten nicht wie branchenüblich monatsweise oder (halb-) jährlich berechnet wurde, sondern diese für den Erhalt von 30 Ausgaben bezahlten.

[28] So wurde die Journalistin 1903 nach einer mehrmonatigen Haftstrafe, die sie in dem für seine Bedingungen berüchtigten Hauptstadtgefängnis Belén verbüßte, aus Mexiko verbannt. Sie emigrierte in die USA und initiierte 1904 in Texas eine neue Epoche von *Vésper*. 1906 kehrte sie in ihre Heimat zurück. Sie war Mitglied im *Partido Liberal Mexicano* (PLM), gründete politische Vereinigungen wie den *Club Político*

Die wenigen Ausgaben, die für eine Analyse der Publikation vorliegen, geben bereits unmissverständlichen Aufschluss über die angestrebte Ausprägung der Unabhängigkeit *a la mexicana*. Paradigmatisch ist das von Gutiérrez de Mendoza verfasste Gedicht „Postrera Rebeldía", denn hier wird mit zentralen Feindbildern bemerkenswert anschaulich und provozierend-aggressiv abgerechnet:

Quiero morir así, siempre rebelde
como el Luzbel de la leyenda trágica
quiero bajar al fondo de la tumba
aplastando cabezas coronadas.
Siempre erguida la cabeza irreductible;
siempre fija en las alturas la mirada.
Yo no quiero que mis labios cuando muera
se cierren murmurando una plegaria,
ni una frase de perdón quiero que quede
sobre los bordes de mi boca helada.
Quiero que vibre en mi postrer acento
un grito ronco de suprema rabia:
¡Mi postrera maldición a los tiranos!
¡Mi postrera maldición a la canalla!
(*Vésper* 08.05.1910)

Wortgewaltig und pointiert versucht sich das lyrische Ich von gültigen Wert- und Wahrheitsvorstellungen loszusagen, um in der Folge einen Mehrfrontenkampf zu führen: Die Identifikation mit Luzifer aus der christlichen Dämonologie und die Verweigerung des letzten Gebetes wenden sich gegen die im Porfiriat überaus einflussreiche katholische Kirche und somit ebenfalls gegen den noch von Wright de Kleinhans gewürdigten *ángel del hogar*. Dieses mit dem Gesetz des *pater familias* in Kraft gesetzte Frauenleitbild erfährt hier eine implizierte Demontage; das unversöhnlich gestimmte lyrische Ich widmet ihm nicht eine bestätigende Zeile, sondern hat alles andere als bewahrende Pläne: Gekrönte Häupter sollen zerquetscht werden und Tyrannen verflucht

Femenil Amigas del Pueblo (1909) und unterstützte den Wahlkampf Francisco Indalecio Maderos. Während der Revolution gründete sie die Publikationen *La Reforma* und *El Desmonte*. In den folgenden zwei Jahrzehnten errichtete und kontrollierte sie Landschulen – Bildungsminister José Vasconcelos hatte sie zur *maestra misionera* ernannt –, stand dem Zivilkrankenhaus in Zacatecas und der *Escuela Industrial para Señoritas* in Morelia als Direktorin vor. 1941 verkaufte Gutiérrez ihre letzte Druckerei, um mit dem Erlös die ärztliche Versorgung ihrer kranken Enkelin zu sichern. Als diese dennoch nicht überlebte, kehrte sie nach Mexiko-Stadt zurück und verstarb kurz darauf im Juli 1942. Siehe zu ihrer Vita detailliert Villaneda (1994).

sein. Der hasserfüllte letzte Schrei gilt der *canalla*, und da sich hier eine im Publikationskontext von *Vésper* anzusiedelnde Lesart aufdrängt, ist der Adressat nur schwerlich zu verkennen: Die *postrera rebeldía* kulminiert in dem Aufstand gegen Porfirio Díaz.

Grundsätzlich erscheint der Regierungschef in *Vésper* als Staatsfeind Nummer Eins, die Forderung nach seinem Rücktritt und der Durchführung demokratischer Wahlen bildet die zentrale Publikationsthematik.[29] Ebenso konstituierend ist die Übernahme der Rolle des Rebellen von Seiten der unerschrocken agierenden Gutiérrez de Mendoza. So erschallt der publizistische Schlachtruf entsprechend: „No importa a *Vésper*, no mide los peligros ni cuenta los enemigos. ¡*En avant*!... ¡*En avant malgré tout*!" (*Vésper* 18.04.1909).[30] Die Übernahme des Rebellenmythos romantischer Provenienz stellt dabei einen Prozess traditionell männlicher Selbstermächtigung dar. Für die Positionierung der Herausgeberin ist dies in höchstem Maße signifikant, denn mehrere Texte legen Zeugnis von einer stetigen Inversion der Geschlechterrollen ab. So auch in der von Gutiérrez de Mendoza und ihrer engsten und langjährigen Mitarbeiterin Elisa Acuña y Rossetti[31] verfassten Anklage „A los mexicanos":

> *La tiranía y el servilismo tienen aún el descaro de dictar órdenes contra nosotras. Mexicanos: ¿No os ruborizáis de que esto pase ante vosotros? Habéis degenerado tanto como vuestros enemigos que ni ellos ni vosotros sentís vergüenza? ellos de perseguir mujeres y vosotros de permitirlo? Por eso os acusamos y por eso hemos venido a ocupar vuestro puesto. Porque sois incapaces de defender a vuestros conciudadanos, por eso lo hacemos nosotras, porque sois incapaces de defender vuestra libertad, por eso hemos venido a defenderla para nuestros hijos, para la posteridad a quien no queremos legar sólo la mancha de vuestra ignominiosa cobardía. Porque no usáis de vuestros derechos, venimos a usar de*

---

[29] Siehe hier bereits die Wahl signifikanter Titel wie *Protesta*, *Reivindicación*, ¡*Abajo el mal gobierno*! oder ¡*No-Reelección*!.

[30] Zu den erklärten Feinden zählten auch die anarchisch ausgerichteten Magonisten (vgl. Cockroft 1971). Zunächst knüpfte Gutiérrez de Mendoza freundschaftliche Bande mit den Antiporfiristen um die Brüder Ricardo und Enrique Flores Magón. Mit zunehmender Radikalisierung der Gruppierung kam es zu einem Zerwürfnis, das in Form eines überaus aggressiven und auf größtmögliche Verletzung abzielenden Schlagabtausches in *Vésper* und der magonistischen Publikation *Regeneración* verarbeitet wurde.

[31] Acuña y Rossetti wurde 1880 in Mineral del Monte (Hidalgo) geboren. Die Lehrerin und politische Aktivistin war Mitglied des regimefeindlichen *Club Liberal Ponciano Arriaga* und der Gruppierung *Socialista Mexicano*. In Zusammenarbeit mit Gutiérrez gab sie im Gefängnis die Publikation *Fiat Lux* heraus, welche zum offiziellen Organ der *Sociedad Mutualista de Mujeres* avancierte. Gegen die Regierung von Victoriano Huerta gerichtete Flugblätter führten zur Verfolgung Acuñas. Nach der Revolution übernahm sie leitende Funktionen im *Consejo Feminista* und der *Liga Panamericana para la elevación de la Mujer*. Ab 1920 arbeitete sie im *Departamento de Prensa de la Biblioteca Nacional*, der späteren *Hemeroteca Nacional*. Sie verstarb 1946 in Mexiko-Stadt. Vgl. Tovar Ramírez 1996: 3 f.

los nuestros, para que al menos conste que no todo era abyección y servilismo en nuestra época. (Vésper 15.05.1903)

Auch hier richtet sich die charakteristisch polemische Kritik gegen gleich mehrere Adressaten. Der Publikationsleitlinie entsprechend wird zum einen die Exekutive angeprangert – in diesem Beitrag aufgrund der Inhaftierung der Autorinnen. Durch die Anwendung lozierender Gewalt (vgl. Reemtsma 2008: 108 ff.) legt das autokratische Regime dabei seine Funktionsweisen offen, und es wird deutlich, wie hoch die Reaktionskosten des Staates (vgl. Foucault 1994: 240) im Hinblick auf den Umgang mit dem sich in *Vésper* artikulierenden Widerstandspotential ausfallen. Zum anderen leisten Gutiérrez de Mendoza und Acuña y Rossetti in ihrem Artikel durch eine mit traditionellen *gender*-Zuweisungen operierende Argumentationsstrategie transversalen Widerstand gegen geschlechtsspezifische Raumverortungen. Den Männern wird feiges Versagen im Hinblick auf die ihnen traditionell zukommende Schutzfunktion gegenüber dem weiblichen Geschlecht vorgeworfen, woraus die Autorinnen die Notwendigkeit ableiten, an ihrer Statt politisch zu handeln und für die Freiheit einzustehen. Mit Connells Terminologie lässt sich an dieser Stelle schließen, dass die so diffamierten Mexikaner eine unterdrückte Männlichkeit darstellen (vgl. Connell 2005: 78 f.) und somit nicht (mehr) der Konfiguration hegemonialer Männlichkeit entsprechen. Gutiérrez de Mendozas und Acuña y Rossettis Ermächtigung zeigt, dass es sich hier um eine Praxis, eine bewegliche Relation handelt. Doch wenngleich sich die Autorinnen auf diese Weise gegen altbekannte zwischengeschlechtliche Machtverhältnisse auflehnen, bekräftigen sie durch die Übernahme des Musters der hegemonialen Männlichkeit gleichzeitig dessen Gültigkeit. Entsprechend markierte Drohgebärden wie „Usted [scil. El General Porfirio Díaz] se interpone en nuestro camino“ (*Vésper* 15.05.1903) sind für *Vésper* konstitutiv; denn von ihrem Weg abbringen lässt sich Gutiérrez de Mendoza nicht. Dieser selbstaffirmierenden Publikationsbotschaft wird auch in „Diez años de combate“ Nachdruck verliehen:

En diez años de combate más de una vez hemos sentido el hachazo cobarde que nos hiere por la espalda; más de una vez hemos visto algo como una chusma de insectos en actividad, arrastrando aristas para amontonarlas a nuestro paso. ¡Son nuestros pobres enemigos que reúnen sus fuerzas para obstruirnos el camino! Pero hace diez años que Vésper pasa hollando esas aristas; hace diez años que allá en la cima de sus ideales ondea la gloriosa bandera blanca de sus principios inmaculados; hace diez años que desde la altura inaccesible de sus desdenes envía su sonrisa compasiva a esa chusma que se debate allá abajo, muy abajo, esforzándose inútilmente por alzar una montaña de lodo para llegar hasta nosotros. [...] Vésper desprecia, pero ni olvida ni perdona. No irá a buscar los reptiles a su cubil, pero sabrá aplastarlos cuando intenten clavarle sus arpones. Los que se crean aludidos no deben olvidarlo. (Vésper 08.05.1910)

Nach 10 Jahren Publikationsgeschichte wird ein bildgewaltiges Resümee gezogen: *Vésper* verfolgt seine Mission unbeirrt, weder hinterhältige Schwertattacken, ein von Insekten mit Grasblütenborsten verstellter Weg, noch ein aus Schlamm gebauter Berg hindern *Vésper* daran, auf dem ‚Gipfel seiner Ideale die weiße Flagge seiner unbefleckten Prinzipien' zu hissen. Und falls die als lächerlich und sinnlos dargestellten gegnerischen Machtmittel einmal mehr als eine *sonrisa compasiva* hervorrufen sollten, ändert dies nichts an dem dargestellten Kräfteverhältnis, wie eine des Öfteren bemühte Tiermetapher zeigt: Im Falle eines Angriffs werden die Reptilien zermalmt. Erneut gilt es an dieser Stelle die zeitgenössische Bedeutung einer derartigen Demonstration von Stärke hervorzuheben: Die vehemente Negation jeglicher Legitimation des porfiristischen Regimes und die nicht einmal einer Rechtfertigung als würdig befundene Absage an die Raumverortung der Geschlechter sucht in der Presselandschaft vor Ausbruch der mexikanischen Revolution ihresgleichen.

Die Legitimation des eigenen Handelns bei gleichzeitiger Abwertung des Gegners zeugt allerdings von einer antithetischen Frontstellung, die wiederum die Logik des Systems bestätigt.[32] So wird der publizistische Kampf gegen Dependenzen unter Wahrung der dichotomischen Freund-Feind-Logik geführt. In diesem Sinne stehen die sich hier manifestierenden Praktiken im Einklang mit der nach den Prinzipien von Einschluss und Ausschluss ordnenden Biomacht.

Schlussbemerkung

Sowohl Wright de Kleinhans als auch Gutiérrez de Mendoza setzen ihr kulturelles Kapital für einen politisch relevanten Ertrag im Sinne einer öffentlichkeitswirksamen Partizipation und folglich entgegen der „patriarchal dividend"[33] ein. So erodieren beide durch ihre Aktivitäten als *directora literaria* beziehungsweise Herausgeberin die geschlechtsspezifische Trennung in eine privat-weibliche und öffentlich-männliche Sphäre. Im Hinblick auf die spezifische Ausformung einer *Unabhängigkeit a la mexicana,*

[32] So urteilt Foucault hinsichtlich der Wirkung frontaler Angriffe: „Tout rapport de pouvoir penche, aussi bien s'il suit sa propre ligne de développement que s'il se heurte à des résistances frontales, à devenir stratégie gagnante" (Focault 1994 [1982]: 242).

[33] Connell 2005: 79. Von der patriarchalen Dividende profitieren laut Connell alle Männer – unabhängig von ihrer hegemonialen beziehungsweise nicht-hegemonialen Positionierung – aufgrund ihrer grundsätzlichen Dominanz gegenüber Frauen. Vgl. ebda: 79.

der Selbsttechniken und angewandten Argumentationsstrategien unterscheiden sich die Autorinnen mit den Publikationen *Violetas del Anáhuac* und *Vésper* allerdings deutlich voneinander:

Wright de Kleinhans setzt sich taktierend-legitimierend für Bildung und Anerkennung außerhäuslicher Tätigkeiten der Mexikanerinnen ein; mittels des im Porfiriat immunisierend wirkenden Fortschrittsmotivs gelangt dabei auch das Thema politischer Rechte erstmals auf die Seiten einer mexikanischen Frauenzeitschrift. Während in den *Violetas del Anáhuac* gültige Wert- und Wahrheitsvorstellungen regelmäßig transversalen Widerstand erfahren und so Dependenzen aufgedeckt werden, sind in *Vésper* Frontalangriffe gegen das Regime von konstitutiver Bedeutung. Unabhängigkeit wird hier in erster Linie gleichgesetzt mit Freiheit von Porfirio Díaz. Die Attacken sind dabei grundsätzlich von unmissverständlicher und polemischer Schärfe, die politische Bühne beschreitet die unerschrockene Herausgeberin mit herausfordernder Selbstverständlichkeit. Charakteristisch ist hier die Übernahme des hegemonialen Männlichkeitsmusters: Emanzipation erfolgt über eine Abwertung der (männlichen) Feinde und die Praxis einer invertierenden Selbstermächtigung. Das *régime de vérité* bleibt jedoch unangefochten, da die eingenommene Frontstellung die Logik des Systems nicht anzugreifen vermag. Allerdings legen die Publikationsgeschichte von *Vésper* und der von Repressionen gezeichnete Lebensweg Gutiérrez de Mendozas die Funktionsweisen des Regimes und die hiermit einhergehenden Abhängigkeiten offen.

Das publizistische Engagement der beiden Mexikanerinnen und ihre Bedeutung für das Pressewesen vor 1911 kann vor dem sozio-kulturellen und politischen Hintergrund des Porfiriats nicht überschätzt werden. Mögen die Forschungstätigkeiten hier mindestens ebenso reich gedeihen wie die Blumen von Montparnasse.

Bibliographie

Acuña y Rossetti, Elisa/Gutiérrez de Mendoza, Juana Belén (1903): „A los mexicanos." In: *Vésper* (15.05.1903), zit. nach: Mendieta Alatorre 1983, S. 124–130.

Alvarado, Lourdes (Hg.) (2005): *Educación y superación femenina en el siglo XIX: dos ensayos de Laureana Wright*. México D.F.: UNAM.

Anonym (1910): „Diez años de combate." In: *Vésper* (08.05.1910) 1, 10, S. 2.

Anonym (1889): „El sufragio de la mujer." In: *Violetas del Anáhuac* (24.02.1889) 8, 2, S. 90.

Anonym (1909): „Malgré tout." In: *Vésper* (18.04.1909) 3, 9, S. 1.

Anonym (1887): „Prospecto." In: *Las Hijas del Anáhuac* (04.12.1887) 1, 1, S. 1.

Borsò, Vittoria (2011): „Die Unsichtbarkeit des Bösen und 'das böse Wissen' – Michel Foucault und das andere Denken, Schreiben, Schauen." In Borvitz, Sieglinde/Welgen, Nicole (Hgg.): *Figurationen des Anderen*. Düsseldorf: düsseldorf university press, S. 19–35.

Borsò, Vittoria/Gerling, Vera Elisabeth (2007): „Von Malinche zu Frida Kahlo: Territorium und Gender am Beispiel Mexikos." In: Michiko Mae/Britta Saal (Hgg.): *Transkulturelle Genderforschung. Ein Studienbuch zum Verhältnis von Kultur und Geschlecht.* Wiesbaden: VS Verlag für Sozialwissenschaften, S. 75–110.

Borsò, Vittoria (2004): "Grenzen, Schwellen und andere Orte. »...La geographie doit bien être au cœur de ce dont je m'occupe«", en: Borsò, Vittoria / Reinhold Görling (eds.): *Kulturelle Topographien*, Stuttgart: J.B. Metzler, S. 13–41.

Connell, Raewyn W. ([2]2005): *Masculinities.* Berkeley/Los Angeles: University of California Press.

Cano, Gabriela (1998): „The Porfiriato and the Mexican Revolution. Constructions of Feminism and Nationalism." In: Ruth Roach Pierson/Nupur Chaudhuri (Hgg.): *Nation, Empire, Colony. Historicizing Gender and Race.* Bloomington/Indianapolis: Indiana University Press, S. 106–120.

Cockroft, James (1971): *Precursores Intelectuales de la Revolución Mexicana (1900–1913).* México D.F. (u.a.): Siglo Veintiuno editores.

Foucault, Michel (1984): *L'historie de la sexualité. II. L'usage des plaisirs.* Paris: Gallimard.

Foucault, Michel (1994) [1976]: „La fonction politique de l'intellectuel." In: Foucault: *Dits et écrits. 1954–1988.* Hg. v. Daniel Defert/François Ewald, Bd. III. Paris: Gallimard, S. 109–114.

Foucault, Michel (1994) [1982]: „Le sujet et le pouvoir." In: Foucault: *Dits et écrits. 1954–1988.* Hg. v. Daniel Defert/François Ewald, Bd. IV. Paris: Gallimard, S. 222–243.

Foucault, Michel (1976): *Histoire de la sexualité. I. La volonté de savoir*, Paris: Gallimard.

Franco, Jean (1989): *Plotting women. Gender and representation in Mexico.* New York: Columbia University Press.

García, Genaro (1910): *Leona Vicario. Heroína insurgente.* México D.F.: Libreria de la viuda de Ch. Bouret.

Garner, Paul (2001): *Porfirio Díaz. Profiles in power.* Harlow (u.a.): Pearson Education.

Gutiérrez de Mendoza, Juana Belén (1903): „Al General Díaz." In: *Vésper* (15.05.1903), zit. nach: Mendieta Alatorre 1983, S. 132 f.

Gutiérrez de Mendoza, Juana Belén (1910): „Postrera rebeldía." In: *Vésper* (08.05.1910) 1, 10, S. 3.

Krumpel, Heinz (2004): *Aufklärung und Romantik in Lateinamerika. Ein Beitrag zu Identität, Vergleich und Wechselwirkung zwischen lateinamerikanischem und europäischem Denken.* Frankfurt a.M. (u.a.): Peter Lang.

Leinen, Frank (2000): *Visionen eines neuen Mexiko. Das aus dem Ateneo de la Juventud hervorgegangene Kulturmodell im Kontext der mexikanischen Selbstsuche. Eine identitätstheoretische Analyse.* Frankfurt a.M.: Vervuert.

Mendieta Alatorre, María de los Ángeles (1983): *Juana Belén Gutiérrez de Mendoza, 1875–1924: extraordinaria precursora de la Revolución Mexicana.* México: [o. A.].

Muguía de Aveleyra, Mateana (1889): „Nuestro segundo tomo." In: *Violetas del Anáhuac* (06.01.1889) 1, 2, S. 5.

Mussachio, Humberto (1989): *Diccionario Enciclopédico de México.* Bd. IV. México D.F.: Andrés León.

PORTER, Susie S. (2003): „Juana Belén Gutiérrez de Mendoza. Woman of Words, Woman of Actions." In: Jeffrey M. Pilcher (Hg.): *The human tradition in Mexico.* Wilmington, Delaware: SR Books, S. 103–117.

REEMTSMA, Jan-Philipp (2008): *Vertrauen und Gewalt. Versuch über eine besondere Konstellation der Moderne.* Hamburg: Hamburger Edition.

ROMERO ACEVES Ricardo (1982): *La mujer en la historia de México.* México D.F.: Costa-Amic Editores.

SECRETARÍA DE JUSTICIA E INSTRUCCIÓN PÚBLICA (1888): „Subvención a Ignacio Pujol para 30 suscripciones del periódico «Violetas del Anáhuac» y revalidación", 24, 235, Akte 14, S. 1.

TEMELLI, Yasmin (2010): *Schreiben statt Schweigen. Manifestationen weiblicher Stimmen im Porfiriat. Eine Analyse sechs mexikanischer Frauenzeitschriften (1883–1910).* München: Meidenbauer.

TENENBAUM, Barbara (1994): *Mexico and the Royal Indian. The Porfiriato an the National Past.* Maryland: University of Maryland.

TOVAR RAMÍREZ, Aurora (1996): *Mil quinientas mujeres en nuestra conciencia colectiva. Catálogo biográfico de mujeres de México.* México D.F.: Documentación y Estudios de Mujeres.

VILLANEDA, Alicia (1994): *Justicia y Libertad. Juana Belén Gutiérrez de Mendoza, 1875–1942.* México D.F.: Documentación y Estudios de Mujeres.

WRIGHT DE KLEINHANS, Laureana (1910): *Mujeres notables de México.* México D.F.: Tipografía económica.

WRIGHT DE KLEINHANS, Laureana (2005) [1891]: „La emancipación de la mujer por medio del estudio." In: Alvarado 2005, S. 37–59.

WRIGHT DE KLEINHANS, Laureana (2005) [1892]: „Educación errónea de la mujer y medios prácticos para correjirla." In: Alvarado 2005, S. 61–126.

WRIGHT DE KLEINHANS, Laureana (1887): „La Sra. Carmen Romero Rubio de Díaz." In: *Las Hijas del Anáhuac* (04.12.1887) 1, 1, S. 3 f.

WRIGHT DE KLEINHANS, Laureana (1888a): „La Srita. Matilde de P. Montoya." In: *Las Hijas del Anáhuac* (01.01.1888) 5, 1, S. 51–54.

WRIGHT DE KLEINHANS, Laureana (1888b): „El periodismo en México." In: *Violetas del Anáhuac* (30.09.1888) 44, 1, S. 505–507.

WRIGHT DE KLEINHANS, Laureana (1889): „Doña María Josefa Ortiz de Domínguez." In: *Violetas del Anáhuac* (24.2.1889) 5, 2, S.85 f.

ZENDEJAS, Adelina (1962): *La mujer en la intervención francesa.* México D.F.: Publicaciones especiales del Primer Congreso Nacional de Historia para el Estudio de la Guerra de Intervención.

La novela de la Revolución Mexicana: una propuesta de relectura

Rafael Olea Franco
(El Colegio de México)

Durante casi todo el siglo XX, la historia cultural de México estuvo signada por el concepto clasificatorio "Novela de la Revolución Mexicana", término cuya plena aceptación se consolidó en 1960, cuando aparecieron los dos volúmenes de la antología *La novela de la Revolución Mexicana*, producto de un proyecto sugerido por Berta Gamboa de Camino y culminado por Antonio Castro Leal, quien en una breve nota aclara que ella, recientemente fallecida, era la mejor preparada para la empresa, porque había enseñado ese tema en la Escuela de Verano de la UNAM. Aunque él también afirma que dejó intactos los comentarios redactados por Berta Gamboa, ignoro a qué se refiere, pues tanto la introducción general a cada volumen como las notas sobre los autores y el útil material anexo (índice de nombres y lugares, vocabulario y bibliografía general) se presentan al amparo de su firma.

No se sabe cuáles fueron las obras seleccionadas originalmente por Berta Gamboa, pero sí que Castro Leal modificó y completó la lista para ofrecer al lector un amplio espectro de producción narrativa correspondiente a un período de más de treinta años, de 1915 a 1947. Los autores del primer volumen fueron: Mariano Azuela, Martín Luis Guzmán, José Vasconcelos y Nellie Campobello.[1] Los del segundo volumen: José Rubén Romero, Gregorio López y Fuentes, Francisco L. Urquizo, José Mancisidor, Rafael F. Muñoz, Mauricio Magdaleno y, finalmente, Miguel N. Lira.[2] Un lector atento de estas obras, algunas de las cuales ya forman parte del canon de la narrativa mexicana del siglo XX

[1] Mariano Azuela, *Los de abajo* (1915), *Los caciques* (1918) y *Las moscas* (1918), Martín Luis Guzmán, *El águila y la serpiente* (1928) y *La sombra del Caudillo* (1929), José Vasconcelos, *Ulises criollo* (1935), Agustín Vera, *La revancha* (1930), Nellie Campobello, *Cartucho* (1931) y *Las manos de mamá* (1937).

[2] José Rubén Romero, *Apuntes de un lugareño* (1932) y *Desbandada* (1934), Gregorio López y Fuentes, *Campamento* (1931), *Tierra* (1932) y *¡Mi general!* (1934), Francisco L. Urquizo, *Tropa vieja* (1931), José Mancisidor, *Frontera junto al mar* (1953) y *En la rosa de los vientos* (1941), Rafael F. Muñoz, *¡Vámonos con Pancho Villa!* (1931) y *Se llevaron el cañón para Bachimba* (1931), Mauricio Magdaleno, *El resplandor* (1937), Miguel N. Lira, *La Escondida* (1947).

mientras otras están injustamente olvidadas, concluirá que las diferencias entre ellas son tan significativas como los paralelos que permitieron al antólogo conjuntarlas. Además, son notables ciertas ausencias, como José Revueltas, Agustín Yáñez y Francisco Rojas González, por sólo nombrar a algunos escritores (aunque en algunos casos esto podría explicarse por la imposibilidad de conseguir los derechos de edición). En el arranque de su prólogo, Castro Leal expone el principio general que guió la antología:

> *Por novela de la Revolución Mexicana hay que entender el conjunto de obras narrativas, de una extensión mayor que el simple cuento largo, inspiradas en las acciones militares y populares, así como en los cambios políticos y sociales que trajeron consigo los diversos movimientos (pacíficos y violentos) de la Revolución que principia con la rebelión maderista el 20 de noviembre de 1910, y cuya etapa militar puede considerarse que termina con la caída y muerte de Venustiano Carranza, el 21 de mayo de 1920. (Castro Leal 1991: 17)*

Si bien el concepto "Novela de la Revolución" ha desempeñado una labor discriminadora en la historia de la literatura mexicana, exhibe una notoria deficiencia, ya que se basa en una clasificación temática que no considera rasgos formales, como se deduce del impreciso criterio de Castro Leal, a quien, justo es reconocerlo, sería excesivo adjudicarle la responsabilidad absoluta de haber fijado un rubro tan abarcador. En este sentido, resulta más equilibrado decir que él tan sólo sintetizó una tendencia surgida en la crítica literaria durante la década de 1920, la cual a la postre organizó un corpus textual canonizado como un género, aunque en sentido estricto no lo es. Por ello convendría someter a revisión este concepto, tanto para explicar históricamente su difusión como para superar algunas de las limitaciones culturales que implica.

En cuanto al estrecho principio que rige la compilación, me interesa detenerme en tres aspectos, entre varios otros susceptibles de análisis. En primer lugar, el período clasificatorio de la antología es fácilmente rebatible; por ejemplo, por lo menos la mitad del *Ulises criollo*, de José Vasconcelos, no cumple con el requisito de referirse a las "acciones militares y populares" originadas en la Revolución, ni tampoco a las derivadas de ésta, ya que el relato empieza con la niñez del autor y recorre las diversas etapas de su vida hasta llegar al asesinato de Madero en febrero de 1913. Asimismo, la perspectiva temporal asumida dejaría fuera la novela *Al filo del agua* (1947), donde Agustín Yáñez ficcionalizó magistralmente los antecedentes de la Revolución en un anónimo pueblo de la región de los Altos de Jalisco (aunque esta exclusión podría obedecer a una dificultad práctica, pues Castro Leal menciona que la antología se preparó "con las limitaciones impuestas por los derechos literarios adquiridos ya por otros editores" [1991: 13]).

Un segundo punto, más sustancial, es que no obstante la heterogeneidad de los textos incluidos, el antólogo no se interroga sobre las divergencias formales entre éstos, pues al trazar el eje temático de la Revolución Mexicana, se limita a dividirlos en cuatro rubros: a) novela de reflejos autobiográficos, b) novela de cuadros y de visiones episódicas, c) novela de esencia épica y d) novela de afirmación nacionalista; obviamente, se trata de una taxonomía insostenible, carente de rasgos clasificatorios uniformes y excluyentes; por ejemplo, nada impide que una obra sea, al mismo tiempo, de "reflejos autobiográficos" y de "afirmación nacionalista". Al seleccionar el *Ulises criollo*, Castro Leal no repara en su irreductible distancia respecto de lo que tradicionalmente había constituido la categoría "novela"; en este punto cabría aclarar, para no incurrir en un absurdo anacronismo, que aunque todavía no se adoptaba la expresión "autobiografía" (porque eso es el *Ulises criollo*), la función inicial de la crítica es distinguir los atributos de las obras para después nombrarlos. De hecho, desde la aparición del *Ulises criollo* en 1935, se percibió su carácter mixto. Así, Alberto J. Pani, a quien Vasconcelos agrede bajo el poco velado nombre ficticio de Pansi, intenta refutar de inmediato las acusaciones generadas por su comportamiento poco ético durante la asonada de febrero de 1913 que encumbró en el poder al traidor Victoriano Huerta, quien derrocó al gobierno y ordenó el asesinato del presidente legítimo: Madero. El libro de Pani se titula *Mi contribución al nuevo régimen (1910-1933)*, pero tiene un subtítulo descriptivo donde califica el género usado por su opositor: *A propósito del "Ulises Criollo", autobiografía del licenciado don José Vasconcelos* (Cvltura, México, 1936). En su alegato, Pani se refiere a la obra de Vasconcelos como "novela autobiográfica", término híbrido que es síntoma de las dificultades genéricas suscitadas por el texto entre sus primeros lectores.

En el proceso de recepción del *Ulises criollo* hubo dos operaciones simultáneas que sirvieron para clasificar (y asimilar) la obra. Primero, desde sus orígenes se habló de ella como "novela" sin reparar en sus diferencias respecto de los escritos que habían constituido esta categoría; según ha expuesto Sylvia Molloy (1996) desde una perspectiva teórica y analítica, mientras el corpus de textos de carácter autobiográfico se siguiera leyendo como si se tratara de novelas, el discurso crítico no podía encontrar los rasgos distintivos del género "autobiografía". Así, conforme la historia literaria fue adoptando el uso de la heterogénea categoría "Novela de la Revolución Mexicana", se sumaron a ella los libros autorreferenciales de Vasconcelos, según se aprecia en la breve nota de presentación de Castro Leal para la antología:

> *Las narraciones de Vasconcelos relativas a la Revolución Mexicana son dos: Ulises criollo y La Tormenta, que presentan la novela de su vida dentro del cuadro histórico que se*

> *abre con la caída de Porfirio Díaz y se cierra con la muerte de Venustiano Carranza [...] [Ulises criollo] Es la novela de su propia vida, contada en primera persona, como tantas novelas.* (Castro Leal 1991: 538)

Sorprende que él no haya discutido esta última afirmación, pues si bien muchas novelas clásicas, como *David Copperfield* de Charles Dickens, son contadas en una primera persona aparentemente referencial, carecen de la validación externa propia de una autobiografía; ilustro esto con el caso de la serie autobiográfica de Vasconcelos, donde el autor puede ficcionalizar con libertad cualquier dato proveniente de su vida íntima, pero no puede inventar que fue declarado ganador de las elecciones presidenciales de 1929, en las cuales se presentó como candidato, porque los receptores saben que no fue así. En fin, la lectura desviada del *Ulises criollo* primó hasta que Jorge Aguilar Mora, en su fecundo ensayo sobre la cultura de la Revolución (1990), diferenció entre novela y autobiografía. A mi modo de ver, la renuencia a aceptar esta distinción delata dos posturas distintas, no necesariamente excluyentes. Por una parte, un extraño temor fundado en el prejuicio de creer que una "autobiografía" posee un estatuto literario de menor calidad que una "novela", a lo cual se podría replicar que la definición genérica de un texto es independiente de su valoración estética (es decir, en principio, una autobiografía es tan "literaria" como una novela). Por otra parte, quienes reivindican las autobiografías por su carácter referencial o histórico, suponen que éste disminuiría si se destacaran sus rasgos ficticios; se trata, empero, de elementos combinables, pues gracias a las posibilidades artísticas, un texto puede contener a la vez ficción literaria y testimonio histórico (conviene añadir, entre paréntesis, que no hay ningún registro historiográfico "verdadero" al que un texto literario deba guardar fidelidad, lo cual refuta cualquier lectura ingenua del ahora popular género de la novela histórica).

El tercer punto que me interesa discutir respecto del esquema selectivo de la antología preparada por Castro Leal es su preferencia por lo que denomina "novela". Ya he mencionado que el *Ulises criollo* no pertenece a esta categoría, como tampoco se adecua a ella *Cartucho* de Nellie Campobello, texto constituido por una serie de estampas o cuadros que de ningún modo tienen la pretensión de forjar una continuidad argumental (que por otra parte sería absurdo exigirle). Pero el problema no sólo reside en la presencia, dentro de la antología, de obras que no corresponden al género novela, sino en la exclusión de textos cuya importancia para la narrativa de la Revolución es incuestionable. Me refiero al género cuento, que, aunque en menor grado, hasta la fecha sigue padeciendo, en la voluble apreciación de los lectores, un estatus menor que el de la prestigiosa novela. Esta injusta perspectiva prescinde de una enseñanza visible en cualquier historia literaria: si bien, un escritor mediocre puede redactar un único cuento con méritos suficientes para entrar en una antología, componer un buen volumen de cuentos es tan difícil como lograr una buena novela; o para ejemplificarlo con un clásico, Juan Rulfo es un hábil maestro de la narrativa tanto en *Pedro Páramo* (1955) como en *"El Llano en llamas" y otros cuentos* (1953), obras que, por cierto, quedaron fuera del criterio de Castro Leal pese a que incluyen dos de las visiones literarias más profundas sobre la Revolución.

Ahora bien, aunque Luis Leal no declara de manera explícita que su intención haya sido subsanar esa carencia de la obra de Castro Leal, de hecho su compilación de 1976 titulada *Cuentos de la Revolución* cumple esa tarea; en el prólogo él plantea: "En la técnica el cuento de la Revolución rompe con los modelos heredados tanto del realismo finisecular como del modernismo [...] Si la función del cuento y la crónica modernista era, como dice Urbina, entretener «a los muchachos de nuestra generación», la del relato de la Revolución es la de pintar las penalidades, los sacrificios, la angustia del pueblo mexicano, sacudido por la convulsión social" (Leal 1993: VII). Varios de los autores de los textos que ahora clasificaríamos como cuentos de la Revolución tenían una relativa conciencia sobre el carácter mixto de sus escritos, cuya mayor (y a veces única) justificación residiría en su valor testimonial; esto se evidencia cuando el autor aduce que su propósito ha sido plasmar o evocar las experiencias vividas, como sucede en el prefacio del olvidable libro *Cenizas de la hoguera*, de Jesús Millán:

> *Bordando sobre tal tema he formado este modesto libro, esencialmente descriptivo, el cual surge a la luz exento de toda pretensión.*
> *Cuentos revolucionarios, episodios históricos, narraciones de actos heroicos que engendró el sacrificio y consagró el dolor; colección de artículos amenos de intención militar en su mayoría, que he escrito para El Intendente y otras revistas semejantes. Tal el material que contiene. (Millán 1931: 7)*

Ya en 1960, en un ensayo sobre el tema, Leal había descrito el proceso evolutivo del cuento de la Revolución, el cual había encontrado trabajosamente su forma (o más bien sus formas):

> *Faltándole los antecedentes, el cuento de la Revolución, como la Revolución misma, tuvo que crear sus propias normas, forjando una nueva técnica, un nuevo lenguaje, un nuevo ritmo; su ambiente es nacional, sus héroes los soldados revolucionarios, sus temas los incidentes de la lucha armada; en su forma más primitiva puede ser el relato de una simple anécdota o la descripción de un episodio cualquiera; en su forma más desarrollada puede tratar de complicados problemas psicológicos o convertirse en sutil sátira social. En el estilo encontramos toda la gama, desde el recio, directo, sencillo, a veces incorrecto del revolucionario metido a cuentista hasta el atildado, poético o impresionista de los mejores representantes del género. (Leal 1960: 100)*

Leal ubica el período de florecimiento y definición de esta actividad cuentística entre 1910 y 1916, mientras que su etapa cumbre se habría registrado de 1928 a 1940. Entre los cuentistas de la Revolución se encontrarían Ricardo Flores Magón con sus textos fundacionales "Dos revolucionarios" (publicado en la revista *Regeneración* el 31 de diciembre de 1910) y "El apóstol" (difundido en el siguiente número, el 7 de enero de 1911), Mariano Azuela, José Vasconcelos ("El fusilado"), Domingo S. Trueba, Miguel López de Heredia, Miguel Galindo, el Dr. Atl (Gerardo Murillo), Celestino Herrera Frimont, Alejandro Gómez Maganda, Jesús Millán, Nellie Campobello, y Francisco Rojas González con su notable cuento humorístico "El caso de Pancho Planas" (1934).

Leal añade que algunos de esos relatos breves fueron el antecedente de obras de mayor envergadura, como sucedió con *Los de abajo* de Mariano Azuela, cuyo subtítulo original era "Cuadros de la Revolución Mexicana", el cual indicaba la intención de elaborar textos relativamente autónomos sobre el tema. Esto me parece sustancial, ya que permite recordar un matiz con frecuencia olvidado por la crítica literaria: el hecho de que en su génesis, varias novelas hayan surgido mediante textos que no sólo fueron escritos de manera independiente, sino que incluso se difundieron en sucesivas entregas periodísticas. Ilustro esto con *La sombra del Caudillo*, de Martín Luis Guzmán, cuya versión primigenia, publicada en su totalidad por entregas en dos periódicos de Estados Unidos y trunca en uno de México, constaba de 35 capítulos, los cuales se convirtieron en 28 en su versión final. De seguro el fragmento "El lazo de Canuto Arenas" (*El Universal*, 10 de marzo de 1929) fue eliminado de la versión final por sus nulos nexos con Ignacio Aguirre, el personaje central de *La sombra del Caudillo* y cuya disputa por el poder presidencial desencadena el argumento de la novela. Quizá "El lazo de Canuto Arenas" sea, junto con el famoso texto "La fiesta de las balas", incluido en 1928 en *El águila y la serpiente*, la anécdota sobre la Revolución más humanamente aterradora que Guzmán nos legó. Este relato cuenta cómo el general Protasio Leyva, al sufrir junto con su tropa marchas extenuantes durante la lucha revolucionaria, decide fusilar a dos de sus soldados, los más levantiscos, para escarmentar al resto y evitar deserciones. Creyendo injusta la decisión, su subalterno inmediato, el coronel López, aduce que no tienen suficientes municiones, por lo que Leyva ordena colgarlos. Como tampoco encuentran árboles ni postes de telégrafo para hacerlo, finalmente se decide que sus propios compañeros los ajusticien empuñando la bayoneta, pero los soldados se niegan a matar en una forma tan vil y cobarde a quienes han sido sus compañeros. Entonces Leyva, ardiendo en cólera, imagina un castigo cuya perversidad resulta difícil de igualar: ordena a su ayudante, Canuto Arenas, que monte en su caballo y lace por el cuello a los sentenciados para ahorcarlos a "cabeza de silla", es decir, amarrando la soga o reata a la cabeza de la silla del caballo, método cuya efectividad requiere que alguien sujete con fuerza al ahorcado. En una espeluznante escena, Leyva, impaciente por la debilidad de carácter de un sargento, sujeta él mismo el cuerpo del segundo sentenciado, con lo cual contribuye a la macabra eficiencia del "lazo de Canuto Arenas" (véase Guzmán 2002).

Las sucesivas entregas de *La sombra del Caudillo* se ofrecieron a los suscriptores de los diarios de forma autónoma cada domingo (¡vaya lectura dominical!), por lo que su comprensión plena, tanto en su forma literaria como en su significado ideológico, debía alcanzarse en el acto de lectura de ese mismo día. De ello se deduce que en la lenta construcción de esta obra operan dos estéticas diferenciadas: por un lado, una estética propia del cuento, ya que el propósito de cada avance es colmar las expectativas de su receptor semanal, quien exige tener en sus manos un relato completo (en su estructura y en su significado); por otro, la estética de la novela, en cuyo ritmo narrativo se elaboran situaciones climáticas diversas, mediante altibajos tendientes a la construcción de un efecto de conjunto. Para decirlo de una manera sintética aunque un tanto burda, es como si al principio Guzmán hubiera querido escribir una serie de fragmentos autónomos (casi cuentos), y paulatinamente considerara la posibilidad de unificarlos para buscar un sentido único; o, en otras palabras, como si preparara a la vez una serie de relatos independientes y una novela. Me he extendido en este ejemplo porque, además de su importancia para las visiones artísticas sobre la Revolución, demuestra que, en cuanto géneros literarios, el cuento y la novela pueden tener confluencias de distinta naturaleza.

Aunque las razones para privilegiar la novela de la Revolución por encima del cuento del mismo tema son múltiples, también intervienen en ello motivos de carácter editorial y económico, como sucedió en el caso de *Los de abajo*, cuya difusión inicial, sobre la que hablaré después, tuvo marcados tintes comerciales. En síntesis, lo importante es formar al público lector, así sea escaso, para que identifique un marbete literario y se convenza de comprar libros asociados a éste. El dilatado éxito de la marca registrada por Castro Leal y por la editorial Aguilar lo demuestran los diez mil ejemplares de la novena edición (¡en su octava reimpresión!) de *La novela de la Revolución Mexicana* (1991); es decir, en un lapso de treinta años ha habido un total de nueve ediciones (y copiosas reimpresiones de éstas), cifra nada deleznable en un país con pocos lectores.

Entre los múltiples y variados factores que propiciaron la difusión y aceptación del concepto "Novela de la Revolución Mexicana", deseo destacar uno: la imperiosa necesidad de legitimarse que tuvieron los regímenes posrevolucionarios, los cuales habían emanado de ese movimiento. Uno de los medios para lograr esto es el desarrollo de lo que Hobsbawm llama, de acuerdo con la siguiente idea general, las "tradiciones inventadas":

> *Probablemente, no hay ningún tiempo ni lugar por el que los historiadores se hayan interesado que no haya vivido la "invención" de la tradición en este sentido. Sin embargo, hay que esperar que sea más frecuente cuando una rápida transformación de la sociedad debilita o destruye los modelos sociales para los que se habían diseñado las "viejas" tradiciones, produciendo otros nuevos en los que esas tradiciones no puedan aplicarse, o cuando esas viejas tradiciones y sus portadores y promulgadores institucionales se convierten en insuficientemente adaptables y flexibles, o son de algún modo eliminados: en resumen, cuando se producen cambios lo bastante amplios y rápidos en la oferta o en la demanda. (Hobsbawm 2002: 11)*

En cuanto período histórico y social de gran trascendencia, la Revolución Mexicana favoreció una rápida transformación de la sociedad, lo cual debilitó o destruyó las antiguas tradiciones, entre ellas las culturales. Por ello, el discurso oficial se propuso cubrir ese vacío; por ejemplo, en la década de 1920 el gobierno organizó reuniones con representantes de todos los estados del país para escoger lo que ahora llamamos trajes típicos nacionales; la vestimenta del charro, personaje oriundo de Jalisco, y la de la china poblana constituyen una "tradición inventada", fácilmente distinguible en el hecho de que pertenecen a dos regiones que ni siquiera son contiguas. En cuanto al ámbito literario, quizá no haya en la cultura occidental un fenómeno semejante al de México, donde un proceso histórico prestó directamente su denominación para calificar una tendencia narrativa. En el caso hipotético de que el término "Novela de la Revolución Mexicana" no hubiera triunfado, varios de los textos incluidos en esta corriente se asimilarían ahora a la cada vez más exitosa denominación de novela histórica; estoy seguro, por ejemplo, de que *La sombra del Caudillo* cumple a cabalidad con los rasgos generales que la crítica ha asignado a este subgénero.

En este ensayo no aspiro a proponer una sustitución inmediata del término "Novela de la Revolución Mexicana", que está indisolublemente enlazado a múltiples sucesos de la historia cultural mexicana. Tampoco pretendo encontrar una respuesta categórica y definitiva que ilusamente identifique una fecha precisa de invención y aceptación del término, pues todo proceso histórico es gradual y colectivo (y muchas veces anónimo). Como sería estéril discutir el concepto sin relacionarlo con los textos literarios a los que se ha aplicado, considero más productivo imbricar ambos aspectos en las siguientes páginas.

En efecto, pese a que resulta imposible descubrir cuándo empezó a usarse, sin duda el término adquirió mayor fuerza alrededor de la famosa polémica de 1924-1925 sobre el carácter de la literatura mexicana, desarrollada sobre todo en dos periódicos capitalinos, *El Universal* y *El Nacional*. Mientras algunos críticos consideraban que la condición de las letras nacionales era lamentable, otros juzgaban que había escritores de calidad, quienes ejercitaban nuevos temas e incluso técnicas diferentes de las usadas en el extranjero. Para calificar la literatura mexicana de la época, se usó, en coincidencia con expresiones semejantes de la cultura rioplatense, la lamentable clasificación binaria "literatura viril" y "literatura afeminada", la cual, como dice Jean Franco, delata un sistema propicio para que "el éxito y el fracaso nacionales fueran traspuestos en una terminología sexual y las fuerzas sociales se representaran en términos de impotencia, virilidad o prostitución de los protagonistas" (Franco 1987: 414). Según alegaba Jiménez Rueda, la literatura mexicana de entonces era "afeminada" porque los autores carecían de fuerza y de creatividad. En el contexto de esta polémica, Francisco Monterde llamó la atención sobre Mariano Azuela, a quien, con base en su novela *Los de abajo*, definió como "el novelista mexicano de la Revolución" (Monterde 1973: 13), tajante juicio que de inmediato fue impugnado por algunos de sus coetáneos. Por ejemplo, el 12 de enero de 1925, Victoriano Salado Álvarez contradijo la postura de Monterde:

> *Como prueba de que la literatura mexicana vive y es un hecho averiguado, nos cita el señor Monterde una novela del doctor don Mariano Azuela llamada* Los de abajo. *Yo no he leído* Los de abajo, *que, según parece, es una curiosidad bibliográfica; pero sí he leído obras del doctor Azuela como* Los fracasados *(Lagos, 1908) y cuentos suyos de tres o cuatro años antes.*
>
> *Sin embargo, le puedo asegurar al señor Monterde que el señor Azuela no es el novelista de la revolución, aun suponiendo que sea su obra tan notable como afirma el joven crítico.* (Salado Álvarez 1925: 5)

Salado Álvarez acertaba al calificar como una "curiosidad bibliográfica" la novela de Azuela, porque su versión periodística había aparecido de octubre a diciembre de 1915 en el diario *El Paso del Norte*, de la lejana ciudad fronteriza de El Paso, Texas, y aunque al año siguiente se imprimió como libro, había sido ignorada a plenitud. Para fortuna de Azuela, la polémica generó interés por su obra, por lo que, gracias a su olfato comercial, *El Universal Ilustrado* decidió difundirla en 1925, mediante cinco cuadernillos, con lo cual llegó a un público más amplio. En general, esta forma de divulgación fragmentaria de las obras, visible tanto en periódicos como en revistas, fue determinante para la constitución del canon de la literatura de la Revolución Mexicana (véase Torres e Higashi 2010).

No obstante sus diferencias, Monterde y Salado Álvarez coinciden en el punto de partida: discutir si Azuela es o no el novelista de la Revolución, posibilidad que implica una valoración positiva; en el fondo, ellos se basan en la tácita idea de que un movimiento histórico trascendente debe tener sus grandes escritores, cuya función consistiría en redactar la crónica literaria de los sucesos. Por ello el candente debate sobre los méritos de *Los de abajo* giró, en principio, alrededor de este eje: ¿es la novela una veraz representación del conflicto armado?; es decir, su legitimidad se discutía con base en elementos temáticos e ideológicos, lo cual delata una ingenua postura intelectual, ya que se presupone que siempre hay una versión verdadera de los sucesos históricos, respecto de la cual el arte debe ser evaluado.

Como nota positiva de *Los de abajo*, se destacaba su valor testimonial, según declaró Monterde al reivindicar la obra: "Quien busque el reflejo fiel de la hoguera de nuestras últimas revoluciones tiene que acudir a sus páginas" (Monterde 1973: 13). Por su parte, desde una perspectiva ideológica, Salado Álvarez, en su ensayo "Las obras del doctor Azuela" – con cuyo irónico título desea denigrar al autor por su profesión de médico –, asegura que este escritor abomina de la Revolución, pues a partir de su novela "neta y francamente nihilista" (Salado Álvarez 1973: 23s.), se concluye que el movimiento ha sido inútil. Además de rechazar la postura de Azuela, quien disiente de la visión oficial de la Revolución, la cual propaga la idea de una heroicidad sin mácula, él prescinde de analizar las virtudes literarias de *Los de abajo.*

Ataques como éste se nutrieron de la postura ambivalente asumida por Azuela, pues en *Los de abajo* hay posturas encontradas respecto de los móviles y de los frutos de la Revolución. En principio, el movimiento armado se presenta como un acto epifánico de búsqueda de justicia, según se aprecia en las palabras de su protagonista Demetrio Macías, cabecilla de los rebeldes, cuando explica al curro Cervantes por qué entró en la Revolución:

> *–¿De veras quiere irse con nosotros, curro?... Usté es de otra madera, y la verdá, no entiendo cómo pueda gustarle esta vida. ¿Qué cree que uno anda aquí por su puro gusto?... Cierto, ¿a qué negarlo?, a uno le cuadra el ruido; pero no sólo es eso... Siéntese, curro, siéntese, para contarle. ¿Sabe por qué me levanté?... Mire, antes de la revolución tenía yo hasta mi tierra volteada para sembrar, y si no hubiera sido por el choque con don Mónico, el cacique de Moyahua, a estas horas andaría yo con mucha priesa, preparando la yunta para las siembras... (Azuela 1996: 40)*

Como se ve, Macías formula su ingreso en la Revolución no como resultado de una lucha colectiva fundada en una ideología, sino como secuela de una disputa personal con un cacique de la zona, contra quien no pasa de lanzar "una escupida en las barbas por entrometido" (41). No se trata, pues, de una reivindicación semejante a los ideales de "Tierra y Libertad" enunciados por Zapata, pues el argumento de Azuela se desarrolla entre

Jalisco y Zacatecas, donde la población de rancheros, mestiza y escasamente indígena, está constituida sobre todo por pequeños propietarios rurales. La cultura oral y popular del protagonista se "enriquece" por medio de la educación pragmática que le imparte el curro Cervantes, joven culto y urbano que entra en las fuerzas revolucionarias por interés económico, luego de haber desertado del ejército federal como venganza de una afrenta personal que le infirió un militar de rango superior al suyo. Él es quien, después de escuchar el relato de Macías, reformula la lucha de éste en demagógicos términos políticos:

> *–Usted no comprende todavía su verdadera, su alta y nobilísima misión. Usted, hombre modesto y sin ambiciones, no quiere ver el importantísimo papel que le toca en esta revolución. Mentira que usted ande por aquí por don Mónico, el cacique; usted se ha levantado contra el caciquismo que asola toda la nación. Somos elementos de un gran movimiento social que tiene que concluir por el engrandecimiento de nuestra patria. Somos instrumentos del destino para la reivindicación de los sagrados derechos del pueblo. No peleamos por derrocar a un asesino miserable [Victoriano Huerta], sino contra la tiranía misma. Eso es lo que se llama luchar por principios, tener ideales. (Azuela 1996: 43)*

Y aunque aquí Cervantes se está dirigiendo a Macías, al final de su perorata él se suma a un "nosotros" que lo convierte en revolucionario, con los mismos derechos que todos los demás; mediante esta estrategia, busca su legítima inclusión en los futuros beneficios del movimiento armado, como se percibe en su insistencia para que Macías obtenga una posición que le reporte pingües utilidades materiales. En contraste con la hipócrita participación del curro Cervantes, son los famosos personajes Alberto Solís y Valderrama quienes expresan, dentro de la amplia gama de caracteres de *Los de abajo*, un espíritu revolucionario más noble y éticamente elevado. El primero de ellos dice de forma sintética: "–¡Qué hermosa es la Revolución, aun en su misma barbarie!"; el segundo: "–¡Amo la Revolución como al volcán que irrumpe! ¡Al volcán porque es volcán; a la Revolución porque es Revolución!... " (Azuela 1996: 71 y 128). No obstante, Solís, en quien puede estar cifrado el *alter ego* del propio Azuela, enuncia de forma certera las dudas que le suscita el futuro, cuando haya acabado la lucha armada: "–Lástima que lo que falta no sea igual. Hay que esperar un poco. A que no haya combatientes, a que no se oigan más disparos que los de las turbas entregadas a las delicias del saqueo; a que resplandezca diáfana, como una gota de agua, la psicología de nuestra raza, condensada en dos palabras: ¡robar, matar!... " (Azuela 1996: 71).

Sin embargo, no es necesario aguardar a que la tormenta amaine para percibir lo que Solís llama "la psicología de nuestra raza", pues el texto también exhibe las acciones bárbaras y sanguinarias que cometen muchos de los personajes (incluso, aunque en menor grado, el héroe popular Demetrio Macías, cuya conducta desinteresada cambia en el desarrollo de la trama, en parte por la nociva influencia de los consejos del curro Cervantes). El clímax de esta barbarie está representado en el Güero Margarito, cuya crueldad extrema se manifiesta fuera de las acciones bélicas. Por ejemplo, cuando atrapan a un federal, debido a que no hay ningún árbol ni poste de telégrafo para colgarlo, el Güero Margarito simula dispararle un tiro al corazón, pero después se le ocurre una tortura mayor: afirma que lo llevará como su "asistente" y lo obliga a caminar amarrado, sin comer ni beber, por lo que al final muere de cansancio e inanición, dramático suceso que sólo provoca este sarcástico comentario del Güero: "–¡Qué bruto soy!... ¡Ahora que lo tenía enseñado a no comer!... " (Azuela 1996: 108).

Como señala muy bien Ruffinelli con base en estos disímiles elementos de la novela: "En verdad, *Los de abajo* tiene dos facetas simultáneas: muestra las luchas populares, incluidas sus tribulaciones, sus contradicciones y dolores, frente a un caciquismo feroz que sólo trocaría su condición por la de una burguesía no menos impiadosa. Y cuenta también cómo la «barbarie» del pueblo frustró, si existía alguna posibilidad, su camino al triunfo y al verdadero dominio de clase" (Ruffinelli 1994: 71). Por su parte, Jiménez de Báez, luego de analizar la significación de los personajes de la novela, concluye marcando los parámetros de la propuesta ideológica elaborada por Azuela:

> *Con economía simbólica admirable Los de abajo muestra la grandeza y la caída del movimiento revolucionario en los límites de la conciencia posible de las fuerzas agrarias, la ausencia de un saber colectivo y de un liderato intelectual suficientemente integrado, y la consecuente escisión nuclear nacional que se reproducirá en el nuevo gobierno. (Jiménez de Báez 1992: 872)*

En síntesis, la imagen artística sobre la Revolución derivada del argumento de la novela no es, de ningún modo, monolítica, positiva y uniforme, sino profundamente crítica y escéptica. Como dice con agudeza Carlos Fuentes, de este modo Azuela "impidió que la historia revolucionaria, a pesar de sus enormes esfuerzos en ese sentido, se nos impusiera totalmente como celebración épica" (Fuentes 1996: XXIX).

De hecho, desde sus orígenes como escritor Azuela ejerció una crítica social que si bien se exacerbó con el desencanto sufrido al triunfo de la Revolución, se percibe ya en *Andrés Pérez, maderista* (1911), donde juzga acremente el oportunismo de los cobardes que se declaran seguidores de Madero hasta que éste ha triunfado. Así, a lo largo de sus textos dirigió un inalterable ataque contra las deshonestas costumbres de los funcionarios posrevolucionarios. Tan persistente fue esta actitud que en un ensayo de 1945 sobre la génesis y recepción de *Los de abajo*, el autor reitera y actualiza una acusación:

> *Cuando a raíz del triunfo de la Revolución señalé con absoluta claridad y energía la aparición de una nueva clase de ricos, los falderillos que recogen las migajas de la mesa me ladraron, señalándome como reaccionario. Mi culpa, si culpa puede llamarse, consiste en haber sabido ver entre los primeros lo que ahora todo el mundo está mirando y de haberlo dicho con mi franqueza habitual, como consta en mis novelas de entonces. (Azuela 1960a: 1099)*

El marcado deíctico de la frase "lo que *ahora* todo mundo está mirando" no deja lugar a dudas: el autor considera que el presente que vive en 1945 es producto de una Revolución que sólo benefició a personas deshonestas y sin verdaderos ideales revolucionarios (como el curro Luis Cervantes de su novela). Conjeturo que debido a esta inquebrantable actitud crítica, la lenta canonización de la obra principal de Azuela no implicó el correlativo y glorioso ingreso del autor en las instituciones oficiales, hecho común cuando el Estado mexicano desea premiar la lealtad de los intelectuales o intenta neutralizar su disidencia. Así lo demuestra, por ejemplo, el tardío Premio Nacional de Literatura entregado a Azuela en 1950, poco antes de su muerte, acaecida dos años después. En el acto de recepción del premio, además de pronunciar las diplomáticas palabras de agradecimiento, él aprovechó la oportunidad para interpretar el galardón como un tácito reconocimiento a la libertad de expresión (y de disidencia) que él representaba:

> *Pero, en mi concepto, este premio tiene además una significación que trasciende más allá de lo meramente personal. Se le concede a un escritor independiente, y esto equivale a reconocer en todo su alcance la libertad de pensamiento y la libre emisión de las ideas que le van aparejadas. Es decir, ese derecho por el que los mexicanos venimos luchando desde la consumación de nuestra Independencia. (Azuela 1960b: 1287)*

No obstante esta actitud aguerrida, el escritor asume una postura intelectual honesta, pues también reconoce que no ha sufrido la censura directa del gobierno en sus labores intelectuales:

> *En ocasiones hice la crítica acerba de la Revolución; mejor dicho, la autocrítica de nuestra Revolución, ya que tomé parte activa en ella con el entusiasmo de mis mejores años [...] muchas veces tuve necesidad de decir, de gritar lo que yo pensaba y sentía, y de no haberlo hecho así me habría traicionado a mí mismo. No todos comprendieron esta actitud mía y a menudo fui censurado por ello. Por fortuna sí me comprendieron los que a mí me importaban más, los revolucionarios auténticos e íntegros. He de proclamarlo muy claro y muy alto: ninguno de los gobiernos emanados de la Revolución estorbó jamás la publicación de mis escritos ni me tocó nunca en mi persona. (Azuela 1960b: 1287-1288)*

Para poder limar y asimilar la visión negativa de Azuela, los miembros relacionados con los grupos en el poder omitían hablar de la acre censura social presente en su obra. Por ello, el discurso oficialista prefería enfatizar la importancia del autor en la definición del carácter mexicano, punto en el que no había ninguna duda. En última instancia, la novela ganó su lugar en el canon de la cultura mexicana no sólo por sus virtudes artísticas, sino sobre todo porque uno de sus rasgos, su carácter eminentemente mexicano, concordó con el exacerbado discurso nacionalista impulsado por los sucesivos gobiernos posrevolucionarios.

"Muerto el perro, acaba la rabia", afirma lacónicamente un sabio refrán popular. Cuando Azuela falleció, el 1 de marzo de 1952, se convirtió, al igual que cualquier héroe muerto, en una figura pasible de múltiples manipulaciones. En mayo de ese mismo año, la llamada "Rama de escritores y periodistas" del gobernante Partido Revolucionario Institucional organizó en el Palacio de Bellas Artes un acto oficial en memoria suya, al cual, estoy seguro, él se habría rehusado; en esa ocasión, Salvador Reyes Nevares asestó un discurso cuyo título no requiere mayor comentario: "Lo mexicano en Azuela". Creyente fervoroso y oportunista en la heroicidad de sus próceres, el gobierno culminó este reconocimiento oficial con el entierro de Azuela en la entonces llamada Rotonda de los Hombres Ilustres (hoy Rotonda de las Personas Ilustres). Esta ridícula institución, concebida por el Estado decimonónico mexicano y creada por decreto del presidente Sebastián Lerdo de Tejada en 1872, se reactivó durante los gobiernos emanados de la Revolución, los cuales necesitaban legitimaciones simbólicas.

En su vertiente artística, la indiscutida "mexicanidad" de Azuela asumió diversas expresiones. En 1935, Mauricio Magdaleno destacó la pertenencia del autor a una tradición literaria iniciada por Lizardi y continuada por Inclán, Cuéllar y Delgado; esta postura culminó veinte años después con una hiperbólica afirmación de José Mancisidor, quien resumió así el legado de su antecesor: "Nosotros, los novelistas llamados «de la Revolución», podemos decir que todos procedemos de *Los de abajo*, de Mariano Azuela" (Mancisidor 1957: 3). Para aquilatar los alcances de esta frase ditirámbica, cabe recordar que quien la pronunció había intentado refutar la negativa visión de Azuela sobre el movimiento revolucionario, como se percibe en *La rosa de los vientos* (1940), novela de Mancisidor sobre la que su autor dice: "No: la Revolución no había sido solo hurto, rapiña, anarquía [...] Yo no caí en el error de darle a mi novela una salida derrotista. El último capítulo de ella es una promesa" (1957: 3). Dentro de su reflexión temática y descriptiva de *Los de abajo*, Magdaleno atribuye a Azuela una función fundamental que concuerda con el discurso nacionalista impulsado con vigor por los sucesivos gobiernos legitimados por la Revolución: "En la novelística de Azuela, por primera vez, nos asomamos a respirar el aire nuestro" (1973: 60); curiosamente, estas palabras se parecen a las dichas años atrás por Salado Álvarez respecto de *La Calandria*, de Rafael Delgado, para enfatizar que se trataba de la primera novela "mexicana" en su contenido y lograda en su forma artística.

En cuanto al proceso por el cual *Los de abajo* se convirtió en la obra fundacional del género "Novela de la Revolución Mexicana", cabe decir que en su caso se repitió un antiguo fenómeno de recepción: cuando un texto no se ajusta a los parámetros conocidos, la crítica tiene enormes dificultades para evaluarlo y asimilarlo. Por ejemplo, al apuntar algunos méritos de la novela y señalar sus "deficiencias", Eduardo Colín, afamado periodista cultural de la época, cometió el mismo ingenuo error en el que, decenios después, incurrirían varios críticos rulfianos: juzgar la obra como muestra de una escritura en ciernes que aún debía perfeccionarse:

> *Nuestra guerra, en los sitios vírgenes en que nació, está puesta vigorosamente en esta obra, aunque breve y fragmentaria, de una fuerza indudable. Es de la mejor literatura que se ha escrito de la Revolución [...] La novela ha debido ser construida más en su conjunto. (Es cierto que se intitula sólo "Cuadros"). El empeño de creación que en ella nótase nos revela cualidades de su autor para otra obra de gran trazo. Hoy ha hecho una notable esquisse, que deseamos amplifique y le dé envergadura y proyecciones superiores. (Colín 1973: 15 y 17)*

Más contundente en su juicio negativo fue la autorizada voz de Salado Álvarez, quien tal vez quiso corregir así el tono elogioso de una misiva suya enviada casi dos decenios antes a Azuela, a la sazón un incipiente escritor provinciano que residía en Lagos de Moreno. En contraste con ese primer y noble gesto de impulsar a un joven artista, años después, Salado Álvarez no sólo niega las virtudes literarias de Azuela, sino que ejerce la más peligrosa de las facetas de la crítica literaria, la de profeta:

> *Y ahora quiero insistir en algo que dije a Azuela desde que conocí su primer rasguño literario. Sus obras no están escritas; no sólo tienen concordancias gallegas, inútiles repeticiones, faltas garrafales de estilo, sino que carecen hasta de ortografía, de la ortografía elemental que se aprende en tercer año de primaria.*
>
> *¿Por qué dejará Azuela esterilizarse sus dotes indudables de novelista sin cuidar la forma? Hasta los autores que parecen más crespos y enmarañados han sido grandes estilistas [...] No hay obra duradera con forma descuidada... y con mala ortografía. Las obras de Azuela escritas hasta el presente se consultarán en lo futuro como trabajos históricos, como muestras de lenguaje popular de su región [...] pero por lo demás, quedarán hors de la littérature, como [Anatole] France decía de Jorge Ohnet, si no trabaja y estudia. (Salado Álvarez 1973: 24)*

No resisto la tentación de mencionar que Azuela ejerció una fina ironía contra este crítico, pues al celebrar la traducción al francés de su novela *La mala yerba*, el 15 de agosto de 1930, escribe una carta a su amigo González de Mendoza donde comenta:

> *Desde luego espero que se confirme una vez más lo que está sucediendo con mis libros: que alguien más competente que yo los escriba. Mi amigo Salado Álvarez escribió hace cinco años que mis novelas «no estaban escritas». Lo que significa que he tenido una suerte loca; pues he encontrado quién me las escriba y hasta con utilidades. (Azuela 1969: 80)*

Más allá de este comprensible desahogo personal, por fortuna la historia literaria ha mostrado que las supuestas deficiencias endilgadas a Azuela por sus enemigos – brevedad y fragmentarismo, uso literario de un lenguaje popular – son rasgos positivos y revolucionarios de su estilo, a partir de los cuales se desarrollaron nuevas y exitosas tendencias de la narrativa mexicana.

En contraste con Colín y Salado Álvarez, una lectura más certera de la obra provino de Bernardo Ortiz de Montellano, quien en el número 23 de la revista de vanguardia *Contemporáneos* (abril de 1930), publicó un ensayo cuyo título marca ya una perspectiva diferente: "Literatura de la Revolución y literatura revolucionaria". Después de celebrar las recientes traducciones al francés y al inglés de *Los de abajo* (1928 y 1929, respectivamente), él se pregunta si este éxito obedece a la interpretación de Azuela sobre la gesta revolucionaria, movimiento histórico que los diarios de todo el mundo se habían encargado de propagar. Luego enuncia esta postura dicotómica, que define su perspectiva estética:

> *En la actualidad la escasa literatura mexicana con tema revolucionario – lo que es distinto a la literatura actual, revolucionaria, de México – tiene mayor significación para el público extranjero que para el progreso de la cultura y el desenvolvimiento artístico tradicional en nuestro país, porque [...] "el arte es revolucionario por sí y en sí mismo. El tema cristiano no define la calidad artística de los pintores del Renacimiento".*
> *El tema de la revolución no creará nunca para nosotros la literatura revolucionaria, nueva en su concepto estético y en su propia expresión; autóctona dentro de la cultura heredada y abonada durante siglos con fisonomía particular; enraizada en la más profunda vertiente de la sensibilidad peculiar de México y enemiga de viejos moldes. (Ortiz de Montellano 1930: 79-80)*

Aunque las clases impartidas por Berta Gamboa en la UNAM indican el interés de los extranjeros por la novela de la Revolución Mexicana, disiento de la contundente afirmación de que el tema tenía mayor significación para los extranjeros que para la cultura de nuestro país. No obstante, reconozco que Ortiz de Montellano aplica una perspectiva más estética que ideológica al punto en discusión. Además, la debatible y reduccionista idea de que los polos "literatura de la revolución" y "literatura revolucionaria" son excluyentes lo induce a lamentar, en nota a pie de página, que en el extranjero se haya decidido traducir *Los de abajo* en lugar de *La Malhora*:

> *De las obras de Azuela preferimos, como Valery Larbaud, La Malhora, artística interpretación de ambiente mexicano sin truculencias revolucionarias y, sin duda, la obra maestra, hasta hoy, del novelista. ¿Por qué no se eligió para la traducción esta obra? (Ortiz de Montellano 1930: 79)*

Esta preferencia personal se plasmó en los dos fragmentos de *La Malhora* difundidos a fines de 1930 y principios de 1931 por la revista *Contemporáneos*, cuya dirección detentaba ya Ortiz de Montellano, debido a la ausencia de Torres Bodet, quien había viajado a Europa para sumarse a las labores consulares del país.

Curiosamente, otro miembro del grupo de los Contemporáneos, Xavier Villaurrutia, sí leyó en *Los de abajo* los dos polos que a Ortiz de Montellano le parecían inconciliables. En un ensayo de 1931, Villaurrutia ubicó el problema desde esta pertinente perspectiva estética:

> *Los de abajo y La Malhora, de Azuela, son novelas revolucionarias en cuanto se oponen, más conscientemente la segunda que la primera, a las novelas mexicanas que las precedieron inmediatamente en el tiempo. Sólo en ese sentido Azuela, que no es el novelista de la revolución mexicana, es un novelista mexicano revolucionario. (Villaurrutia 1973: 57)*

"Novelista de la Revolución Mexicana" *versus* "novelista mexicano revolucionario". Con estas frases binarias, Villaurrutia intentaba poner el acento en una línea literaria, la cual se había extraviado ante las urgentes necesidades ideológicas del momento. Al refutar el presunto estilo "deficiente" de Azuela, el crítico no discute los juicios de los detractores de éste, sino que más bien se centra en los logros literarios del texto:

> *No admira tanto en Mariano Azuela la economía y sencillez de sus medios, como la rapidez con que los hace vivir. Unas cuantas frases y ya estamos respirando en un ambiente; unas cuantas líneas que duran sólo un segundo, y ya está, en pie, un personaje, y así otro y otros. (Villaurrutia 1973: 57)*

Para concluir su exposición, Villaurrutia compara hábilmente a Azuela con dos grandes escritores de la cultura occidental:

> *Recuerdo un diálogo acerca de Los de abajo:*
> *Z afirmaba que Los de abajo es una novela sin estilo.*
> *X aseguraba que no hay novela sin estilo.*

> *Z pedía a la obra de Azuela un estilo pulido, brillante, propio para resistir la prueba de la lectura en alta voz.*
> *X decía que frente al estilo de palabras vive un estilo de actos, de sucesos, de cosas en que las palabras parecen innecesarias.*
> *Z (pensando seguramente en Flaubert): Azuela no busca las palabras.*
> *X (pensando, seguramente, en Chéjov): No busca las palabras, pero las encuentra. (Ibidem 58)*

No deja de ser irónico que durante el debate sobre *Los de abajo*, en cierta medida los papeles culturales se hayan invertido. De manera imprevisible, un escritor de corte realista como Salado Álvarez se convierte en un férreo defensor de un estilo pulido, con base en un concepto de la escritura más decorativo que funcional. En cambio, Villaurrutia, integrante del innovador grupo de los Contemporáneos, donde residirían los estilistas por antonomasia, acaba defendiendo a un escritor realista, incluso en contra de quienes se supone deberían coincidir con éste debido a sus intereses temáticos.

Estos datos del debate cultural mexicano de la primera mitad del siglo XX constituyen una muestra de la compleja red de lecturas e interpretaciones que genera la obra de Azuela y que la rebasan, porque, en última instancia, son un indicio de que los parámetros culturales están sufriendo un profundo proceso de transformación, paralelo, pero nunca del todo dependiente, del que la sociedad mexicana en su conjunto experimenta durante y después de la Revolución. En el caso concreto de *Los de abajo*, la confluencia de las críticas y los elogios a esta novela acabó diluyéndose en una imagen neutra del texto, según ha señalado con certeza Aguilar Mora: "Lo verdaderamente irónico es que los distintos argumentos que se opusieron para proponer y para rechazar a *Los de abajo* como una novela representativa de la Revolución terminaban complementándose en una imagen genérica e ideológicamente inofensiva de esa literatura" (Aguilar Mora 1990: 48). El triunfo del concepto Novela de la Revolución Mexicana, así como la posterior divulgación de un conjunto de obras que proporcionó a los futuros lectores la seguridad de poseer un corpus textual estructurado y orgánico, ha hecho olvidar las enormes ambigüedades presentes en el nacimiento del género. Al mismo tiempo, el éxito contundente alcanzado por el término ha producido una obnubilación de la crítica, que al analizar la literatura de la década de 1920, suele prescindir del estudio de las otras tendencias coetáneas al género, por ejemplo el estridentismo, el colonialismo y la novela lírica. En este sentido, considero que ha pasado desapercibida la voz de alarma que lanzó Brushwood hace varios decenios para prevenirnos sobre el peligro de construir una visión deformada de la historia literaria a partir de la irrefutable preeminencia de una obra específica:

> *Los colonialistas fueron los literatos más deliberados de su tiempo, y la continuación de la tradición literaria de México dependió tanto de ellos como del genio espontáneo de Azuela.*
> *El cuadro de lo que ocurrió en la novela durante este período se deforma al prestar demasiada atención a las novelas de tema revolucionario de Azuela. Si exceptuamos sus obras, las novelas que trataron el tema de la Revolución fueron muy pocas. El país no estaba aún preparado para examinar el fenómeno de la Revolución, tal vez porque todavía no se percataba de sus verdaderas dimensiones. La novela colonialista fue más cultivada que la novela de la Revolución. (Brushwood 1973: 327)*

Además de este desvío crítico, han sido excluidos de la categoría "Novela de la Revolución Mexicana" los textos de varios autores que también trabajan este tema histórico. Un caso emblemático es el de Julio Torri (1889-1970), sin duda el ejemplo más claro en México, a partir de la segunda década del siglo XX, de una literatura basada en lo que después la teoría llamó función "metaliteraria", pues él inventó un arte verbal que habla del arte mismo; como sus textos no pretenden imitar o representar ninguna realidad referencial inmediata, no rige en ellos el proceso clásico de la mimesis (la idea de que el discurso literario representa ficcionalmente una realidad objetiva). En consecuencia, Torri se distancia de cualquier tipo de realismo, e incluso reduce al absurdo esta tendencia artística, en voz de un personaje de "El embuste" que afirma:

> *En principio nunca leo novelas. Son un género literario que por sus inacabables descripciones de cosas sin importancia trata de producir la compleja impresión de la realidad exterior, fin que realizamos plenamente con sólo apartar los ojos del libro. (Torri 1980: 51)*

De este modo, su poética entra en franca contradicción con algunas tendencias dominantes de la literatura mexicana de la primera mitad del siglo XX – realismo de la novela de la Revolución y de la novela indigenista, por ejemplo –, para las cuales el arte debe tener una finalidad superior a lo meramente estético. Torri, en cambio, se aparta de cualquier teoría que postule un propósito ajeno a lo artístico, por lo que su literatura carece de las preocupaciones sociales típicas de la época. Cuando por excepción alude a algunos sucesos históricos relevantes, éstos se codifican irónicamente, como sucede en "La feria", donde aparece la que quizá sea su única referencia a la Revolución Mexicana; con un estilo que pretende reproducir la oralidad cotidiana, este texto se construye mediante el cruce de voces de personajes de distintos estratos sociales, quienes expresan sus reacciones frente al acto festivo de la feria; en una frase que es al mismo tiempo baladronada y pretexto genial, una mujer indígena quiere engañar a otra mujer de su raza con esta hábil declaración: "–Yo sabía leer, pero con la Revolución se me ha olvidado" (Torri 1964: 68). Con agudeza irónica, el autor se burla sin recato de la idea, tan difundida por algunas vertientes de nuestra literatura, de que la Revolución trastrocó todos los valores previos, de que implicó una ruptura absoluta con el pasado; por cierto que esa percepción primó en el extranjero, como se deduce del título de *Los de abajo* en francés: *L'Ouragan* (1929), es decir "El huracán" (o el "volcán" que arrasa con todo, según había dicho Azuela).

Esta burla de Torri, presente en "De fusilamientos", libro publicado originalmente en 1940, se dirige contra uno de los mitos fundacionales de la victoriosa ideología revolucionaria: la enseñanza de la escritura a las masas del pueblo, con lo cual se superaría el escaso índice del 10 % de mexicanos que sabían leer y escribir previo al movimiento. En 1947, la Secretaría de Gobernación organizó el concurso Primer Premio Nacional de Fotografía, en el cual triunfó el exiliado español Francisco Mayo, quien presentó esta singular imagen:

> *La fotografía con la cual [Mayo] ganó ese concurso mostraba a una madre indígena a quien enseñaban a leer dos niñas, en el interior de un jacal apenas iluminado por dos velas. El rostro de la madre, la iluminación del espacio y la calidad misma de la foto, hicieron de ella la máxima representación para el poder Ejecutivo sobre su idea de alfabetizar al país. (Rivera y Godínez 2002: 60)*

Para fomentar la Campaña Nacional de Alfabetización, la fotografía se amplió y se distribuyó como cartel por todo el país, bajo el título "Madre aprendiendo a leer". Contra esta clase de fábulas oficiales dirigió Torri su fina ironía.

De un modo paralelo funciona el texto "De fusilamientos", que da nombre al libro homónimo. En su frase inicial, "El fusilamiento es una institución que adolece de algunos inconvenientes en la actualidad" (Torri 1964: 49), se define ese acto como una práctica establecida y permanente de la sociedad, con lo cual se indica al receptor que debe realizar una lectura irónica del texto. Quizá al principio "De fusilamientos" corra el riesgo de todo discurso irónico: el ser tomado al pie de la letra por un lector excesivamente ingenuo que no maneje los códigos lingüísticos; pero, en última instancia, éste es un peligro siempre latente, que habla más de la incapacidad de un "lector anestesiado de los sentidos", como hubiera dicho Torri, que de las habilidades expositivas de un creador.

Después de su frase inicial, "De fusilamientos" describe, mediante una larga y pormenorizada lista, cuáles son los "inconvenientes" a los que el fusilado se ve sujeto: la amenaza de contraer un resfriado ("El rocío de las yerbas moja lamentablemente nuestros zapatos, y el frescor del ambiente nos arromadiza", *idem*); la imposibilidad de apreciar la belleza del campo ("Los encantos de la diáfana campiña desaparecen con las neblinas matinales", *idem*); la falta de educación de los jefes de escolta y el aspecto deplorable de los soldados rasos ("Aunque sean breves instantes los que estáis ante ellos, no podéis sino sufrir atrozmente con su vista. Se explica que muchos reos sentenciados a la última pena soliciten que les venden los ojos", *idem*); la mala calidad del tabaco o licor que se suministra al condenado para cumplir su última voluntad ("La palidez de muchos en el postrer trance no procede de otra cosa sino de la baja calidad del licor que les desgarra las entrañas", *ibidem* 50); la tosca sensibilidad del público que asiste a los actos de fusilamiento ("En balde asumiréis una actitud sobria, un ademán noble y sin artificios. Nadie lo estimará. Insensiblemente os veréis compelidos a las burdas frases de los embaucadores", *idem*); la carencia de periodistas especializados en fusilamientos, etc. Después de esta enumeración, el texto concluye con un párrafo sumario que simula el tono de una prédica moral:

> *Si el Estado quiere evitar eficazmente las evasiones de los condenados a la última pena, que no redoble las guardias, ni eleve los muros de las prisiones. Que purifique solamente de pormenores enfadosos y de aparato ridículo un acto que a los ojos de algunos conserva todavía cierta importancia. (50)*

Como las anteriores citas demuestran, el depurado estilo irónico de Torri contrasta todos los terribles momentos inherentes al fusilamiento con la serie de supuestos e imaginarios "inconvenientes" que en el fondo son simples minucias frente a la atrocidad de la muerte del fusilado. Porque difícilmente podría pensarse en una realidad más terrible que los instantes previos a un fusilamiento; y sin embargo el autor la degrada, en cierta medida la "purifica" hasta provocar la sonrisa del lector, que se vuelve cómplice con el simple acto de captar el profundo sentido irónico del texto. Además, mediante un hábil uso del pronombre "vosotros" ("no podéis sino sufrir atrozmente con su vista", "En balde asumiréis una actitud sobria"), incluso sumerge al lector (en un sentido simbólico, claro está) en la posición misma del acto, lo fuerza a compartir directamente las penurias del fusilado o de los asistentes.

Ahora bien, leído fuera de sus particulares circunstancias históricas, el texto parece aludir al fusilamiento tradicional, es decir, el asociado con la impartición de la justicia legalizada en muchas sociedades modernas del mundo occidental. Pero hay un elemento paratextual que ayuda a distinguir su contexto de enunciación: "De fusilamientos" cierra con una inscripción que indica el año de su escritura: 1915. Este rasgo resulta excepcional, ya que Torri casi nunca indica la fecha de creación de sus obras; el dato tenía pues la intención de aludir inequívocamente a la época en que México estaba inmerso en plena efervescencia revolucionaria. En efecto, a mediados de la década de 1910, las diversas facciones que estaban en pugna (zapatistas, villistas, carrancistas, federales, etc.), recurrieron al acto del fusilamiento (incluso sumario) como un método infalible para acabar con las huestes enemigas, para "pasar por las armas" a quien no comulgara con sus ideas. Aunque en este rubro sólo caben lucubraciones, conviene preguntar por qué el autor no incluyó "De fusilamientos" en su primer libro, *Ensayos y poemas*, de 1917, obra que pese a su título, también contiene textos narrativos. Una respuesta probable es que la postura irónica de Torri podría haber suscitado fuertes reacciones negativas de los lectores en 1917, debido a la dolorosa cercanía de los actos de fusilamiento, que por desgracia durante muchos años siguieron siendo moneda corriente para dirimir las luchas políticas en México.

Al reflexionar sobre la dimensión ética e ideológica de este texto, Jorge Aguilar Mora lo compara con un relato de Nellie Campobello incluido en *Cartucho* (1931): "Las tarjetas de Martín López", que según él sería "una negación radical – en lo vital y en lo literario – de esa estampa de los fusilamientos que en estilo decente escribió Julio Torri" (Aguilar Mora 1990: 46). En cuanto a la validez de ambos estilos literarios, el crítico concluye:

> *Frente a la historia, frente al testimonio de tantos fusilados, es difícil, si no imposible, demostrar que la ironía de Torri lograba su probable cometido: demostrar y condenar de pasada la barbarie de esos hechos. Y quizás también sea imposible demostrar que Torri fracasó. Pero al colocar su texto frente al de Nellie Campobello, al menos sucede un acontecimiento que no se puede soslayar; ante ambos textos se tiene que hacer una elección, y la elección va más allá de ser un mero hecho de crítica literaria. Sin duda es importante reconocer que los dos son textos ejemplares de caminos muy distintos recorridos por la literatura mexicana; pero más importante aún es aceptar que son también posturas muy diferentes no sólo de la literatura sino de la interpretación histórica mexicana ante el comportamiento de otros mexicanos. (Ibidem: 47)*

Esta propuesta, basada en una cauta e inteligente lectura (además, muy bien documentada), implicaría cierto grado de rechazo de la forma literaria como Torri codificó el fusilamiento, pues parecería que este hecho, ligado a terribles sucesos históricos, no debería ser sometido a una construcción irónica. En este punto conviene recordar la teoría de Linda Hutcheon (1992: 188); según ella, la descodificación pertinente de la ironía exige al lector manejar, además de la competencia lingüística y la genérica, que no requieren mayor elucidación, una competencia que ella denomina ideológica, la cual, *grosso modo*, resulta visible en la frontera, latente en todos los lectores, que limita los temas que se consideran "ironizables" (hoy día se hablaría de lo "políticamente correcto"). Al sugerir que el lector opte entre el texto de Torri y el de Campobello, Aguilar Mora privilegia una restricción de carácter ético que implicaría cancelar al primero; como estoy convencido de que la riqueza de la literatura reside en su variedad, por mi parte me inclino por una actitud más incluyente, en la cual ambos textos y modos de escritura tendrían su propio espacio de recepción.

No obstante, reconozco que quizá la imagen literaria de la Revolución plasmada por Campobello tenga un mayor valor testimonial y refiera con más fuerza expresiva al movimiento armado. En los cuadros o anécdotas de esta escritora, compilados bajo el subtítulo *Relatos de la lucha en el norte de México*, pululan los fusilados; así sucede en "Las tarjetas de Martín López", donde este personaje recuerda obsesivamente a su hermano Pablo mediante imágenes fotográficas previas a su fusilamiento que demostrarían su enorme valentía. Asimismo, en varios textos aparecen con sus nombres verdaderos diversos personajes de la lucha revolucionaria, como Pancho Villa, aunque no se describen las acciones nobles o deleznables que propiciaron su admisión en los registros historiográficos del heroísmo o la infamia. Desde una mirada más bien íntima, la autora ofrece una imagen muy humana de quienes han sido glorificados por otro tipo de discursos (oficiales o no). En la nota introductoria dedicada a Nellie Campobello, Castro Leal dice que: "En cuadros de sencilla crueldad, con perspectivas de natural ternura, [ella] presenta una visión infantil y dramática de la Revolución Mexicana" (Castro Leal 1991: 923). En sentido estricto, en la obra no hay una "visión infantil", sino que Campobello usa con habilidad los cambios de foco narrativo para simular la visión de una niña, la cual a veces se mezcla con la mirada retrospectiva de una mujer adulta. Por ejemplo, en la estampa titulada "Los hombres de Urbina", la perspectiva de la mujer que controla el acto narrativo se cruza con la de la niña que anhelaba ver los fusilamientos, cuya cotidianidad casi los había convertido en un espectáculo:

> *Tres descargas sofocadas se escucharon en la cárcel, yo estaba pendiente, las oí rebien, entristecida por no haber podido ver los fusilamientos. – Los muertos y la sangre era [sic] alimento necesario para mí, mi espíritu de niña se agrandaba y mis ojos se abrían inmensos, no quería perder detalle de nada –, oí los balazos desde la carpintería de Reyes, a una cuadra de distancia, eran descargas muy seguiditas, sofocadas, parecían dentro de un jarro. (Campobello 1931: 104)*

Sospecho que la legibilidad de *Cartucho* (y al mismo tiempo su carácter terrible) reside en lo que acertadamente Castro Leal llama "sencilla crueldad", es decir, esa manera más bien "desdramatizada" de describir algunas de las acciones humanas más impresionantes de la Revolución, hayan tenido trascendencia histórica o no. En este aspecto la escritura de Campobello coincide con la de Rulfo, pues sus narradores cuentan los sucesos más atroces de una manera casi neutral (y a veces hasta festiva), aunque quizá el estilo de ella sea aún más impactante, debido a la mirada infantil que percibe esos sucesos.

Esta somera comparación entre Torri y Campobello ha sido posible gracias a que ambos escritores, desde estilos muy diferentes, trabajan la Revolución Mexicana como tema literario. Más allá de las enormes dificultades a las que se enfrentarían tanto el discurso oficial como la crítica oficialista para aceptar y asimilar la visión corrosivamente irónica de Torri, es obvio que el limitado concepto "Novela de la Revolución Mexicana" ha implicado su injusta exclusión. Sólo Max Aub, en su sucinta pero propositiva *Guía de narradores de la Revolución Mexicana*, le dedica una concisa nota; después de afirmar que basta un relato, si es excelente, para marcar una fecha determinante, él dice:

> *En cuanto al mínimo tamaño no dejaría de ser normal citar a Julio Torri (Saltillo, Coahuila, 1889), autor de una sola página acerca de la Revolución, que dio parte de su título al más conocido de sus libros: «De fusilamientos», no solamente importante por su calidad sino por su fecha: 1915 [...]. (Aub 1985: 17)*

En fin, quizá el caso de Torri sea emblemático de la necesidad cultural e histórica de empezar a discutir, a cien años del inicio de la Revolución Mexicana, varios de los anquilosados conceptos asociados a ella; de ahí mi propuesta para buscar romper o reformular el canon denominado "Novela de la Revolución Mexicana". Además del comprensible reciente boato oficial del doble centenario mexicano (de la Independencia y de la Revolución), incentivado desde todos los órdenes institucionales, las conmemoraciones deberían propiciar un espacio mínimo para el ejercicio libre de la crítica. Ojalá estas páginas contribuyan a esa necesaria reflexión, por lo menos en el campo literario.

Bibliografía

Aguilar Mora, Jorge (1990): *Una muerte sencilla, justa, eterna. Cultura y guerra durante la Revolución Mexicana.* México: Ediciones Era.

Aub, Max (1985) [1969]: *Guía de narradores de la Revolución Mexicana.* México: FCE-SEP (Lecturas Mexicanas, 97).

Azuela, Mariano (1960a): "Los de abajo". En: *Obras completas*, t. III. México: Fondo de Cultura Económica, pp. 1077-1099.

Azuela, Mariano (1960b): "Premio Nacional de Ciencias y Artes". En *Obras completas*, t. III. México: Fondo de Cultura Económica, pp. 1286-1288.

Azuela, Mariano (1969): *Epistolario y archivo.* Ed. Beatrice Berler. México: Universidad Nacional Autónoma de México.

Azuela, Mariano (1996): *Los de abajo.* Ed. crítica coordinada por Jorge Ruffinelli. México: ALLCA XX-Fondo de Cultura Económica (Archivos, 5).

Brushwood, John S. (1973): *México en su novela*. Tr. Francisco González Aramburo. México: Fondo de Cultura Económica.

Campobello, Nellie (1931): *Cartucho. Relatos de la lucha en el norte de México*. México: Ediciones Integrales.

Castro Leal, Antonio (ed.) ([9]1991) [1960]: *La novela de la Revolución Mexicana*, t. 1. México: Aguilar.

Colín, Eduardo (1973): "Los de abajo" (1925). En: Monterde (1973), pp. 15-17.

Franco, Jean (1987): "Cultura y crisis". En: *Nueva Revista de Filología Hispánica*, 2, 35, pp. 411-424.

Fuentes, Carlos (1996): "La Ilíada descalza". En: Azuela (1996), pp. XV-XXIX.

Guzman, Martín Luis (2002) [1929]: *La sombra del Caudillo*. Ed. crítica coordinada por Rafael Olea Franco. París: ALLCA XX-Conaculta-FCE (Archivos, 54).

Hobsbawm, Eric J. (2002): "Introducción: la invención de la tradición". En: Idem/Ranger, Terence (eds.): *La invención de la tradición*. Tr. Omar Rodríguez. Barcelona: Crítica, pp. 7-21.

Hutcheon, Linda (1992): "Ironía, sátira, parodia. Una aproximación pragmática a la ironía". En: Silva, Hernán (ed.): *De la ironía a lo grotesco (en algunos textos literarios hispanoamericanos)*. Tr. Pilar Hernández Cobos. México: UAM-Iztapalapa, pp. 173-193.

Jiménez De Báez, Yvette (1992): "Los de abajo de Mariano Azuela: escritura y punto de partida". En: *Nueva Revista de Filología Hispánica*, 2, 40, pp. 843-874.

Leal, Luis (1960): "La Revolución Mexicana y el cuento". En: Valadés, Edmundo/Leal, Luis: *La Revolución y las letras: 2 estudios sobre la novela y el cuento de la Revolución Mexicana*. México: Instituto Nacional de Bellas Artes, pp. 97-133.

Leal, Luis ([3]1993) [1976]: "Prólogo". En: *Cuentos de la Revolución*. México: Universidad Nacional Autónoma de México (Biblioteca del Estudiante Universitario, 102), pp. V-XIX.

Magdaleno, Mauricio (1973): "El mensaje de Mariano Azuela" (1935). En: Monterde (1973), pp. 58-62.

Mancisidor, José (1957): "Mi deuda con Azuela". En: *Suplemento Dominical de "El Nacional"*, 25 de agosto, p. 3.

Millán, Jesús (1931): *Cenizas de la hoguera*. México: Editorial Claret.

Molloy, Sylvia (1996): *Acto de presencia. La escritura autobiográfica en Hispanoamérica*. Tr. José Esteban Calderón. México: El Colegio de México-FCE.

Monterde, Francisco (ed.) (1973): *Mariano Azuela y la crítica mexicana*. México: Secretaría de Educación Pública (Sep/Setentas, 86).

Monterde, Francisco (1973): "Existe una literatura mexicana viril" (1924). En: Idem (1973), pp. 11-15.

Ortiz De Montellano, Bernardo (1930): "Literatura de la revolución y literatura revolucionaria". En: *Contemporáneos*, 23, abril, pp. 77-80 [Edición facsimilar: Fondo de Cultura Económica, México, 1981].

Rivera Suárez, Verónica/Godínez, Raúl (2002): *México a través de los Mayo. Paco y Faustino Mayo. Biografía*. México: AGN-Conaculta-Fonca.

Ruffinelli, Jorge (1994): *Literatura e ideología. El primer Mariano Azuela (1896-1918)*. México: Eds. Coyoacán.

SALADO ÁLVAREZ, Victoriano (1925): "¿Existe una literatura mexicana moderna?" En: *Excélsior*, 12 de enero, p. 5.

SALADO ÁLVAREZ, Victoriano (1973): "Las obras del doctor Azuela" (1925). En: Monterde (1973), pp. 21-24.

TORRES DE LA ROSA, Danaé/HIGASHI, Alejandro (2010): "Más allá del canon de la novela de la Revolución: diálogos de poética, política y mercado editorial". En: Leyva, Gustavo/Connaughton, Brian/Díaz, Rodrigo/García Canclini, Néstor/Illades, Carlos (eds.): *Independencia y Revolución. Pasado, presente y futuro*. México: UAM-FCE, pp. 384-410.

TORRI, Julio (1940): *De fusilamientos*. México: La Casa de España en México.

TORRI, Julio (1964): *Tres libros*. México: Fondo de Cultura Económica.

TORRI, Julio (1980): "El embuste". En: Idem, *Diálogo de los libros*. Comp. Serge I. Zaïtzeff. México: Fondo de Cultura Económica (Letras Mexicanas), pp. 47-52.

VILLAURRUTIA, Xavier (1973): "Sobre la novela, el relato y el novelista Mariano Azuela" (1931). En: Monterde (1973), pp. 54-58.

La Independencia y la Revolución en las novelas de Manuel Scorza y Jorge Ibargüengoitia: entre epopeya e ironía

Jean-Marie Lassus
(Université de Nantes)

A Albert Lassus

Aunque sus proyectos estéticos parezcan alejados, Manuel Scorza y Jorge Ibargüengoitia tienen en común un manejo del humor y de la ironía, cuando no de la irrisión y del sarcasmo, que caracteriza la mayor parte de sus obras. Los une también un tratamiento de la epopeya que los lleva a cuestionar la versión oficial de la historia: el autor mexicano usa el humor y la ironía para poner en tela de juicio la epopeya nacional, mientras que el peruano integra, por el contrario, la épica en su escritura, valiéndose del humor como un arma contra la humillación en su reinterpretación de la temática indigenista.[1] En sus cuentos, sus novelas, sus obras teatrales y sus artículos periodísticos, Jorge Ibargüengoitia (Guanajuato, México, 1928 – Mejorada del Campo, España, 1983) suele utilizar la ironía como una forma de criticar a la sociedad, emprendiéndola con los mitos nacionales y las instituciones mexicanas durante el periodo hegemónico del PRI en México. Su primera novela, *Los relámpagos de agosto* (1965), trata de la última fase de la Revolución Mexicana y de la confrontación de la clase político-militar mexicana presentada como una farsa. En esta novela su obra despunta ya por su carácter satírico. Es también autor de *Los pasos de López* (1982), novela que cuenta las andanzas de los insurgentes mexicanos, héroes de la Independencia, y en particular del cura Miguel Hidalgo, designado aquí con el pseudónimo de Periñón. Nos detendremos más particularmente en estas dos novelas, así como en textos menos conocidos de su obra periodística: sus artículos publicados en *Excélsior* y *Vuelta*, y en particular en *Viajes en la América ignota* (1972). En este texto, así como en *Los pasos de López*, Ibargüengoitia da rienda suelta a su escritura paródica, mereciéndose el apodo de "dinamitero" de la historia oficial mexicana y de su culto a los héroes de la Revolución.

[1] Otro punto común, más trágico, es que los dos fallecieron en el accidente del Boeing 747 de Avianca el 27 de noviembre de 1983 que cubría la ruta París-Madrid-Bogotá y que contó entre sus víctimas no sólo a Manuel Scorza y Jorge Ibargüengoitia, sino también a Marta Traba, Ángel Rama, Rosa Sabater y Tiberio Vanegas.

El peruano Manuel Scorza (Lima, 1928 – Mejorada del Campo, España, 1983) la emprendió también con la Historia oficial de su país, pero desde una perspectiva diferente y dentro del marco de la reivindicación de la literatura indigenista, aunque rechazara esta etiqueta, por considerarla más como una cómoda designación de la crítica que como una literatura realmente capaz de reivindicar la dignidad de los campesinos peruanos. De ahí su intención de crear no tanto una enésima "novela indigenista" como un ciclo novelesco épico capaz de rehabilitar la figura del indio en la literatura, haciendo de él un héroe griego, en oposición a la visión miserabilista o idílica, que según él caracterizaba cierta óptica indigenista. Los hechos que cuenta *La guerra silenciosa*, un ciclo de cinco novelas publicadas entre 1970 y 1978, son representativos de esta perspectiva: sus protagonistas luchan, pese a saber que van a morir o que pocos se salvarán. Son ejemplares desde la perspectiva épica y revolucionaria.[2] La mayoría de los personajes del ciclo épico de *La guerra silenciosa* fueron protagonistas reales de esta "lucha solitaria que en los Andes centrales libraron, entre 1950 y 1962, los hombres de algunas aldeas sólo visibles en las cartas militares de los destacamentos que los arrasaron", como reza la "Noticia" de la primera novela del ciclo, *Redoble por Rancas* (1970).[3] En sus novelas, Scorza muestra cómo la injusticia sigue reinando en los Andes centrales peruanos desde hace años y cómo los comuneros tienen que luchar por medio de la violencia para recuperar las tierras que les pertenecieron desde la época colonial y les fueron arrebatadas a lo largo de los años por los hacendados y las compañías mineras norteamericanas, como la Cerro de Pasco Corporation. Tienen títulos de propiedad otorgados por la Corona española, conservados secretamente en sus comunidades para hacer valer sus derechos ante la justicia, hasta que comprenden que el único camino viable para ellos es la violencia. El ciclo épico de *La guerra silenciosa* se construye así como una espiral ascendente en que los comuneros van enterándose de sus derechos y toman conciencia de la necesidad de abandonar el mundo mítico idílico en que se mueven, para dar el paso violento hacia la Historia: la última novela, *La tumba del relámpago*, cuenta cómo se enteran de la Revolución Cubana.[4] En esta perspectiva general, los héroes de la Independencia hispanoamericana, así como los de la Revolución Mexicana, tienen un papel ejemplar.

De ese modo, con una misma actitud crítica ante la sociedad en que viven, ambos autores acuden de modo diferente a grandes figuras épicas de la Independencia.

---

[2] *Redoble por Rancas* (1970), *Historia de Garabombo, el Invisible* (1972), *El jinete insomne* (1976), *Cantar de Agapito Robles* (1976), *La tumba del relámpago* (1978).

[3] Scorza 1970: 11s.

[4] Lassus 1992.

Perspectiva épica: las grandes figuras del pasado en las novelas de Manuel Scorza

La omnipresencia de las grandes figuras heroicas de la historia nacional y continental, al lado de los héroes anónimos, es una constante en el ciclo épico de Scorza.

En este conjunto de cinco novelas, la tercera, *El jinete insomne*, desempeña un papel central simbólico, como lo explica la tercera "Noticia", que debía introducir el libro y nunca fue publicada.[5] Su protagonista es el viejo Raymundo Herrera, jefe de la comunidad de Yanacocha, que, respondiendo a un reto de las autoridades, decide levantar el plano catastral de las tierras pertenecientes a su comunidad para hacer valer sus derechos de propiedad ante la justicia: dispone para ello de un "Título de propiedad" que data del siglo XVIII. Pero Raymundo Herrera no logrará su propósito: morirá de cansancio e insomnio, de tan preocupado como está por la importancia ética de su combate. Y también porque, mientras pasa noches en vela, empiezan a aparecérsele los fantasmas de los héroes del pasado: Tupac Amaru, entre otros, o los indios reclutados en los ejércitos de Bolívar, a quienes se les había prometido la tierra:

> *Peleando comprendí, Herrera, que nuestra causa es justa [...] ¡Tres meses a la vanguardia de Bolívar trotando detrás del ejército de Canterac! Ayer les dimos alcance en la Pampa Bombón. Los hemos derrotado, Don Raymundo. El dominio de los españoles se ha acabado. ¡Somos libres y viviremos en una tierra libre, don Raymundo! [...] Pero no nos dieron la tierra, pensó Raymundo Herrera, con amargura. (Scorza 1984a: 136)*

Se destaca aquí la dimensión trágica de la lucha de los indios por su tierra y su desengaño al ver defraudadas sus esperanzas, mientras que en el capítulo de *Cantar de Agapito Robles* titulado "De las funestas consecuencias que puede traer la creencia de que el 28 de julio llega el 28 de julio"[6] el humor negro está presente desde el título. El texto cuenta cómo el nuevo maestro de la escuela de Huarautambo será castigado por no acatar el nuevo calendario impuesto por el cacique local, el Doctor Montenegro. Éste, debido a un capricho de su esposa, que se aburre en el pueblo donde él manda, decide adelantar las fiestas del calendario para que la primera dama pueda divertirse continuamente sin esperar el día oficial, lo que acaba por provocar un aceleramiento vertiginoso del tiempo. Pero el héroe Julio Carbajal se empeñará en restablecer el orden del tiempo histórico celebrando el día de la fiesta nacional el mismo día en que ocurrió, lo que da lugar a un enfrentamiento con el doctor, seguido de su expulsión. Este capítulo

---

[5] El autor de este artículo publicó este texto, con sus comentarios y la autorización del autor, en Lassus 1989: 119–133.

[6] Scorza 1984b: 102–109.

cuenta también cómo, el primer día de su clase dedicada a la Independencia del Perú, el maestro se asombra al ver que un niño coge el libro de historia y se lo lleva al oído, reaccionando exactamente como el Inca Atahualpa en Cajamarca poco tiempo antes de ser apresado por los españoles:

> *El primer día sacó un libro. Emocionado explicó cómo había ocurrido la Independencia del Perú y leyó la proclama del Libertador San Martín. Cuando acabó, los niños lo miraron con pavor. El más valiente se atrevió a coger el libro. Se lo llevó al oído.*
>
> *- ¿Qué quieres hijito?*
>
> *- Quería sentir la voz –dijo el mocoso.*
>
> *Carbajal se estremeció. ¡Hacía más de cuatrocientos años, en Cajamarca, el Inca Atahualpa había reaccionado del mismo modo ante el enigmático "papel que hablaba"! Al día siguiente comenzó a enseñarles el silabario.* (Ibidem:104)

Esta "condensación" o "recuperación" de la historia nacional épica reúne a San Martín, el héroe de la Independencia, con el primer vencido de la historia del Perú, el Inca Atahualpa: frente al tiempo alterado de doña Pepita Montenegro (el de la injusticia de la sociedad oligárquica), se impone así el tiempo recobrado de la historia nacional. Esto se produce además dentro de una perspectiva ética: la resistencia por la educación y el respeto a la nación. La tonalidad de todo el capítulo es de humor negro y la reflexión es grave.

El capítulo de *Redoble por Rancas* titulado "Presentación de Guillermo el Carnicero o Guillermo el Cumplidor, a gusto de la clientela" es sin duda uno de los textos de *La guerra silenciosa* más representativos de la ejemplaridad de los Libertadores. Cuenta cómo un anónimo pastor de ovejas, Fortunato, corre desesperadamente para avisar a los comuneros de Rancas de la llegada del ejército peruano, que viene a recuperar por la fuerza las tierras que éstos han invadido. Scorza señala que la escena de la matanza de los comuneros ocurre irónicamente en la misma pampa de Junín en que actuó Bolívar en el siglo XIX. Esta perspectiva recalca la oposición flagrante entre el glorioso ejército libertador que luchó por la Independencia del Perú y el vergonzoso ejército peruano contemporáneo, empeñado en aplastar las huelgas de los obreros y campesinos peruanos a lo largo de los siglos. La página evoca estas "hazañas", al mismo tiempo que recuerda las guerras perdidas por el ejército peruano – por cobardía o traición – contra el extranjero: "Ocho guerras perdidas con el extranjero; pero, en cambio, cuántas guerras ganadas contra los propios peruanos" (Scorza 1984a: 219). La ironía está en gran parte en la estructura de la página, que, siguiendo los procedimientos de la nueva novela, yuxtapone y confronta los planos narrativos: la llegada de Guillermo el Carnicero y de su ejército, la hazaña de Fortunato y la historia de las guerras modernas y poco gloriosas del Perú. Estos tres planos se suceden, contribuyendo a acelerar la narración de modo vertiginoso. Dicha perspectiva condena al ejército nacional y engrandece al mismo tiempo a los anónimos de la Historia junto a las grandes figuras heroicas del pasado: así pues, Raymundo Herrera, Julio Carbajal, Fortunato son tan dignos de consideración como Bolívar o San Martín. El propósito de las novelas es mitificar a estos héroes anónimos, *antes* de que la propia historia se encargue de hacerlo. Entonces es cuando se valora el papel de la novela en esta función: acelerar la mitificación de los héroes anónimos. En *La tumba del relámpago*, escribe Scorza:

> *¿Y si en los Andes la vanguardia revolucionaria no es la inexistente clase obrera sino la esquilmada clase campesina? El aletazo de un pensamiento sombrío lo rozó: las revoluciones campesinas fracasaron siempre. Por eso nos fascinan, los Emiliano Zapata, los Garabombo, los Raymundo Herrera, los Agapito Robles mueren puros. Los campesinos no llegan al poder: no tienen oportunidad de corromperse. La injusticia de la historia los preserva. No les da ocasión de transformarse de oprimidos en opresores.* (Scorza 1979: 62)

Por más ingenua que parezca esta afirmación sobre la pureza e inocencia de los héroes campesinos, encierra varias dimensiones básicas de las novelas del ciclo de *La guerra silenciosa* y de su proyecto ético y estético. En efecto, al reunir a los principales héroes anónimos de sus novelas – que existieron realmente – con la legendaria figura del héroe más conocido de la Revolución Mexicana, Scorza los equipara con esta figura histórica, pero *desde la novela*, para que sean mitificados *después* en la realidad. Y no como fue el caso de Emiliano Zapata, cuyo mito nació *primero* de la realidad para *luego* ser cantado o ficcionalizado en la lírica, el folklore, las novelas y el cine. La cuestión sería entonces saber por qué los Garabombo, los Raymundo Herrera, los Agapito Robles... no fueron mitificados *también* en la mentalidad del pueblo y permanecieron "sepultados" en las novelas, ya que no pueden pretender tener hoy la misma fama que un Pancho Villa o un Emiliano Zapata, ni siquiera a nivel cinematográfico. En este sentido, la novela fracasaría en su voluntad de ejemplificar y mitificar a estos héroes campesinos. Sólo quedaría la dimensión trágica de una lucha campesina, condenada a fracasar siempre, precisamente a causa de la mentalidad mítica de sus héroes, que no consiguen "entrar en la historia", dando así el paso definitivo hacia la toma del poder.

Desencuentros e ironías de la Historia

En el capítulo de *La tumba del relámpago* que cuenta las desventuras del "Arpista de Lima", estalla *la ironía de la historia*, que nace de un malentendido. Cuando los comuneros ya han decidido la fecha de la recuperación de sus tierras, uno de los protagonistas desbarata involuntariamente este proyecto: se trata del "Arpista de Lima", que en sueños vio a Santa Maca de Yarusyacán, quien le informó que había que adelantar la fecha de la invasión de las tierras. Así, al volver a sus creencias y a su fe en los sueños y a su mentalidad mítica, los comuneros hacen fracasar su proyecto revolucionario. A eso se añade el abandono de los partidos de izquierda (y en particular del Partido Comunista), que deciden no apoyarlos en su lucha armada.[7] Ni el mito ni los partidos revolucionarios son capaces de ayudar a los comuneros, que libran esta "lucha solitaria" señalada en las "Noticias" introductorias de las tres primeras novelas del ciclo. Un *desencuentro* permanente los condena al abandono y la derrota, porque no consiguen salir de su mentalidad mítica o bien porque no entran en el programa revolucionario de las ideologías modernas.

Ahora bien, sabemos que este mismo desencuentro con la historia fue el que sufrieron Zapata y Villa cuando, al entrar en México (como lo muestra la famosa foto en que aparecen juntos en el sillón presidencial), decidieron no permanecer allí y volver a sus respectivas regiones rurales. La entrada triunfal de los dos jefes revolucionarios en México el 6 de diciembre de 1914 se tornará así en fracaso, ya que no lograrán colaborar ni en el plano militar ni en el político. Este episodio marcará un viraje fundamental para el porvenir del movimiento revolucionario, recordando el desencuentro con la historia que sufrieron las tropas independistas de Hidalgo cuando, en vez de seguir hacia la capital para tomarla y controlar así definitivamente el país, deciden volver atrás. Ibargüengoitia lo narra haciendo hincapié de entrada en el error fatal:

> *Acabamos de cometer el error más grande de la campaña. Al tomar la decisión de retirarnos habíamos seguido un razonamiento correcto – si no hay esperanzas de ganar no hay que arriesgar – basado en una premisa falsa – no había fuerza enemiga entre nosotros y la ciudad de México –. La capital estaba desguarnecida, los españoles ricos se habían ido a Puebla y estaban listos para irse hasta Veracruz. Entre la gente pobre había confusión: unos estaban espantados y otros robando. Los españoles que por obligación o por falta de medios no habían podido huir, cargaron en andas la imagen de la Virgen del Rayo – patrona de los gachupines – y la llevaron en procesión por las cinco garitas de la ciudad, para que conociera el terreno que ella tenía que defender sola contra el Ejército Libertador. Después dijeron que nuestra torpeza había sido un milagro. (Ibargüengoitia 1986: 144)*

Esta vez la Virgen está del lado de los españoles, pero es de notar cómo la religión, tanto en el contexto peruano como en el mexicano, participa de la historia, como si siguiera vigente una dimensión providencialista de la misma, unida a una percepción

[7] Scorza 1979: 251.

mítico-religiosa de la realidad. Lo confirman las reflexiones del obispo Begonia acusando al Ejército de Hidalgo de ser "el chahuixtle, una plaga que Dios había permitido para castigar los pecados de la región. Nos describía como ateos, asesinos y blasfemos, dirigidos por un sacrílego – Periñón –. A partir del día en que había sido fechada la carta estábamos excomulgados" (*Ibidem*: 145s.). El resto del capítulo 23 se mantiene en una tonalidad entre grave y épica, con la descripción de las batallas y de las consecuencias de este error fatal.

En *Los relámpagos de agosto* (1965) Jorge Ibargüengoitia trata también este tema, pero con una perspectiva crítica y tragicómica con respecto a la narrativa habitual de la Revolución Mexicana. La novela se presenta como un relato ficticio que se desarrolla en agosto de 1929, y muestra cómo un grupo de militares se rebela contra el gobierno federal. Tiene también una dimensión autobiográfica, ya que el general José Guadalupe Arroyo relata sus memorias para "deshacer algunos malentendidos, confundir a algunos calumniadores y poner los puntos sobre las íes respecto a su participación en la llamada Revolución del 29" (Ibargüengoitia 2002: 9). El general Arroyo es narrador y testigo de la Historia y describe los acontecimientos en los que interviene siguiendo una doble perspectiva: como testigo o como participante activo, pero dando su parecer sobre estos acontecimientos y los actores de esta historia.

La narración se sitúa en la época de los caudillos revolucionarios que, según el narrador, son hombres ordinarios, vulnerables, con vicios y defectos. Todo ello acaba por dar de la Revolución una imagen absurda, y en particular cuando se resuelve en unos enfrentamientos que son el fruto de la arbitrariedad donde los mismos caudillos muestran una inquietante impulsividad. Como lo señala Laura López Murillo en su análisis de la novela:

> *Es así como la ironía en esta novela desmitifica a los héroes revolucionarios y asume el sentido crítico que caracteriza a la novela de la Revolución mexicana [...] En los veinte capítulos de Los relámpagos de agosto, Jorge Ibargüengoitia recurre a la ironía como la figura del pensamiento y como la estrategia que le permite expresar las incoherencias de la condición humana y utiliza los diversos matices de la ironía para abordar un tema sobrio y adusto que remonta a un periodo convulso y dramático de la historia nacional.*[8]

El caos revolucionario es uno de los temas principales de la novela, acentuado por las decisiones arbitrarias e irreflexivas del General Arroyo. De modo que la improvisación viene a ser otra constante de los acontecimientos descritos en *Los relámpagos de agosto*.

---

[8] Laura M. López Murillo, "La ironía en la parodia de la novela de la revolución mexicana", disponible en internet:http://www.razonypalabra.org.mx/N/n64/varia/llopez.pdf [8-9-2011].

La ofensiva nocturna en el cerro de San Mateo donde se confunden y se cruzan las líneas ofensivas, y donde el General Arroyo recibe los cañonazos de su aliado, el General Trenza, es un ejemplo característico.[9]

Al contrario del tono grave de las novelas de Scorza cuando evoca el destino de los campesinos que sufren sucesivos y repetidos fracasos, el desencuentro con la historia da lugar aquí a una perspectiva tragicómica, que será uno de los elementos constantes de la narrativa de Jorge Ibargüengoitia.

Perspectiva satírica: *Los pasos de López* y *Viajes en la América ignota*

Una de las constantes de la narrativa de Jorge Ibargüengoitia es que se empeña en "dinamitar" los grandes mitos de la Historia mexicana tanto en sus textos de ficción como en sus artículos periodísticos con un acentuado tono de irrisión.

En *Los pasos de López* (1982), el nombre del "Padre de la Independencia", Miguel Hidalgo, es reemplazado por dos pseudónimos más triviales. A Miguel Hidalgo se le llama en la novela Domingo Periñón, mientras que López no es más que el apellido del personaje que interpreta en una obra de teatro cómica con los otros conjurados en los momentos de ocio que les permite la conspiración. La novela tiene así dos referentes: el arte teatral y la historia, ya que *Los pasos de López* trata de la famosa "conspiración de Querétaro", en que participaron los corregidores Miguel Domínguez y Josefa Ortiz de Domínguez, junto con Ignacio Allende, Ignacio Aldama e Hidalgo. En cuanto al referente teatral, Ibargüengoitia decidió hacer figurar en el título de la novela no tanto la identidad primera de su protagonista como su identidad secundaria, López, que es el apellido del personaje que interpreta en una obra cuyo argumento corresponde en realidad a *El barbero de Sevilla* (1775) de Beaumarchais. En su análisis de la obra, Karim Benmiloud (2006: 11–18) mostró perfectamente la relación que establece aquí Ibargüengoitia entre la novela y el teatro, y la manera en que una sirve de revelador al otro, sin dejar de referirse siempre a un contexto cultural e histórico preciso, ya que el cura Hidalgo se dedicó antes de la Independencia a interpretar obras de teatro para sus feligreses. El novelista condensa aquí dos actividades simultáneas de Hidalgo, el teatro y la Revolución, adoptando al mismo tiempo una perspectiva *oblicua* con respecto a la escritura de la historia.

[9] Ibargüengoitia 2002, capítulo 13.

Dejaremos de momento este aspecto paródico de la obra de Beaumarchais para interesarnos por otra parodia también destacada por Karim Benmiloud y que tiene que ver con la onomástica y el campo léxico de la dinamita y la fiesta. Benmiloud muestra bien cómo la novela oscila entre estos dos polos: el de los cañonazos de la revolución y el de los estallidos de los tapones de champán, haciendo alternar la guerra más sangrienta con la fiesta más alegre. En efecto, el propio apellido del protagonista recuerda al famoso benedictino francés Pierre Pérignon de la abadía de Hautvilliers, a quien se le atribuye el invento del champán. En lo que se refiere a su acólito, el narrador testigo y artillero Matías Chandón, su nombre evoca claramente otra conocida marca de champán, el famoso Moët et Chandon. Esta característica hace de él un doble del autor, que dispara sin cesar contra los ídolos sagrados de la Historia mexicana. Hace volar de este modo todos los mitos sobre los héroes "puros" de la historia oficial, tanto más cuanto que la comparación con la obra teatral se propone mostrar también "los bastidores" de la historia, esto es, la manera poco gloriosa con que se comportan estos héroes en su vida privada, en particular cuando este propio nombre teatral de López le sirve al gran Hidalgo para pasar desapercibido en los prostíbulos.[10]

Así, la propia narración épica de la historia y de la guerra cobra aspectos festivos abriendo todas las perspectivas. El fragmento que relata la declaración de la Independencia se inicia con esta frase: "En la guerra encuentra uno todo lo que no espera" (Ibargüengoitia 1986: 128). Efectivamente, lo que se esperaba como una batalla termina aquí en una fiesta, ya que por una ilusión de óptica, al acercarse a la ciudad, el narrador confunde lo que toma por un campo de batalla con lo que son en realidad los preparativos de una fiesta para dar la bienvenida y festejar al ejército de la Independencia. El catalejo con que mira la escena de manera muy "oficial" lo engaña, y sólo puede fiarse de su oído y de su olfato para cerciorarse de la realidad. Irónicamente, la percepción oficial y militar de la Historia, representada por el catalejo, fracasa frente a la que le brindan los sentidos más elementales. La ilusión de óptica cuestiona de forma irónica la escritura de la historia.

Encontramos esta misma tonalidad jocosa e iconoclasta en el fragmento sacado de *Viajes en la América ignota*, donde Ibargüengoitia añora el tiempo en que las guerras eran más divertidas:

> *Hace ciento diez años las guerras eran mucho más divertidas. Los corresponsales se situaban en el punto de observación más adecuado – de ser posible junto al general en*

[10] Benmiloud 2006: 12.

> *jefe – y desde allí veían desarrollarse la guerra como quien ve un partido de fútbol [...]. Había una etiqueta que se respetaba rigurosamente. (Ibargüengoitia 1997: 174)*

En los dos textos se mantiene esta distancia irónica, pero también significativa, con respecto al campo de batalla – y por consiguiente con respecto a la historia –, que caracteriza al autor mexicano cuando trata de la historia de su país: no cae en la repetición de la Historia oficial, sino que la ve desde cierta perspectiva que le permite adoptar una distancia irónica.

México revolucionario y posrevolucionario en *Viajes en la América ignota*

Los textos reunidos bajo el título *Viajes en la América ignota* se publicaron en 1972 en las ediciones Joaquín Mortiz como una recopilación de los artículos periodísticos del autor, publicados anteriormente en el diario *Excélsior*. Este conjunto de relatos breves se sitúa entre la escritura periodística y la ficción. Se parecen a una crónica del tiempo presente, esto es, del México de los años setenta. La mayoría de estos textos muestran los fallos y las rupturas entre un México heredero de los ideales revolucionarios y una sociedad caracterizada por su conformismo y su falta de escrúpulos. El objetivo de la crítica es el México posrevolucionario, con sus mitos y su historia oficial, y en particular los gobiernos de Gustavo Díaz Ordaz (1964–1970) y Luis Echeverría (1970–1976). El título, irónico ya de por sí, parece señalar que existe todavía una América desconocida, cuyos arcanos el autor se propone hacernos conocer.

Uno de los temas recurrentes de estos textos es precisamente la sátira del culto a los héroes nacionales llevada a cabo por la historia oficial mexicana. En un país donde "hay tantos bustos de Emiliano Zapata que nadie sabe ni dónde ponerlos" (Ibargüengoitia 1997: 61), el exceso de conmemoraciones parece revelar un vacío y un absurdo, cuando no una manipulación de símbolos. Estos defectos de la historia bien parecen revelar también cierta "mala conciencia".

El tono irónico se impone ya desde la primera línea del primer texto de la serie, "El lenguaje de las piedras": "El hecho de que una de las principales industrias de un país en donde nadie quiere ser héroe, consista en hacer monumentos a los héroes, requiere un estudio más profundo, que no he tenido tiempo de llevar a cabo..." (*Ibidem*: 9). Ibargüengoitia lamenta asimismo no haber conocido a ningún mexicano que tenga esperanza de que sus huesos acaben en la Rotonda de los Hombres Ilustres, hecho que no deja de ser paradójico en un país donde prevalece la tendencia a la proliferación de monumentos históricos. Esto da lugar a comentarios irónicos sobre el verdadero sentido de las conmemoraciones y ante todo sobre el verdadero "conocimiento" que los mexicanos puedan tener de sus propios héroes, ya sean famosos o anónimos, como lo muestra esta reflexión a propósito del monumento al Pípila:[11]

> *Es posible que si en vez de al Pípila hubieran hecho un monumento a Hidalgo, la indignación hubiera sido mayor. No hubiera faltado alguien que protestara por la erección de un monumento a un personaje del que ni siquiera había la seguridad de que hubiera nacido en el estado. Ni hubiera faltado quien comentara: "fue un intruso que vino a echarlo todo a perder". El Pípila, hay que confesarlo, es un héroe perfecto. Su origen es oscuro, como es claro el lugar de su nacimiento. Como se ignora su apellido, no hay peligro de que sus descendientes vengan a exigir pensiones. Su actuación en la Historia es breve, elocuente y decisiva. Sus palabras, ninguna. (Ibidem: 12)*[12]

Pero es probablemente en el último texto de *Viajes en la América ignota*, "Cuento para el niño revolucionario", donde Ibargüengoitia sintetiza su crítica del México moderno heredero de la Revolución: durante un paseo, el narrador le muestra a un niño qué tipo de México es el producto de esta Revolución que le enseñaron en la escuela. Describen estas páginas la sociedad que las jóvenes generaciones heredaron, jugando siempre con la distancia entre la euforia utópica y una realidad contemporánea desesperante:

> *Todo lo que vemos a nuestro alrededor, niño revolucionario, es producto de la Revolución Mexicana, que como todos sabemos, empezó como movimiento armado y se terminó más tarde en un movimiento social en el que participan todos los mexicanos sin distinción de clase social, que tiene por finalidad alcanzar una más alta distribución de la riqueza, e igualdad de oportunidades y de trato ante la ley. (Ibidem: 194)*

El texto recalca constantemente el discurso oficial para mejor parodiarlo después en unos párrafos breves que enuncian los simulacros democráticos de la sociedad nacida del conflicto: la clase de los nuevos ricos, antes soldados pobres de la Revolución; la contradicción entre el discurso oficial sobre el reparto de las tierras a los campesinos y la industrialización forzada; una policía corrupta que afirma proteger al ciudadano; la tentativa de asimilación del indio a la sociedad de consumo, etc. Un México, al fin y al cabo, que, como antes de la Revolución, vuelve a depender de las compañías extranjeras,

---

[11] Recordaremos que existe en la ciudad natal del autor, Guanajuato, un monumento a este minero mexicano, que con su acción heroica permitió que los insurgentes de Hidalgo se apoderaran de la Alhóndiga.

[12] Volvemos a encontrar en esta crítica irónica del verdadero impacto de la historia monumental sobre el pueblo los acentos de Juan Rulfo en el relato de *El llano en llamas* titulado "El día del derrumbe". En este texto, se cuenta cómo los vecinos del pueblo ignoran o confunden los nombres de los héroes representados por las estatuas que adornan la plaza del pueblo (Rulfo 2000: 146–153).

pero donde el mito de la Madre Patria sigue vigente con más fuerza todavía: "La Revolución Mexicana es como una madre amorosa y tan ciega como una de ellas. Al hijo suyo que escoge para querer, lo quiere de veras, sin importarle ni el mérito que tenga, ni la calidad de su inteligencia" (*Idem*). Por todas estas razones, en efecto, la Revolución se vuelve (como sugiere el título) "un cuento para niños" en que resulta cada vez más difícil creer.

Formas y funciones de la ironía en los textos de ambos autores

Este breve recorrido por los textos de ambos autores señala convergencias y divergencias, y suscita comparaciones entre sus escrituras satíricas o irónicas.

Es interesante ver, por ejemplo, cómo la figura del niño da lugar a dos discursos diferentes sobre la historia oficial y la historia silenciada. En el episodio de *Cantar de Agapito Robles*, Manuel Scorza pone el acento en la necesidad de "recuperar" la historia/memoria perdida, desvelando la permanencia de una intrahistoria heroica capaz de resistirse a las injusticias de la sociedad moderna. En este contexto, el niño es el receptor predestinado, como muestra su comportamiento arquetípico, ya que repite sin saberlo el mismo ademán que el Inca poco tiempo antes de ser definitivamente derrotado en Cajamarca. La perspectiva es épica y ética a la vez, enaltecedora de una historia nacional que hay que recordar. Por el contrario, en "Cuento para el niño revolucionario", el infante es el receptor engañado de la enseñanza de la historia nacional, y más concretamente revolucionaria, moderna.

En ambos casos, se trata de restablecer la verdad, pero siempre de manera alusiva y "oblicua" con respecto al discurso oficial, no con un tono de solemne certidumbre. De ahí el verdadero aspecto literario de estos textos, que se distancian del discurso historiográfico monumental por su cuestionamiento de la palabra oficial.

El paratexto desempeña entonces un papel primordial, como revela la comparación de los textos introductorios de las tres primeras novelas del ciclo de *La guerra silenciosa* de Scorza (las "Noticias") con el prólogo, epílogo y la "Nota explicativa para los ignorantes en materia de Historia de México" de *Los relámpagos de agosto*. En ellos se trata también de enseñar una historia diferente, poniendo en tela de juicio además el estatuto del narrador, de forma sarcástica[13], o valiéndose de procedimientos de autoirrisión.[14] De

[13] "Más que un novelista, el autor es un testigo. Las fotografías que se publicarán en un volumen aparte y las grabaciones magnetofónicas donde constan estas atrocidades, demuestran que los excesos de este libro son desvaídas descripciones de la realidad" (Scorza 1970: 10).

[14] "Manejo la espada con más destreza que la pluma, lo sé, lo reconozco" (Ibargüengoitia 2002: 9).

ello resulta cierta inestabilidad en la narración, que le confiere su carácter literario a unos textos que al mismo tiempo exploran los arcanos de la historia nacional para revelarlos y desvelarlos, dejando abierta la posibilidad de interpretación o reinterpretación. En ambos casos, se manifiestan varias formas de la ironía. Como señala Laura M. López Murillo en *Los relámpagos de agosto*:

> *[...] la ironía constituye una reacción ante el mundo y el cuestionamiento de los códigos de poder institucionalizados y legitimados en los ámbitos político, histórico y social. Los efectos de la ironía en esta novela se producen cuando Jorge Ibargüengoitia muestra una situación paródica, incongruente, y proyecta una perspectiva desde la cual la historia es percibida como una extensa ironía, pletórica de las paradojas de la condición humana. (López Murillo: ibidem)*

Pero, tanto en los textos de Scorza como en los de Ibargüengoitia, la ironía resulta, cuando no es desmitificadora, una forma de libertad con la historia, en el sentido en que lo entiende Christoph Singler (1993) en su análisis sobre *Le roman historique contemporain en Amérique latine*. La ironía permite también abrir una ventana para no dejarse agobiar por el peso del mito y de la historia: "En la novela latinoamericana, la ironía no tiene nada del pesimismo glacial, tan a menudo característico de la tradición europea. [...] Es ante todo una manera de enfrentarse con el mito: la risa desarticula la pasmante seriedad del mito" (*Ibidem*: 34).[15]

Conclusiones

Otra función de la ironía en las obras de estos dos autores es sin duda la construcción de una conciencia colectiva mediante la distanciación y la denuncia. Esta perspectiva tiene que ver con la forma de la epopeya, su idealización o su crítica. De ahí las preguntas que surgen hoy (y aún más en estos tiempos de conmemoraciones nacionales en México) sobre la crisis de la forma de escritura épica. Como señalaba Maryse Renaud en una de las últimas publicaciones del Centre de Recherches Latino-Américaines (CRLA) de Poitiers dedicada al tema de la epicidad en la literatura latinoamericana, la epopeya tiene mal cartel hoy en día. Nadie se atrevería a escribir una epopeya ajustándose fielmente a los cánones de la Antigüedad. El género parece hoy doblemente desautorizado, tanto por su estética – fuerte codificación, profusión, desmesura, ambición excesivamente abarcadora – como por sus presupuestos ideológicos, frecuentemente teñidos de nacionalismo, chauvinismo, cuando no de totalitarismo. Para algunos, además, la palabra trae malos recuerdos. Se la percibe como demasiado vinculada al "realismo socialista" o al "realismo

[15] La traducción es nuestra.

social", su versión latinoamericana, y evoca las imposiciones de una estética oficial o de un credo literario dominante.[16] Sin embargo, como lo señala también Maryse Renaud, la cuestión de la epicidad en Latinoamérica es más compleja de lo que parece a primera vista.[17] Y si la epopeya ha entrado en crisis, tampoco ha muerto, y podemos comprobar cómo en la actualidad el aliento épico sigue pujante en las letras latinoamericanas: "Desde la nostalgia, el pastiche, y más a menudo aún la parodia, la farsa, el esperpento, se apoderan los escritores latinoamericanos, cada cual a su manera, de la epopeya canónica" (Renaud 2009: 15). El género épico sigue siendo un referente permanente que vierte una luz crítica sobre el presente. Los dos autores presentados en esta ponencia son un ejemplo, creemos, de este fenómeno. Y es interesante observar, en este sentido, hasta qué punto tanto la épica de la Independencia (Bolívar, San Martín) como la de la Revolución Mexicana siguen siendo un referente: para el autor peruano, constituyen un fundamento de la historia continental. Y esto no puede sino hacernos recordar la importancia que tuvo al nivel continental la Revolución Mexicana, que condujo a una reflexión sobre la condición de los indios tanto en el arte como en la literatura. O, como recuerda Vargas Llosa en su análisis de la obra de José María Arguedas:

> *La Revolución mexicana (1910–1920) fue el gran fermento indigenista en toda América Latina, donde, siguiendo el ejemplo de México, artistas, poetas y escritores se volcaron hacia el mundo campesino en busca de motivos de inspiración, a la vez que adquirió gran impulso la investigación histórica y sociológica de todo lo relacionado con el pasado y presente de la vida indígena. (Vargas Llosa 1996: 63)*

De modo que el hecho de volver siempre a las grandes figuras míticas de la Revolución Mexicana, aunque sea para parodiarlas, muestra la persistencia del modelo épico, más allá de todas las políticas oficiales de "recuperación" de la historia nacional. Y en este contexto, sin duda, la historia reciente de México habrá contribuido a dar un nuevo impulso al género. Incluso desde la ironía y la parodia practicadas por la pluma de Jorge Ibargüengoitia, se puede observar que la epopeya se presta a todas formas de reescritura. Pero que es capaz también, desde la novela o la sátira, de dar cabida a la ironía, que es una forma característica de libertad.

[16] Renaud 2009: 12.

[17] *Ibidem*: 12s.

Bibliografía

BENMILOUD, Karim (2006): "*Los pasos de López* de Jorge Ibargüengoitia: dynamitage et triomphe de l'artifice". En: *La satire en Amérique latine. Formes et fonctions*, vol. 2: *La satire contemporaine*. París: Presses Universitaires de la Sorbonne, pp. 11–18 (=*América. Cahiers du CRICCAL*, 38).

IBARGÜENGOITIA, Jorge (2002) [1965]: *Los relámpagos de agosto*. México: Joaquín Mortiz.

IBARGÜENGOITIA, Jorge (1997) [1972]: *Viajes en la América ignota*. México: Joaquín Mortiz.

IBARGÜENGOITIA, Jorge (1986) [1982]: *Los pasos de López*. México: Edición Océano.

LASSUS, Jean-Marie (1992): *Histoire et épopée dans le cycle épique de «La guerre silencieuse» de Manuel Scorza*. Tesis de doctorado bajo la dirección de Claude Fell. París: Universidad de París III.

LASSUS, Jean-Marie (1989): "Una noticia inédita de Manuel Scorza, primer elemento de reflexión teórica sobre el ciclo de *La guerra silenciosa*". En: *Revista de Crítica Literaria Latinoamericana* [Lima], 10, 30, pp. 119–133.

LÓPEZ MURILLO, Laura: "La ironía en la parodía de la novela de la revolución mexicana".
http://www.razonypalabra.org.mx/N/n64/varia/llopez.pdf (8-9-2011).

RENAUD, Maryse (coord.) (2009): *Epicidad y heroísmo en la literatura hispano-americana*. Poitiers: Centre de Recherches Latino-Américaines ("Archivos").

RULFO, Juan (2000): *El llano en llamas*. Madrid: Cátedra.

SINGLER, Christoph (1993): *Le roman historique en Amérique latine. Entre mythe et ironie*. París: L'Harmattan.

SCORZA, Manuel (1970): *Redoble por Rancas*. Barcelona: Planeta.

SCORZA, Manuel (1984a) [1976]: *El jinete insomne*. Barcelona: Plaza y Janés.

SCORZA, Manuel (1984b) [1976]: *Cantar de Agapito Robles*. Barcelona: Plaza y Janés.

SCORZA, Manuel (1979) [1978]: *La tumba del relámpago*. México: Siglo XXI Editores.

VARGAS LLOSA, Mario (1996): *La utopía arcaica. José María Arguedas y las ficciones del indigenismo*. México: Fondo de Cultura Económica.

Kulturbegegnung in der Selva Lacandona. Literarische Überkreuzungen und die Bündnisstrategien des Zapatismo

Karl Hölz
(Universität Trier)

Alternative Kriegsführung und vernetzte Welten

Zu den Textsorten, die innerhalb der zapatistischen Wortergreifung bisher das Interesse der politischen und kulturellen Öffentlichkeit gefunden haben, zählen vornehmlich einerseits die politischen Äußerungen – darunter die verschiedenen „Declaraciones de la Selva Lacandona", die „comunicados", Presseerklärungen, Manifeste, Reden, Interviews – andererseits die eher literarisch gefärbten Texte wie Fabeln, Anekdoten und Erzählungen über den Käfer Don Durito und die indigene Führergestalt des Viejo Antonio, mit denen der Subcomandante Marcos seine politischen Botschaften sinnträchtig und hintergründig verkleidet.[1] Das Korpus der hier angesprochenen Texte deckt nicht nur eine für den Zapatismo typische Vielfalt der Redeformen ab. Es gibt gleichzeitig Einblick in die wesentlichen Aspekte, die die Aufstandsbewegung des Zapatismo auszeichnet.[2] So lassen sich aus dem Textarchiv die politischen Leitziele wie die zum zapatistischen Slogan gewordenen Begriffe „Demokratie", „Freiheit", „Menschenrechte" ableiten und mit postkolonialen Denkbildern von der „Gleichheit in der Differenz" in Verbindung bringen. Mit ihnen fordern die indigenen Aufständischen ihre selbstverantwortliche Teilhabe an der nationalen Geschichte ein und treten damit in offenen Widerspruch zu den hegemonialen Zuschreibungen der Marginalisierung, die sie seitens der politischen Machtträger und der Vertreter der mestizischen Dominanzkultur erfahren.

---

[1] Der Beitrag ist im Rahmen eines an der Universität Trier angesiedelten Forschungsprojekts in Zusammenarbeit mit der Medienwissenschaft entstanden. Das Projekt lief unter dem Titel „Krieg der Worte – Krieg der Bilder" und wurde in den Jahren 2005–2006 betrieben.

[2] Wir beschränken uns hier – in fast unzulässiger Kürze – auf die Ergebnisse der kürzlich erschienenen Studien von Kerkeling (2003), Huffschmid (2004) und Vanden Berghe (2005a).

Gleichzeitig illustrieren die Texte die Technik der Diskurs- und Medienguerilla. Geschult in Fragen der Diskurstheorie Foucaults und der poststrukturalistischen Philosophie lässt Marcos in die zapatistischen Texte Einsichten über die sprachliche Bedingtheit der gesellschaftlichen und politischen Prozesse einfließen. Zusammen mit der Erkenntnis, dass jede Rede und Textproduktion als soziale, kulturelle und politische Praxis zu verstehen ist, schärft sich das Bewusstsein für antidogmatische, antidefinitorische und antiautoritäre Sozial-Regulatoren. Die Forschung hat entsprechend dargelegt, wie der Zapatismo seine Rede als dialogisches Steuerungsinstrument im Machtgefüge der Gesellschaft einsetzt und den politischen oder avantgardistischen Machtanspruch seiner Bewegung negiert. In den Losungen des „preguntando caminamos" und des „mandar obediciendo" hat sich diese Suchbewegung nach einer basisdemokratisch organisierten Gegenöffentlichkeit ein schlüssiges Programm gegeben. Über sprachliche Verfremdungstechniken, deren Ziel es ist, die kulturelle Semantik der nationalen Identitätsbilder umzuschreiben, und über kombinatorische Ankoppelungen oder intertextuelle und transkulturelle Grenzaufhebungen gestaltet der Zapatismo einen Sprachraum, der offen und plural strukturiert ist und nicht mehr nach den Mechanismen der Ausschließung oder Unterdrückung funktioniert.

Als Mittel, sich die eigene Stimme zurückzuerobern, schafft sich der Zapatismo eine Sprachbühne. Sie bildet keinen homogen strukturierten Raum, sondern setzt sich aus heterogenen Stimmen zusammen – EZLN, Politiker, Intellektuelle, Menschenrechtler, NGOs –, die wiederum von verschiedenen Orten aus – Periodika, Zeitungen, Internet, Diskussionsforen, Versammlungen – in das Diskursgeschehen eingreifen (Huffschmid 2004: 60 f.). Metonymisch figuriert die zapatistische Sprachbühne als Medium eines sich interaktiv aufbauenden Vernetzungsterrains. Hier gelingt es dem Zapatismo nicht nur, der Regierung das Monopol der Definitionsmacht in Fragen etwa des nationalen Diskursrepertoires streitig zu machen. Darüber hinaus gestatten es ihm die mobilen Denkbilder, eine wirksame Politik der Allianzen im Kampf gegen die Bevormundung der Zentralgewalt aufzubauen. Der Katalog der Opponenten ist grundsätzlich offen und erfasst letztlich alle randständigen Dissidenz-Subjekte. Sie füllen die plurale Identität des Subcomandante und machen ihn selbst – wie er in einem früheren Kommuniqué vorführt – zu einer generellen Chiffre der Alterität:

> *Marcos es gay en San Francisco, negro en Sudáfrica, asiático en Europa, chicano en San Isidro, anarquista en España, palestino en Israel, indígena en las calles de San Cristóbal, [...] judío en Alemania, ombudsman en la Sedena, femenista en los partidos políticos, comunista en la post guerra fría, [...] zapatista en el sureste mexicano. (EZLN 1994: 243)*

Wir wollen im Folgenden die Fragen der Bündnis- und Vernetzungsstrategien an einem Sonderfall vertiefen. Als Illustrationstexte dienen uns hier die Einladungsschreiben, die der Subcomandante Marcos an bekannte mexikanische Kulturvertreter gerichtet hat, um sie zur Teilnahme am Nationalen Demokratischen Konvent (August 1994) zu bewegen. Obwohl die Schreiben in ihrer Intention zunächst als Gelegenheitstexte zu verstehen sind, gehen sie weit über den singulären Anlass der Bitte hinaus. Schon der Publikationsmodus deutet darauf hin. Die Briefe sind einerseits privat an ihre prominenten Adressaten gerichtet, andererseits werden sie in den Seiten der regierungskritischen Tageszeitung *La Jornada* veröffentlicht und erhalten auf diesem Wege den Charakter eines öffentlichen Manifestes. Die Korrespondenz fungiert somit als Teil der Bündnisoffensive und legt es darauf an, die Reihe der Sympathisanten unter der sogenannten Zivilgesellschaft durch markante Namen aus dem kulturellen Leben zu bereichern. Beispielhaft wollen wir die zapatistische Werbestrategie in den Anschreiben an den Schriftsteller und Essayisten Carlos Fuentes (*La Jornada*: 4.7.1994) und den Kulturkritiker und Chronisten Carlos Monsiváis (*La Jornada*: 20.7.1994) untersuchen. Mit der Wahl dieser beiden Autoren bestätigt sich zunächst der Befund, dass der Zapatismo seine Bewegung grenzüberschreitend konzipiert. In diesem Falle stehen die Vertreter für eine Bündnispolitik, in der die Grenzen von „cultura de élite“ und „cultura popular“ eingeebnet sind. Gleichwohl bleiben sie noch stilistisch markiert. Während das Anschreiben an Carlos Fuentes in der respektvollen „Sie-Form“ abgefasst ist, wechselt die Anrede an Carlos Monsiváis zwischen dem vertrauten Du und einem aus der Schüler-Lehrer-Beziehung resultierendem Sie.

Mit der Analyse der Einladungsschreiben wird der Sonderfall einer kulturellen Mobilisierungsabsicht ins Spiel gebracht. Wir greifen auf die Werbeangebote an die intellektuellen Repräsentanten zurück, weil wir gerade in den literarischen und kulturellen Verzahnungen auf ein generelles Problem des Informationsaustausches aufmerksam machen wollen. Dieses Problem stellt sich im Zusammenhang mit der Frage, wie sich die programmatische Offenheit des Zapatismo pragmatisch auf eine schlagkräftige, und damit doch auch zugleich wieder identitär herleitbare Oppositionsfront anbinden lässt. Wie so viele andere Oppositionskonzepte – indigen-okzidental, mythologisch-rational, national-global, politisch-poetisch (vgl. Vanden Berghe 2005a passim) – ist auch das Differenzparadigma nicht absolut gesetzt. Die Losung von der Gleichheit in der Differenz hat durchaus definitorische oder konzeptuelle Konsequenzen. Sie sollen als kurzer und vorbereitender Einstieg in die Werbetechniken des Briefstils erörtert werden.

Ein medienpolitisches Problemfeld: die Herstellung der öffentlichen Meinung

Wie wichtig in der zapatistischen Rede die Konzeption von Gemeinsamkeit inmitten plural angelegter Konstruktionen ist, lässt sich zunächst an den auffälligen sprachlichen Gegensinnigkeiten ablesen. Allein in der pronominalen Positionierung der Aufständischen pendelt die Perspektive in paradoxer Weise zwischen dem Eigenen und der Vielheit der Anderen (Huffschmid 2004: 109 f.). Marcos kleidet das enge Verhältnis zwischen den indigenen Aufständischen und möglichen Bündnispartnern in eine Sprache, in der die pronominalen Unterscheidungen von Wir und Ihr aufgehoben sind. Wendungen wie „Detrás de nosotros estamos Ustedes" (ebda 110) nehmen in der grammatikalischen Gleichschaltung eine für die zapatistischen Ansprachen typische Verschmelzung des Eigenen mit dem umworbenen Gegenüber vor. Auch die Bildsprache zielt auf Schnittstellen, in denen sich die zapatistischen und die nicht-indigenen Widerstandspotentiale kreuzen. Die Suche nach der „großen Flagge", die alle Dissidenten eint (Durán de Huerta 2001: 46), oder das „kollektive Herz", das die Oppositionellen aus ihrer Vereinsamung herausholt (Subcomandante Marcos 2001: 235 f.), lassen anklingen, dass der offene Raum der Vernetzungen nicht einzig auf den Erhalt beliebiger Vielheit ausgerichtet ist. Im Gegenteil erfordert ein militärgesetzliches Kalkül, dass gerade in der Wahrung der Einheit das Prinzip von der „Ökonomie der Kräfte" Beachtung findet. Marcos lässt es in fiktionaler Brechung von seinem Alter Ego erklären, dem quijotesken Weltverbesserer und Käfer Don Durito de la Lacandona. Eine „Zersplitterung der Oppositionskräfte" ermöglicht es der Zentralgewalt, die einzelnen „Oppositionsinseln" durch Verhandlung oder Unterdrückung zu besiegen. Erst in der Einheit finden die politischen Gegenkräfte ihre wirksame Widerstandskraft (ebda 228 f.). Darauf zielt die bündnisstrategische Vereinnahmung der Oppositionsgruppen als „Brüder und Schwestern". Das biologische Kollektiv findet sich gleich doppelt in seinem Einheitsbild bestätigt: negativ ist die Verbrüderung motiviert durch die gemeinsame Erfahrung der Unzufriedenheit, Rebellion und Nichtkonformität, positiv durch die Phantasie und den Glauben an alternative Denkmodelle (ebda 234 f.). Im konkreten politischen Kontext des Zapatismo lässt sich die Homogenisierungsabsicht und die Herausbildung eines übergreifenden Protestprofils an der leitmotivischen Funktion der sogenannten politischen Brückenkonzepte beobachten. Der Zapatismo will die Vernetzung mit anderen Widerstandsbewegungen vor allem im Bewusstsein gemeinsamer politischer Leitbilder betreiben. Die militärischen Konnotationen des Bildfeldes „Flagge" legen dies frei:

> *Nosotros ofrecemos nuestra bandera. Pero hay una bandera más grande y poderosa bajo la cual podemos cobijarnos todos. La bandera de un movimiento nacional revolucionario donde cupieran las más diversas tendencias, los más diferentes pensamientos, las distintas formas de lucha, pero sólo existiera un anhelo y una meta: la libertad, la democracia y la justicia. (EZLN 1994: 149)*

Gleichwohl gestaltet sich die bündnispolitische Stoßkraft des Zapatismo als schwieriges Unterfangen. Die Gefahr, dass die zapatistische Sammelbewegung ihre politischen und konzeptuellen Konturen verliert, taucht insbesondere auf den groß angelegten Weltkongressen oder in den global agierenden Internet-Kampagnen auf. So haben Teilnehmer des Zweiten Interkontinentalen Treffens in Spanien auf Missstände aufmerksam gemacht, die gerade im Zusammenhang mit der von Marcos angekündigten Vernetzung der vielfältigen Widerstandsformen stehen. Neben den logistischen Problemen der Vorbereitung und Organisation waren es vor allem die heterogenen und diffusen Interessen der Teilnehmerinnen und Teilnehmer, die das geplante Entstehen einer Solidaritätspolitik verhinderten. Werden nicht gemeinsame Zielpunkte für eine thematische Vertiefung der inhaltlichen Diskussionen gefunden, verflacht das zapatistische Ansinnen der globalen Vernetzung zu einer orientierungslosen und realitätsabgehobenen „postmodernen Wasserkopfpolitik“ (Brand/Winter 1977: 11).

Verschärft tritt die Problematik gemeinsamer Motivationsbildung im Bereich der elektronischen Informationstechnologien auf. Zweifellos bietet die Präsenz in transnationalen Netzwerken ein wirksames Widerstandspotential gegen Unterdrückungsverhältnisse. Der Zapatismo weiß diese Schutzfunktion der Internetkommunikation zu nutzen. Im Bewusstsein, dass ihm nur die diskursive Verkettung mit anderen Minderheiten und marginalisierten Bevölkerungsgruppen eine Überlebenschance sichert und dass seine politische Zukunft einzig an die Globalisierung seiner Träume von „Demokratie“, „Freiheit“ und „Gerechtigkeit“ gebunden ist (Vázquez Montalbán 2001: 57 und 84 f.), verfolgt der Zapatismo konsequent die technologischen Möglichkeiten der Vernetzung. Die Internationalisierung verdankt die Bewegung fraglos ihrer Verbreitung im Internet, weil sich – mit Worten von Harry Cleaver, der das Aktionskomité Acción Zapatista mitbegründet hat – über das *Networking* eine „elektronische Fabrik oppositioneller Politik“ herausgebildet hat (Cleaver 1998: 622). Der Soziologe Castells hat daraus den Schluss gezogen, in Bezug auf den Zapatismo von einer informationellen Guerrillabewegung zu sprechen (Castells 2001 Bd.2: 86). Ihm zufolge sind die in der neuen Netzwerkgesellschaft herausgebildeten Beziehungen zwischen Staat, Gesellschaft und Wirtschaft durch kommunikationsstrategisch genutzte Informationsverarbeitung wie Dezentralisierung und Vernetzung gekennzeichnet. Die Beschleunigung der Informationsvermittlung, ihre globale Verbreitung, die unbegrenzten Anbieter- und Teilnahmemöglichkeiten, die interaktiven und multimedialen Kommunikationsformen oder die unbegrenzten Ressourcen in Bezug auf Sendezeit oder Seitenbegrenzung fördern neue Möglichkeiten der Mobilisierung, so wie sie in der Metapher des *Cyberspace* angedeutet wird. Die Raummetapher steht für einen gesellschaftspolitischen Gegenentwurf, an dem – zumindest virtuell – jeder ohne „Vorurteil bezüglich Rasse, Wohlstand, militärischer Macht und Herkunft" teilnehmen kann (Bucher 2005: 192). Das Internet als „Territorium der freien, selbstbestimmten und demokratischen Entfaltung" hat potentiell die hierarchischen „Organisationsformen der Über- oder Unterordnung" (ebda) abgelöst und sich zu einem Medium par excellence des elektronischen Ungehorsams entfaltet.

Die Netzwerklogik produziert freilich auch neue Abhängigkeitsverhältnisse. Sie fangen damit an, dass gerade in sozialen Randlagen der Zugriff auf das Netzwerk nur in Ausnahmen oder zumindest in einer anderen Dichte als in den Ländern der sogenannten Ersten Welt möglich ist (Bucher 2005: 197 f.; Huffschmid 2004: 224 f.). Mit den ungleich verteilten Zugangschancen bleibt die Frage von Macht und Dominanz trotz der technologischen Möglichkeiten des globalen Zugriffs bestehen. Vor allem aber unterliegen die Netzwerke komplexen Veränderungsprozessen. In dem Maße, wie sie die nationalstaatliche Handlungsebene auf globale Verhältnisse ausweiten und das Akteursumfeld aus den ortsgebundenen Interaktionszusammenhängen herausnehmen, vollzieht sich eine Räume und Zeiten übergreifende Umstrukturierung (Giddens 1996: 33). In dieser Form der „Entbettung" (ebda) wird der lokale Fokus neuen Spannungsverhältnissen zwischen Mächten und Gegenmächten unterworfen (Walk/Boehme 2002: 19) oder auch durch fremdbedingte Gelegenheitsstrukturen mitbestimmt (Lahusen 2002: 83 f.). Darüber hinaus begleitet ihn ein ständiger Risikofaktor. Er ergibt sich aus den öffentlichen Zusammenhängen der Kommunikation, insofern nunmehr die direkte Rede von Angesicht zu Angesicht zu Gunsten transnationaler Foren unterbunden ist. Hier hat der englische Soziologe Anthony Giddens das Problem des Vertrauensverlusts angesiedelt und als mangelhafte Begleiterscheinung der modernen Kommunikationsgesellschaft erkannt (Giddens 1996).

Zusätzlich zur Gefahr des Vertrauensverlustes gesellt sich letztlich die schon bei den Weltkongressen offenbar gewordene Tendenz des Zerfalls der Öffentlichkeit. Gerade die Internetkommunikation leidet an einem markanten „Informationsparadox" (Bucher 2005: 196). Es resultiert daraus, dass in der Netzwerkkommunikation die Unwissenheit sich nicht aus einem Mangel an Information herleitet, sondern im Gegenteil Folge eines

Informationsüberflusses ist. Die Menge der Informationen kann nicht mehr verwaltet werden und wird von jedem Internetnutzer individuell ausgewählt. Soziologisch und medienpolitisch lässt sich dieser Selektionsakt als Beitrag zu einer Fragmentierung der Gesellschaft beschreiben. Da der Empfänger sein Medienmenu selbst gestaltet, können sich in der Netzwerkkommunikation keine öffentlichen Themen entfalten. Das Fehlen von „zentralen Orientierungspunkten" und die Verkürzung der globalen Informationsfülle auf einen „segmentären Netzaufbau" stehen der Förderung öffentlicher Diskurse entgegen und beschränken die Thematisierungsfunktion auf die Nutzungspraktiken vereinzelter Leser (Marschall 1999: 160, nach Bucher 2005: 196).[3]

Trotz der Hemmnisse, die sich für die neuartigen Öffentlichkeiten in den grenzenlosen Kommunikationsräumen ergeben, bleibt die Suche nach konzeptuellen Anschlussmöglichkeiten innerhalb der diversifizierten Netzwerkgemeinschaft bestehen. So ist es kennzeichnend, dass die medienpolitischen Debatten um Homogenisierung und Vielfalt ihre Spuren auch im zapatistischen Diskurs hinterlassen. Es ist kein Zufall, dass sich die oben angeführten Appelle der zapatistischen Rede an die Bündnisfähigkeit der Dissidenzbewegungen im Kontext der Ansprachen und Erklärungen zu den Interkontinentalen Treffen gegen den Neoliberalismus häufen. In der Abschlussrede zum ersten *Intergaláctico* (3. August 1996) versäumt es der Subcomandante Marcos nicht, den verbindenden Traum aller aus den fünf Erdteilen angereisten Teilnehmerinnen und Teilnehmer zu beschwören (Ponce de León 2001: 119). Den Erfolg des Treffens bilanziert er optimistisch daraus, dass sich im vielstimmigen Chor der Dissidenten Konvergenzpunkte herausgebildet haben. Marcos spricht sie im beliebten Bild der Wegmetapher an:

> *Los rebeldes se buscan entre sí. Se caminan unos hacia los otros. Se encuentran y, juntos, rompen otros cercos. En el campo y en la ciudad, en las provincias, en las naciones, en los continentes, los rebeldes empiezan a reconocerse, a saberse iguales y diferentes. Siguen en su fatigoso andar, caminan como hay que caminar ahora, es decir, luchando... (Ponce de León 2001: 122)*

In plakativer Sprache variiert Marcos seine Vision der Homogenisierung. Mithilfe rhetorischer Reihungen, der Raummetaphern – „un mundo hecho de muchos mundos" –

[3] Diese theoretischen Befunde lassen sich bislang in Einzelanalysen belegen. So konnte die Medienwissenschaftlerin und Journalistin Anne Huffschmid in ihrer Dissertation eine Teilstudie zur Internetpräsenz des EZLN vorlegen. Ihre Ergebnisse laufen auf die Bestätigung hinaus, dass die zentralen kulturrevolutionären Beiträge des Zapatismo – wie die sprachliche Selbstironisierung, die diskursive Besetzung von Nationalsymbolen oder das komplexe *personaje*-Konzept (Marcos-Don Durito) – im Kommunikationsraum des *Cyberspace* so gut wie nicht zur Sprache kommen (Huffschmid 2004: 227 f.).

und akustischer Bilder – „el eco que tome su lugar y hable su propia voz y hable la voz del otro" (ebda 124 f.) – entwirft er ein plural strukturiertes Widerstandspotential, das sich als paradoxe Einheit von Ich und Anderem, Teil und Ganzem begreifen lässt. Deutlicher – d.h. weniger bildlich und näher an das medientechnische Vokabular der Internetkommunikation gerückt – äußert sich Marcos bezüglich der Möglichkeiten der Konsensbildung in der „Segunda declaración de la Realidad por la Humanidad y contra el Neoliberalismo" (August 1996). Hier kündigt er ein interkontinentales Nachfolgetreffen unter explizitem Hinweis darauf an, dass er für seinen Kampf gegen das gemeinsame Feindbild des Neoliberalismus die „alternativen Kommunikationstechniken" nutzen will. Der Zapatismo werde ein „interkontinentales Widerstandsnetz" aufbauen und es nach der Vernetzungslogik zum Aufbau einer weltweiten demokratischen Gegen-Öffentlichkeit konzipieren. Gleichzeitig versäumt es der Medienstratege allerdings nicht, mit der Vielzahl der Adressaten auch die bündnispolitische Notwendigkeit der konzeptuellen und organisatorischen Gemeinschaftsbildung in den Blick zu nehmen. Die öffentliche Meinungsbildung erfolgt dabei nicht mehr wie im traditionellen Journalismus durch eine vorgegebene Selektion der Themen. Sie entfaltet sich entlang des Themas „por la Humanidad y contra el Neoliberalismo" mit eigener Dynamik in selbstgesteuerten Prozessen der Netzwerkkommunikation:

> *Esta red intercontinental de resistencia buscará, reconociendo diferencias y conociendo semejanzas, encontrarse con otras resistencias en todo el mundo. Esta red intercontinental de resistencia será el medio en que las distintas resistencias se apoyan unas a otras. Esta red intercontinental de resistencia no es una estructura organizativa, no tiene centro rector ni decisorio, no tiene mando central ni jerarquías. La red somos los todos que resistimos. (Ponce de León 2001: 128)*

Kulturelle Fallbeispiele: die Praxis der kulturellen Verschiebung

Vor dem Hintergrund der oben skizzierten Problematik der Vernetzung lassen sich die Einladungsschreiben an Carlos Fuentes und Carlos Monsiváis nunmehr als ein Versuch lesen, gemeinsame Erkennungszeichen für die verschiedenen Welten des Zapatismo und die jeweiligen literarischen und kulturpolitischen Ansätze der Adressaten auszumachen.[4] Mit den Anfragen an die Kulturvertreter, sich dem gedanklichen Umfeld der

[4] Beide Briefe – auch die später angeführte Einladung an Enrique Krauze – sind in die Website des Zapatismo aufgenommen: www.ezln.org. Sie befinden sich unter dem Stichwort „entrevistas y cartas". Spätere Zitate mit der Referenz „carta 1" bzw. „carta 2" folgen diesen Quellen.

Widerstandsbewegung durch eine Teilnahme am Nationalen Demokratischen Konvent anzuschließen[5], ist zu erörtern, wie Marcos das bündnispolitische Prinzip umsetzt, die Vielfalt der Stimmen auf ein gemeinsames Anliegen hin zu kanalisieren. Wie gelingt es ihm, die „Brücke" zur Kultur zu schlagen und deren Repräsentanten – ähnlich wie den spanischen Schriftsteller und Wegbegleiter Manuel Vázquez Montalbán[6] – als Mittler zu vereinnahmen mit dem Ziel, die politische Bühne von Chiapas auf das Diskursfeld der überregionalen und kulturellen Fragestellungen hin zu öffnen?

Das Beispiel Carlos Fuentes

Der Brief an Carlos Fuentes baut sich bereits in seinen expliziten Anredeformen in einem für den Korrespondenzstil bei Marcos typischen Spannungsfeld von „Nähe und Distanz, Kritik und Komplizität" (Huffschmid 2004: 256) auf. Während der prominente Adressat ehrerbietig als „Señor Fuentes" angesprochen und mit seinen Verdiensten als „Mann der Worte, Diplomat, Wissenschaftler" hervorgehoben wird, gibt sich Marcos in gesichts- und namenloser Nicht-Identität zu erkennen. Die Verschiedenheit der Positionen hindert aber Marcos nicht daran, in der Aussprache mit dem Schriftsteller eine Gleichheitsbeziehung von „Mensch zu Mensch (Mann zu Mann?), Hoffnung zu Hoffnung" vorauszusetzen und den Adressaten in ein verbindendes Wir-Kollektiv einzubinden: „Somos mexicanos (como usted), queremos democracia (como usted), queremos libertad (como usted), queremos justicia (como usted)" (Carta 1). Mit den gemeinsamen Zielvorstellungen ist dann auch die argumentative Basis für das verbindende Terrain des Nationalen (Vaterland, Fahne) gelegt.

Diesen von A. Huffschmid prägnant herausgearbeiteten Befund möchten wir verallgemeinern und im größeren Kontext der kulturellen und politischen Spiegelungen zwischen dem Schriftsteller und dem Rebellen ansiedeln. Marcos selbst weist den Weg zu einem gemeinsamen Sprecherort, indem er seinen Brief mit einem langen Zitat von Fuentes einleitet – es handelt sich um ein Vorwort des Schriftstellers zu der Studie von John Mason Hart: *El México revolucionario* (México 1990). Der Textauszug dient dem Sender des Briefes dazu, sich in einer paradoxen Verdoppelung die Stimme des Autors zu Eigen zu machen („ich spreche in Ihnen aus"), um mit ihr dessen „kulturelle und

[5] Die Schlussfloskel des Briefes an Fuentes präzisiert diese Hoffnung: „Vale, señor Fuentes, sentimos que no podemos dar paso sin haber, cuando menos, intentado darlo junto a mexicanos como Carlos Fuentes."

[6] Die Funktion der „Brücke" richtet Marcos anlässlich eines Briefes zu Ehren des verstorbenen Schriftstellers auf das Ziel aus „para que nuestra palabra [...] tenga un lugar entre tantos genios de la palabra como ahora se encuentran en tierras mexicanas" (Subcomandante Marcos 2003: 1).

politische Arbeit aus Vergangenheit und Zukunft zu synthetisieren." Über die Sprecherverdoppelung teilt Marcos von vorneherein seinem Adressaten auf subtile Weise mit, dass er ihn in das zapatistische Diskursfeld hineingeholt hat. So wie Marcos seine zapatistische Sprecherrolle für die Aufständischen in eine plurale und zugleich identitäre Redefigur kleidet und mit der stereotypen Formel umschreibt: „Por mi voz habla la voz del Ejército Zapatista de Liberación Nacional", ist auch in der diskursiven Konstruktion des Briefes der Autor Fuentes in die Rolle des Stichwortgebers für Marcos gerückt. Mit der pluralen Stimme hat Marcos ein diskursives Konstrukt gefunden, das es ihm ermöglicht, die bei Spivak gestellte Frage nach den Bedingungen der Repräsentanz zumindest zu problematisieren. Wenn Marcos für die *indígenas* spricht, tut er dies in seinem Selbstverständnis ohne Dominanzen, in der Rolle als „mediador", „traductor" oder „pasador" (Vanden Berghe 2005a: 54 f.). In dieses Rollenspiel bezieht er ebenso Fuentes ein, um auch mit dem Kulturvertreter im Umkreis bestimmter Brückenkonzepte eine Relation von Gleich zu Gleich zu markieren.

Das symbiotische Verhältnis von Kultur und Politik konkretisiert sich in dem vorgeschalteten Zitat von Fuentes an dem zentralen Gedanken eines dialektischen Zeitverständnisses. Sowohl in seinem kulturkritischen als auch literarischen Werk hat Fuentes immer wieder auf einen offenen Zeitbegriff insistiert. In ihm sind die Oppositionen von Vergangenheit und Gegenwart aufgehoben. Die Simultaneität der Zeitebenen hat zur Folge, dass die Vergangenheit in die Gegenwart hineinreicht und sich als Sehnsucht des Nicht-Verwirklichten erhält (Fuentes 1975: 10 f.). Fuentes hat aus der „visión plural del tiempo" eine für den modernen lateinamerikanischen Roman generell gültige kritische Abrechnung mit dem Gründungsmythos der Conquista abgeleitet. Im offenen Horizont der interagierenden Zeitebenen erobert sich der Roman die Geschichte aus der Perspektive der Betroffenen zurück. Er gestaltet einen „regreso al acto de la génesis para redimir las culpas de la violación original." (Fuentes 1976: 45) In diesem Kontext der dekolonisierenden Vergangenheitsbewältigung erhalten die von Marcos zitierten Äußerungen aus der Feder Fuentes' ihre Bedeutung. „Die Gegenwart der Vergangenheit einzugestehen" heißt gleichzeitig, „die Dynamik der Modernisierung mit den Werten der Tradition" in Einklang zu bringen. Koloniale Herrschaftsverhältnisse sind unter dieser Prämisse brüchige Konstruktionen:

> *Nada parece estar totalmente cancelado por el futuro en la experiencia mexicana: formas de vida y reclamos legales que datan de la época de los aztecas o de los siglos coloniales son aún relevantes en nuestros tiempos. (Carta 1)*

Es liegt auf der Hand, dass Marcos in den kulturellen Thesen eines solchen nicht-linearen Geschichtsverständnisses eine geistige Nähe zur zapatistischen Geschichtsdeutung erkennt. Er selbst hat immer wieder das Ursprungserlebnis der Conquista zum Ausgangspunkt des indigenistischen Aufstands erklärt und für den Zapatismo die These formuliert: „El pasado es la clave del futuro." (EZLN 1996: 100) In seinen politischen und erzählerischen Texten lässt sich belegen, wie er die ambivalente Erfahrung der Conquista in zwei sich überkreuzenden Diskursen nachzeichnet. Wo der historiographische Diskurs das Trauma der indigenen Geschichtsverweigerung festhält, lässt die mythologische Perspektive umgekehrt das Bild einer siegreichen indigenen Selbstbehauptung erstehen. Das Ergebnis ist eine – durchaus Fuentes nahestehende – Wechselbezüglichkeit von historiographischer „memoria de la conquista" und indigenistischer „conquista de la memoria" (Vanden Berghe 2005b: 279 f.). Marcos kann daher zuversichtlich sein, dass Fuentes auf die an ihn gerichtete Erwartung, nämlich die gemeinsame Einsicht in die paradoxe Einheit von „Vergangenheit und Zukunft, Tradition und Moderne" (Carta 1), nicht abschlägig reagieren kann.

Mit dem pluralen Zeitkonzept hat Marcos in seinem Brief gleich ein zweites Argument verwoben, mit dem er sich in die kulturelle Gedankenwelt seines Adressaten einschreibt. Es betrifft die paradoxe Einheit der Gegensätze, die Marcos über die Vermischung der Zeitebenen hinaus auf weitere Oppositionspaare ausdehnt (Gewalt-Pazifismus, militärische-zivile Bewegung). Der Blick auf die bipolaren Vermischungen dient dazu, dem Adressaten eine gemeinsame Grundüberzeugung in Fragen mexikanischer Wesensbestimmung anzubieten. Dem Anlass der Einladung entsprechend projiziert Marcos umgehend die nationalen Widerspruchselemente auf die Einberufung des Nationalen Demokratischen Konvents. An dieser Versammlung legt er die angeführte mexikanische Eigenart frei, die Geschichte in Ambivalenzen und Übergängen zu deuten. Ausdrücklich insistiert er auf den nationalen Paradoxien: „una Convención de civiles convocada por militares [...], una Convención pacífica, convocada por violentos [...], una Convención que insista en la legalidad, convocada por ilegales" (Carta 1). Fuentes wird in seinem Antwortschreiben eben jene Alternative, die auf die Möglichkeiten militärischer Gewalt setzt, für sich rigoros abweisen.[7] Er wird aber insgesamt die zapatistischen Bemühungen begrüßen, die heterogenen Kräfte der Zivilgesellschaft zu bündeln und „einer integrierenden Modernität" zuzuführen. Mehr noch schreibt er dem Zapatismo das Verdienst zu, die Indio-Frage neu ins Bewusstsein gebracht und mit ihr eine bereichernde Alteritätsbegegnung eingeleitet zu haben. Mit ihrem Aufstand sei es den Zapatisten gelungen, „unsere Moderne zu ergänzen und unsere Vorstellungen von Fortschritt zu vervollständigen" (Huffschmid 1995: 130). Unter dem wiederholt verwen-

[7] Der Brief findet sich in der Übersetzung bei Huffschmid 1995: 129–134. Hier S. 132.

deten Stichwort der integrierenden Moderne ist dann auch der grundsätzliche Konsens zwischen Marcos und dem „Freund Carlos Fuentes" – so die Unterschrift – wieder gewährleistet. Fuentes trennt sich vom Paradigma des Militärischen, kann sich aber voll in den Denkfiguren der Ambivalenzen verorten.

Der argumentative Gleichklang lässt die kontextuellen Anbindungen an Carlos Fuentes mitschwingen. Als Kulturkritiker weiß Fuentes, dass die Wissensformen von Ganzheit und Geschlossenheit nicht den lateinamerikanischen Verhältnissen entsprechen. Die Geschichtserfahrung des „mestizaje", der Vielheit der Rassen und Kulturen, hat die moderne und postkoloniale lateinamerikanische Identitätsphilosophie geprägt und nicht nur bei ihm[8] die hybriden Denkformen von „heterogeneidad" und „pluralidad" erzeugt. Er selbst führt die literarischen Beispiele bei Juan Rulfo, Mario Vargas Llosa, Roa Bastos, Alejo Carpentier oder Gabriel García Márquez an, um den „movimiento de conflictos ambiguos" (Fuentes 1976: 36) als Kernelement des modernen lateinamerikanischen Selbstverständnisses zu diagnostizieren. Die Denkbilder des Widersprüchlichen können wie in den früheren Werken bei Fuentes in fragmentierten und experimentellen Formen auftauchen. Die in die Pronominal-Instanzen yo – tú – él gespaltene und widersprüchliche Gestalt des Artemio Cruz in dem Revolutionsroman *La muerte de Artemio Cruz* (1962) illustriert dies. Der revolutionäre bürgerliche Aufsteiger bleibt in seinem Weltbild ganz einer prägenden mexikanischen Perspektive verhaftet. Sie leitet sich aus einer Regel der rationalen Grenzverwischungen ab: „sabes que todo extremo contiene su propia oposición: la crueldad la ternura, la cobardía el valor, la vida la muerte" (Fuentes 1962: 33).[9]

Die argumentativen Überschneidungen mit den zapatistischen Kulturkonzepten sind offenbar. Marcos entwickelt die Anleihen an die interaktiven und hybriden Mischfor-

---

8 Schon Octavio Paz hat unter dem Leitbegriff der „otredad" die Heterogenität zum wesentlichen Merkmal mexikanischer Identität erklärt (Borsò 1992a: 449 f.). Die romantische Sicht der „reconciliación de los contrarios" wird später in den Ansätzen der lateinamerikanischen Kulturmoderne (José Brunner, Fernando Calderón, Néstor García Canclini, Jesús Martín Barbero, Carlos Rincón) zu postmodernen Konzepten des Hybriden weiterentwickelt. Vgl. den informativen Band von Scharlau (1994).

9 Die archetypischen Identitätsformeln jenseits begrifflicher Opposition erhalten sich bei Fuentes auch noch in den späteren Werken, verändern aber ihren Status. Die sprachlichen Experimente bestimmen sich in Romanen wie *La muerte de Artemio Cruz* (1962) oder *Cambio de piel* (1966) vornehmlich von einem Handlungsgeschehen her, das von der Vergangenheit in die Gegenwart eingreift. Diese Blickrichtung bedingt ein zukunftsloses Scheitern der Helden und taucht ihr Leben in einen „rückwärts gewandten Pessimismus". Die postkoloniale Absage an die Seinskonzepte von Einheit, Identität und Ganzheit zu Gunsten heterogener Überschneidungen findet im späteren Werk zu einem zukunftsorientierten Projekt der Moderne (Febel 1994: 201).

men allerdings nicht in philologischer oder kulturphilosophischer Diktion. Er begnügt sich in seiner Begrifflichkeit mit allgemeinen Leitkonzepten oder globalen Leerformeln, die eher anspielungsreich und nur indirekt die kontextuellen Brückenschläge zu Fuentes greifbar werden lassen. Nicht jeder Hörer oder Leser wird sie in ihren diskursiven Verästelungen mit den literarischen und kulturellen Heterogenitätszeichen aufspüren können. In dem diffusen Verbund der Allianzen reicht es, wenn der Wiedererkennungseffekt von den jeweiligen Adressaten, hier der in den Theorien der Kulturmoderne geschulten intellektuellen Elite geleistet wird. Auf sie bezieht sich Fuentes auch eigens in seinem Antwortschreiben an Marcos und ruft ihn auf, den Dialog mit deren Vertretern fortzuführen (Huffschmid 1995: 133). Der Initialkontakt mit dem Schriftsteller hat gegriffen – so scheint es –, auch über die nur angedeuteten Gemeinsamkeiten hinweg. Wenn nicht alle Sympathisanten sich in das dialogische Wechselspiel einklinken können, schaffen die konsensualen Berührungspunkte doch die gewünschten identitären Allianzen auf dem Feld der Kulturtheorie. Die Bindung an andere diskursive Netze ist unter dem Anspruch der „modernidad integrante" aber nicht ausgeschlossen. Die Korrespondenz zwischen Marcos und Fuentes, dem Aufständischen und dem Schriftsteller, hat ihre Rechtfertigung darin gefunden, dass sie die diskursive Allianzfähigkeit mit der Kulturelite als eine der möglichen Optionen innerhalb der Vielheit der Widerstands- und Oppositionsbewegungen unter Beweis gestellt hat.

Das Beispiel Carlos Monsiváis

Mit dem Brief an Carlos Monsiváis spricht Marcos den Regierungskritiker und wachen Beobachter für die sich aus einer volksnahen Gegenkultur entwickelnden demokratischen Prozesse „von unten" an. Die geistige Nähe zu seinem Adressaten kündigt sich nicht nur in der Unsicherheit der Anredeform an – Du oder Sie? –, sie ist vor allem auch in gemeinsamen politischen Grundüberzeugungen angezeigt. Sie anzusprechen und damit den Zapatismo über die Leitfigur Carlos Monsiváis an die Kulturpraktiken einer „cultura popular" anzubinden, ist das vordergründige Ziel der Werbungsoffensive. Marcos geht sie in der bereits bekannten Form der zitathaften Vereinnahmung an. Er führt die kulturkritischen Publikationen auf – *Días de guardar* (1970), *Amor perdido* (1977) – und verstreut über den ganzen Brief Reminiszenzen an die ironischen Chroniken und politischen Kommentare, die Monsiváis mit dem Kürzel „R" (redacción) versah und unter dem Kolumnentitel „Por mi madre, bohemios" in der Tageszeitung *La Jornada* veröffentlichte. Im Postscriptum folgt dann noch eine beziehungsreiche Erwähnung der unter dem Titel „Nuevo catecismo para indios remisos“ (1982) veröffentlichten Erzählungen gegen die Macht der dogmatischen Religionsunterweisung.

Die Titelreferenzen stehen nicht für sich. Die Werkangaben sind in ein thematisches Ambiente eingebettet, in dem sich auch Marcos selbst situiert. Die autobiographische Kontextualisierung verknüpft sich mit der später noch auszuführenden Absicht, das Kulturelle in den privaten Erfahrungsbereich hereinzuholen. Marcos nutzt dieses Gesetz der „crónicas“, um sich selbst als Teil der bei Monsiváis beschriebenen Gegenöffentlichkeit zu definieren. Die Politisierung der mexikanischen Gesellschaft und deren soziales Aufbegehren sind die gemeinsamen Bezugspunkte, in denen Marcos sich mit seiner eigenen geistigen und politischen Sozialisierung einbringen kann. Als „Weggefährte“ („viejo conocido“) und „langjähriger Lehrer“ stellt Monsiváis für Marcos einen Ansprechpartner dar, dem er sich gerne in „komplizenhafter Verbundenheit“ („cómplice de antaño“) anschließt (Carta 2). Die einvernehmlichen „Spiegelungen“, denen Marcos im Brief über die redaktionellen Stimmen der „R“ und seinem eigenen Konstrukt als zapatistischer Übersetzer nachgeht, ermöglichen es, dass sich beide Symbolfiguren auch nach langen Jahren des verlorenen Kontakts ohne Vertrauensverlust gegenübertreten können. So wird das Wiedertreffen der „R“ Anfang Januar 1994 in einer Kolumne von *La Jornada* von Marcos nahezu bruchlos an den identitätsstiftenden Verzicht auf das Establishment angebunden: „Nos vimos con esa distante confianza que da la esperanza de que ni uno ni otro hayan *sentado cabeza*“ (Carta 2).

Fassbar werden die Übereinstimmungen in den inhaltlichen Zielrichtungen. Marcos zentriert sie auf den kulturtheoretischen Aspekt eines brüchig gewordenen nationalen Identitätsbegehrens. Wie schon im Anschreiben an Fuentes greift auch hier die Thematik des „Anderen“, der „otredad“, in das neue Verständnis der mexikanischen Gesellschaft hinein. Sie ist freilich weniger im geschichtlichen Kontext der unvollendeten und daher grundsätzlich pluralen Zeitebenen angesiedelt, als dass sie innerhalb der sozialen Realität selbst in Erscheinung tritt. Gerade in den zitierten Publikationen und Kolumnen von Monsiváis legt Marcos die sein Mexiko-Bild prägende Erkenntnis frei, dass der monologische Anspruch der Regierung und der gesellschaftlichen Machtvertreter seine Gültigkeit verloren hat. Allein das im Brief angeführte Signet von Monsiváis „Por mi madre, bohemios“ durchbricht ironisch den patriarchalen Dogmatismus der politischen Diskurse. Hinter den Versuchen, eine vermeintliche Essenz des Mexikanischen zu definieren und sie in eine Identitätsformel des „mestizaje“ einfließen zu lassen, deckt Marcos mit Monsiváis die lügenhafte Fassade auf. Der verbindende Mythos des revolutionären Mexiko, der jahrzehntelang von der Regierungspartei des PRI propagiert wurde, hat seine „Kohäsionskraft" (Borsò 1992b: 87) eingebüßt. Von Monsiváis hat Marcos eine – diesmal mit machistischem Spott vorgetragene – bewusst desakralisierende Enthüllungsgeste gelernt. Um das „andere" Mexiko jenseits der offiziellen Verlautbarungen wahrzunehmen, muss man „Doña M. den Rock lüften" („levantarle la falda a doña Eme"; Carta 2). Nur im despektierlichen Akt lässt sich die offizielle Rhetorik der Selbstbestätigung auf ihre leere Formelhaftigkeit, die „Selbstverständlichkeiten und Plattheiten", zurückführen (ebda). Was die Sprachfloskeln verbergen, präzisiert Marcos mit dem Bild des „anderen Mexiko von 1968" (ebda). Mit der zusätzlichen Berufung auf Elena Poniatowskas Testimonialchronik *La noche de Tlatelolco* (1971) wird das Massaker unter dem Präsidenten Gustavo Díaz Ordaz an den demonstrierenden Studenten in Erinnerung gerufen. Die Niederschlagung des Widerstandes hat der Regierung nur einen vorübergehenden Erfolg beschert. Die Schwäche des Machtzentrums zeigt sich daran, dass sich Gegenstimmen von unten formieren und die Demokratisierung des Landes ohne die staatliche Bevormundung einfordern. Monsiváis gibt diesen Stimmen in seiner Chronik Gehör, indem er sie dialogisch und kontrastiv gegen die staatlichen Repressionsversuche führt (Monsiváis 1970: 214 f.). Mehr noch verknüpft er mit ihnen das Bild des anderen Mexiko, das sich von der Peripherie der Subkultur her neu formiert (ebda 15).

Der Wandel, der sich mit den Studentenunruhen von 1968 ankündigt, schlägt sich für Monsiváis im veränderten Stellenwert der Alltags- und Populärkultur nieder. Aus der „expresión popular" entwickelt sich eine „resistencia civil", die das konfliktive Verhältnis von Staat und Masse neu regelt (Monsiváis 1988: 11). Gerade in Krisensituationen wie dem Erdbeben von 1985 oder der Gasexplosion von San Juanico 1984 enthüllt sich trotz offizieller Erfolgsmeldungen die staatliche Ohnmacht. Die spontanen Hilfs- und Solidaritätsaktionen, die die Chronik in fragmentierten Collagen und zufälligen Zeugnissen festhält und gegen die ineffektiven Bürokratisierungsmaßnahmen der staatlichen Vertreter absetzt, dokumentieren einen für das andere Mexiko entscheidenden Wandel: „La solidaridad de la población en realidad fue toma de poder" (Monsiváis 1988: 17 f.). Diesen demokratischen Aufbruch mit einer entsprechenden „toma de conciencia" haben für Monsiváis bereits die Ereignisse von Tlatelolco eingeleitet. Mit ihnen haben die Studenten ihre Protestbewegung in die „colonias populares" und die „ciudades perdidas" hineingetragen (Monsiváis 1988: 240). Unterordnungsverhältnisse im Stile des „presidencialismo" lösen sich auf und werden durch die gegenläufige Devise ersetzt: „Lo marginal en el centro" (Monsiváis 1988: 11 f.).

Die veränderte Raumordnung befreit die Alltagskultur vom Paternalismus der Elite. Marcos lässt im Brief anklingen, wie sich dieser Wandel im Konstrukt seiner zapatistischen Biographie ausgewirkt hat. Jene „Kinderwelt in der Provinz", aus der Marcos sich von seinem „Lehrer" hat herausführen lassen (Carta 2), setzte noch den unmündigen Glauben an die Interpretationsmacht der Regierung voraus. Mit ihr war auch das "andere Mexiko" auf die negativen Projektionen der Zentralmacht festgelegt: „la clase gobernante desprecia lo que ve o cree ver: masas ingobernables por irremidibles, masas indóciles y sumisas, masas regidas por el complicado matrimonio entre la obediencia y el relajo" (Monsiváis 1988: 11). Anders gestalten sich die Zuschreibungen im Rahmen der Gegen-Kultur. Die Stimmen, die im kulturellen System unterdrückt waren und die sich nunmehr im Sinne diskursiver Heterogenität zu Wort melden, legen den Status der Unmündigkeit ab. Marcos' Erwachen aus der provinziellen Kinderwelt fällt zusammen mit dem Bewusstwerdungsprozess, den Monsiváis den Studentenunruhen zuschreibt: „Ya es hora de que el PRI no nos maneje como niños" (Monsiváis 1988: 241).

Das im Brief gestaltete Begegnungsmodell von Aufständischem und Kulturbeobachter ist so angelegt, dass fiktive Elemente aus einer konkret abzuleitenden Alltagssituation (Berg, Provinz, Kind, anonymer schüchterner Schüler) in das Diskursrepertoire der contra-cultura eingewoben werden. Wenn sich in dieser diskursiven Engführung ein neues politisches Bewusstsein des „anderen Mexiko" entfaltet, kommt Monsiváis die Aufgabe eines geistigen Führers (Maestro) zu. Darüber hinaus wird jedoch auch offenbar, dass die Kultur nicht mehr als autonomer, vom Gesellschaftlichen abgehobener Bereich verstanden wird. Der Brief spinnt den fiktiven Gedanken aus, dass die „R" ihre Stelle als Redakteur in der Kulturbeilage von *La Jornada* aufgibt und mit Marcos „durch die Gegend ziehen würde" (Carta 2). Das „andere Mexiko" verdankt seine neue Rolle als politisches Gewissen eben einer dezentralen kulturellen Praxis. Sie gliedert das Populäre, Alltägliche und Regionale dem kulturellen System ein und fächert es zu einem breiten und konfliktiv gedachten Kulturspektrum aus. Eine so verstandene „crítica cultural" oder „contra-cultura" berücksichtigt die Artikulationen kultureller Alterität und beteiligt die bislang von der Modernität ausgeschlossenen randständigen Subjekte an dem Kampf um die interpretatorische Macht. Marcos' burschikoses Gedankenspiel mit der „R" greift in durchaus komplexe soziokulturelle Fragestellungen der Moderne in Lateinamerika ein. Mit Monsiváis hat er in der Tat einen Ansprechpartner gefunden, der als zentrale Gestalt die Debatten um die Regional- und Alltagskultur anführt und sie aus der neuen Perspektive einer „Geschichte von unten" entwickelt (Scharlau 1994: XIII, Rincón 1994: 22). Der Traum der gemeinsamen Lehr- und Wanderjahre in der

Provinz zusammen mit der „R" verwirklicht sich für Marcos nicht. Immerhin sind ihm aber die Texte der „R" eine liebe „Gefährtin", die ihn ermuntert, „selber weiterzumachen und rauszugehen." (Carta 2) Der Raum der „crítica cultural" mit der neuen Zuordnung von Zentrum und Peripherie ist in Bewegung geraten und mit ihm die konventionellen Gegensätze von hegemonialen und subalternen Abgrenzungen.

Es ist nur logisch, wenn Marcos das Begriffsfeld des „anderen Mexiko" in seinem Brief auf die Leitvorstellung der sogenannten Zivilgesellschaft zulaufen lässt. Sie erscheint als das politische Handlungsorgan des „anderen Mexiko". Ungeachtet aller definitorischen Unklarheiten bezüglich der ideologischen (Marx, Gramsci) oder sozialpolitischen Zuordnung (Haug 2003) eignet sich der Begriff bestens, um die Konvergenzen zwischen Marcos und Monsiváis terminologisch zu fixieren. Im Zapatismo hat sich der Begriff als eine Art Hilfskonstruktion oder Chiffre herausgebildet, in die das Spektrum der weder soziologisch noch politisch zu definierenden Oppositionsstimmen zusammengefasst ist. Die Zivilgesellschaft formiert sich im Selbstverständnis des Zapatismo aus einer politisch unabhängigen Öffentlichkeit. Sie organisiert sich autonom in Opposition zu dem herrschenden Institutionensystem. Im Brief an Monsiváis hält Marcos in allgemeinen Begriffen den gemischten Charakter der „sociedad civil" fest. Sie vereint „los que no son ni políticos ni militares, los despreciados, los todos, los dispersos, los malos y los buenos, los regulares" (Carta 2). Ihre soziale Herkunft ist entsprechend heterogen gefächert. Sie ist, wie Marcos selbst wiederholt äußert, nicht an die klassifikatorischen Schranken von Bourgeoisie, Bauern- oder Mittelschicht gebunden (Huffschmid 2004: 139). Der nicht lokalisierbare Standort der Zivilgesellschaft verleiht ihr aber eine umso höher einzuschätzende politische Macht. Auf sie setzen die Zapatisten bereits in der Zweiten Erklärung aus der Selva Lacandona. Nach der militärischen Anfangsphase des Aufstandes berufen sie sich auf die erfolgreichen Protestkundgebungen vom 12. Januar gegen die militärische Intervention und den befürchteten Genozid. Die „Sociedad Civil" avanciert zum anonymen Protagonisten der Demokratiebewegung:

> *Reiteramos nuestra disposición a una solución política en el tránsito a la democracia en México. Llamamos a la Sociedad Civil a que retome el papel protagónico que tuvo para detener la fase militar de la guerra y se organice para conducir el esfuerzo pacífico hacia la democracia, la libertad y la justicia. (Ponce de León 2001: 47)*[10]

[10] Noch in der Sechsten Erklärung aus der Selva Lacandona figuriert die Sammelbewegung der namenlosen „gente sencilla y humilde" als die treibende demokratische Kraft, die das „programa nacional de lucha" zu ihrem erfolgreichen Ende führen soll. Vgl. www.ezln.org/documentos/2005/sexta.es.htm (7.9.2011).

Die hier skizzierten politischen Implikationen der Zivilgesellschaft – einschließlich ihrer Gefährdungen durch die politische Vereinnahmung[11] – werden im Brief angedeutet, aber nicht ausformuliert. Sie klingen lediglich im zitierten Begriff und den mitgegebenen Definitionen an. Trotzdem ist der konkrete politische Kontext der zivilgesellschaftlichen Mobilisierung nicht ausgeblendet. Er ist indirekt angezeigt in dem Gespräch, das Marcos mit Monsiváis führen will und in dem er dem führenden Denker der „cultura popular" die – rhetorische – Frage nach Herkunft und Grund der Zivilgesellschaft stellt:

> *¿De dónde sale esta gente, sin partido, sin nada aparente en común, que tiene todo que perder y nada que ganar[...]?¿De dónde vienen?, es decir, ¿qué es lo que las hace posibles? (Carta 2)*

Die Frage des Schülers an den Maestro hat sich außerhalb des fiktionalen Rollenspiels längst erübrigt. Die zapatistischen Quellentexte sprechen eine ebenso klare Sprache wie sie Monsiváis in seinen „Crónicas de la sociedad que se organiza" für sich gefunden hat. Die Leerstelle des erst durch eine Einladung anvisierten Dialogs ist in den wechselseitig bekannten Verlautbarungen bereits ausgefüllt. Monsiváis hat der „resistencia civil" eine politische und kulturelle Energie zugeschrieben, die sie befähigt, die Räume des Öffentlichen im selbstverantwortlichen Handeln zu besetzen (Monsiváis 1988: 11). Seine Beobachtungen neuer sozialer Praktiken decken sich fraglos mit der oben ausgeführten zapatistischen Mobilisierung einer politisch unabhängigen Öffentlichkeit. Monsiváis wird dies Marcos eigens in seinem Antwortschreiben noch einmal bestätigen. Trotz seiner Vorbehalte gegenüber den anfänglichen Militäraktionen und der „Märtyrerlogik" weiß er sich mit dem Zapatismo im Kampf für eine „demokratische Wende" einig. Seine Bewunderung gilt der zapatistischen Bereitschaft, den Dialog mit der „sociedad civil" zu suchen und diese in das Aufbegehren gegen den „presidencialismo" einzubinden (Antwortschreiben von Monsiváis vom 27.7.1994; abgedruckt in Huffschmid 2004: 445–448). Die hier eingelöste Solidaritätsbekundung hat Marcos in seinem Anschreiben geschickt vorbereitet. Er hat die konsensuale Bestätigung über die suggestive Kraft des Begriffs der Zivilgesellschaft vorbereitet. Insofern ist der Soziologin und Direktorin der revista *Chiapas*, Ana Esther Ceceña, zuzustimmen. Sie hat den umkämpften Begriff der „sociedad civil" von seiner Appellfunktion her gedeutet und als diskursives Mittel ver-

[11] Marcos erwähnt kommentarlos die parteilichen Unterstützungsprogramme. Um das herrschaftskritische Demokratieverständnis zu unterlaufen, hat es Versuche gerade seitens der langjährigen Regierungspartei des PRI gegeben, die demokratischen Prozesse aus den Randzonen herauszuholen und wieder dem Bereich staatlicher und institutioneller Legitimation zuzuordnen. Vgl. dazu auch Monsiváis 1988: 78 f.

standen, „das es erlaubt, von allen zu sprechen, die sich zu Beginn mit den Zapatistas erhoben" (Gespräch mit Ulrich Brand 2002: 129).

Nicht zuletzt setzt Marcos auch stilistische Mittel in seinem Brief ein, um seine geistige Nähe zum Adressaten zu markieren. Geradezu parodistisch nutzt Marcos die erzählerischen Verfahren der *crónicas*, die sich schon in ihrer Gattungswahl nicht mehr auf ein vorgegebenes Ordnungsprinzip festlegen lassen. Als Mischgattung zwischen historiographischem Dokument und erlebtem Zeugnisbericht, zwischen Geschichtsschreibung und Erzählung überträgt die *crónica* die Wahrnehmung der gesellschaftlichen Heterogenität auf die ihr eigene diskursive Gestaltung. Den intermediären Status behauptet sie in einer Diktion, in der das Zufällige, Anekdotische oder Nebensächliche thematisch wird. Quer zum historischen Diskurs mit seinem Anspruch der wahrhaftigen oder teleologischen Sinnbezüge sucht der Chronist aus dem Blickwinkel der Alltagskultur und des Populären nach anderen Stimmen, die die Autorität etwaiger „normativer Ordnungssysteme" stören. Darin liegt der provokative Charakter der *crónicas*. Sie unterlaufen die gewohnten Sinnhierarchien der offiziellen mexikanischen Geschichtsschreibung im Modus der nicht-autoritativen Stimmen der Alltagskultur (Borsò 1994: 280 f.).

Als aufmerksamer Leser von Monsiváis hat Marcos die destabilisierende Sprache der *crónicas* für seinen Briefstil übernommen. Die zentrale und leitmotivisch wiederkehrende Frage der Anredeform kann er nicht systematisch entfalten, da „Abschweifungen", „blöde" Ungeschicktheiten oder zielloses „Herumgerede" eine planende Ordnung verhindern. Die geheime Ironie der strukturellen Unsystematik besteht darin, dass die eigentliche wichtige Thematik des Politischen – das „andere Mexiko", die „sociedad civil" – dem Bereich des Uneigentlichen zugewiesen, während umgekehrt die private Frage des Du oder Sie zum zentralen Diskursereignis erhoben wird. Die Unordnung der sprachlichen und inhaltlichen Bezüge setzt sich nach bewährter Art[12] im Postscriptum fort. Scheinbar willkürlich und nach dem Prinzip des Zufalls reiht Marcos hier einige Momentbilder aneinander: die Übergabe des Erzählbandes „Nuevo catecismo para indios remisos", den Befehl des CCRI, das an sich noch intakte Haus der Comandancia neu aufzubauen, das Päckchen Zigaretten mit dem „widersinnigen" Markennamen „Gratos", schließlich das Zitat eines realistischen Axioms, das Marcos in seiner Umkehrung anführt: „la naturaleza imita al arte." In der persönlichen Erfahrungswelt zeigt sich der Diskurs des Heterogenen in kaum zu überbietender banaler Alltäglichkeit und

[12] Marcos kehrt gerne sowohl thematisch als auch vom Umfang her die hierarchische Zuordnung von Brief und Postscriptum um. Symbolisch nutzt er den Ort der Peripherie dazu, die vorgegebene Ordnung von Kategorien und Gattungen zu unterlaufen. Vgl. Vanden Berghe 2005a: 39.

gleichzeitig provozierender Beliebigkeit. Die Einheit in der Vielheit kann sich – wenn überhaupt – nur in einer den „Ereignissen“ gemeinsamen Widersinnigkeit behaupten. Monsiváis' Erzählband „Nuevo catecismo“, der am Anfang und am Ende der Reihung erscheint, wäre dann das umgreifende Widerspruchselement (die indigene Umdeutung des Katechismus), das die Paradoxien zusammenhält.

Der Collage-Charakter des Postscriptums gestaltet sich nach dem Prinzip eines produktiven Widersinns. Das Antwortschreiben von Monsiváis wird solche „emanzipatorischen“ Paradoxien im politischen Umfeld auflisten und als für den Wirkungsbereich des Zapatismo typische Erscheinungsform komplexer Denkformen einstufen (zit. in Huffschmid 2004: 446). Auch hier zeigt sich, dass Monsiváis das diskursive Identifikationsangebot von Marcos angenommen hat. Er hat es sogar gegen die spöttische Schlussformulierung umgesetzt, mit der sich Marcos verabschiedet: „No sé por qué, pero se me figura que la R me sonríe, burlona, desde un travesaño.“ Die niederen Wahrheiten des Lebens haben im Sinne von Bachtin (1990: 28) das „Geheiligte mit dem Profanen“ verknüpft und die angestammten Hierarchien einem befreienden Lachen ausgesetzt. Dass das subversive Spiel der Verfremdungen selbst die eigene Welt des Zapatismo erfasst, gehört zu den parodistischen Selbstinszenierungen der Bewegung (Vanden Berghe 2005a: 186). Die antiessentialistische Infragestellung auch der eigenen Positionen fügt sich der humorvollen Auseinandersetzung mit dem „delirio doctrinario“ ein, den Monsiváis im Katholizismus der Zeit des Vizekönigtums ausmacht und in seinen Erzählungen thematisch werden lässt. In der Gemeinsamkeit einer karnevalesken Basiskultur, die sich den Strukturen der Herrschaftsrede entgegenstellt, kann sich Marcos der solidarisierenden Lektüre seines Adressaten vergewissern. Die Schlussformel des Briefes zumindest legt den Vordenker der Volkskultur auf dieses diskursive Einvernehmen fest: „Salud a ese irónico filo que nos empuja ante el espejo“ (Carta 2).

Schluss: die Konturen einer neuen Weltgesellschaft

In beiden Briefen verfolgt Marcos das Ziel, in den öffentlichen Raum der Meinungsbildung einzudringen. Die geistige Nähe zu den Adressaten stellte er über eine Homogenisierung der verschiedenen Interessen heraus. Die inhaltlichen und diskursiven Schnittpunkte, die die zapatistische Widerstandsbewegung mit den Bereichen sowohl der „cultura de élite“ als auch der „cultura popular“ verbanden, ließen sich in überraschender Dichte auf dem Terrain der gemeinsamen Leitvorstellungen fixieren. Möglicherweise spricht Marcos eben jenen offenen und dialogischen Textraum an, wenn er dem Kulturkritiker Monsiváis den „lugar de letras“ als sein eigentliches Arbeitsfeld der Bündnispolitik vorstellt (Carta 2).

Die in den Briefen gestalteten Annäherungen zwischen Politik, Literatur und Kultur gestatten es schließlich, die anfangs gestellte Frage nach den Bedingungen und Möglichkeiten der beschworenen Einheit in der Vielheit zu Ende zu führen. Die Notwendigkeit und Absicht, divergierende Ausgangspositionen innerhalb der Zivilgesellschaft auf ein gemeinsames politisches Ziel hin auszurichten, hat sich in den Einladungsschreiben an Carlos Fuentes und Carlos Monsiváis unter Beweis gestellt. Es hat sich aber auch gezeigt, dass die Homogenisierung an ihre Grenzen stößt. Sowohl Fuentes als auch Monsiváis haben bei aller Sympathiekundgabe für den Zapatismo auch ihre Vorbehalte angemeldet. Die Tatsache, dass Fuentes die Einladung zum Konvent nicht annimmt und Monsiváis lediglich als unabhängiger journalistischer Beobachter und nicht wie gewünscht als Gast beim Konvent erscheint, unterstreicht, dass die Vernetzungen nicht nur Übereinstimmungen, sondern auch Übergänge und Unterschiede mit einbegreifen. Sie lassen sich im Paradigma der Transkulturalität oder Hybridität beschreiben. Die diskursiven Unschärfen bilden im Sinne der einleitenden Ausführungen mobile Identitäten aus, die Kultur nur auf dem Schauplatz der Auseinandersetzung zwischen verschiedenen Akteuren wie hier der Politik, der Hoch- und der Populärkultur begreifen. Nicht die Verschmelzung von Kulturen ist das Ziel der wechselseitigen Annäherung, sondern das Nebeneinander und sich ständig verschiebende Moment der Identifikation (Bhabha 1990).

In den Briefen hat sich die prozessuale Sinnstiftung konkret darin zu erkennen gegeben, dass sie ihr Begriffsrepertoire nur in Wanderbewegungen verschiedener Diskursfelder entfalten konnte und deren Semantik kontextuellen Veränderungen unterwarf. Transferbeziehungen wie die Anverwandlung von Zitaten und die selektive, parodistische, assoziative oder spielerische Verfremdung leiten kulturelle Austauschprozesse ein, die sich auf der Basis einer erweiterten „Zirkulation von sozialer Energie“ (Greenblatt 1994) einem herrschaftsfreien Vorgang des Aufnehmens, Abgrenzens und Annäherns verdanken. Hier zeigt der Zapatismo seine geistige Nähe zu postmodernen Grenzaufhebungen. Dessen Identitätsbrüche haben eine veränderte Fassung der Kulturen mit sich gebracht. Sie zeichnen sich nicht durch ihre identitäre Abgeschlossenheit, vielmehr durch ihre Anschluss- und Übergangsfähigkeit aus (Welsch 1992). Marcos hat in seinen Anschreiben an die Vertreter der Hoch- und Populärkultur genau auf diese grenzüberschreitenden Konturen der Identitäten gesetzt. Er hat sie jeweils als Möglichkeit in Verbindung mit anderen Sinngebungen verstanden. Dies gestattete es ihm, eine schöpferische Lektüre der angesprochenen Autoren vorzunehmen und sich in deren Denkwelten diskursiv einzuklinken. Der „disenso continuo", der die nomadisierende Wir-Konstruktion der Allianzen begleitet, fungiert als das dynamische Element, das die universalistischen Prinzipien des Ausschlusses oder der Autorität außer Kraft setzt (Lyotard, zit. nach de Toro 1997: 14). Die Kombinatorik der Diskurse trägt die vernetzte Widerstandsgemeinschaft und bildet die Voraussetzung dafür, dass sich in ihr eine in ihrer Semantik entgrenzte öffentliche Meinung artikulieren kann. In ihr finden sich selbst die politischen Opponenten wieder. So stellt es für Marcos kein widersinniges Unterfangen dar, u.a. auch den eher rechtsliberalen Historiker Enrique Krauze mit einem Anschreiben zum Nationalen Konvent einzuladen. Politische und ideologische Differenzen können sich in dialogischen Kreuzungen soweit abschleifen, dass sie eine übergreifende „Kohärenz" freisetzen. In ihr könnte sich das widerspiegeln, was Marcos mit einem Zitat eben seines politischen Kritikers belegt: „una vida pública realmente abierta, plural y crítica" (Subcomandante Marcos 1994).

Die Vielheit der Meinungen verleiht der „sociedad civil" ihr der Moderne angepasstes changierendes Antlitz. Sie tritt wie jene von Hardt und Negri beschriebene offene Weltgesellschaft der „multitude" in Erscheinung. In ihr sind die Differenzen zwischen den vielen Einzelnen nicht mehr auf eine imaginäre Ganzheit (Volk, Masse, Arbeiterklasse) zurückzuführen. „The people is one. The multitude, in contrast, is many" (Hardt/Negri 2004: XIV). Die „multitude" ersetzt das binäre Denkschema von Identität und Differenz durch die neue Kategorie des Gemeinsamen („the common"). Die soziale Produktion von Gemeinsamkeit legt es darauf an, die Herrschaftsformen der Globalisierung mit deren eigenen Mitteln der Vernetzung in offene und auf Interferenzen angelegte Sinngefüge aufzulösen. An dieser diskursiven Konstruktion einer pluralen demokratischen Weltgemeinschaft versucht sich Marcos beispielhaft in seinen diskursiven Grenzgängen. In ihnen lotet er die Möglichkeiten aus, sich in einem gemeinsamen Code kultureller Überschneidungen so zu entwerfen, dass er die Schwellen zur hohen und zur Alltagskultur überschreiten kann.

Bibliographie

BACHTIN, Michael (1990): *Literatur und Karneval. Zur Romantheorie und Lachkultur.* Frankfurt/Main: Fischer.

BHABHA, Homi K. (1990): *Nation and Narration.* New York: Routledge and Keegan Paul.

BORSÒ, Vittoria (1992a): „Der moderne mexikanische Essay". In: Briesemeister, Dietrich/Zimmermann, Klaus (Hgg.): *Mexiko heute. Politik, Wirtschaft, Kultur.* Frankfurt/Main: Vervuert, S. 535–566.

Borsò, Vittoria (1992b): „Die Aktualität mexikanischer Literatur: von der Identität zur Heterogenität". In: *Iberoamericana* 46, S. 84–108.

Borsò, Vittoria (1994): „Mexikanische Crónicas zwischen Erzählung und Geschichte – kulturtheoretische Überlegungen zur Dekonstruktion von Historiographie und nationalen Identitätsbildern". In: Scharlau 1994, S. 278–296.

Brand, Ulrich/Winter, Jens (1997): „Zapatistas in Spanien. Interkontinental gegen Neoliberal. Über Sinn und Unsinn von Weltkongressen". In: *Analyse und Kritik* 405, S. 11.

Brand, Ulrich (2002): „Glokaler Widerstand: Die zapatistische Suche nach neuen Formen radikaler Politik". In: Walk/Boehme 2002, S. 119–142.

Bucher, Hans-Jürgen (2005): „Macht das Internet uns zu Weltbürgern? Globale Online-Diskurse: Strukturwandel der Öffentlichkeit in der Netzwerk-Kommunikation". In: Claudia Fraas/Michael Klemm (Hgg.): *Mediendiskurse. Bestandsaufnahme und Perspektiven.* Frankfurt/Main: Peter Lang Verlag, S. 187–218.

Castells, Manuel (2001): *Das Informationszeitalter. Wirtschaft, Gesellschaft, Kultur.* 2 Bde. Opladen: Leske + Budrich (engl: *The Rise of the Network Society.* Oxford: Blackwell 1996).

Cleaver, Harry (1998): „The Zapatista Effect: The Internet and the Rise of an Alternative Political Fabric". In: *Journal of International Affairs* 51, 2, S. 621–640.

Durán de Huerta, Marta (2001): *Yo, Marcos. Gespräche über die zapatistische Bewegung.* Übersetzt von Horst Rosenberger und Andreas Löhrer. Hamburg: Schulenberg.

EZLN (1994): *Documentos y comunicados.* 1. Band. México D.F.: Era.

EZLN (1996) : *Documentos y comunicados.* 3. Band. México D.F.: Era.

Febel, Gisela (1994): „Implizite Kulturtheorie in neueren Texten von Carlos Fuentes". In: Scharlau (Hg.) 1994, S. 198–215.

Fuentes, Carlos (1962): La muerte de Artemio Cruz. México D.F.: Fondo de cultura económica.

Fuentes, Carlos (1975): *Tiempo Mexicano.* México: Mortiz.

Fuentes, Carlos (1976): *La nueva novela hispanoamericana.* México: Mortiz.

Fuentes, Carlos (1990): *Valiente mundo nuevo. Epica, utopía y mito en la novela hispanoamericana.* Madrid: Mondadori.

Giddens, Anthony (1996): *Konsequenzen der Moderne.* Frankfurt/Main: Suhrkamp.

Greenblatt, Stephen (1994): „Die Zirkulation sozialer Energie". In: Christoph Conrad/Martina Kessel (Hgg.): *Geschichte schreiben in der Postmoderne. Beiträge zur aktuellen Diskussion.* Stuttgart: Reclam, S. 219–250.

Hardt, Michael/Negri, Antonio (2004): *Multitude. War and Democracy in the Age of Empire.* New York: The Penguin Press.

Haug, Fritz (2003): „Zivilgesellschaft – Kämpfe im Zweideutigen". In: *Das Argument* 6, S. 845–860.

Huffschmid, Anne (Hg.) (1995): *Subcomandante Marcos. Ein maskierter Mythos.* Berlin: Elefanten Press Verlag.

Huffschmid, Anne (2004): *Diskursguerilla: Wortergreifung und Widersinn. Die Zapatistas im Spiegel der mexikanischen und internationalen Öffentlichkeit.* Heidelberg: Synchron Wissenschaftsverlag.

Kerkeling, Luz (2003): *¡La lucha sigue! – Der Kampf geht weiter! EZLN – Ursachen und Entwicklungen des zapatistischen Aufstandes.* Münster: Unrast.

Lahusen, Christian (2002): „Internationale Kampagnen zwischen Protestereignissen und Unterhaltungsevents". In: Walk/Boehme 2002, S. 119–142.

Marschall, Stefan (1999): „Das Internet als globaler Raum öffentlicher medialer Kommunikation?" In: Donges, Patrick/Jarren, Ortfried/Schatz, Heribert (Hgg.): *Globalisierung der Medien? Medienpolitik in der Informationsgesellschaft.* Wiesbaden: Westdeutscher Verlag, S. 151–169.

Monsiváis, Carlos (1970): *Días de guardar.* México: Era.

Monsiváis, Carlos (1987): *A Ustedes les consta. Antología de la crónica en México.* México: Era.

Monsiváis, Carlos (1988): *Entrada libre. Crónicas de la sociedad que se organiza.* México: Era.

Ponce de León, Juana (Hg.) (2001): *Nuestra arma es nuestra palabra. Escritos selectos de Subcomandante Insurgente Marcos.* Nueva York: Siete cuentos editorial.

Rincón, Carlos (1994): „Die neuen Kulturtheorien: Vor-Geschichten und Bestandsaufnahme". In: Scharlau 1994, S. 1–35.

Scharlau, Birgit (Hg.) (1994): *Lateinamerika denken. Kulturtheoretische Grenzgänge zwischen Moderne und Postmoderne.* Tübingen: Günter Narr Verlag.

Spivak, Gayatri Chakravorty (1994) [1985]: „Can the Subaltern Speak?" In: Patrick Williams und Laura Chrisman (Hgg.): *Colonial Discourse and Post-Colonial Theory. A Reader.* New York: Harvester/Wheatsheaf, S. 66–111.

Subcomandante Insurgente Marcos (1994): „Carta a Enrique Krauze". http://www.bibliotecas.tv/chiapas/jul94/20jul94.html (15.09.2011).

Subcomandante Insurgente Marcos (2001) [1996]: *Botschaften aus dem Lakandonischen Urwald.* Übersetzt von Horst Rosenberger. Hamburg: Schulenburg.

Subcomandante Insurgente Marcos (2004): „Carta en homenaje a Vázquez Montalbán". http://www.aporrea.org/actualidad/a10958.html (15.09.2011).

Toro, Alfonso de (1997): „Fundamentos epistemológicos de la condición contemporánea: postmodernidad, postcolonialidad en diálogo con Latinoamérica". In: Ders. (Hg.): *Postmodernidad y postcolonialidad. Breves reflexiones sobre Latinoamérica.* Madrid, Frankfurt/Main: Vervuert, S. 11–50.

Vanden Berghe, Kristine (2005a): *Narrativa de la rebelión zapatista. Los relatos del Subcomandante Marcos.* Frankfurt/Main, Madrid: Vervuert.

Vanden Berghe, Kristine (2005b): „Memoria de la conquista y conquista de la memoria en el discurso zapatista". In: *América. Cahiers du Criccal: Mémoire et culture en Amérique latine.* Bd. 31, S. 279–285.

Vázquez Montalbán, Manuel (1999): *Marcos: El señor de los espejos.* Madrid: Aguilar (dt.: *Marcos: Herr der Spiegel.* Berlin: Wagenbach 2001).

Walk, Heike/Boehme, Nele (Hgg.) (2002): *Globaler Widerstand. Internationale Netzwerke auf der Suche nach Alternativen im globalen Kapitalismus.* Münster: Verlag Westfälisches Dampfboot.

Welsch, Wolfgang (1992): „Transkulturalität – Lebensformen nach der Auflösung der Kulturen". In: *Information Philosophie* 2, S. 5–20.

Mexiko und *MexAmerica*: zur Geschichte einer wechselvollen Beziehung

Frauke Gewecke
(Universität Heidelberg)

Die Vorgeschichte: *Manifest Destiny* und die Eroberung des *American Southwest*

Als am 18. August 1846 – vier Monate nach Ausbruch des Mexikanisch-Amerikanischen Krieges – General Stephen W. Kearny, ohne auf nennenswerten Widerstand zu stoßen, mit einer Armee von 1.500 Mann die Stadt Santa Fe besetzte und den Anschluss von Nuevo México an die Vereinigten Staaten von Amerika erklärte, beeilte sich der mexikanische Gouverneur Juan Bautista Vigil y Alarid, die neuen Machthaber der Loyalität und Gefolgschaft der *nuevomexicanos* zu versichern, denn, so fuhr er fort: „No one in this world can successfully resist the power of him who is stronger." Der Situation entsprechend beschwor er die Zukunft, „the wonderful future that awaits us". Er verwies aber auch auf die Verbundenheit der Menschen mit der Vergangenheit und Mexiko, „one of the grandest and greatest countries that has ever been created", und warb um Verständnis für den offensichtlichen Mangel an Begeisterung auf Seiten der *nuevomexicanos*:

> *Do not find it strange if there has been no manifestation of joy and enthusiasm in seeing this city occupied by your military forces. To us the power of the Mexican Republic is dead. No matter what her condition, she was our mother. What child will not shed abundant tears at the tomb of his parents? (Vigil y Alarid 1846).*

Doch war die Mexikanische Republik für die unter ihrem Schutz stehenden Menschen im hohen Norden wirklich eine „Mutter" oder vielleicht nicht eher eine „Stiefmutter" gewesen? Und erlebten die Sprösslinge die Trennung wirklich als schmerzlichen Verlust oder vielleicht eher als Versprechen auf eine verheißungsvolle Zukunft? Gerade einmal ein viertel Jahrhundert zuvor hatte Mexiko, das ehemalige spanische Vizekönigreich Nueva España, seine Unabhängigkeit erlangt: auf einem Territorium, das sich (zunächst) von Mittelamerika bis hinauf nach Oregon erstreckte und in dem sich aufgrund unzureichend ausgebauter Kommunikations- und Transportwege regionale Identitäten mit separatistischen Strömungen herausgebildet hatten. Die *provincias internas* im Norden waren von den Spaniern erst spät erobert und nur zum Teil dauerhaft besiedelt worden. Im heutigen Arizona und Texas war die effektive administrative Durchdringung an den ständigen Übergriffen nomadisierender Indianervölker gescheitert; allein in Nuevo México und Alta California, hier in einem Küstenstreifen von San Diego bis hinauf zur Bucht von San Francisco, war es gelungen, über die Gründung einer Kette von Missionen und Militärstützpunkten (*presidios*) dauerhafte Siedlungen zu errichten. Das über ein Jahrzehnt währende Ringen um die Unabhängigkeit hatte die Kolonisten in den nördlichen Provinzen nur wenig tangiert, waren sie doch sowohl untereinander als auch vom Zentrum weitgehend isoliert. Als die Unabhängigkeit schließlich kam, hofften die einen auf einen wirksameren militärischen Schutz gegenüber den feindlichen Indianern, die anderen auf politische Autonomie und (nach der Aufhebung des spanischen Handelsmonopols) den freien Handel mit US-amerikanischen Partnern.

Die Hoffnungen auf eine Ankurbelung des Außenhandels, gefolgt von einer stärkeren Verflechtung mit US-amerikanischen Wirtschaftsinteressen, erfüllten sich für Nuevo México über den Anfang der 1820er Jahre eröffneten Santa Fe Trail zum Missouri River, für die Seehäfen in Alta California über prosperierende Handelsbeziehungen mit Neu-England. Doch geschah dies ohne Zutun der Zentralregierung, die außerstande war, den in sie gesetzten Erwartungen zu entsprechen. Auf die am 27. September 1821 verfügte Unabhängigkeit Mexikos folgten Jahrzehnte der politischen Instabilität und der Finanznot: Zwischen 1824, nach dem Ende des (ersten) Kaiserreichs, und 1848, dem Jahr des Friedensschlusses mit den USA, kam es über vierzigmal zu einem Wechsel an der Regierungsspitze. Und da die Kupfer- und Silberminen während der vorausgegangenen Bürgerkriege weitgehend zerstört worden waren, da zum Vorteil der kreolischen Oligarchie die archaische Agrarstruktur unangetastet blieb, da nicht zuletzt durch die Ausweisung der „Spanier", d. h. der in Spanien geborenen *peninsulares*, eine massive Kapitalflucht einsetzte, fehlten die finanziellen Mittel, die eine Ankurbelung der wirtschaftlichen Aktivitäten oder auch nur den militärischen Schutz in den wenig erschlossenen und gesicherten Randgebieten des nationalen Territoriums hätten bewirken können.

Die ersehnte Autonomie wurde dagegen – wenn auch nur für kurze Zeit – Wirklichkeit, als sich Mexiko nach der nur kurzen Episode des *Imperio* mit der Verfassung von 1824 als República Federal de los Estados Unidos Mexicanos konstituierte und den ehemaligen Provinzen nun als Bundesstaaten oder Territorien Organe der Selbstverwaltung zugestanden wurden. Doch bereits 1835 setzte Antonio López de Santa Anna die föderale Verfassung außer Kraft, und die nun zu *departamentos* degradierten Bundesstaaten und Territorien sahen sich erneut einem zentralistischen Regime unterworfen. Ab Mitte der 1830er Jahre kam es überall im Land zu einer Reihe von Erhebungen und separatistischen Bewegungen[1], die in Texas erfolgreich sein und gravierende Konsequenzen für ganz Mexiko haben sollten.

Zum Zeitpunkt der mexikanischen Unabhängigkeit war Texas eine rückständige, dünn besiedelte Region, in der als *gente de razón*, wie die nichtindianische Bevölkerung genannt wurde, gerade mal 2.500 Personen lebten (Weber 1982: 160). Um diesem Umstand entgegenzuwirken, verfolgte die Zentralregierung eine aktive Einwanderungspolitik, von der vorwiegend Siedler aus den US-amerikanischen Südstaaten profitierten mit der Folge, dass sich um 1835 neben 5.000 Mexikanern nahezu 30.000 Angloamerikaner in wohlorganisierten Kolonien, vom mexikanischen, auf den Süden reduzierten Siedlungsraum weitgehend abgeschottet, niedergelassen hatten (McWilliams 1990: 98). Die US-amerikanischen protestantischen Siedler waren zwar verpflichtet, die mexikanische Staatsbürgerschaft anzunehmen und zum katholischen Glauben überzutreten, doch geschah dies nur äußerst selten. Eine Integration der so gegensätzlichen Bevölkerungsgruppen gelang nicht einmal im Ansatz, was die Zentralregierung 1830 dazu bewogen haben mag, den weiteren Zustrom angloamerikanischer Siedler zu stoppen. Diese Maßnahme galt jedoch lediglich vorübergehend und kam mit Blick auf die weitere Entwicklung zu spät.

Die in Texas im Oktober 1835 von angloamerikanischen Siedlern initiierte und von Angehörigen der mexikanischen Oberschicht[2] mitgetragene Erhebung verfolgte zunächst das Ziel der Wiedereinsetzung der föderalen Verfassung von 1824, mündete aber schon im März 1836 in die Erklärung der Unabhängigkeit, die (mithilfe US-amerikani-

---

[1] Zu den Rebellionen, die mit oder ohne Unterstützung US-amerikanischer Staatsbürger Teilergebnisse des dann erfolgten Mexikanisch-Amerikanischen Krieges vorwegzunehmen suchten, vgl. die vorzüglich dokumentierte Studie von David J. Weber (1982).

[2] Der Prominenteste unter diesen *tejanos* oder *Mexico-Texians* war Juan Nepomuceno Seguín, vor der Unabhängigkeit *alcalde* und zeitweilig *jefe político* von San Antonio, der als Befehlshaber eines Corps von mexikanischen Freiwilligen gegen die Truppen Santa Annas kämpfte. Als Senator im Kongress des dann unabhängigen Texas pries er "our glorious Revolution" (Seguín 2002: 174); doch wenig später ging er – offensichtlich aufgrund des Vorwurfs finanzieller Unregelmäßigkeiten im Zusammenhang mit Bodenspekulation – nach Mexiko ins "Exil", wo er sich in den Dienst der mexikanischen Armee stellte und an der 1842 von Santa Anna gegen Texas geführten militärischen Expedition beteiligte. 1848 kehrte er nach San Antonio zurück und verfasste seine Memoiren, in denen er sich gegen den Vorwurf des Verrats zu verteidigen suchte und sich, "a foreigner in my native land", als Opfer jener stilisierte, "whose false pretenses were favored because of their origin and recent domination over the country" (a. a. O.: 73).

scher Waffenlieferungen) gegen die Truppen Santa Annas durchgesetzt werden konnte. In Nuevo México erschien die Option der Unabhängigkeit wenig attraktiv; zum einen war die Präsenz angloamerikanischer Siedler kein relevanter Faktor, zum anderen überwog die Furcht vor dem unabhängigen Texas, das bestrebt war, sich Teile des benachbarten Territoriums einzuverleiben. In Alta California waren die Meinungen geteilt, da es hier gelungen war, aufgrund der größeren Distanz zum Zentrum ein gewisses Maß an Eigenständigkeit durchzusetzen. Im nördlichen Teil um Monterey und Sonoma, wo seit den 1820er Jahren verstärkt angloamerikanische Kolonisten und Händler eindrangen, mochte die Unabhängigkeit eine Option sein – im Juni 1846 wurde dann auch (mit der sogenannten *Bear Flag Revolt*) ein allerdings nur kurzlebiger diesbezüglicher Vorstoß unternommen. Der südliche Teil um San Diego und Los Angeles, wo kaum Angloamerikaner siedelten und intensivere Kontakte wenn nicht zum Zentrum, so doch zur Baja California bestanden, war dagegen einer solchen Lösung abgeneigt.

Als im Verlauf des Jahres 1846, nur Monate nach Ausbruch des Krieges, US-amerikanische Truppen Alta California und Nuevo México einnahmen, ohne auf effektiven Widerstand zu stoßen, war die Annexion ein *fait accompli*. Im Nordosten leisteten die mexikanischen Truppen hingegen einen erbitterten, verlustreichen Widerstand, und erst nach Besetzung der Hauptstadt durch die US-amerikanische Armee kam es zu Friedensverhandlungen, die im Februar 1848 mit dem Vertrag von Guadalupe Hidalgo besiegelt wurden und die Mexiko mit den bereits *de facto* annektierten Territorien knapp die Hälfte seines Staatsgebietes kosteten.[3] Der Krieg war seitens der Vereinigten Staaten ein Angriffs- und Eroberungskrieg[4]; und auch wenn manche Vertreter des Kongresses

---

[3] Texas war bereits 1845 von den Vereinigten Staaten annektiert worden. Das neu hinzugewonnene Gebiet, für das Mexiko als Entschädigung die Summe von 15 Millionen US-Dollar (sowie den Erlass von Forderungen US-amerikanischer Bürger an den mexikanischen Staat in Höhe von 3,25 Millionen) gewährt wurde, umfasst im Wesentlichen die heutigen Staaten Kalifornien, New Mexico, Arizona, Nevada, Utah sowie Teile von Colorado. Ein weiteres Gebiet von knapp 78.000 km^2 erwarben die USA 1853 für weitere 10 Millionen US-Dollar im Süden von Texas und New Mexico (*Gadsen Purchase* oder *Venta de la Mesilla*): ein Terrain, das für den Bau einer transkontinentalen, über El Paso nach San Diego führenden Eisenbahn vorgesehen war. Das Projekt wurde nie realisiert.

[4] Mexiko hatte die Unabhängigkeit von Texas unter der Voraussetzung hingenommen, dass die Vereinigten Staaten die Republik nicht, wie dann im Dezember 1845 geschehen, annektieren würden. Den Vorwand für die im April 1846 von Seiten des US-amerikanischen Kongresses erfolgte Kriegserklärung lieferte ein von US-amerikanischer Seite provoziertes Scharmützel mit mexikanischen Truppen nördlich des Río Bravo auf einem Terrain, das von den USA als Teil von Texas beansprucht wurde, das aber (bis zum Friedensvertrag und in diesem implizit bestätigt) zu Mexiko gehörte. Wie der für die Erforschung des *Southwest* bedeutendste US-amerikanische Historiker des 19. Jahrhunderts, Hubert H. Bancroft, in seiner *History of Mexico* (1883–1887) schrieb: "It was a premeditated and predetermined affair, the war of the United States

sowie der Medien mit den Gebietsabtretungen höchst unzufrieden waren und neben Sonora und Chihuahua vor allem Baja California forderten – nicht wenige verlangten gar die Annexion von ganz Mexiko –, war das Resultat ein territorialer Zugewinn, der nun der Nation als kontinentaler Großmacht die Erfüllung ihrer Bestimmung und Mission versprach: „the fulfilment of our manifest destiny", so der einflussreiche New Yorker Journalist John O'Sullivan in einem 1845 publizierten Artikel, „to overspread the continent allotted by Providence for the free development of our yearly multiplying millions" (1845: 5).

Das Schlagwort von der „manifest destiny", das in der Debatte um das Selbstverständnis der Vereinigten Staaten von Amerika und ihrer „Mission" in der Welt ausgesprochen Karriere machen sollte, hatte O'Sullivan bereits einige Jahre zuvor geprägt, als er (Anglo-)Amerika als „the Great Nation of Futurity" apostrophierte: „We are the nation of human progress, and who will, what can, set limits to our onward march? Providence is with us, and no earthly power can" (1839: 427). Und in dem bereits zitierten, als Beitrag zur Debatte um die Annexion von Texas verfassten Artikel von 1845 formulierte er auch konkrete Vorstellungen hinsichtlich der amerikanischen *futurity* – „[...] there is a great deal of Annexation yet to take place, within the life of the present generation, along the whole line of our northern border" (1845: 7) –, um wenig später in einem weiteren Artikel (über den gegenüber Großbritannien vertretenen Anspruch auf Oregon) hinzuzufügen: „[The American claim] is by the right of our manifest destiny to overspread and to possess the whole of the continent which Providence has given us for the development of the great experiment of liberty and federative self government entrusted to us."[5]

John O'Sullivan hatte eine griffige Formel für einen Gedanken gefunden, der die Vereinigten Staaten von Amerika seit ihren *founding fathers* bewegte. Doch wie war mit den „neuen" Amerikanern umzugehen? Bereits Thomas Jefferson hatte in der Vorausschau auf die Zeit, „when our rapid multiplication will expand itself ... and cover the whole northern, if not the southern continent", darauf verwiesen, dass dies nur geschehen könne „with a people speaking the same language, governed in similar forms, and by similar laws; nor can we contemplate with satisfaction either blot or mixture on that surface".[6] Letzteres aber war durch die zu „amerikanisierenden" Mexikaner gegeben, die

on Mexico; it was the result of a deliberately calculated scheme of robbery on the part of the superior power" (zit. in Leal 2002: 13).

5 „The True Title", in: *New York Morning News*, 27. Dezember 1845; zit. in Merk 1966: 31–32.

6 Thomas Jefferson an James Monroe, 24. November 1801; zit. in Horsman 1981: 92–93.

in ihrer kulturellen Praxis anders und fremd waren und die überdies in ihrer überwiegenden Mehrheit, so das angloamerikanische Verdikt, einer „mixed race" angehörten. So galten den auch in der „Neuen Welt" verinnerlichten Rassentheorien der „Alten Welt" entsprechend die „half-breeds" oder „mongrels" in Kalifornien den angloamerikanischen Reisenden als „an imbecile, pusillanimous, race of men [...] unfit to control the destinies of that beautiful country"; und ein anderer Beobachter, der New Mexico bereiste, meinte gar: „There are no people on the continent of America [...] more miserable in condition or despicable in morals than the mongrel race inhabiting New Mexico."[7] Noch deutlicher – und mit größerem Prestige behaftet – war der prominente Senator und frühere US-amerikanische Vizepräsident John C. Calhoun, der Anfang Januar 1848, also noch während der Friedensverhandlungen, in einer Rede im Senat die zur Diskussion stehende Option einer Annexion von ganz Mexiko mit den folgenden Worten ablehnte:

> *[Mr. President] we have never dreamt of incorporating into our Union any but the Caucasian race – the free white race. To incorporate Mexico, would be the very first instance of the kind of incorporating an Indian race; for more than half of the Mexicans are Indians, and the other is composed chiefly of mixed tribes. I protest against such a union as that! Ours, sir, is the Government of a white race. The greatest misfortunes of Spanish America are to be traced to the fatal error of placing these colored races on an equality with the white race. That error destroyed the social arrangement which formed the basis of society. [...] Are we to associate with ourselves as equals, companions, and fellow-citizens, the Indians and mixed race of Mexico? Sir, I should consider such a thing as fatal to our institutions. (Calhoun 1848)*

John O'Sullivan war gewiss keiner, der einer „mixed race" Sympathien entgegenbrachte oder gar gegenüber Indianern (und Schwarzen) die Überlegenheit der „free white race" infrage stellte[8]; doch immerhin betonte er das, was er als „unparalleled glory" der amerikanischen Nation erachtete – „[the] defence of humanity, of the oppressed of all nations" –, und das, was die „*great nation* of futurity" von jenen Nationen unterschied, „[which] have had their decline and fall, because the equal rights of the minority were trampled on by the despotism of the majority" (1839: 427, 426).

7 Beide Zitate in Weber 1992: 337.

8 Gleichermaßen virulente Aktualität besaß für die *great nation* wenige Jahre vor Ausbruch des Sezessionskrieges die Sklavenfrage, zu der sich O'Sullivan ausführlich äußert, ohne jedoch eine dezidierte Meinung zu vertreten. In dem hier gegebenen Zusammenhang aufschlussreich – und originell – ist sein Vorschlag, was nach einer möglichen Emanzipation der Sklaven mit diesen geschehen solle: Man könne sie schließlich nach Mexiko, Mittel- und Südamerika exportieren, da die dortigen "Spanisch-Indianisch-Amerikanischen" Völker – „already of mixed and confused blood" – „afford the only receptacle capable of absorbing that race whenever we shall be prepared to slough it off – to emancipate it from slavery, and (simultaneously necessary) to remove it from midst of our own" (1845: 7).

Wie sich für die *minority* der im Vertrag von Guadalupe Hidalgo an die USA abgetretenen oder, wie manche meinten, verschacherten Mexikaner[9] die Wirklichkeit darstellte, soll zunächst für die *californios* nachgezeichnet werden. Denn Kalifornien, das im Gegensatz zu den anderen ehemals mexikanischen Territorien bereits nach kürzester Zeit als Bundesstaat in die Union aufgenommen wurde, war so etwas wie ein Experimentierfeld für den Umgang mit den neuen *citizens*. Anders als etwa für New Mexico verfügen wir für das Kalifornien des 19. Jahrhunderts über eine Fülle an autobiographischen und fiktionalen Texten[10], die Aufschluss darüber geben, wie die Menschen das verarbeiteten, was Raymund Paredes als „the great divide in Chicano history" bezeichnete: das Jahr 1848 und seine Folgen, was bedeutete „to reassess their relationships to the old country and to the United States" (1982: 36).

Verlust und Anpassung: die *californios* und die Verfertigung einer spanischen Identität

Anfang der 1840er Jahre lebten in Alta California weniger als 7.000 Personen, die als *gente de razón* ausgewiesen waren, davon weniger als 400 Ausländer. Ein Jahr, nachdem am Sacramento River – noch vor der Unterzeichnung des Friedensvertrages – Gold gefunden worden war, zählte die nichtindianische Bevölkerung bereits 100.000 Menschen, darunter gerade einmal 13.000 (ehemalige) „Mexikaner" (Acuña 1988: 111): in ihrer Mehrheit in Subsistenzwirtschaft lebende *rancheros* sowie *peones* und *vaqueros*,

9 Ihre Zahl wird auf 75.000 bis 100.000 geschätzt. Wie in Art. VIII des Vertrages verfügt, konnten sie binnen eines Jahres entscheiden, ob sie bleiben und damit "citizens of the United States" werden wollten (Griswold del Castillo 1990: 189–199) oder ob sie es vorzogen, auf verbliebenes mexikanisches Territorium überzusiedeln – eine Möglichkeit, von der nur etwa 2.000 Personen Gebrauch machten. Von dieser Regelung nicht betroffen waren die über 250.000 Indianer, die in den annektierten Gebieten lebten (McWilliams 1990: 75), da die US-amerikanische Verfassung sie nicht (wie zuvor die mexikanische) mit Bürgerrechten ausstattete.

10 Ein umfassendes und vielfältiges Korpus an autobiographischen Texten verdanken wir Howard H. Bancroft, der nicht nur ein bedeutender Historiker, sondern auch ein wohlhabender Buchhändler und Verleger war. In den 1870er Jahren beschäftigte er zweisprachige Agenten, die in seinem Auftrag etwa 60 ältere Bewohner Kaliforniens als Zeitzeugen befragten – Berichte, die er nicht zu veröffentlichen beabsichtigte, aber als Grundlage für seine eigenen Publikationen nutzte. Bedauerlicherweise handelt es sich nicht um direkte Wiedergaben der geführten Interviews, sondern um mediatisierte Zeugnisse, die von Bancrofts Agenten größtenteils noch während des Interviews vom Spanischen ins Englische übersetzt und passagenweise zusammengefasst wurden. Nur wenige dieser in der Bancroft Library (University of California, Berkeley) verfügbaren Manuskripte wurden bislang *in toto* oder in Auszügen veröffentlicht (Sánchez/Pita/Reyes 1994); sie wurden aber für mehrere Publikationen hinsichtlich ihrer zentralen Aussagen befragt (u. a. Sánchez 1995; Padilla 1993).

billige Arbeitskräfte für eine zahlenmäßig geringe, sich aristokratisch und paternalistisch gebärdende Oberschicht, die über immense Ländereien verfügte und vorwiegend extensive Landwirtschaft betrieb. Ihre Rechtstitel gingen zum Teil auf die spanische Kolonialzeit zurück; profitiert hatten sie aber auch von der 1833/34 verfügten Säkularisierung der Missionen, wodurch sie nicht nur ihren Landbesitz vergrößern, sondern auch über die nun freigesetzten *genízaros*, die im Umfeld der Missionen christianisierten Indios, als *peones* verfügen konnten.

Ein prototypischer Vertreter dieser kalifornischen Agraroligarchie war Mariano Guadalupe Vallejo, der wohlhabendste und politisch einflussreichste Grundbesitzer und *jefe político* in Alta California, der mit seinem weitverzweigten Familienclan wie ein Feudalherr und Patriarch den Norden beherrschte.[11] Wie die anderen alteingesessenen *californios* identifizierte er sich mit der *patria chica*, jedoch nicht mit einer zu diesem Zeitpunkt gewiss noch inexistenten mexikanischen Nation; und gegenüber der Zentralregierung in Mexiko-Stadt dominierten auch bei ihm Ressentiments, hatte diese es doch versäumt, den spezifischen Bedingungen einer *frontier*-Gesellschaft, wie sie in Alta California bestand, Rechnung zu tragen. Als im März 1846, angesichts der bevorstehenden US-amerikanischen Invasion, die Notabeln von Alta California bei einem eigens anberaumten Treffen darüber debattierten, wie zu reagieren sei, befürwortete Vallejo als ersten Schritt die Unabhängigkeit, der sodann die Annexion an die Vereinigten Staaten folgen sollte. Der Moment erschien ihm günstig – „I am of the opinion that Mexico can no longer harm us" – und die Zukunft vielversprechend, „because I maintain that only in this way will we be able to overcome the ills that hold us back from developing our resources".[12] Juan Bautista Alvarado, der zwischen 1836 und 1842 zweimal den Posten des Gouverneurs von Alta California innehatte, urteilte (aus nachzeitiger Perspektive) ähnlich:

> *We, the Californians, that had for so many years been the victims of the Mexican heads of state, could not but recognize as liberators the American officials who, duly authorized, came aboard the warships to unfurl their government's banner in the Monterey and San Francisco forts.*[13]

[11] Zu Vallejos eindrucksvollem Besitz schreibt Hubert H. Bancroft: "Vallejo had really land without limit; nominally, he held thirty-three leagues, equal to 146,000 acres, with 400 or 500 acres under cultivation, the rest being used for pasturing. Of stock he had from 12,000 to 15,000 head of neat cattle, 7,000 or 8,000 head of horses, and 2,000 or 3,000 sheep. He had also 300 working men, with their usual portion of females and children, all kept in a nearly naked state, poorly fed, and never paid" (1888: 348).

[12] *Recuerdos históricos y personales tocante a la Alta California* (unveröff. Ms., 1874); zit. in Sánchez 1995: 251.

[13] *Historia de California* (unveröff. Ms., 1876); zit. in Sánchez 1995: 231.

Und schließlich hatte Mexiko keine Anstalten unternommen, Alta California zu verteidigen: „Instead of that", so Salvador, der jüngere Bruder von Mariano Guadalupe Vallejo, „the Mexican government turned us over to the United States, in the same manner that a flock-herder turns over [his] sheep to a purchaser."[14]

Die Annexion durch die USA und die im September 1850 erfolgte Aufnahme als 31. Staat in die Union versprachen eine Dynamisierung und Ausweitung von Wirtschaft und Handel, die Alta California als Teil Mexikos nie hätte erreichen können. Blieb aber das überaus heikle Problem der rassischen Definition, galten doch den Angloamerikanern die „Mexikaner" als *non-white*, was bedeutete, dass sie sich (entsprechend dem *Naturalization Act* von 1790) nicht als „American citizens" qualifizierten. Die *californios*, die im September/Oktober 1849 als gewählte Delegierte an der Beratung und Verabschiedung der ersten kalifornischen Verfassung beteiligt waren, unter ihnen Mariano Guadalupe Vallejo, erreichten immerhin, dass die Bürgerrechte nicht nur jedem in Kalifornien lebenden „white male citizen of the United States" zuerkannt wurden, sondern auch *expressis verbis* jedem „white male citizen of Mexico, who shall have elected to become a citizen of the United States under the treaty of peace [...]".[15]

Indem auf diese Weise gewissermaßen amtlich die Möglichkeit der *whiteness* auch für einen (ehemaligen) „Mexikaner" oder *californio* eingeräumt wurde, war das Problem aber noch nicht aus der Welt, und es sollte sich als noch virulenter erweisen, als infolge des „Goldrauschs" nicht nur Angloamerikaner, sondern auch Menschen aus allen Teilen Mexikos (und Südamerikas), vorwiegend Indios und Mestizen der unteren Bevölkerungsschichten, in Massen nach Kalifornien strömten. Für diese Immigranten – *foreigners*, die nur höchst selten vom „Goldrausch" profitierten – ebenso wie für diejenigen *Mexicans*, die bereits seit langem in Kalifornien lebten, aber ohne jede Form von Bildung, verarmt und proletarisiert, der Diskriminierung unterworfen waren, hatte Angloamerika schon während des Krieges einen Namen gefunden, der nachgerade zum Synonym für alle *Mexicans* wurde: „people [...] who, by amalgamation with the indians have produced *the race now denominated ‚greasers'*"[16], so der in den 1850er Jahren in

[14] *Notas históricas sobre California* (unveröff. Ms, 1874); zit. in Sánchez 1995: 275.

[15] „Constitution of the State of California 1849", Art. II, Sec. 1. In: http://www.sos.ca.gov/archives/collections/1849/full-text.htm (30.01.11). Dieses „Zugeständnis" der Angloamerikaner an die *californios* erklärt sich vor allem damit, dass man bemüht war, mit Blick auf eine möglichst rasche Aufnahme in die Union den weißen Bevölkerungsanteil hoch anzusetzen – ein Kalkül, das aufging, denn andere Territorien wie etwa Nuevo México/New Mexico wurden, eben aufgrund des hohen Anteils an indianischer/mestizischer Bevölkerung, erst sehr viel später in die Union aufgenommen.

[16] Brief vom 18. Oktober 1855 (Lamb 1971; meine Hervorhebung).

Kalifornien lebende und zum *deputy sheriff* aufgestiegene Abenteurer Thomas Rylan Darnal.

Die „Rasse“ der *greasers* galt gemeinhin als faul und träge, als feige und hinterhältig, als ignorant und moralisch verkommen.[17] Sich von diesen abzugrenzen, war entsprechend dem Selbstverständnis der *californios* – ein Name, der fortan für die sich als aristokratische Elite verstehende Oberschicht reserviert war – allerhöchstes Gebot. Und so konstruierten sie für sich eine exklusive (ethnische) Identität: in Abgrenzung zu den nach 1848 immigrierten *mexicanos* als „hijos del país“ und in Abgrenzung zu allen *Mexicans* oder *greasers* als „Spanish“ (oder allenfalls als „Spanish Americans“), direkte Nachfahren der spanischen Konquistadoren und frühen Kolonisten. Ihre „limpieza de sangre“ gewürdigt zu wissen, lag allen *californios* am Herzen; Mariano Guadalupe Vallejo beschaffte sogar eigens (für das Archiv von Howard H. Bancroft) ein Dokument, in dem das spanische Inquisitionstribunal in Guadalajara die für Spanier gebotene „Reinheit des Blutes“ – d. h. die Abwesenheit jüdischer, maurischer (und afrikanischer) Vorfahren – der Vallejo-Familie über Generationen hinweg bescheinigt hatte (Ruiz de Burton 2001: 84). Dennoch blieb Vallejos Bruder Salvador, wie dieser bitter beklagte, nicht davon verschont, „in a sneering manner“ als „greaser“ verunglimpft zu werden – dies zudem, wie er indigniert hervorhob, von einem „blackgard […] in whose veins coursed at least three fourths of mulatto blood“ und ohne Ansehen der Tatsache, dass „in [his] veins flooded the purest blood of Europe“.[18]

Den *californios* wurde ihr „Spaniertum“, das als Garant für ihre tatsächliche oder imaginäre *whiteness* jedwede Bezugnahme auf ein etwaiges mexikanisches Erbe als unbotmäßig erscheinen ließ, zum zentralen Identitätszeichen. Und auch wenn mancher Angloamerikaner, etwa der Forschungsreisende und vielgelesene Autor Thomas Jefferson Farnham, ihnen „Farbenblindheit“ attestierte – er beschrieb ihre Hautfarbe als „a light clear bronze; not white […] not remarkably pure in any way; a lazy color“[19] –, wurden die Angehörigen der alteingesessenen *ricos* – im Gegensatz zum mittellosen *Mexican* – nicht Opfer rassischer Diskriminierung. Doch Opfer wurden auch sie: zwar nicht, indem sie ihre Würde oder, wie manche meinten, ihren Dünkel[20] verloren, wohl

[17] Vgl. hierzu die klassische Studie von Arnoldo de León (1983) sowie neuerdings die von Jerome R. Adams (2006); eine gute Einführung liefert David J. Weber (1979).

[18] „Notas históricas sobre California“ (1874); auszugsweise in Sánchez/Pita/Reyes 1994, hier S. 102.

[19] Thomas Jefferson Farnham: *Travels in California* (1844); zit. in Weber 1979: 302.

[20] Farnham, a. a. O., zit. in Weber 1979: 295. Weitere anschauliche Beispiele für die Sicht angloamerikanischer Reisender auf die „Mexikaner“ im *Southwest* liefert Raymund Paredes (1977).

aber indem sie um ihren Landbesitz und damit um ihre Existenzgrundlage gebracht wurden.

Im Vertrag von Guadalupe Hidalgo war in der ursprünglich ausgehandelten Form der Garantie von Eigentumsrechten ein eigener Artikel gewidmet, der (u. a.) Folgendes festlegte:

> *All grants of land made by the Mexican Government or by the competent authorities, in territories previously appertaining to Mexico, and remaining for the future within the limits of the United States, shall be respected as valid, to the same extent that the same grants would be valid, if the said territories had remained within the limits of Mexico. (Art. X; Griswold del Castillo 1990: 180)*

Doch in der Vertragsfassung, die der US-amerikanische Kongress ratifizierte, wurde der Artikel ohne vorherige Konsultation der mexikanischen Regierung gestrichen und durch eine gänzlich unspezifische Formulierung ersetzt, die den neuen *citizens* „the free enjoyment of their liberty and property" garantierte (Art. IX; Griswold del Castillo 1990: 190).[21] Welche Konsequenzen sich hieraus sowohl für Kleinbauern als auch für Großgrundbesitzer ergeben mochten, sollte deutlich werden, als 1851 der *California Land Act* verabschiedet wurde. In ihm war festgelegt, dass sämtliche Besitztitel, die auf mexikanische oder kolonialspanische Landzuteilungen zurückgingen, innerhalb einer Frist von zwei Jahren vorzulegen und so lange als inexistent anzusehen waren, bis sie auf ihre Rechtsgültigkeit hin überprüft waren.

Für die vielen *rancheros*, die über nur kleine Parzellen verfügten und die, mit bürokratischen Vorgängen wenig vertraut, keine oder nur unvollständige Dokumente besaßen, war es zumeist unmöglich, ihre Eigentumsrechte geltend zu machen, was dazu führte, dass sie ihr Land verloren. Die in administrativen Dingen versierteren Großgrundbesitzer mochten über die geforderten Dokumente verfügen, was ihnen aber wenig half, da sie zwar Land, aber kaum Kapital besaßen, um die sich ergebenden Rechtsstreitigkeiten durchzustehen. Diese konnten über Jahre oder sogar Jahrzehnte andauern und bis zum Obersten Bundesgericht führen, woraus sich exorbitante Anwaltskosten und Gerichtsgebühren ergaben, für die wiederum zu horrenden Zinsen Hypotheken aufgenommen werden mussten. Die meisten vor einem Gericht verhandelten Rechts-

[21] Die mexikanische Regierung sah sich zwar gezwungen, den Änderungen zuzustimmen, bestand aber auf der Abfassung eines „Protokolls", in dem die Eigentumsrechte im Sinne des gestrichenen Artikels X definiert wurden: ein Zusatz, der dem Vertrag rechtsverbindlich beigefügt werden sollte, was die US-amerikanische Regierung aber schlicht unterließ („Protokoll von Querétaro"; Griswold del Castillo 1990: 181–182).

titel wurden letztlich zwar anerkannt, doch war zum Zeitpunkt des Urteils der Besitz zumeist so weit verpfändet, dass er nicht mehr zu halten war.[22]

Mariano Guadalupe Vallejo, der sich mit der Annexion Kaliforniens durch die USA für die *californios* Wohlstand und Fortschritt versprochen hatte und der am Ende seines Lebens nahezu ruiniert war, musste sich eingestehen,

> *que en despecho del tratado Guadalupe Hidalgo, los norte americanos trataron a los californios como pueblo conquistado y no como ciudadanos que emigraron voluntariamente a formar parte de la gran familia [...] en la gran federación de los hijos de la libertad.*[23]

Mit dieser dann doch wieder versöhnlichen Note enden die nahezu 1.000 Seiten umfassenden, auf Veranlassung von Hubert H. Bancroft verfassten Erinnerungen Vallejos. Andere von Bancrofts Agenten befragte Zeitzeugen sind in ihren die eigene Biographie häufig mit dem Schicksal der *comunidad* verknüpfenden *testimonios* weniger konziliant. Aus vielen spricht Ernüchterung und Frustration, gelegentlich auch Trauer und Resignation angesichts des als Trauma erlebten Niedergangs und Verlusts; andere wiederum zeugen von Zorn und verbitterter Feindschaft – wie das Zeugnis der Schwester Vallejos, die in Erinnerung an einen (während der *Bear Flag Revolt*) durch Angloamerikaner erlittenen Affront bekundete:

> *Those hated men inspired me with such a large dose of hate against their race, that though twenty eight years have elapsed since that time, I have not yet forgotten the insults they heaped upon me, and not being desirous of coming in contact with them I have abstained from learning their language. (zit. in Padilla 1993: 148–149)*

Trotz der hier zum Ausdruck gebrachten tiefen Abneigung gegenüber denen, die sie als „Fremde" betrachtete, heiratete Rosalía Vallejo einen Mann aus Ohio: einen Mann eher obskurer Herkunft, der wie nicht wenige angloamerikanische Zuwanderer von der Einheirat in eine Familie der *ricos*, wie es die Vallejos waren, in seinen geschäftlichen Unternehmungen profitierte. Derartige Mischehen waren keinesfalls selten: Zum einen galten die relativ hellhäutigen *californitas* als attraktiv und zudem „entgegenkommend"; zum andern herrschte ein erheblicher Mangel an angloamerikanischen Frauen, so dass – wie Rodolfo Acuña böse vermerkt – „the old game of supply and demand operated

[22] Unter zusätzlichen Druck gerieten die *hacendados* durch den 1862 verabschiedeten *Homestead Act*, der es jedem erwachsenen Bürger gestattete, sich gegen Entrichtung einer bestimmten Summe auf unbesiedeltem, als Staatseigentum betrachteten Grund und Boden niederzulassen. Als solcher galten die einem Rechtsstreit unterworfenen Ländereien, solange dieser nicht entschieden war, wobei der *hacendado* für die sein Land besetzt haltenden *squatters* häufig sogar die anfallenden Steuern zu entrichten hatte.

[23] *Recuerdos históricos y personales tocante a la Alta California* (1875); auszugsweise in Sánchez/Pita/Reyes 1994, hier S. 143.

with the conquerors monopolizing the available supply of women, who were reduced to the level of a commodity" (1988: 117). Doch nicht nur Männer nutzten die Mischehe für den sozialen Aufstieg; auch Frauen mochten sie als Chance begreifen: Frauen wie die aus Baja California stammende María Amparo Ruiz de Burton, die – hochintelligent, ambitioniert und überaus umtriebig – mit den Invasoren paktierte und über die Verbindung mit einem angloamerikanischen Offizier nach Alta California ins „Exil" ging, um dort in das aristokratische Milieu der *californios* aufzusteigen und schließlich auf dem Umweg über Neu-England nach Mexiko zurückzufinden.

María Amparo Ruiz de Burton hinterließ eine umfangreiche Korrespondenz: Zeugnis ihrer wachen Intelligenz, mit der sie die Zeitläufte kritisch kommentierte, Zeugnis auch ihrer vielfältigen unternehmerischen Aktivitäten, die nur selten erfolgreich waren und beständig Anlass zur Klage gaben. Und sie verfasste zwei Romane, publiziert (in der Hoffnung auf finanziellen Gewinn) in englischer Sprache, die mit ihren romantischen Liebesintrigen die (intendierte) angloamerikanische weibliche Leserschaft interessieren mochten, deren Interesse für den heutigen Leser hingegen vorrangig in ihrem Wert als *testimonio* liegt: fiktionale Zeugnisse einer konfliktiven Epoche ebenso wie der Perspektive einer Frau, der es gelang, in ihrem Identitätsmanagement *hispanidad* und *mexicanidad* interessengeleitet und der jeweiligen Situation angepasst miteinander zu versöhnen.[24]

Durch Manipulation gelingt der erste Schritt, mit dem sich María Amparo Ruiz in den Kreis der *californios* einschreibt. Sie legt den Namen des Vaters ab, der (vermutlich) ein einfacher Soldat war und den sie nie erwähnen wird, und nimmt den Namen des Großvaters mütterlicherseits an: José Manuel Ruiz, der als Gouverneur von Baja California zumindest dort über ein gewisses Prestige verfügte und der noch vom spanischen Vizekönig einen Rechtstitel auf Land in Ensenada (Baja California) erhalten hatte. Die Figur des Großvaters – „Spaniard from Castilla la Vieja", wie sie in der für Howard H. Bancroft verfassten Biographie vermerkt (Ruiz de Burton 2001: 25) – wird für sie zum

[24] Zur Biographie von María Amparo Ruiz de Burton vgl. die Ausführungen der Herausgeberinnen ihrer Korrespondenz (Ruiz de Burton 2001); zu den Romanen, die nach ihrer Wiederentdeckung und Neuauflage während der 1990er Jahre innerhalb der *Chicano Studies* große Resonanz erfuhren, sei hier nur auf die interessantesten, im Rahmen des Projekts "Recovering the U.S. Hispanic Literary Heritage" erschienenen Arbeiten verwiesen: die Artikel von John M. González sowie Manuel M. Martín Rodríguez in Band II (Hgg. Erlinda Gonzales-Berry/Chuck Tatum, 1996); Amelia M. de la Luz Montes sowie José F. Aranda, Jr. in Band III (Hgg. María Herrera-Sobek/Virginia Sánchez Korrol, 2000), Vincent Pérez in Band IV (Hgg. José F. Aranda, Jr./Silvio Torres-Saillant, 2002) und Alberto Varon in Band VII (Hgg. Gerald Poyo/Tomás Ybarra-Frausto, 2009).

Ausweis einer Genealogie, die sie sogar mit einem spanischen Vizekönig verknüpft und die nach eigenem Bekunden „casi toda la ‚gente decente' de ambas Californias" zu ihren „parientes" macht (307). Und den Rechtstitel auf das Land in Ensenada wird sie zeit ihres Lebens gegen die (berechtigten) Ansprüche anderer verteidigen, wobei die Größe gemäß ihren Angaben beständig steigt und sie auch vor Betrug nicht zurückschreckt, um die Mutter und weitere Anspruchsberechtigte vom Erbe auszuschließen.[25]

Die Aufnahme in die aristokratische Gesellschaft der *californios* gelingt; dies belegen die vielen Briefe an Mariano Guadalupe Vallejo, um dessen Freundschaft sie wirbt und dem sie sich ebenbürtig fühlt in dem Bewusstsein „que nacimos para otra cosa más, que el resto de nuestros pobres paisanos" (75). Als ihr Mann im Jahr 1859 an die Ostküste versetzt wird, findet Ruiz de Burton auch hier – dank dessen Position als hochrangiger Offizier und Absolvent von West Point – Zugang zu den gesellschaftlich angesehenen Kreisen. Gleichzeitig sucht sie den Kontakt zur mexikanischen Legation in Washington und zeigt zum ersten Mal Interesse an größeren politischen Zusammenhängen, denn Mexiko ist ihr in Neu-England näher als in der kalifornischen Provinz. Aus der Kritik an den in jener Zeit (kurz vor und während des Sezessionskrieges) überaus turbulenten innenpolitischen Verhältnissen – „qué gran humbug es esta Yankee nation" (244) – erwächst ihr Bekenntnis zu Mexiko und ihrer *mexicanidad*, „mi raza, mi México" (271), verbunden mit einer radikalen Ablehnung dessen, was sie als „Manifest Yankee trick" apostrophiert:

> *[Siento] un verdadero odio y desprecio (como buena mexicana) por el tal 'Manifest Destiny'... De todas las malvenidas frases inventadas para hacer robos, no hay una más odiosa para mí que ésa, la más ofensiva, la más insultante; se me sube la sangre a la mollera cuando la oigo, y veo como en fotografía en un instante, todo lo que los Yankies nos han hecho sufrir a los mexicanos – el robo de Tejas, la guerra; el robo de California [...] Si yo pudiera creer en el „Manifest Destiny" dejaría de creer en la justicia o la sabiduría divina. (280–281)*

Parallel zu den während der Jahre in Neu-England von Ruiz de Burton verschickten Briefen mag man ihren Roman *Who Would Have Thought It?* lesen, den sie in dieser Zeit verfasste, aber erst 1872 (anonym) veröffentlichte: eine bitterböse, satirisch überzeichnete Kritik an der als selbstgerecht, heuchlerisch und bigott dargestellten puritanischen Gesellschaft von Neu-England und einer politischen Klasse, die vorgibt, „the

[25] So die Anschuldigung der Mutter in einer kurz vor ihrem Tod beim Superior Court in San Diego eingereichten Klageschrift; Monate zuvor hatte sie die Tochter in einem amtlich beglaubigten Testament enterbt (Ruiz de Burton 2001: 32 ff., 137 ff. und 621 ff.).

best government on earth, the last hope of mankind" (1995: 164) zu sein, und die sich doch nur als korrupt und intrigant erweist.[26]

Als Ruiz de Burton nach dem Tod ihres Mannes 1870 nach Kalifornien zurückkehrt, schwindet ihr Interesse an der großen Politik; und „Mexiko" reduziert sich für sie wieder auf Baja California, wo sie sich (ohne großen Erfolg) als Unternehmerin im Bergbau zu betätigen sucht.[27] Gleichzeitig schwindet das Bekenntnis zur *mexicanidad*, kehrt sie zurück in den Schoß der *californios*, „*nuestra raza*, nuestra vilipendiada nacionalidad" (2001: 430; Hervorhebung im Original). Denn im Zusammenhang mit einem in den 1850er Jahren in San Diego erworbenen *rancho*, dessen ursprünglicher Rechtstitel vor Gericht angefochten und der während des über Jahrzehnte dauernden Rechtsstreits von *squatters* besetzt wurde, wird auch sie Opfer des *California Land Act*, worüber sie in ihren Briefen unablässig Klage führt.

In San Diego verfasst Ruiz de Burton ihren zweiten, 1885 publizierten Roman, der, wie bereits der Titel signalisiert, diesen Konflikt zum Thema hat: *The Squatter and the Don*. Hier wird wiederum eine romantische Liebesgeschichte mit zeitgeschichtlicher Kritik verknüpft, wobei aus der Sicht der *californios* die bekannten Topoi geradezu obsessiv zur Geltung gebracht werden. Kollektiver Protagonist sind die „natives": „the Spanish people" oder „Spano-Americans, who were to enjoy equal rights [...] according to the treaty of peace" (1997: 65), im Stich gelassen von Mexiko, „the mother country", das sich als „cruel stepmother" erwies (84). Der *Don* steht für die alte Ordnung, „those days of a patriarchal sort of life" (163), „all victims of a defective legislation and subverted moral principles" (74).

---

[26] Die Handlung des Romans spielt vorwiegend in Neu-England, wechselt aber in dem Moment nach Mexiko, als die Herkunft der jungen mexikanischen Heldin – sie ist (selbstverständlich) "[of] pure Spanish blood" (1995: 28) – geklärt wird und sich ihre Familie als hochgeachtetes Mitglied einer kolonialspanisch geprägten aristokratischen Elite enthüllt. In dem Zusammenhang (wie auch in einigen ihrer Briefe) erweist sich Ruiz de Burton als Monarchistin und Anhängerin des Mexiko 1864 von den Franzosen aufgezwungenen Kaisers Maximilian, der im Roman kurz vor seiner Inthronisierung steht. Vertreten wird diese Position vom Großvater der Heldin, der hier als Sprachrohr der Autorin agiert, mit der Begründung „that a republican form of government is not suited to Mexico", und vor allem, dass Maximilian als Europäer und Habsburger – Nachfahr der spanischen Könige, die Mexiko einst eroberten – jemand ist, „who, after all, has some sort of claim to this land, and who will cut us loose from the leading strings of the United States" (198).

[27] Das Scheitern ihrer diesbezüglichen Ambitionen führt sie auf das mangelnde Interesse US-amerikanischer Investoren zurück, bedingt durch das in Baja California herrschende politische Chaos und die unzureichende Besiedlung, wofür sie nun eine Lösung sieht, die mit voraufgegangenen Positionen kaum zu vereinbaren ist: „Nothing less than the purchase of the peninsula by the United States would restore to that unhappy country some of its lost credit" (2001: 432).

Der Roman ist ein nostalgisch verklärender Abgesang auf die ländliche (vorkapitalistische) Produktions- und Lebensweise der *hacendados*. Gleichzeitig liefert er ein zukunftsorientiertes Ende, indem er (auf ökonomischer Ebene) die *hacienda* in den kapitalistischen Modernisierungsprozess integriert und (auf sentimentaler Ebene) die Liebe zwischen der Tochter des *hacendado* und dem Sohn des *squatter* in die Ehe münden lässt: ein versöhnliches Ende, das den Anstrengungen der Autorin um *ihre* Integration in das kalifornische Modernisierungsprojekt nicht beschieden war. Ihre unermüdlichen Ansätze, die sie in diese Richtung unternahm, sowie die damit verknüpften, in ihren Briefen besonders an Vallejo zum Ausdruck kommenden Ängste und Frustrationen mögen diesen dazu bewogen haben, ihr eine „alma atravesada" zu bescheinigen (2001: 242). Rosaura Sánchez und Beatrice Pita, die für die exzellente Edition der Briefe verantwortlich zeichnen, irren aber, wenn sie hierin den Verweis auf „a split and fissured sense of self and place" (74) erkennen möchten. María Amparo Ruiz de Burton war in ihren Aussagen oft widersprüchlich oder ambivalent und in ihrem Verhalten anpassungsfähig und anpassungswillig, nicht selten opportunistisch und manipulativ; doch zu keinem Zeitpunkt erscheint sie als eine Frau, die hinsichtlich ihrer – der jeweiligen Situation und Interessenlage angepassten – Positionierung Zweifel hegt. Und sicher hätte ihr der Nachruf gefallen, der anlässlich ihres Todes am 14. August 1895 in der *New York Times* erschien:

> *Señora María de Burton, claimant to an immense estate in Mexico, which had been granted to her grandfather by the King of Spain for valiant services, died yesterday. For nearly a year she had lived in Chicago, carrying on negotiations for the sale of her heritage, which she valued at $ 5,000,000. The property in question, called the „Ensenada Grant," comprises nearly 500,000 acres.*
>
> *General Henry S. Burton, during the Mexican war in Lower California [...] fell in love with the heiress, and carried her away with the regiment. Six months later they were married. She was a beautiful Spanish girl [...]. (Ruiz de Burton 2001: 604–605)*

Mexicans/Mexican Americans und mexicanos: encuentros und desencuentros

Als Frederick Jackson Turner 1893 in seinem berühmten, anlässlich der *World's Columbian Exposition* in Chicago gehaltenen Vortrag „The Significance of the Frontier in American History" sein Konzept der *frontier* – „the line of most rapid and effective Americanization" (1958: 3–4) – vorstellte und gleichzeitig für den *Far West* ihr Verschwinden dekretierte, war auf die erste Generation von *californios* oder *Spanish*

Americans bereits eine zweite Generation gefolgt, von der gewiss manche sich zu assimilieren suchten. Andere hingegen waren bemüht, sich in dem von Turner beschworenen „crucible of the frontier“ die distinktive Note ihrer *spanishness* zu bewahren, blieb es ihnen doch auf diese Weise erspart, sich mit der von den angloamerikanischen Zeitgenossen deklassierten „Rasse“ der *Mexicans* gemein zu machen. Zu den politischen und ökonomischen Eliten zählte diese Generation nicht mehr; sie verfügte aber über ein gewisses gesellschaftliches Prestige, das sie ab den 1880er Jahren – nun allerdings nicht mehr als Protagonisten, sondern als Statisten – in einem Spektakel entfalten konnte, das nicht mehr sie selbst, sondern Angloamerika in Szene setzte: das Revival von „Old Spain in New America“ oder in der von Carey McWilliams (1990) vertretenen Perspektive „The Spanish Fantasy Heritage“.

Dieses bemerkenswerte Phänomen einer „erfundenen Tradition“ geht im Wesentlichen auf zwei Autoren zurück: Charles Fletcher Lummis, ein unermüdlicher Reisender, Journalist, Buchautor und Aktivist, der speziell in New Mexico ein Paradies zu entdecken glaubte, „Our Wonderland of the Southwest, Its Marvels of Nature, Its Pageant of the Earth Building, Its Strange Peoples, Its Centuried Romance“[28]; und Helen Hunt Jackson, die mit den *californios* intensive Kontakte pflegte und mit ihrem Erfolgsroman *Ramona* (1884) dem *Spanish Revival* Themen und Topoi lieferte. Diese orientierten sich an drei „Erinnerungsorten“, die, symbolisch aufgeladen, die zivilisatorische Leistung Kolonialspaniens beglaubigen sollten: das *presidio* als Aktionszentrum unerschrockener und aufrechter Konquistadoren, die Mission als Gemeinschaft frommer *padres* und ihrer ebenso gelehrigen wie gefügigen indianischen Schutzbefohlenen, schließlich die *hacienda* als patriarchalische ländliche Idylle und (nach Helen Hunt Jackson) Szenarium „[of] a picturesque life, with more of sentiment and gayety in it, more also that was truly dramatic, more romance, than will ever be seen again on those sunny shores“ (1993: 16).[29]

[28] So der Untertitel seines 1925 publizierten Bandes *Mesa, Cañon and Pueblo*.

[29] Auf der Ebene der Romanhandlung, angesiedelt im San Diego County nach der Annexion von Alta California durch die USA, liegt die Blütezeit der *hacienda* wie der Missionen bereits weit zurück; und im Zusammenhang mit dem sukzessiven Verlust an Land, den die *hacendados* infolge des *California Land Act* hinnehmen müssen, sowie der Vertreibung der Indianer von ihrem angestammten Gemeindeland macht sich die Autorin zum Sprachrohr der *californios* ebenso wie der Indianer, wenn die *Americans* durchweg als Eindringlinge und Diebe apostrophiert werden, "running up and down everywhere seeking money, like dogs with their noses to the ground“ (Jackson 1993: 15). Die spanische Herkunft der *hacendados* wird betont, doch werden sie durchweg als "Mexikaner“ bezeichnet, was zwingend ist, da die Protagonisten am Ende des Romans den (verhassten) Vereinigten Staaten den Rücken kehren, um in Mexiko einen Neuanfang zu suchen: "a new world, a new life“ (394, 397).

Die Popularisierung – und Kommerzialisierung – der „Old Spanish Days" geschah vor allem in Südkalifornien und New Mexico über die Institution der *Spanish Fiesta*: ein zwecks Förderung des Tourismus und Vermarktung einheimischer Produkte (in Los Angeles bezeichnenderweise von der ortsansässigen Handelskammer) initiiertes und alljährlich mit großem Aufwand inszeniertes, über mehrere Tage andauerndes Spektakel, das sich bis heute großer Popularität erfreut. Hier wurde (und wird) über Umzüge, Paraden und sonstige Aktivitäten dem kollektiven Gedächtnis eine „brauchbare" Vergangenheit eingeschrieben: „an unpleasant past now satinized and whitewashed, as a cultural tool, an advertising gimmick, and a history lesson all rolled into one" (Deverell 2005: 52).

Als „Aufhänger" für eine den Tourismus fördernde Werbekampagne war und ist die *Spanish Fiesta* erfolgreich. Ihren Nutzen als „Geschichtsstunde" muss man aber dezidiert in Zweifel ziehen, etwa wenn die von Angloamerikanern ins Leben gerufene, dann von den *nuevomexicanos* in Eigenregie fortgeführte *Fiesta* von Santa Fe unter Beteiligung einer Vielzahl als *conquistadores* und *indios* verkleideter Statisten in ihrem zentralen, inszenierten Teil mit dem Ruf „Viva nuestro Señor, su Majestad Católica el Rey Carlos II" die 1692 durch Diego de Vargas vollzogene unblutige Eroberung von Santa Fe „reaktualisiert". Das elaborierte Drama unterschlägt hierbei die ein Jahr später von demselben *Caballero Vargas* angeführten blutigen Kämpfe gegen dieselben *indios*, die zuvor noch angeblich dem König zugejubelt hatten.[30]

[30] Für eine überaus anschauliche Beschreibung und kritische Würdigung der politisch-gesellschaftlichen Implikationen der *Fiesta* von Santa Fe vgl. Grimes 1992. Den *californios* vergleichbar waren auch die alteingesessenen *nuevomexicanos* darauf bedacht, sich als direkte Nachfahren spanischer Konquistadoren und Kolonisten zu präsentieren, wie der selber aus New Mexico stammende Dichter und Historiker Fray Angélico Chávez ironisch vermerkt, „proudly (if rather pathetically) ‚Spanish' in [their] self-identification" (zit. in Lomelí 1993: 223). Doch gerieten sie in zweifacher Hinsicht in Konflikt mit den *americanos*. Zum einen mochte diese die Behauptung der *spanishness* nur bei einigen (reichen) *nuevomexicanos* überzeugen, denn um 1846 lebten in Nuevo México gerade einmal ca. 1.000 „Spanier" oder Kreolen gegenüber ca. 60.000 Mestizen (McWilliams 1990: 71): ein Umstand, den im US-amerikanischen Kongress die Gegner der von den angloamerikanischen *New Mexicans* (ebenso wie von der Elite der *nuevomexicanos*) angestrebten, aber bis 1912 verweigerten Aufnahme des Territoriums in die Union ins Feld führten. So schrieb ein besorgter Bürger in der *New York Times* (2.2.1882): "[About] two-thirds of the population of the Territory is of the mongrel breed known as Mexicans – a mixture of the Apache, negro, Navajo, white horsethief, Pueblo Indian, and old-time frontiersman with the origial Mexican stock" (zit. in Gonzales-Berry 2006: 68). Zum anderen zweifelte man insbesondere aufgrund der Hartnäckigkeit, mit der die *nuevomexicanos* an der spanischen Sprache festhielten, erheblich an ihrer Loyalität als *Americans*. Diesen Verdacht suchten sie bei Ausbruch des Spanisch-Amerikanischen Krieges im April 1898 dadurch auszuräumen, dass sie sich als „buenos patriotas y fieles americanos" in Scharen freiwillig Teddy Roosevelts berühmten "Rough Riders" anschlossen (vgl. hierzu ausführlicher Meyer 1996, Kap. 5). Dass die Kriegsteilnahme auf US-ameri-

Worin die besondere Attraktivität dieses *Spanish Revival* auch für diejenigen unter den Angloamerikanern bestehen mochte, von denen man annehmen konnte, dass sie mit der historischen Wahrheit vertraut waren, beschrieb Walt Whitman 1883 in einem Brief an die Organisatoren der *Fiesta* in Santa Fe so:

> *The seething materialistic and business vortices of the United States, in their present devouring relations, controlling and belittling everything else, are, in my opinion, but a vast and indispensable stage in the new world's development, and are certainly to be follow'd by something entirely different – at least by immense modifications. Character, literature, a society worthy the name, are yet to be establish'd, through a nationality of noblest spiritual, heroic and democratic attributes [...].*
> *To that composite American identity of the future, Spanish character will supply some of the most needed parts. No stock shows a grander historic retrospect – grander in religiousness and loyalty, or for patriotism, courage, decorum, gravity and honor. ([...] It is time to realize – for it is certainly true – that there will not be found any more cruelty, tyranny, superstition, &c., in the résumé of past Spanish history than in the corresponding résumé of Anglo-Norman history. Nay, I think there will not be found so much.).*[31]

Als Gegenentwurf zu einer Entfremdung und Sinnverlust bewirkenden materialistisch-kapitalistischen Gesellschaft faszinierte die Idee eines von den Auswüchsen der Moderne noch nicht kontaminierten, heroischen spanischen „Goldenen Zeitalters".[32] Dementsprechend zogen angloamerikanische Schriftsteller und Künstler in Scharen gen Westen: nach Kalifornien und (vorzugsweise) New Mexico, „The Land of Enchantment". Doch weder für die Indianer auf den Missionsstationen noch für die *peones* auf den *haciendas* waren die „Old Spanish Days" jenes „Goldene Zeitalter" gewesen, das Hubert H. Bancroft in seiner Geschichte Kaliforniens mit dem sprechenden Titel *California*

kanischer Seite unter den sich als *Spanish* oder *Spanish Americans* verstehenden *nuevomexicanos* ebenso wie unter den neu zugewanderten *mexicanos* manche in einen Konflikt stürzte – schließlich war für die einen wie für die anderen Spanien die (ehemalige) *Madre Patria* –, bezeugen zahlreiche zeitgenössische Zeugnisse vor allem der oralen Liedtradition (vgl. Lamadrid 2002).

31 „The Spanish Element in Our Nationality" (Whitman 1954: II, 402 f.).

32 Die Begeisterung des vorwiegend protestantischen Angloamerika für die „Old Spanish Days" hatte auch einen eminent religiösen Hintergrund, wobei es niemanden störte, dass dieser Hintergrund dem ansonsten als papistischer Götzendienst verteufelten Katholizismus geschuldet war. Dies beweist der immense Erfolg des über Jahre in den gesamten USA aufgeführten und nachgerade einem *blockbuster* gleich kommenden Dramas *The Mission Play* von John Stephen McGroarty, das zum ersten Mal 1912 in der Mission San Gabriel nahe Los Angeles zur Aufführung gelangte. In ihm wird die Geschichte der kalifornischen Missionen von ihrer Gründung im 18. Jahrhundert über ihre Säkularisierung bis zu ihrem endgültigen Niedergang als anrührendes Spektakel in Szene gesetzt. Für eine ausführliche Schilderung besonders der überaus interessanten Entstehungsgeschichte und der nicht weniger interessanten Zuschauerreaktionen sei auf die bereits erwähnte ausgezeichnete Arbeit von Deverell (2005, Kap. 6) verwiesen.

Pastoral (1888) beschwor: „Never before or since was there a spot in America where life was a long happy holiday, where there was less labor, less care or trouble, such as the old-time golden age under Cronos or Saturn [...]" (1888: 179). Und indem man das (fiktive) *spanische* Erbe wie in einer Zeitkapsel zu konservieren suchte, wurden die Gegenwart und jüngere Vergangenheit *Mexikos* ebenso wie der in den USA lebenden *Mexicans* ausgeblendet.

Die Realität der nicht zur Kaste oder Klasse der *californios* oder *ricos* gehörenden Menschen mexikanischer Herkunft in Kalifornien war die eines „unending Mexican war" (Deverell 2005: 11 ff.). Turners „new democracy of the West"[33] erwies sich für die *Mexicans* oder *greasers* als „linchocracia" (Acuña 1988: 119), ganz in Einklang mit dem Ratschlag eines angloamerikanischen Zeitgenossen unmittelbar nach dem Friedensschluss von Guadalupe Hidalgo: „To shoot these Greasers ain't the best way [...] Give 'em a fair trial, and rope 'em up with all the majesty of the law. That 's the cure" (zit. in Deverell 2005: 13).

Ein Zugang zur Schriftkultur war den Opfern dieser gleichsam institutionalisierten Gewalt im Gegensatz zu den *californios* nicht gewährt. Das ihnen widerfahrene Unrecht ebenso wie möglicher Widerstand bezeugen dagegen die unzähligen, größtenteils während der zweiten Hälfte des 19. Jahrhunderts verfassten *corridos*, die als Mittel der mündlichen Kommunikation und Chronik zumeist authentischer Ereignisse im gesamten Südwesten zirkulierten. Sie erzählen von Banditen und *outlaws*, die – wie Joaquín Murrieta[34] in Kalifornien – nicht selten zu Sozialrebellen stilisiert wurden, oder von Menschen, die sich als Opfer staatlicher Willkür – wie Gregorio Cortez „con su pistola en la mano" – zur Wehr setzten. Insbesondere der von Américo Paredes, dem besten Kenner der Materie, untersuchte *border corrido* von Süd-Texas präsentiert dem in der Regel marginalisierten und diskriminierten Publikum Helden wie Gregorio Cortez als Identifikationsfigur, „when he risks life, liberty, and material goods *defendiendo su derecho*" (Paredes 1976: xviii).

[33] Vgl. das höchst interessante Kapitel „Contributions of the West to American Democracy" in Turner 1958: 243–268.

[34] Joaquín Murrieta (oder Murieta), über dessen Leben nur wenig bekannt ist und dessen Historizität lange umstritten war, wurde auch zu einem überaus populären Romanhelden. Luis Leal (2000) identifizierte mehr als ein Dutzend fiktionaler Texte, von denen einige während der zweiten Hälfte des 19. Jahrhunderts in Fortsetzungen in Zeitungen erschienen. Sie gehen zum Teil auf den ersten, bereits 1854, ein Jahr nach Murrietas (angenommenem) Tod publizierten und noch während des 20. Jahrhunderts vielfach aufgelegten Text zurück: die fiktionalisierte Biographie *The Life and Adventures of Joaquin Murieta, the Celebrated California Bandit*, verfasst von John Rollin Ridge oder "Yellow Bird", der als erster Romancier der *Native Americans* gilt.

Im *corrido* – speziell dem der Grenzregion – begegnet uns nun zum ersten Mal auch ein überzeugendes Bekenntnis in den USA lebender Menschen mexikanischer Herkunft zu Mexiko: „mi país", „mi patria adorada" etwa im *corrido* von „Rito García" (Paredes 1976: 58) oder „la madre patria" für Gregorio Cortez, der als „íntegro mexicano" die *americanos* das Fürchten lehrt (Paredes 2008: 151 ff.). Andere *corridos* zeugen von der Anteilnahme an und der Sorge um die Irrungen und Wirrungen mexikanischer Politik, wobei im Gegensatz zu María Amparo Ruiz de Burton für Benito Juárez und gegen Kaiser Maximilian Partei ergriffen wird. In diesem Zusammenhang finden auch identitätsstiftende Daten der mexikanischen Geschichte, etwa der *16 de Septiembre* für den Beginn der Unabhängigkeitskämpfe 1810 oder der *Cinco de Mayo*, der den mexikanischen Sieg über ein französisches Expeditionskorps 1862 in Puebla markiert, eine angemessene, und das heißt: patriotische Würdigung.

Mit den Anfang des 20. Jahrhunderts einsetzenden und infolge der Revolutionswirren massiv ansteigenden Migrationsströmen[35] sollte sich das Bekenntnis zur *mexicanidad* und der Rückbezug auf die Geschichte Mexikos zumindest unter einem Teil der in den USA bereits seit langem etablierten Menschen mexikanischer Herkunft verstärken. Verantwortlich hierfür waren zunächst die als politische Flüchtlinge in die USA emigrierten Intellektuellen, die über eine intensive journalistische Tätigkeit in Analogie zum Konzept des „México de adentro" die Idee vom „México de afuera" propagierten, mit der man neben den nur vorübergehend als Wanderarbeiter emigrierten *mexicanos* die in den USA lebenden *Mexicans* bzw. *Mexican Americans* der zweiten und dritten Generation gleichsam als *mexicanos* zurückgewinnen wollte. Patriotische Impulse mochten auch die ersten Migrationsromane verleihen, die ab den 1920er Jahren für das spanischsprachige Publikum in den USA verfasst wurden, wie der berühmteste unter ihnen, *Las aventuras de Don Chipote o Cuando los pericos mamen* (1928) von dem in Los Angeles lebenden Journalisten und Verleger Daniel Venegas. Als (illegaler) Einwanderer in den USA erlebt Don Chipote die übliche diskriminierende Behandlung als *Mexican*, und

[35] Bis zur Einrichtung des *Immigration and Naturalization Service* („la Migra") und der *Border Patrol* im Jahr 1924 konnte die Grenze problemlos legal in beide Richtungen überschritten werden. Von 1900 bis 1924 gelangten so ca. 890.000 Mexikaner legal in die USA, doch wird ihre Gesamtzahl aufgrund illegaler Migration weit höher liegen (Bustamante 1979: 188). 1930 führte der *U.S. Census* „Mexican" als rassische Kategorie für Personen ein, „born in Mexico or having parents born in Mexico who are not definitely white, Negro, Indian, or Japanese"; unter dieser Kategorie wurden insgesamt knapp 1.423.000 Personen gezählt. Andere Untersuchungen, die sich etwa auf das Kriterium des Spanischen als Muttersprache berufen, gelangen dagegen für 1930 auf eine Gesamtzahl in den USA lebender „Mexicans" von (mindestens) 2 Millionen (McWilliams 1990: 59–60; 152).

desillusioniert kehrt er als *mexicano* in seine Heimat zurück, denn, so der vielzitierte Schlusssatz des kurzweiligen Romans: „[...] llegó a la conclusión de que los mexicanos se harán ricos en Estados Unidos: CUANDO LOS PERICOS MAMEN".[36]

Das Zusammentreffen der *mexicanos*, die als Neuankömmlinge, mit keinen oder nur geringen englischen Sprachkenntnissen ausgestattet, von der US-amerikanischen *mainstream*-Gesellschaft isoliert blieben, mit den *Mexicans*, die als *Mexican Americans* der zweiten oder dritten Generation bereits eine weitgehend bikulturelle Erziehung genossen hatten, verlief nicht ohne Konflikte, nicht ohne dass die fundamentale Ambivalenz deutlich wurde, die mit den Begriffen als Identitätsmarker verbunden war und ist. Wie Américo Paredes (1978: 85) beobachtete, wird ein in den USA lebender *Mexican* oder *Mexican American* der zweiten und dritten Generation, von einem englischsprachigen Fremden befragt, sich nie als *Mexican*, sondern als *mexicano* bezeichnen; im Kreis der *mexicanos*, die noch in Mexiko geboren wurden und sich als Neuankömmlinge häufig nur vorübergehend zu etablieren suchen, läuft derselbe *Mexican/Mexican American* aber Gefahr, als „Abtrünniger" oder gar als „Verräter" ein *pocho* genannt zu werden.

Ein anschauliches Bild der komplexen Problematik von Selbstwahrnehmung und Fremdzuschreibung und der konfliktiven Beziehung zwischen (US-amerikanischer) Gegenwart und (mexikanischer) Vergangenheit liefert die Autobiographie *Barrio Boy* (1971) von Ernesto Galarza, der als Kind während der Revolutionswirren mit seiner Familie von einem kleinen Dorf im Bundesstaat Nayarit über Mazatlán und Nogales in die USA emigrierte, wo sich die Familie in Sacramento/Kalifornien niederließ. Der Heranwachsende, der über die Sozialisationsinstanz der Schule den Wandel vom *immigrant* zum *ethnic* vollzieht, bleibt den *chicanos*, wie die Neuankömmlinge von den „*barrio* people" genannt werden, verbunden: „the *chicanos* [who] were fond of identifying themselves by saying they had just arrived from *el macizo*, by which they meant the solid Mexican homeland, the good native earth" (2005: 200). Und für ihn wie für die anderen Bewohner des *barrio* haben die *fiestas patrias* weiterhin eine die Identität als *mexicano* stützende Funktion, „for what we were celebrating was not only the heroes of Mexico but also the feeling that we were still Mexicans ourselves" (206).

Mit dem *Chicano Movement* entstand Mitte der 60er Jahre in Kalifornien eine Bewegung, die militant und ikonoklastisch ethnisch-kulturellen Nationalismus mit gesellschaftspolitischem Widerstand verband. Ikonen der mexikanischen Geschichte – Miguel Hidalgo und Benito Juárez ebenso wie Pancho Villa und Emiliano Zapata – wurden

---

[36] Vgl. hierzu ausführlicher Reyna 2006.

der eigenen Geschichte gewissermaßen einverleibt; als (verlorenes) *homeland* aber galt nicht Mexiko, sondern Aztlán, die (im *Southwest* angesiedelte) mythische Heimat der Azteken oder Mexica. Heute ist Aztlán weitgehend aus dem Repertoire identitätsstiftender *images* verschwunden, werden – im Zeitalter von Globalisierung und vorgeblich transnationaler *commuter nations* – andere Konzepte favorisiert: etwa das von Héctor Calderón propagierte, auf Américo Paredes zurückgehende Konzept des *Greater Mexico*, „la Nueva México, el México diverso as well as profundo, that is emerging on both sides of the border" (2004: XIX), das die *Mexican Americans* zu *American Mexicans* mutieren lässt.

In den USA ist die seit den 90er Jahren organisierte *Mexican Day Parade*, wie zuletzt im Jahr 2010 anlässlich des *Bicentenario* der mexikanischen Unabhängigkeit deutlich wurde, Anlass für die Zelebrierung eines mexikanischen Patriotismus, der sich im Wesentlichen in der karnevalesken Inszenierung folkloristischer Stereotype erschöpft. In Mexiko selbst sind es die Feiern zu Ehren des Ortsheiligen, die viele in den USA lebende Menschen mexikanischer Herkunft alljährlich in die Heimat zurückbringen. Wie sich ein solcher Ausflug in die erinnerte Vergangenheit darstellen und auswirken mag, schildert Richard Rodriguez aus der Perspektive des sich nicht als *Mexican American*, sondern als „American man. Assimilated"[37] begreifenden Kritikers in seinem Band *Days of Obligation. An Argument with My Mexican Father* (1992):

> *[...] most of the year the village is empty – nearly. There are a few old people, quite a few hungry dogs. The sun comes up; the sun goes down. Most of the villagers have left Mexico for the United States. [...] For a week every year, the village comes alive, a Mexican Brigadoon. Doors are unlocked. Shutters are opened. Floors are swept. Music is played. Beer is drunk. Expressed fragments of memory flow outward like cigarette smoke to tumble the dust of the dead.*
> *Every night is carnival. Men who work at canneries or factories in California parade down the village street in black suits. Women who are waitresses in California put on high heels and evening gowns. The promenade under the Mexican stars becomes a celebration of American desire.*
> *At the end of the week, the tabernacle of memory is dismantled, distributed among the villagers in their vans, and carried out of Mexico. (1993: 78–79)*

[37] So der Autor im Prolog seiner 1982 publizierten Autobiographie *Hunger of Memory. The Education of Richard Rodriguez* (2004: 1).

Bibliographie

ACUÑA, Rodolfo ([3]1988) [1972]: *Occupied America. A History of Chicanos.* New York, etc.: HarperCollins.

ADAMS, Jerome R. (2006): *Greasers and Gringos. The Historical Roots of Anglo-Hispanic Prejudice.* Jefferson, NC: McFarland.

BANCROFT, Hubert Howe (1888): *California Pastoral. 1769–1848.* In: *The Works of Hubert H. Bancroft.* Vol. XXXIV. San Francisco: The History Company.

BUSTAMANTE, Jorge A. ([2]1979) [1978]: „Commodity-Migrants: Structual Analysis of Mexican Immigration to the United States". In: Ross, Stanley R. (Hg.): *Views Across the Border. The United States and Mexico.* Albuquerque, NM: University of New Mexico Press, S. 183–203.

CALDERÓN, Héctor (2004): *Narratives of Greater Mexico. Essays on Chicano Literary History, Genre, and Borders.* Austin, TX: University of Texas Press.

CALHOUN, John C. (1848): „Conquest of America". http://teachingamericanhistory.org/library/index.asp?document=478 (15.09.2011).

DEVERELL, William (2005): *Whitewashed Adobe. The Rise of Los Angeles and the Remaking of its Mexican Past.* Berkeley, CA/Los Angeles/London: University of California Press.

GALARZA, Ernesto (2005) [1971]: *Barrio Boy.* Notre Dame, IN: University of Notre Dame.

GONZALES-BERRY, Erlinda (2006): „'La hermosa lengua de Cervantes': An Aethetic and Utilitarian Defense of Spanish in New Mexico and Is Implications for Cultural Citizenship". In: Dworkin y Méndez, Kenya/Lugo-Ortiz, Agnes (Hgg.): *Recovering the U.S. Hispanic Literary Heritage.* Bd. V. Houston, TX: Arte Público Press, S. 67–80.

GRIMES, Ronald L. ([2]1992) [1976]: *Symbol and Conquest. Public Ritual and Drama in Santa Fe.* Albuquerque, NM: University of New Mexico Press.

GRISWOLD DEL CASTILLO, Richard (1990): *The Treaty of Guadalupe Hidalgo. A Legacy of Conflict.* Norman, OK: University of Oklahoma.

HORSMAN, Reginald (1981): *Race and Manifest Destiny. The Origins of American Racial Anglo-Saxonism.* Cambridge, MA/London: Harvard University Press.

JACKSON, Helen [Hunt] (1993) [1884]: *Ramona.* Sevenoaks, Kent: Fisher Press.

LAMADRID, Enrique R. (2002): „*La indita de San Luis Gonzaga*: War with Spain, Faith, and Ethnic Relations in the Evolution of a New Mexican Religious Ballad". In: Aranda, José F. Jr./Torres-Saillant, Silvio (Hgg.): *Recovering the U.S. Hispanic Literary Heritage.* Bd. IV. Houston, TX: Arte Público Press, S. 154–171.

LAMB, Blaine P. (1971): „The Letters of Thomas Rylan Darnall". In: *The Journal of San Diego History*, 17, 1. http://www.sandiegohistory.org/journal/71winter/darnall.htm (30.01.2011).

LEAL, Luis (2000): „En torno a Joaquín Murrieta: Historia y literature". In: Herrera-Sobek, María/Sánchez Korrol, Virginia (Hgg.): *Recovering the U.S. Hispanic Literary Heritage.* Bd. III. Houston, TX: Arte Público Press, S. 440–449.

Ders. (2002): „¿Conquista o compra? Dos interpretaciones del Tratado de Guadalupe Hidalgo". In: Aranda, José F. Jr./Torres-Saillant, Silvio (Hgg.): *Recovering the U.S. Hispanic Literary Heritage.* Bd. IV. Houston, TX: Arte Público Press, S. 12–17.

LEÓN, Arnoldo de (1983): *They Called Them Greasers. Anglo Attitudes Toward Mexicans in Texas, 1821–1900.* Austin, TX: University of Texas Press.

LOMELÍ, Franciso A. (1993): „Po(l)etics of Reconstructing and/or Appropiating a Literary Past: The Regional Case Model". In: Gutiérrez, Ramón/Padilla, Genaro (Hg.): *Recovering the U.S. Hispanic Literary Heritage.* Houston, TX: Arte Público Press, S. 221–239.

MCWILLIAMS, Carey (1990) [1948]: *North from Mexico. The Spanish-Speaking People of the United States.* New York/Westport, CT/London: Greenwood Press.

MERK, Frederick (1966): *Manifest Destiny and Mission in American History. A Reinterpretation.* With the Collaboration of Lois Bannister Merk. New York: Vintage Books.

MEYER, Doris (1996): *Speaking for Themselves. Neomexicano Cultural Identity and the Spanish-Language Press, 1880–1920.* Albuquerque, NM: University of New Mexico Press.

O'SULLIVAN, John L. (1839): „The Great Nation of Futurity". In: *The United States Democratic Review* 6, 23 (November), S. 426–430.

Ders. (1845): „Annexation". In: *The United States Democratic Review* 17, 85 (Juli-August), S. 5–10.

PADILLA, Genaro M. (1993): *My History, Not Yours. The Formation of Mexican American Autobiography.* Madison, WI/London: The University of Wisconsin Press.

PAREDES, Américo (1976): *A Texas-Mexican* Cancionero. *Folksongs of the Lower Border.* Urbana, IL/Chicago/London: University of Illinois Press.

Ders. (1978): „The Problem of Identity in a Changing Culture: Popular Expressions of Culture Conflict Along the Lower Rio Grande Border". In: Ross, Stanley R. (Hg.): *Views Across the Border. The United States and Mexico.* Albuquerque, NM: University of New Mexico Press, S. 68–94.

Ders. (2008) [1958]: *„With His Pistol in His Hand". A Border Ballad and its Hero.* Austin, TX: University of Texas Press.

PAREDES, Raymund A. (1977): „The Mexican Image in American Travel Literature, 1831–1869". In: *New Mexico Historical Review* 52, 1, S. 5–29.

Ders. (1982): „The Evolution of Chicano Literature". In: Baker, Houston A. Jr. (Hg.): *Three American Literatures. Essays in Chicano, Native American, and Asian-American Literature for Teachers of American Literature.* New York: The Modern Language Association of America, S. 33–79.

REYNA, Sergio (2006): „La resistencia cultural en la novela de inmigración mexicana a los Estados Unidos". In: Castañeda, Antonia I./Meléndez, A. Gabriel (Hg.): *Recovering the U.S. Hispanic Literary Heritage.* Bd. VI. Houston, TX: Arte Público Press, S. 160-181.

RODRIGUEZ, Richard (2004) [1982]: *Hunger of Memory. The Education of Richard Rodriguez.* New York: Bantam Books.

Ders. (1993) [1992]: *Days of Obligation. An Argument with My Mexican Father.* New York etc.: Penguin Books.

RUIZ DE BURTON, María Amparo (1995): *Who Would Have Thought It?* Edited and introduced by Rosaura Sánchez and Beatrice Pita. Houston, TX: Arte Público Press.

Dies. (1997) [1992]: *The Squatter and the Don.* Edited and introduced by Rosaura Sánchez and Beatrice Pita. Houston, TX: Arte Público Press.

Dies. (2001): *Conflicts of Interest. The Letters of María Amparo Ruiz de Burton.* Edited, with a Commentary, by Rosaura Sánchez and Beatrice Pita. Houston, TX: Arte Público Press.

SÁNCHEZ, Rosaura (1995): *Telling Identities. The Californio* testimonios. Minneapolis, MN/London: University of Minnesota Press.

SÁNCHEZ, Rosaura/PITA, Beatrice/REYES, Bárbara (Hg.) (1994): *Nineteenth Century Californio Testimonials.* San Diego, CA: University of California.

SEGUÍN, Juan Nepomuceno (2002) [1858]: *A Revolution Remembered. The Memoirs and Selected Correspondence of* Juan N. Seguín. Edited by Jesús F. de la Teja. Austin, TX: Texas State Historical Association.

TURNER, Frederick Jackson (1958) [1920]: *The Frontier in American History.* New York: Holt.

VIGIL Y ALARID, Juan Bautista (1846): „Response of Vigil y Alarid to United States Occupaton". Santa Fe, NM: New Mexico Office of the State Historian. http://www.newmexicohistory.org/filedetails.php?fileID=377 (30.01.2011).

WEBER, David J. (1979): „'Scarce more than apes.' Historical Roots of Anglo-American Stereotypes of Mexicans". In: Weber, David J. (Hg.): *New Spain's Far Northern Frontier. Essays on Spain in the American West, 1540–1821.* Albuquerque, NM: University of New Mexico Press, S. 293–307.

Ders. (1982): *The Mexican Frontier, 1821–1846. The American Southwest under Mexico.* Albuquerque, NM: University of New Mexico Press.

Ders. (1992): *The Spanish Frontier in North America.* New Haven, CT/London: Yale University Press.

WHITMAN, Walt (^{2}1954): *The Complete Poetry and Prose of Walt Whitman as Prepared by Him for the Deathbed Edition. Two Volumes in One.* Garden City, NY: Garden City Books.

Möglichkeiten und Grenzen der Transkulturalität in Gregory Navas *My family*

Guido Rings
(Anglia Ruskin University Cambridge)

Vorbemerkungen

Wie neuere Studien zum europäischen Migrantenkino gezeigt haben, scheinen sich monokulturelle Denkstrukturen in der zeitgenössischen Kinolandschaft insbesondere über die Pflege eines Ghettokonzeptes fortzusetzen, das Personenkreise mit Migrationshintergrund als kleinkriminelle Gruppen zu projizieren und von der „Gastkultur" auszugrenzen tendiert (vgl. Rings 2008, Halft 2010). Darüber hinaus spiegeln sich solche Strukturen aber auch in neo-kolonialen Assimilationskonzepten, die das kulturelle Erbe der Migranten und damit deren Differenz zu Gunsten westlicher Fortschrittskonstrukte aufgeben oder marginalisieren (Rings 2011, Naiboglu 2010). In beiden Fällen scheitert die von Regisseuren und Filmkritikern beschworene Entwicklung neuer transkultureller Personen- und Gesellschaftsentwürfe ausgerechnet in einem Filmgenre, das sich dem Abbau tradierter Grenzziehungen verschrieben hat, und dies in einem von erheblicher Immigrationsskepsis geprägten politischen Kontext.[1]

Der vorliegende Beitrag überprüft die Transferierbarkeit dieser These auf den außereuropäischen Rahmen und greift dabei auf Gregory Navas *My family* als herausragendes Beispiel des Chicano-Kinos zurück, das zentrale kulturelle Konflikte mexikanischer Immigranten in den USA in vieler Hinsicht exemplarisch und zugleich generationsübergreifend aufarbeitet.

My family als Spiegel des „American Dream"

Obwohl Gregory Nava mit Werken wie *El Norte* (1983), *My family* (1995), *Selena* (1997), *American Family* (2002–2004) und *Bordertown* (2006) einer der erfolgreichs-

[1] Vgl. Cameron 2011, Merkel 2010, Sarkozy 2011 zum Scheitern des Multikulturalismus. Cameron begründet seine Position stellvertretend für Merkel und Sarkozy wie folgt: „Under the doctrine of state multiculturalism, we have encouraged different cultures to live separate lives, apart from each other and apart from the mainstream. We've failed to provide a vision of society to which they feel they want to belong. We've even tolerated these segregated communities behaving in ways that run completely counter to our values". Innerhalb der US-amerikanischen „Melting Pot" Diskussion sind ähnlich kritische Positionen zu hören.

ten Regisseure des Chicano-Kinos ist, bleibt er doch schwer zu kategorisieren. Während Berg ihn der zweiten von insgesamt drei Phasen in der Entwicklung des Chicano-Films zuordnet, konkret: der "rebellious, not separatist [...] Second Wave", die sich von der radikalen Sozialkritik der ersten Dokumentarfilmphase abgewandt hat, aber gleichzeitig zu Hollywoodkonventionen auf Distanz geht (2002: 186 f.), kann er nach Raab vollständig in die dritte Phase eingestuft werden (2009: 177). Berg skizziert die Filme dieser seit Ende der 1980er Jahre andauernden „Third Wave" als „made either within the Hollywood system or, if not, adhering closely to the Hollywood paradigm" und betont dabei: „Third Wave films do not accentuate Chicano oppression or resistance" (2002: 187). Als Pauschalkategorisierung des umfangreichen Werkes von Nava innerhalb der zeitlich weitestgehend parallel verlaufenden Phasen zwei (mit Filmen wie Youngs *Alambrista* seit 1977) oder drei (mit Werken von Jesús Salvador Treviño und Robert Rodríguez) sind freilich beide Positionen abzulehnen, denn dafür sind *El Norte*, *Selena* und die 13teilige Fernsehproduktion *American Family* einfach zu verschieden. Zu erkennen ist vielmehr eine Entwicklung Navas vom ausgeprägt sozialkritischen jungen Chicano-Regisseur zum international gefeierten Hollywoodregisseur, dessen Filme primär auf die Unterhaltung eines Massenpublikums zugeschnitten sind, und daraus folgt die Notwendigkeit einer Differenzierung des Gesamtwerkes. Sichtbar außerhalb etablierter Hollywoodkonventionen bleiben zunächst Navas erste Experimentalfilme, *The Journal of Diego Rodríguez Silva* (1972) und *The Confessions of Amans* (1976), die noch keinen Bezug zur Chicano-Thematik aufweisen. Aber auch der explizit sozialkritische *El Norte*, der gleich zu Beginn detailliert auf die unmenschliche Behandlung lateinamerikanischer Bauern eingeht und die Emigration in die USA als Rebellion gegen den umfassenden „abuso" ausführt, ist eher ein Beispiel aus der zweiten Phase. Demgegenüber deutet sich schon in *My family* eine Schwerpunktverlagerung zum unterhaltenden Familienmelodrama US-amerikanischer Prägung an, die später in *Selena* und *American Family* ausgebaut wird, und eine Zuordnung solcher Filme zur dritten Phase nahe legt.

Wie schon für *The Confessions of Amans* und *El Norte*, so schreibt Nava auch für *My family* das Skript gemeinsam mit seiner Frau Ann Thomas, aber der Durchbruch bei einem Massenpublikum und damit der lang ersehnte Kassenerfolg gelingt nicht mit dem für den Academy Award nominierten *El Norte*, sondern erst mit *My family*: Der gerade einmal mit einem Budget von rund 5,5 Millionen US Dollar ausgestattete und zunächst nur in 402 Kinos gezeigte Film spielt allein an seinem Eröffnungswochenende im Mai 1995 2,7 Millionen US Dollar ein, und kommt dann auf 11 Millionen Dollar

Kinoeinnahmen in den USA (vgl. Llano 1995: 22 und IMDB). Weiterer Gewinn ergibt sich bis heute aus dem Verkauf von Rechten für die internationale Kino- und Fernsehausstrahlung, dem Video/DVD-Verleih bzw. -Verkauf (seit 1997/2004) und dem Vertrieb der Filmmusik als CD (seit 1995). Der zunächst vier Jahre lang von den meisten Filmstudios abgelehnte, dann aber dank des persönlichen Einsatzes von Francis Ford Coppola doch noch produzierte Film knüpft damit an eine damals nur sehr kleine Gruppe von Chicano-Kassenschlagern an, zu denen neben der Ritchie Valens Biographie *La Bamba* von Luis Valdez (1987) vor allem Cheech Marins Komödie *Born in East LA* (1987) und Edward James Olmos *American Me* (1992) gehören.

Die Gründe für den Erfolg von *My family* sind auch im Nachhinein nur schwer einzuschätzen. Das teilweise sehr überzeugende Spiel der überwiegend aus Chicanos (Jimmy Smits, Jennifer López) und Mexikanern (Eduardo López Rojas) zusammengesetzten Hauptdarsteller mag hier ebenso anzuführen sein, wie die Attraktivität der schon in Marins Komödie auf ihre Publikumswirksamkeit getesteten zentralen Handlungselemente (Chicanos und „la migra" im viel diskutierten East LA, falsche Ausweisung eines US Bürgers, etc.) und Navas (auto)biographische Anleihen, die eine gewisse Identifizierung der Chicanos im Publikum mit den handelnden Personen erlauben. Der Regisseur selber betont diesen Aspekt, wenn er *My family* als „100 % real" resümiert (Cervantes 1995: 8) und auf Recherchen vor Ort verweist: „The inspiration for the film is obviously based on my family, but [...] a lot of the specifics came from other families when I was doing research for the film in East Los Angeles" (West 1995: 26). Noch ungleich wichtiger erscheint jedoch das kulturübergreifende Potential der Filmfamilie Sánchez, das sich aus der Visualisierung des „American Dream" ergibt, denn es handelt sich hier weitgehend um einen Latino-Spiegel der „great American story [...] of how our families came to this land and tried to make it better for their children".[2] Hierdurch eröffnen sich auch für den Zuschauer ohne Chicano-Erbe umfassende Identifikationsmöglichkeiten.

Vermittelt wird die drei Generationen umfassende Geschichte der Familie Sánchez in dokumentarisch-realistischer Tradition von einem Erzähler, der selbst zur Familie gehört: Paco, der älteste Sohn von José und María Sánchez, will Schriftsteller werden und hat die Geschichte seiner Familie als erstes großes Projekt entdeckt. Der Zuschauer hört zunächst nur seine Kommentare zur Odyssee seiner Eltern; gegen Mitte des Films stellt sich der junge Paco dann mit dem Kommentar „that is me in the Navy" persönlich vor, und gegen Ende sieht man ihn an seiner Schreibmaschine, auf der er im Haus

[2] Ebert 1995. Vgl. auch Menard, die den Film als „typically American" betrachtet (1995: 28).

seiner mittlerweile verstorbenen Eltern die Familiengeschichte festzuhalten versucht. Die Subjektivität der Geschichte ergibt sich aber nicht nur aus dieser Familienperspektive, sondern sie wird noch dadurch betont, dass Paco die Migrationsgeschichte seiner Eltern nur von den Erzählungen seines Vaters zu kennen scheint, der seinerseits zur Übertreibung bzw. Anreicherung wichtiger Themen mit erfundenen Anekdoten neigt.[3] All dies ermöglicht es kritischen Rezipienten, eine gewisse Distanz zum filmischen Familienporträt zu entwickeln; dominant bleibt im Folgenden aber ein dokumentarischer Stil der in chronologischer Reihenfolge präsentierten Episoden, die sich vor allem auf die Migration des Vaters (Anfang der 20er Jahre), die Deportation und Leidensgeschichte der Mutter (1933 ff.), Leben und Tod des zweitgeborenen Sohnes Chucho (Ende der 50er) und den Wandel des jüngsten Sohnes Jimmy vom Kriminellen zum verantwortlichen Vater (Ende der 70er) konzentrieren.

In der letzten Sequenz schwenkt die Kamera schließlich vom Wohn- und Arbeitszimmer zur Terrasse, auf der Paco den Blick von dem durch einfache Holzhäuser geprägten Chicano-Milieu in East LA zu dem über moderne Hochhäuser symbolisch erfassten anglo-amerikanischen Zentrum von LA genießen kann, denn mittlerweile hat die Familie Sánchez die engen Grenzen des Chicano-Ghettos überwunden. Dies gilt insbesondere für Bill alias "Memo", der nun als erfolgreicher Anwalt im Zentrum der Stadt arbeitet, aber auch für die „Toni" genannte „Antonia" und ihren anglo-amerikanischen Ehemann David sowie Jimmy und seinen Sohn Carlitos, die alle längst ausgezogen sind, um ihre individuellen Träume von einem besseren Leben zu verwirklichen. In diesem Sinne steht nicht nur Memos sozioökonomischer Aufstieg für die Umsetzung des „American Dream", sondern auch Tonis Entwicklung von der katholischen Nonne zur emanzipierten Sozialarbeiterin und Jimmys Transformation vom verbitterten Einzelgänger zum Vater. Ähnliches gilt grundsätzlich auch für Irenes frühe Entscheidung, als Hausfrau und Mutter leben zu wollen, und vor allem für die Eltern, deren Lebenswerk eben diese Familie ist, und die selber am Ende des Films zu dem Schluss kommen: „We had a good life".

Vieles deutet darauf hin, dass Nava diesen amerikanischen Traum von den scheinbar unbegrenzten Möglichkeiten eines jeden Einzelnen in den USA auf eine persönliche

[3] So stirbt in der Version des Vaters beispielsweise dessen Bruder in sehr melodramatischer Form als Folge seines Ehebruchs, d.h. der Zuschauer sieht im Film, wie er in Eifersucht von der eigenen Frau erschossen wird. Erst danach korrigiert der Erzähler diese Version mit einem Verweis darauf, dass er "wahrscheinlich" einfach Opfer eines gewöhnlichen Raubüberfalls geworden ist, aber diese Vermutung wird filmisch nicht weiter ausgeführt.

Art dauerhaft internalisiert und dabei den Hollywood-Erfolg als oberstes Ziel festgelegt hat. „Enter the mainstream", lautet die kurze aber klare Vorgabe, die er im Rahmen eines Interviews für die *Los Angeles Times* nach der Premiere von *My family* nicht nur für sich, sondern auch für alle anderen Chicano-Regisseure als verbindlich geltend machen möchte (Nava 1995: 14), und dafür ist der mitunter fast verzweifelt beschworene Kassenerfolg die „conditio sine qua non".[4] Nun verweist Berg zwar zu Recht darauf, dass die Assimilation von Hollywoodparadigmen in Filmen der dritten Phase des Chicano-Kinos nicht zwangsläufig bedeutet, „that the films are consequently nonpolitical, devoid of commentary about Otherness, or that their makers have sold out" (2002: 187). Wie in der Filmanalyse zu zeigen sein wird, bleibt es jedoch problematisch, dass Nava den neo-liberalen und sozial konservativen Rahmen des amerikanischen Traums und die möglichen Konsequenzen seiner kapitalzentrierten Ausrichtung weder in seinen Filmen noch in den Interviews diskutiert, sondern anscheinend kritiklos übernimmt.

Transkulturelle Möglichkeiten

Während Nava den „American Dream" im Interview sehr schnell universal modellhaft darstellt, betont *My family* zunächst die Notwendigkeit einer Überschreitung „falscher" Grenzen und präsentiert die Familie Sánchez als Beispiel gelebter Transkulturalität. Dies wird schon zu Beginn des Films deutlich, als José Sánchez die Grenze zwischen Mexiko und den USA überquert, weil seine Familie ihn nach den Wirren der mexikanischen Revolution und dem Tod seines Bruders nicht mehr unterstützen kann. Immer wieder wird betont, dass der Süden der USA lange Zeit ein Teil Mexikos war, und in East LA lebt sogar noch ein Verwandter, der einfach „El Californio" genannt wird, weil er im mexikanischen Kalifornien geboren wurde und sich mit dieser Region identifiziert. Die Grenze ist nach den Worten des Erzählers in den 20er Jahren also kaum mehr als eine machtpolitisch willkürlich gesetzte „line in the dust", die keinesfalls zur Differenzierung tradierter Kulturen verwendet werden kann. José heiratet in der Folgezeit María, und sehr bald werden Paco und Irene geboren. Auch die junge Familie muss permanent mit künstlichen Grenzsetzungen kämpfen, die für ihre Kinder relevant bleiben: Da ist zunächst der Los Angeles River als Grenzfluss zwischen East LA, wo das Haus des „Californio" steht und nunmehr die ganze Familie Sánchez lebt, und dem angloamerikanischen Zentrum LAs, zu dem die Mexikaner täglich zur Arbeit pendeln. Die als zentrale Transportverbindung und für die begrenzte interkulturelle Kommunikation wörtlich und symbolisch zitierbaren Brücken über diesen Fluss werden in den nächsten Jahrzehnten zwar weiter ausgebaut, aber der Pendelverkehr bleibt ähnlich einseitig wie der Austausch zwischen Arbeitgebern ohne und Arbeitnehmern mit Migrationshintergrund. Nicht zufällig wird noch gegen Ende des Films betont, dass Memos angloamerikanische Schwiegereltern „in spe" zwar in Los Angeles geboren wurden, aber nie in East LA waren. Ihr Besuch bei der Familie Sánchez ist zunächst die absolute Ausnahme von der Regel, und mit Blick auf den Verlauf des Besuchs wäre es verfehlt, diese Begegnung als Beginn eines dauerhaften Dialogs der Kulturen deuten zu wollen.

Als Folge der „Great Depression" nach 1929 gewinnt die Grenze zwischen den USA und Mexiko an Bedeutung, weil sie ungleich stärker kontrolliert wird, um die Immigration aus Mexiko und anderen Regionen Lateinamerikas einzudämmen. Hinzu kommt eine Zwangsdeportation von über 140.000 mexikanischen Arbeitern und deren Familien von den USA zurück nach Mexiko, deren Erfolg mit der Sicherung dieser Grenze steht und fällt. *My Family* kritisiert die Unmenschlichkeit dieser Deportationen[5] mittels der Geschichte der inzwischen wieder schwangeren María, die zwar schon längst US-Bürgerin ist, wegen ihres mexikanischen Äußeren aber doch von der „Migra" verhaftet und sofort – ohne rechtsstaatlichen Prozess – ausgewiesen wird. Erst nach mehreren Jahren gelingt ihr mit dem mittlerweile geborenen dritten Kind, Chucho, die Rückkehr nach East LA und damit die Familienzusammenführung. Aber auch die Grabinschrift des schon vor ihrer Deportation gestorbenen und im Garten des Hauses beerdigten „Californio" lehnt sich gegen die Verfestigung der willkürlichen Grenzsetzung auf: „Cuando yo nací aquí, esto era México, y donde yo descanso, esto es todavía México". Die Politik der US Regierung wird in doppelter Weise als sozial und historisch-kulturell „falsch" zurückgewiesen.

In diametraler Opposition zu den Bemühungen der Angloamerikaner um einen soziokulturellen und ökonomischen Ausschluss der „fremden" Bevölkerungsanteile steht die von den mexikanischen Immigranten gelebte Transkulturalität, die schon über Marías religiösen Synkretismus zum Ausdruck kommt. Als Mestizen sind José und María eben nicht nur Träger der mit den spanischen Eroberern und Kolonialherren assoziierbaren katholischen Religion, die sich schon in ihrer Namengebung reflektiert, sondern zugleich auch Vermittler eines präkolumbianischen Naturgötterglaubens. Die Synthese

[5] Während die Zahlen weiter diskutiert werden (zwischen 140.000 und 400.000), besteht doch an den in einem rechtsstaatlichen Sinne extrem problematischen Verhör- und Deportationsmethoden seit dem Bericht der National Commission on Law Observance and Enforcement (1931) kaum ein Zweifel: Hier werden „illegal searches and seizures" (ebda 133) ebenso moniert wie „inquisitorial examinations" (ebda 137) und ein „lack of customary safeguards" unter weitgehendem Ausschluss der Öffentlichkeit (ebda 143).

beider Religionsrichtungen wird besonders deutlich, als María auf ihrem Rückweg in die USA um das Leben ihres neugeborenen Sohnes bangen muss. In diesem Fall ist es wahrscheinlich der Rio Grande, dessen Geist („el espíritu del río") die „falsche" Grenze verteidigt, somit die Familienzusammenführung aufzuhalten droht, und letztlich wegen des unerlaubten Übersetzens Chucho nach dem Leben trachtet. María versucht, den Fluss am Tag zu überqueren, aber die lebensgefährliche Grenze wird explizit von einer Eule (einem Nachttier) markiert, die Nava in einem Interview mit dem Gott der Dunkelheit, Tezcatlipoca, in Verbindung bringt (West 1995: 27). Dies wiederum verknüpft den Kampf des Flussgeistes gegen María unmittelbar mit dem epischen Machtkampf zweier aztekischer Götter: auf der einen Seite der mit Menschenopfern assoziierte und immer wieder als „trickster" satanähnlich skizzierte Tezcatlipoca (vgl. Stocker 2002), andererseits der Leben spendende Gott des Lichts, Quetzalcoatl. In Einklang mit ihrer Namensgebung hofft María als Mutter freilich nicht auf eine Intervention Quetzalcoatls, sondern auf die Jungfrau María, deren Schutz sie schon bei der Ankunft in Mexiko erbeten hatte („hay que tener fe en la virgen"), und der sie auch in dieser Situation wieder vertraut. Auf wundersame Weise gelingt es ihr dann tatsächlich, das vom Fluss schon mitgerissene Kind an das rettende Ufer zu bringen. Die Macht des Flussgottes ist damit allerdings nicht gebrochen: Zwar kann der erkrankte Chucho in einem gastfreundlichen Chicano-Haushalt auf der US-Seite der Grenze mühsam geheilt werden, doch rund 25 Jahre später wird er von der anglo-amerikanischen Polizei wie Freiwild gejagt und erschossen. Auch hier ist wieder eine Unheil verheißende Eule zu sehen, aber dieses Mal ist es Nacht und sie kann in der Sicherheit, dass ihr Wille von der US-Polizei umgesetzt wird, beruhigt davonfliegen. Der Erzähler betont, dass María den Tod ihres Sohnes auch nach all diesen Jahren wieder auf den Flussgott zurückführt, und die Interpretierbarkeit des Schicksals von Chucho als unschuldiges Opfer ungerechter Machtverhältnisse in der Nachfolge Jesus Christi wird von Nava bestätigt (West 1995: 27).

Die Familie Sánchez verweist so partiell auf die christliche Urfamilie – Josef, Maria und Jesus, aber eben auch auf einen präkolumbianischen Glauben, in dem der Kampf zwischen Tag und Nacht, beziehungsweise Gut und Böse, durch einen von der Natur vorgegebenen zyklischen Zeitverlauf geprägt wird. Auf den Tag der Familienzusammenführung folgt letztlich doch die Nacht, in der sich der Sohn für die Sünden der Welt opfern muss, und hierzu gehören insbesondere Habsucht, Hochmut und Zorn. Im Gegensatz zu Jesus lebt Chucho freilich auch selber in Todsünde: seine im Drogenhandel kulminierende Habsucht, der im Kampf mit anderen Straßengangs sichtbare Hochmut und der gegenüber dem eigenen Vater demonstrierte Zorn werden ihm im Rahmen einer auf denselben Prinzipien aufbauenden US-Gesellschaft zum Verhängnis. Das zyklische Zeitverständnis kommt darüber hinaus durch zahlreiche symbolische Kreise (vgl. den Mambotanz um Chuchos Auto sowie den Messerkampf im Tanzsaal) und vor allem durch den Maisanbau im Garten zum Ausdruck. Bezeichnenderweise gelingt es Jimmy erst gegen Ende des Films, zur Erntezeit, seinen schon längst verloren geglaubten Sohn Carlitos mit auf die ungewisse Reise zu nehmen, die Vater und Sohn einander näher zu bringen verspricht, wobei der Mais als Grundnahrungsmittel der präkolumbianischen und der zeitgenössischen Gesellschaft Mexikos eine kulturverbindende Rolle einnimmt. Die indigen-mythologische Prägung der zeitgenössichen Charaktere wird durch die Interpretierbarkeit von José und María als „creator couple" verstärkt (West 1995: 27). Hinzu kommt unseres Erachtens nach aber vor allem die Modellierung der vier Söhne nach den vier Kindern der auch als Ometeotl bekannten Gottheit. Der Erzähler Paco könnte im Rahmen einer solchen Deutung mit Quetzalcoatls zentralen Attributen „Licht", „Gnade" und „Wind" sowie dessen östlicher Orientierung in Verbindung gebracht werden, da er bei seiner Erhellung der Familiengeschichte auf bösartige Parteinahmen gegen Familienmitglieder verzichtet, über den größeren Teil des Films allgegenwärtig aber unsichtbar ist, und schließlich auch als einziger im Familienhaus in East LA zurückbleibt. Chucho tendiert demgegenüber zur Konfliktbereitschaft, die letztlich in einen blutigen Krieg der verfeindeten Chicano-Gangs mündet und Parallelen zu Huitzilopochtli nahelegt. Memo ist durch seine materialistische Ausrichtung und seine Verankerung westlich des Elternhauses (im Zentrum von LA) leicht mit dem Gott des Goldes, Xipe Tote, assoziierbar, was für den überwiegend verbitterten und menschenfeindlichen Jimmy die Rolle Tezcatlipocas übrig lässt.[6] Nicht zufällig ist sein Sohn Carlitos ein besonders verhaltensauffälliges Kind, das sich gerne als Azteke verkleidet, die Nachbarin mit Pfeil und Bogen beschießt, und schließlich auch noch Memos zukünftige Schwiegereltern schockiert, als er lediglich mit seinem indigenen Kopfschmuck bekleidet auf den Wohnzimmertisch springt und sich ihnen dort provokant entgegenstellt. Deutlicher kann die kulturelle Kluft zwischen hybriden Chicanos und den, ganz in Webers Sinne (1973: 359), protestantisch-kapitalorientiert präsentierten angloamerikanischen Bürgern kaum resümiert werden.

Die Transkulturalität der Familie Sánchez kommt allerdings auch im täglichen Sprachgebrauch, dem Innen- und Außenbereich des Hauses und der musikalischen Untermalung der einzelnen Episoden zum Ausdruck. Zwar sprechen die Protagonisten in den

---

6 Als einführende Lektüre für den mythologischen Hintergrund siehe Smith 2003: 193 ff.

ersten Episoden zur Migrationsgeschichte nur Spanisch und auch die Filmmusik bleibt in spanischer Sprache, doch werden die Szenen dem nordamerikanischen Zuschauer durch englische Untertitel und die permanenten Kommentare des Erzählers leicht verständlich gemacht, wobei Paco wichtige Termini gerne zweisprachig betont (so z.B. die USA als „el otro lado del mundo" und „the other side of the world"). Schon ab der *mise en scène* der späten 50er Jahre dominiert dann bei den Protagonisten ein mit spanischen Wörtern angereichertes Englisch, das von der ersten und zweiten Generation fließend gesprochen wird, und die Filmmusik ist nun ebenfalls in englischer und spanischer Sprache. Diese Grenzverschiebung von einem überwiegend indigen-mexikanischen zu einem primär mexikanisch-angloamerikanischen Ambiente wird durch den schnellen musikalischen Wechsel von dem in der P'urhépecha Sprache vorgetragenen Lied *Rosa de Castillo* zu dem von Jeanette Jurado gesungenen *Angel Baby* hervorgehoben. Als populärer Rock-and-Roll-Hit, der unter anderem auch später von John Lennon interpretiert wird, verweist *Angel Baby* in vielerlei Hinsicht auf den rebellischen Charakter des jugendlichen Chucho. Der Song wird von daher nicht zufällig sowohl zu Beginn als auch kurz vor dem Höhepunkt der späten 50er-Jahre-Episode eingeblendet,[7] die mit Chuchos Tod endet. Wie die Rock-and-Roll-Bewegung, so lehnt sich auch Chucho gegen das Establishment auf, und hierzu gehört die Elterngeneration. Insbesondere verabscheut Chucho die Vorstellung von einem auf manueller Arbeit aufbauenden kleinbürgerlichen und christlich-ehrfürchtigen Leben, das sein Vater mit dem Terminus „dignidad" zu resümieren versucht. Dabei ist „Würde" für ihn eigentlich ein zentrales Konzept, doch baut er es auf der Idee einer männlich-imaginierten individuellen Freiheit auf, die weder von Arbeitsnormen noch von als ungerecht empfundenen Gesetzesvorlagen beschränkt werden sollte. Dieser innere Druck korreliert mit einem Zwang zu permanenter äußerer Bestätigung der neuen Führungsrolle als Gangleader, wodurch er mit ähnlich gesinnten „Machos" wie Butch in einen unversöhnlichen Konflikt gerät. Interessant ist aber auch seine Position zur kapitalistischen Mentalität, die er einerseits kritisiert, wenn er vor seinen Eltern die Bedeutung von Geld anprangert („this is the only thing that counts here"), andererseits aber schnell als Drogenhändler internalisiert, denn eine Führungsrolle kann er sich mit beschränkten Geldmitteln in dieser Gesellschaft nicht vorstellen. Chucho verweist so unmittelbar auf das paradoxe Schicksal vieler Rock-and-Roll-Sän-

[7] *Angel Baby* ist außerdem das einzige Filmlied, das im On-Ton vorgetragen wird: Jeanette Jurado singt es unter dem Namen Rosie Hamlin (der Verfasserin des Textes) auf der Bühne des Tanzhauses unmittelbar vor der Auseinandersetzung zwischen Butch und Chucho, die zunächst vom schnelleren Rock and Roll *Are you really sincere?* der gleichen Sängerin begleitet wird.

ger, die sich zwar als Rebellen verstehen, aber letztlich doch die am Establishment kritisierten kapitalzentrierten Verhaltensmuster aufgreifen, und wie Frankie Lymon und Elvis Presley an Drogenkonsum sterben. Die in *Angel Baby* skizzierte Liebesgeschichte („You're like an angel, too good to be true") ist auf das Verhältnis von Chucho zu Jimmy zu übertragen, denn für den kleinen Bruder tut der „coole" Gangleader alles (selbst Hosen bügeln), Am Ende ist der Junge seine einzige Verbindung zur Familie, und erst Chuchos Tod macht Jimmy zum verbitterten Einzelgänger.

Aber Chucho wird auf musikalischer Ebene nicht nur mit Idealen des Rock-and-Roll in Verbindung gebracht, sondern auch mit dem lateinamerikanischen Mambo. Besonders signifikant ist die Szene, in der Chucho von seinem Autoradio eine Kassette mit Pérez Prados *Que Rico El Mambo* spielen lässt und die Kinder der Nachbarschaft zum Tanzen ermutigt.[8] Hier zeigen sich Parallelen zum rebellischen Rock and Roll, denn der für erotische Hüftbewegungen kritisierte Mambo wurde von konservativen Kreisen der US-Gesellschaft ähnlich vehement abgelehnt wie die partiell mit ähnlichen Körperbewegungen und dazu noch „unmoralischer" Akrobatik assoziierte Musik eines Bill Haley und Elvis Presley. Der Tanz der Kinder ist freilich eher Ausdruck von ungezwungener Lebensfreude, womit die moralische Rhetorik des Bürgertums als Ausdruck der Hypokrisie betont wird. Gleichzeitig wird die im Verhältnis zu Jimmy deutliche Vorbildfunktion Chuchos für die nächste Generation noch einmal betont. So rekonstruiert der Film in den späten 50er Jahren, d.h. knapp 10 Jahre vor der 68er Generation, die Konturen einer jungen Bewegung gegen das von der Elterngeneration gestützte Establishment, nur dass sich in diesem Fall die Gegensätze noch durch einen ethnischen Aspekt verschärfen: der junge rebellische Chicano positioniert sich gegen ein weißes angloamerikanisches Machtzentrum, das den Kern von LA dominiert und die meisten Bürger mexikanischer Herkunft in East LA marginalisiert. Letztlich führt Chucho damit das rebellische Potential zweier sehr populärer Musikrichtungen in seiner eigenen Person zusammen: Rock and Roll und Mambo werden zu zentralen Elementen eines hybriden Ganzen, das sich dem monokulturellen Identitätskonstrukt des weiß imaginierten Zentrums entgegenstellt.

Auch das Haus und das Grundstück der Familie Sánchez versinnbildlichen die Auflösung kultureller Grenzen, da sie schon wenige Jahre nach José Sánchez' Einzug durch

---

[8] Pérez Prados eigene Migrations- und Erfolgsgeschichte spiegelt die Expansion des Mambo und der mit ihm assoziierten Mentalitäten – von Kuba über Mexiko bis in die USA, aber Prado, der „King of Mambo", ist selbstverständlich schon wegen seiner Bedeutung für die Entwicklung der provokanten Musik eine gute Wahl.

einen außergewöhnlichen Kontrast auf sich aufmerksam machen. Hinter dem einfachen Holzgebäude, das mit seiner kleinen Veranda in die meisten Wildwest-Filme passen würde und so Assoziationen mit der „frontier"-Bewegung stellvertretend für die USA als Nation von Immigranten erlaubt, gründet José einen an mexikanisches Landleben erinnernden Maisfeld-Garten, in dem er bis zum eigenen Tod unermüdlich arbeiten wird. Auch der Innenbereich des Hauses ist von Elementen verschiedenster kultureller Provenienz geprägt, die sich zu einem hybriden Ganzen zusammenfügen. Hierzu gehört insbesondere die Verbindung von anglo-amerikanischer Einrichtung und indigener sowie katholischer Symbolik, wobei Kreuze und Bilder der Jungfrau María besonders häufig hervorgehoben werden. Die Dichte dieser Symbolik ist nicht in allen Räumen gleich, und es zeigt sich eine abnehmende Tendenz, wenn der Blick des Zuschauers kurz vor Irenes Hochzeit vom Schlafzimmer der Eltern als Bastion des Katholizismus (siehe zwei Marienbilder rechts neben dem Bett) über das Wohnzimmer zum Ausgang gleitet, womit Chuchos, Jimmys und Tonis Verstöße gegen die Familienordnung antizipiert werden. Auch in der letzten Einstellung dieser Szene dominiert allerdings das Kreuz auf der Innenseite der Außentür, das den religiös geprägten Raum der Familie von dem „kapitalistischen Geist" (Weber 1973: 359) der anglo-amerikanischen Außenwelt trennt.

Das Haus wird so zu einem potentiellen Beispiel für Bhabhas „Third Space", in dem ein hybrider Sprachgebrauch, eine polykulturelle Musik- und Normmischung sowie letztlich verschiedenste Kulturentwürfe in dynamischer Interaktion florieren, sich gegenseitig bereichern und weiter entwickeln könnten. Bedenkt man die Verweisfunktion des Hauses für den „barrio" bzw. für East LA insgesamt, so wäre man sogar geneigt, von einem filmischen Laboratorium transkultureller Begegnungen zu sprechen, wenn diese nicht immer wieder von monokulturellen Subtexten unterwandert würden, die letztlich auf Navas Assimilationsstrategie zurückgeführt werden können. All dies gilt es im nächsten Kapitel näher zu untersuchen.

Grenzen der Transkulturalität

Für die Darstellung von East LA als Mikrokosmos der Chicano-Diaspora in den USA kann Nava unter anderem auf Cheech Marins sehr erfolgreiche Komödie *Born in East LA* zurückgreifen. Im Gegensatz zu Marin geht es dem Regisseur von *My family* allerdings nicht um eine Parodierung des American Dream (*Born in East LA* als Antwort auf Springsteens *Born in the U.S.A.*), sondern – wie im Kapitel B skizziert – vor allem um die Internalisierung in den Reihen der Chicano-Bevölkerung, was letztlich zu einer extremen Begrenzung des transkulturellen Potentials führt. Bis zu einem gewissen Grad könnte man den Familienvater José Sánchez geradezu als Chicano-Version des Protagonisten von Harriet Beecher Stowe's *Uncle Tom's cabin* ansehen, denn José bleibt nicht nur nach der Zwansdeportation seiner Frau auffällig passiv, sondern auch nach der Exekution Chuchos durch die Polizei. Vergeblich wartet der Zuschauer hier auf Kritik an den Machtverhältnissen, die LA in einen armen östlichen, von Chicanos geprägten Stadtteil und ein deutlich wohlhabenderes weißes Stadtzentrum unterteilt haben, das je nach Bedarf Polizei und Militär entsendet, um das billige Arbeitskräftepotential der ethnischen Minoritäten zu domestizieren. Der Zuschauer wird zwar durch die Kameraführung auf das soziale Ungleichgewicht aufmerksam gemacht, so etwa wenn auf mehrere Nah- und Detaileinstellungen des bescheidenen Holzhauses der Familie Sánchez unmittelbar eine Totale des kleinen Palastes der angloamerikanischen Familie folgt, bei der die junge María als Haushälterin arbeitet, doch enthält sich der Erzähler Paco jeden Kommentars. Unwillkürlich wird der Betrachter hier an eine anonyme Rezension von *Uncle Tom's cabin* erinnert, die 1852 im *Liberator* erschien, und die Doppelmoral der Geschichte moniert:

> *Is there one law of submission and non-resistance for the black man, and another of rebellion and conflict for the white man? When it is the whites who are trodden in the dust, does Christ justify them in taking up arms to vindicate their rights? And when it is the blacks who are thus treated, does Christ require them to be patient, harmless, long-suffering, and forgiving? Are there two Christs? (in: Rosenthal 2005: 35)*

Ersetzt man „black" durch „coloured" und Onkel Tom durch den Familienvater José, so zeigt sich eine erstaunliche Parallele, die durch das ähnlich passive und apolitische Verhalten seiner Frau María noch verstärkt wird. Weiterhin wäre hier auf Irene zu verweisen, die ihren Partner innerhalb der Chicano-Community von East LA findet, und – in Anlehnung an Marías Lebensentwurf – ihre Zukunft vor allem als Ehefrau und Mutter sieht.

Eine gewisse Ausnahme bilden die Rebellen Chucho und Jimmy, aber ihre eher oberflächliche Kritik an Kapitalismus und sozialer Ungerechtigkeit bleibt schon wegen ihrer Ghettomentalität beschränkt. Chucho ist ein besonders trauriges Beispiel dieser Selbstisolation, denn die in seiner musikalischen Orientierung gespiegelten transkulturellen Ansätze vermag er nicht zu einer klaren kritischen Position weiter zu entwickeln, geschweige denn im Rahmen interpersonaler Interaktion über die Grenzen seiner Chicano-Gang hinaus zu tragen. Anstatt als Rebell den Kontakt mit anderen gegen das kapitalistische Establishment aufbegehrenden weißen oder schwarzen Jugendlichen zu suchen, beschränkt er sich von Vornherein auf die wenig konstruktive Rolle eines unbedeutenden Chicanoführers, der aus dem machistischen Selbstzerstörungskampf mit anderen Chicano-Gangs keinen Ausweg mehr findet, und schließlich das Opfer brutaler Polizeigewalt wird. Das Gleiche gilt auch bis kurz vor Ende des Films für den jugendlichen Jimmy, der sich nach der Exekution Chuchos in die Rolle des verbitterten, von indigenen Leitmotiven inspirierten kleinkriminellen Einzelgängers flüchtet.[9] Auch hier kommt es primär zu einer Stabilisierung der kulturellen Grenzen mit der überwiegend weißen Ordnungsgewalt auf der einen Seite und kriminellen Chicanos auf der anderen. Ein Chicano soll als Gefängniswärter lediglich das ethnische Konfliktpotential begrenzen. Die Option einer Grenzöffnung zeigt sich bei diesen Rebellen allenfalls innerhalb der lateinamerikanischen Diaspora, das heißt in Jimmys Fall im Rahmen seiner Ehe mit der aus San Salvador illegal eingewanderten Isabel. Vieles erinnert hier an die Ghettofilme des deutsch-türkischen Kinos, allen voran etwa Aladags *Wut*, in dem sich Jugendliche mit Migrationshintergrund über kleinkriminelle Aktivitäten definieren und zugleich von der „Gastkultur" abschotten.[10]

Andererseits werden in *My Family* über die Konstellation Memo-Katren und Toni-David zwei interkulturelle Beziehungen ausführlicher behandelt. Hier ist zunächst auf Memos Ansatz zu verweisen, der sich als erfolgreicher Anwalt mit der Tochter einer wohlhabenden anglo-amerikanischen Familie im Zentrum LAs liiert, womit ein Mitglied der Familie Sánchez die künstliche Ost-West-Trennung der Stadt überwindet. Nicht zufällig ist der Vater extrem stolz auf seinen erfolgreichen Sohn, und der Erzähler betont diese Überwindung der kulturellen und topographischen Grenzen mit dem Hinweis darauf, dass Memos Verlobte Karen und deren Eltern für ihren Besuch bei der Familie Sánchez erstmals die Brückenverbindung in die andere Richtung überqueren: „Even though she had been born and raised in LA, she and her family had never been to East LA". Nach jahrelangem Ost-West Verkehr über die Brücken, der für José zur täglichen Arbeit gehört, aber nicht auf ihn beschränkt bleibt[11], zeigen sich

[9] Die unter C. ausgeführte Anlehnung Jimmys an Tezcatlipoca wird durch die indigenen Masken an den Wänden seines Zimmers noch verstärkt (vgl. etwa die Szene, in der er sich erstmals liebevoll über die schlafende Isabel beugt, um diese zuzudecken).

[10] Auch in Fatih Akins *kurz und schmerzlos* zeigen Kleinkriminelle mit Migrationshintergrund (Gabriel, Bobby und Costas) zwar untereinander deutliche Ansätze zur Auflösung kultureller Grenzen, aber ihr Verhältnis zur „Gastkultur" bleibt limitiert und konfliktgeladen (Rings 2008: 24–26).

[11] Siehe etwa die junge María als Haushälterin, oder Jimmy, der sich während Isabels Schwangerschaft auf seine neue Vaterrolle vorbereitet.

hier vielversprechende Ansätze eines interkulturellen Dialogs zwischen Chicano-Peripherie und weißem Zentrum, aber ein „Third Space" öffnet sich nicht. Das Kernproblem ist Memos Assimilationswunsch: Anstatt zwischen dem kulturellen Erbe seiner Familie und den anglo-amerikanischen Vorstellungen zu vermitteln, versucht Memo den Kulturkonflikt durch Unterdrückung seines Migrationshintergrundes zu umgehen. Nicht nur möchte er die Beerdigung von „El Californio" im Garten des Hauses als fantastische Erzählung abhandeln; es zeigt sich auch, dass er Jimmys Gefängnisstrafe als schulische Weiterbildung verkauft und seinen eigenen Namen vollständig durch einen Anglizismus ersetzt hat, denn die zukünftigen Schwiegereltern kennen ihn nur als „Bill", nicht als „Memo", die von der Familie verwendete Kurzform für „Guillermo". Sein Versuch einer radikalen Abkehr von den eigenen kulturellen Wurzeln erinnert in vieler Hinsicht an Jess (Jesminder), der britisch-asiatischen Protagonistin in Gurinder Chadhas *Bend it like Beckham*, die das von ihrer Mutter, ihren Tanten und der Schwester gepflegte Sikh-Erbe rigoros zurückweist.[12] Anstatt kulturelle Grenzen aufzulösen, tragen beide Protagonisten zunächst dazu bei, diese im Rahmen eines vermeintlichen „*Clash of Civilizations*" (Huntington 1996) neu zu festigen. Darauf deutet zumindest der vom kleinen Carlitos provokativ betonte kulturelle Gegensatz, der deutlich wird, als der rebellische Junge sich nur mit indigenem Kopfschmuck bekleidet auf dem Wohnzimmertisch den „Eindringlingen" entgegenstellt.

So bleibt letztlich vor allem Tonis Beziehung zu David als mögliche zukunftsweisende Grenzüberschreitung zu betrachten, denn der unterschiedliche kulturelle Hintergrund scheint vor der Kulisse ausgeprägter persönlicher und politischer Gemeinsamkeiten kaum ins Gewicht zu fallen. Es handelt sich hier um zwei Personen, die ihre religiösen Überzeugungen zu Gunsten ihrer Liebesbeziehung und ihrer politischen Ideale aufgeben: die Nonne Toni zieht sich aus dem geistlichen Leben ebenso zurück wie der Priester David, was zunächst die Eheschließung ermöglicht, den beiden aber auch erlaubt, ihre Energie auf den Kampf für mehr Menschenrechte in Lateinamerika zu konzentrieren. Letztlich kommt es dadurch gleich zu einem doppelten Bruch mit den Traditionen der Familie Sánchez, denn die Aufgabe einer religiösen Berufung ist gerade für María ähnlich inakzeptabel wie die kurz darauf von Toni vermittelte Scheinheirat zwischen Jimmy und Isabel, mit der Isabel vor der Deportation und dem sicheren Tod in El Salvador geschützt werden soll. „There are certain things in life that are sacred … sagrados", argumentiert die Mutter, und kann dabei mit Josés Unterstützung rechnen.

[12] Hierzu gehören die Religiosität, die Küche und Familientraditionen der Punjabi-Region, die zu Gunsten von Fußballidealen zurückgestellt und im Film immer wieder lächerlich gemacht werden (Rings 2011: 10 ff.).

Gleichzeitig kritisieren Toni und David die inhuman erscheinenden Migrationsgesetze der USA, deren Asylrecht sie mittels der arrangierten Scheinheirat unterwandern. Mit Rebellen wie Chucho und Jimmy teilt dieses Paar den polykulturellen Charakter und die kritische Distanz gegenüber der traditionellen Chicano-Religiosität und der angloamerikanischen Gesetzgebung. Die oppositionelle Haltung ist bei Toni und David allerdings ungleich besser reflektiert, fokussiert und artikuliert als das emotionale Aufbegehren der zwei Kleinkriminellen. Sie avancieren dabei zur letzten Hoffnung nicht nur für viele politisch verfolgte Lateinamerikaner, sondern auch für US-Amerikaner ohne lateinamerikanischen Migrationshintergrund, die der Arbeitgeberin von Isabels Mutter vergleichbar zur Empathie gegenüber solchen Verfolgten fähig sind,.

In vielfältiger Hinsicht skizziert Nava damit eine transkulturelle Partnerschaft „in-between" (Bhabha 1994: 2, 180–181) der verschiedenen Kulturentwürfe, problematisch bleiben jedoch die mangelnde Ausführung von Toni und David, die Objektifizierung der verfolgten Lateinamerikaner, und vor allem die mit der Konzentration auf Menschenrechtsverletzungen in Süd- und Mittelamerika verbundene Ablenkung von sozioökonomischen, politischen und kulturellen Missständen in den USA. Toni kann zwar in gewisser Hinsicht noch als zeitgenössische Variante von Sor Juana Inés de la Cruz gedeutet werden, denn auch sie flüchtet primär ins Kloster, um den traditionellen Rollenmustern zu entgehen, die für sie nur ein Leben als Ehefrau und Mutter vorsehen.[13] Dies wiederum erklärt, warum sie sich letztlich ohne größere Gewissensbisse wieder aus dem Nonnenleben zurückzieht. Davids Rollenwandel wird hingegen ebenso wenig erklärt wie die Motivation für das radikale politische Engagement beider Eheleute, oder auch deren ökonomische Grundlage, die es ihnen erlaubt, sich auf den Kampf für Menschenrechte zu konzentrieren. Gleichzeitig wird ihre Position dadurch geschwächt, dass sie anscheinend zu keinem Zeitpunkt den Dialog mit den Opfern suchen. Sie gehen statt dessen von Vornherein davon aus, dass sie das nötige Wissen, das Recht und die Pflicht haben, für die schutzbedürftigen „Subalternen" zu sprechen, womit sie an Spivaks Negierung der Frage „can the subaltern speak" (1999: 230) anknüpfen.[14] Bedenkt man, dass Toni und David trotz dieser Schwäche und der Präsenz eines erfolgreichen Anwalts (Memo) letztlich die einzigen Familienmitglieder bleiben, die bereit sind,

[13] Nicht zufällig fällt sie ihre Entscheidung, Nonne zu werden, unmittelbar nachdem Irene ihr den Hochzeitsstrauß zugeworfen hat, womit symbolisch eine für sie völlig inakzeptable, von der Mutter und der älteren Schwester vorgegebene traditionelle weibliche Rolle skizziert wird, die sie in einen schockähnlichen Zustand versetzt (Toni weint und weist den Blumenstrauß zurück).

[14] Tonis Vater verweist auf diese Problematik im Rahmen der ohne Isabels Einverständnis organisierten Scheinheirat: „Hija, you just messed up this girl's life without even asking for her permission".

soziale Normen und Gesetzeslagen kognitiv zu hinterfragen, so ist deren ausschließlicher Fokus auf lateinamerikanische Verhältnisse aber noch ungleich erstaunlicher. Im Rahmen der eigenen familiären Migrationsgeschichte gab es schließlich mehr als genug unaufgearbeitete Menschenrechtsverletzungen, angefangen bei der nie geahndeten Zwangsdeportation von María und der ebenso unbestraft gebliebenen Exekution von Chucho. An dieser Stelle bestätigt sich noch einmal die Strategie des zu diesem Zeitpunkt noch um Hollywoodanerkennung ringenden Regisseurs, das soziopolitische Konfliktpotential von Chicanoschicksalen im Sinne eigener Assimilationsbestrebungen und Karriereinteressen zu begrenzen. Problematisch ist auch der gleichzeitige Bruch zweier religiöser Lebensentwürfe (Toni und David), denn wenn Nava mit der Konstruktion dieser Aussteigeraktivisten versucht, die ohnehin schon sehr dichte Melodramatik weiter zu erhöhen, so geschieht dies auf Kosten der Glaubwürdigkeit des Gesamtwerkes.

Eine interessante Rolle nimmt letztlich der Erzähler ein, der in vielerlei Hinsicht an die dokumentarisch-realistische Erzähltradition des 19. Jahrhunderts erinnert und sicher keine überzeugende Wahl des Regisseurs ist. Paco ist aber nicht nur ein aus dem Off observierender und kommentierender Erzähler, sondern auch eine handelnde Person, die grundsätzlich mehr bietet als die von James monierte „trite, overblown narration" (1995: 18). Außerdem wäre es verfehlt, seine Kommentare insgesamt als „banal" abzuhandeln. Unter B wurde bereits erwähnt, dass Paco gleich zu Beginn des Films die Subjektivität der Erzählungen seines Vaters betont, auf denen wiederum seine Familiengeschichte aufbaut. Allwissenheit wird hier also von Vornherein zurückgewiesen und stattdessen unermüdlich die familiäre Einbindung der eigenen Person betont, sprachlich etwa mit verwandtschaftlichen Referenzen wie „my father", „our mother", „my brother Chucho". Aus dieser subjektiven Perspektive heraus vermittelt Paco einerseits als Erzähler zwischen dem Zuschauer und der Familie Sánchez, und andererseits als ältester Sohn zwischen den einzelnen Familienmitgliedern. Letztere Rolle wird besonders deutlich, als er Jimmy im Gefängnis besucht und ihn an seine Verantwortung als Vater des kleinen Carlitos erinnert. Insgesamt verzichtet er aber auf die tradierte Rolle des großen Bruders als Leitfigur und tendiert eher zur Herabstufung dieser Funktion als zu deren Glorifizierung, was wiederum den anderen Familienmitgliedern mehr Raum zur Entfaltung gibt. Vor allem ist die freiwillige Begrenzung seiner Rolle aber Ausdruck einer außergewöhnlichen Toleranz, die dem Zuschauer als Modell dienen kann. An keiner Stelle verwirft er die grundverschiedenen und oft provokanten Lebensentwürfe seiner Geschwister oder die der Eltern, sondern versucht primär diese zu verstehen. Dazu gehört die Religiosität seiner Mutter, aus deren Perspektive die Familiengeschichte vor allem durch übernatürliche Kräfte geprägt wird, was ihre stoische Marienverehrung und den Glauben an die ungebrochene Macht des Flussgottes erklärt. Ähnlich offen ist Paco aber auch gegenüber Chuchos und Jimmys Rebellion, sowie den von Jimmy, Memo und Toni vorgelebten interkulturellen Beziehungen. Grundsätzlich kommen hierdurch die eher konservativen Familienmitglieder (José, María und Irene) und die tendenziell dagegen aufbegehrenden (Chucho, Jimmy, Toni) zu Wort. Dies gilt prinzipiell auch für deren Partner, ob nun mit hispanischem Hintergrund (Isabel) oder ohne (David und Karen). Im Sinne von Antors Forderung nach einer grundlegenden Öffnung gegenüber „dem Anderen" im Rahmen des Kulturkontakts könnte somit festgehalten werden, dass neben Toni und Memo auch Paco „willingly embrace[s] the unfamiliar" (1996: 73). Dabei kommt es in kognitiver und emotionaler Hinsicht zu einer Erweiterung des kulturellen Wissens, die auf Reiseerfahrungen aufbaut. Im Fall von José und María ist die an Paco weitergegebene Migrationsgeschichte von essentieller Bedeutung, bei Toni kommen Erfahrungen mit klösterlichem Leben hinzu, Memo sucht das angloamerikanische Zentrum, und auch Jimmy begibt sich gegen Ende des Films mit seinem Sohn Carlitos auf eine unbestimmte Reise. Nur Paco bleibt im Elternhaus zurück, aber seine Arbeit an der Familiengeschichte ist letztlich eine Reise in der Imagination zu einem hochdifferenzierten Chicano-Milieu, in das er den Zuschauer einlädt. „We have travelled and therefore our horizon has widened", könnte man in Anlehnung an Antor (1996: 72) aus Zuschauerperspektive resümieren.

Problematisch bleiben freilich die weitgehende Marginalisierung angloamerikanischer Perspektiven in Pacos Geschichte[15] und die kritiklose Fortsetzung der über die Kernfamilie (José, María, Chucho) sowie die vier Söhne (Paco, Chucho, Memo und Jimmy) in den Vordergrund gestellten religiösen Diskurse. Zwar erscheint in der ersten Hälfte des Films die hiermit verbundene Deutung von Chuchos Tod als übernatürlich vorherbestimmtes Schicksal noch als Perspektive der Mutter, und damit als eines von vielen möglichen Interpretationsmustern („She knew he was meant to die at the river"). Mit Bezug auf Jimmys Abgleiten in die Kriminalität präsentiert Paco gegen Ende des Films dieses religiöse Deutungsmuster dann allerdings aus der Erzählperspektive, und damit als Resultat seiner eigenen Recherchen zur Familiengeschichte:

> *Jimmy carried a lot of shit for the rest of us. All the hate, all the rage and injustice. And somehow, if it wasn't for him, we couldn't have gone on to do all the things we did. Me*

[15] Vgl. die äußerst begrenzten und insgesamt auch wenig aussagekräftigen Kommentare von David und Katren.

with my writing and Tony with her politics, and most of all Memo, the pride and joy of the family.

Die Idee, dass Jimmy mit seinem persönlichen Leiden der eigenen Familie zu einem besseren Leben verhilft, könnte in dem skizzierten Kontext als Parallele zur Leidensgeschichte Christi verstanden werden, womit Jimmy in Chuchos Fußstapfen treten würde. Die Frage ist allerdings, wie überzeugend die Konstruktion des kriminellen Jimmy als zeitgenössischer Jesus zu sehen ist, und welche soziopolitischen und kulturellen Implikationen damit verbunden sind. In Übereinstimmung mit Josés Deutung als Chicanoversion von Onkel Tom lädt auch die Darstellung Jimmys als Opferlamm letztlich zu politischer Passivität und kultureller Assimilation ein. Memo wird zum Vorbild, und damit die kritiklose Verteidigung US-amerikanischer Gesetze, die in der Familiengeschichte immer wieder zur Legitimierung von ungeheurem sozialen Unrecht beitrugen und bis zur Gegenwart weiter dazu beitragen.

Abschließende Bemerkungen

Als Ergebnis ist festzuhalten, dass sich in *My family* Ghetto- und Assimilationskonzepte gegenseitig ergänzen und hierdurch die Gender- und Klassengrenzen sprengende Attraktivität monokultureller Strukturen immer wieder in den Mittelpunkt rückt. Transkulturalisierung zeigt sich in diesem Rahmen überwiegend als äußerer oder temporär begrenzter Prozess, der die kontinuierliche Pflege binärer Kulturhierarchien nur rudimentär überdeckt. Das weitgehende Scheitern transkultureller Entwürfe bzw. deren Reduktion auf systemkonforme Charakteristika korreliert mit der Betonung melodramatischer Aspekte, dem Durchbruch bei einem Massenpublikum und einer zunehmenden Integration des Regisseurs in die nordamerikanische Film- und Fernsehindustrie, was die These nahe legt, dass Identitäten in *My family* maßgeblich nach Kassenerfolgsprognosen entworfen wurden.

Filmographie

AKIN, Fatih (1998): *kurz und schmerzlos.* BRD: Wüste Filmproduktion.

ALADAG, Züli (2006): *Wut.* BRD: Köln Media Filmproduktionen GmbH.

CHADHA, Gurindher (2002): *Bend it like Beckham.* UK, Germany, USA: Kintop Pictures.

MARIN, Cheech (1987): *Born in East LA.* USA: Clear Type Productions.

NAVA, Gregory (1972): *The Journal of Diego Rodríguez Silva.* USA (no production company).

NAVA, Gregory (1976): *The Confessions of Amans.* USA: American Film Institute (AFI).

NAVA, Gregory (1983): *El Norte.* USA: American Playhouse, Channel Four Films, Independent Productions.

NAVA, Gregory (1995): *My family*. USA: American Playhouse, American Zoetrope, Majestic Films International.

NAVA, Gregory (1997): *Selena*. USA: Q Productions, Esparza/Katz Productions.

NAVA, Gregory (2002–2004): *American Family* (TV series). USA: 20th Century Fox Television, El Norte Productions, KCET.

NAVA, Gregory (2006): *Bordertown*. USA: Möbius Entertainment, El Norte Productions, Nuyorican Productions.

OLMOS, Edward James (1992): *American Me*. USA: Olmos Productions, Universal Pictures, YOY.

VALDEZ, Luis (1987): *La Bamba*. USA: Columbia Pictures Corporation, New Visions Pictures.

YOUNG, Robert M. (1977): *Alambrista*. USA: Filmhaus.

Bibliographie

ANTOR, Heinz (2006): „Multikulturalismus, Interkulturalität und Transkulturalität. Perspektiven für interdisziplinäre Forschung und Lehre". In: ders. (Hg.): *Inter- und Transkulturelle Studien: Theoretische Grundlagen und interdisziplinäre Praxis*. Heidelberg: Winter, S. 25–39.

BERG, Charles Ramírez (2002): *Latino Images in Film: Stereotypes, Subversion, Resistance*. Austin: University of Texas Press.

BHABHA, Homi K. (1994): *The Location of Culture*. London/New York: Routledge.

CAMERON, David (2011): „PM's speech at Munich Security Conference". In: Number10.gov.uk, 5.2.2011. http://www.number10.gov.uk/news/speeches-and-transcripts/2011/02/pms-speech-at-munich-security-conference-60293 (11.02.2011).

EBERT, Roger (1995): „My Family". In: *Chicago Sun-Times*, 3.5.1995. http://rogerebert.suntimes.com/apps/pbcs.dll/article?AID=/19950503/REVIEWS/505030301/1023 (01.03.2011).

HALFT, Stefan (2010): „Wandel deutsch-türkischer Konstellationen im filmischen Migrationsdiskurs". In: Hall/Rings 2010, S. 5–39.

HALL, Christopher/Rings, Guido (Hgg.) (2010): *Cultural Encounters in Contemporary German Cinema*, Themenheft für *GFL* 3. http://www.gfl-journal.de (21.03.2011).

HUNTINGTON, Samuel P. (1996): *The Clash of Civilizations and the Remaking of World Order*. New York: Simon & Schuster.

JAMES, Caryn (1995): „A Mexican-American journey of generations". In: *The New York Times*, 3.5.1995, C. 18.

LLANO, Todd (1995): „How Hispanic films make it to the big screen". In: *Hispanic* 7, 95, S. 22.

MENARD, Valerie (1995): „An American Tale: Gregory Nava's new film, My family, opens nationwide on Cinco de Mayo". In: *Hispanic* 5, 95, S. 28.

MERKEL, Angela (2010): „Deutschlandtag 2010. Rede Angela Merkel". In: *Junge Union*, 15.10.2010. http://www.junge-union.de/content/media-center/youtube/video/WaEg8aM4fcc/Deutschlandtag+2010%3A+Rede+Angela+Merkel/ (11.02.2011).

NAIBOĞLU, Gözde (2010): „'Sameness' in Disguise of 'Difference'? Gender and National Identity in Fatih Akin's 'Gegen die Wand' and 'Auf der anderen Seite'", in: Hall/Rings 2010, S. 75–98.

NATIONAL COMMISSION ON LAW OBSERVANCE AND ENFORCEMENT (1931): *Report on the enforcement of the deportation laws of the United States*. Washington: Government Printing Office. http://pds.lib.harvard.edu/pds/view/4673882?n=1&s=4&printThumbnails=no (17.02.2011).

NAVA, Gregory (1995): „'Mi Familia': Casting for authenticity". In: *Los Angeles Times*, 04.06.1995, S. 14.

NAVA, Gregory (1997): „Gregory Nava: Selena es la historia del sueño americano". In: *El Latino* (San Diego), 17.04.1997, S. 13.

RAAB, Josef (2009): „Latinos and Otherness: The films of Gregory Nava". In: Sebastian Thies/Josef Raab (Hgg.): *E Pluribus Unum?: National and Transnational Identities in the Americas/ Identidades nacionales y transnacionales en las Américas*. Tempe: Bilingual Press/Editorial Bilingüe/Münster: LIT Verlag, S. 175–92.

RINGS, Guido (2008): „Blurring of shifting the boundaries? Concepts of culture in German-Turkish Migrant Cinema". In: *GFL* 1/2008 (http://gfl-journal.com), S. 5–39.

RINGS, Guido (2011): „Questions of identity. Cultural encounters in Gurinder Chadha's *Bend it like Beckham*". In: *Journal for Popular Film and TV* 39/3, S. 114–123.

ROSENTHAL, Debra J. (Hg.) (2005): *Harriet Beecher Stowe's Uncle Tom's cabin. A sourcebook*. New York: Routledge.

SARKOZY, Nicolas (2011): „Le multiculturalisme est un échec". In: *En Direct*, 11.2.2011. http://www.youtube.com/watch?v=IHWCy6DOQRo (15.02.2011).

SMITH, Michael Ernest (2003): *The Aztecs*. 2. Auflage. Oxford: Blackwell Publishing.

SPIVAK, Gayatri Chakravorty (1999): „Can the subaltern speak?" In: dies. (Hg.): *A Critique of Postcolonial Reason*. Cambridge, Mass.: Harvard University Press, S. 206–236.

STOCKER, Terry (2002): „The Aztec Trickster On Display: The Darkest Side". In: *Trickster's Way* 1/1 (*Trinity University journal*) http://digitalcommons.trinity.edu/trickstersway/vol1/iss1/2 (19.02.2011).

WEBER, Max (1973): *Soziologie. Weltgeschichtliche Analysen. Politik*. Stuttgart: Alfred Kröner.

WEST, Dennis (1995): „Filming the Chicano Family Saga: Interview with Director Gregory Nava". In: *Cineaste* 21, 4, S. 26–28. http://www.lib.berkeley.edu/MRC/NavaInterview.html (21.03.2011).

Autorinnen und Autoren

Dr, Vittoria Borsò leitet seit 1998 als Professorin den Lehrstuhl Romanistik I (Französische, Italienische, Spanische Literaturwissenschaft) an der Heinrich-Heine-Universität Düsseldorf. Im Vorfeld der 1991 erfolgten Habilitation erlaubte ihr ein Feodor-von-Lynen-Stipendium der Humboldt-Stiftung einen mehrjährigen Forschungsaufenthalt in den USA (Rice University, Houston und University of Texas, Austin). Als Gastprofessorin war Vittoria Borsò an zahlreichen Universitäten in den USA, Mexiko, Spanien und Italien tätig. Zu ihren wichtigsten monographischen Publikationen zählen: *Mexiko jenseits der Einsamkeit – Versuch einer interkulturellen Analyse* (1994) sowie *Das andere denken, schreiben, sehen. Schriften zur romanistischen Kulturwissenschaft* (2008). Als Mitherausgeberin fungierte sie bei folgenden Werken: *Benjamin – Agamben. Politics, Messianism, Kabbalah* (2010), *Die Macht des Populären. Politik und populäre Kultur im 20. Jahrhundert* (2010), *Realismus nach den europäischen Avantgarden. Ästhetik, Poetologie und Kognition in Film und Literatur der Nachkriegszeit* (2012). Ferner ist Vittoria Borsò Mitherausgeberin der seit 2011 erscheinenden, mexikanistischen Themen gewidmeten Internetzeitschrift *iMex*. In ihren Forschungen widmet sie sich aktuell den folgenden Schwerpunkten: Biopolitik, Poetik und Epistemologie des Lebens sowie Gedächtnistheorien zwischen Kultur- und Neurowissenschaften. Vittoria Borsò ist Mitglied des Steering Committee der U.C. Research Group on Mexican and Cultural Studies der Universitäten von Kalifornien. Weiterhin war sie Antragstellerin für das inzwischen bewilligte Graduiertenkolleg 1678 „Materialität und Produktion" der DFG. Sie ist seit 2011 Fachkollegiatin der DFG (Europäische und Amerikanische Literaturen).

Dr. Frauke Gewecke ist emeritierte Professorin für Romanische Literaturwissenschaft an der Universität Heidelberg; ihre speziellen Forschungsgebiete sind die Kulturen Lateinamerikas, insbesondere Mexikos und der Karibik (hispanophon und francophon), sowie die Latinos in den USA. Zu ihren wichtigsten Buchpublikationen zählen: *Wie die neue Welt in die alte kam* (1986, TB 1992), *Der Wille zur Nation. Nationsbildung und Entwürfe nationaler Identität in der Dominikanischen Republik* (1996), *Puerto Rico zwischen beiden Amerika* (2 Bände, 1998), *Christoph Kolumbus* (2006) und *Die Karibik. Zur Geschichte, Politik und Kultur einer Region* (^{3}2008). Jüngste Publikationen zu Mexiko sind unter anderem: „De los malos de siempre a los ‚pinches fabricantes de muertos en serie': la narconovela en México" (2010), „Fenomenología y estética de la violencia en la narrativa norteña (mexicana)“ (im Druck), „Representaciones espaciales en la literatura de la Frontera Norte: del espacio al lugar/territorio“ (erscheint demnächst).

Dr. Karl Hölz, Professor im Ruhestand, lehrte an der Universität Trier Romanische Literaturwissenschaft. Zurzeit ist er als *Professeur associé* an der *Université du Luxembourg* im Bereich der spanischen Literaturwissenschaft tätig. Er promovierte 1972 mit einer Arbeit über *Das Thema der Erinnerung bei Marcel Proust.* 1978 wurde er an der Universität Düsseldorf mit der Monographie *Destruktion und Konstruktion. Studien zum Sinnverstehen in der modernen französischen Literatur* habilitiert. Seine Forschungsschwerpunkte liegen in den Bereichen der französischen, spanischen und lateinamerikanischen, hier insbesondere der mexikanischen Literatur. Aktuelle Themengebiete sind Genderforschung, Konstruktion von Identität und Differenz, Modelle der Interkulturalität, Theorie und Praxis der literarischen Modernität. Karl Hölz war Mitherausgeber folgender Reihen: *Notas – Reseñas iberoamericanas*, *Studienreihe Romania*, *Grundlagen der Romanistik*. Die wichtigsten Einzel- und Buchpublikationen sind: *Das französische Chanson* (1975, 1977), *Das Fremde, das Eigene, das Andere. Die Inszenierung kultureller und geschlechtlicher Identität in Lateinamerika* (1998) sowie *Zigeuner, Wilde und Exoten. Fremdbilder in der französischen Literatur des 19. Jahrhunderts* (2002).

Dr. Jean-Marie Lassus arbeitet als Professor für lateinamerikanische Literatur und Kultur in der Abteilung für Spanische Studien der Universität Nantes. An der Sorbonne promovierte er 1992 zum Thema *Histoire et épopée dans le cycle romanesque de* La guerre silencieuse *de l'écrivain péruvien Manuel Scorza.* An der gleichen Universität wurde er 2002 mit einer Studie zu Abel Posse und den neuen historischen Roman in Lateinamerika habilitiert. In seinen Forschungen beschäftigt er sich mit der Problematik der Geschichtsschreibung und der Darstellung von Vorstellungswelten in Lateinamerika, unter besonderer Berücksichtigung von Dokumenten zur Eroberung und Kolonialisierung Amerikas im Roman des 20. und 21. Jahrhunderts. Jean-Marie Lassus befasst sich ferner mit biographischen und autobiographischen Erzählungen und Fragen der literarischen Rezeption. Er gehört dem IDA (*Institut des Amériques, Pôle-Ouest Atlantique*) an und leitet das CERCI (*Centre de Recherches sur les Conflits d'Interprétation*) der Universität Nantes; ferner ist er Mitglied des LIRA-ERIMIT (*Laboratoire Interdisciplinaire de Recherches sur les Amériques de Rennes II*) und des CRLA (*Centre de*

Recherches Latino-Américaines – Archivos) der Universität Poitiers. An der Universität Nantes ist er Vorsitzender der *Commission Amérique Latine* im *Conseil Universitaire des Relations Internationales* und Verantwortlicher für den Austausch mit mehreren mexikanischen Universitäten. Zu seinen neueren Publikationen gehören: „Marcel Schwob y América Latina" (2008), „Le sauvage, le peintre et l'écrivain: la ‚question de l'Autre' chez César Aira" (2008), „Los libros son silos de amor: algunas reflexoines sobre el poder de la literatura en las novelas de Manuel Scorza" (2008) und „La acogida de Carlota en Saint-Nazaire en 1866 y su reinterpretación ficcional: los desencuentros de la historia y los rescates de la ficción" (2010).

Dr. Frank Leinen arbeitet seit 1999 an der Heinrich-Heine-Universität Düsseldorf als Professor für Romanistische Literaturwissenschaft. Die Promotion erfolgte 1990 an der Universität Trier, 1998 habilitierte er sich an der gleichen Universität in Romanischer Philologie. Im Mittelpunkt seiner lateinamerikanistischen Interessen steht die Mexikanistik, hier vor allem die Erörterung kulturtheoretischer und -philosophischer Fragestellungen sowie die Erforschung der Literatur des 19. Jahrhunderts, der Gegenwartsliteratur und der Populärliteratur. Im Bereich der spanischen Philologie widmet er sich insbesondere der Untersuchung des Schreibens unter den Bedingungen der Zensur. Seine neueren Studien zur Literatur sowie zum zeitgenössischen Film beschäftigen sich vor allem mit der interkulturellen Hermeneutik, dem Postkolonialismus sowie der Thematisierung transkultureller Prozesse. Einen weiteren Arbeitsschwerpunkt bildet die experimentelle *Bande Dessinée* Frankreichs und Belgiens. Frank Leinen ist Mitherausgeber der mexikanistischen Themen gewidmeten Internetzeitschrift *iMex* (http://www.imex-revista.com). Neben seinen Aufsätzen zu den genannten Studiengebieten sind als Monographien erschienen: *Flaubert und der Gemeinplatz. Erscheinungsformen der Stereotypie im Werk Gustave Flauberts* (1990), *Visionen eines neuen Mexiko. Das aus dem Ateneo de la Juventud hervorgegangene Kulturmodell im Kontext der mexikanischen Selbstsuche: eine identitätstheoretische Analyse* (2000). Er ist der Herausgeber des Bandes *Literarische Begegnungen. Romanistische Studien zur kulturellen Identität, Differenz und Alterität* (2002) sowie von *Bilderwelten – Textwelten – Comicwelten. Romanistische Begegnungen mit der Neunten Kunst* (mit Guido Rings, 2007). Für 2012 ist die Publikation der kritischen Edition des *Journal d'un voyageur pendant la guerre* geplant, George Sands Tagebuch aus der Zeit des Deutsch-Französischen Kriegs von 1870/71.

Dr. Stephan Leopold lehrt als Professor seit 2007 französische, spanische und lateinamerikanische Literaturwissenschaft am Romanischen Seminar der Universität Mainz. Von 2001 bis 2007 war er wissenschaftlicher Mitarbeiter, später Assistent und Oberassistent für französische und spanische Literaturwissenschaft am Lehrstuhl Prof. Dr. Bernhard Teuber der Ludwig-Maximilians-Universität München, an der er Romanistik und Anglistik studierte und sich 2007 habilitierte. Stephan Leopold veröffentlichte unter anderem folgende Bücher: *Der Roman als Verschiebung. Mythos, Intertextualität und Narratologie in* Terra Nostra *von Carlos Fuentes* (2003) und *Die Erotik der Petrarkisten. Poetik, Körperlichkeit und Subjektivität in romanischer Lyrik Früher Neuzeit* (2009). In Zusammenarbeit gab er heraus: *Der Roman als Verschiebung. Mythos, Intertextualität und Narratologie in* Terra Nostra *von Carlos Fuentes* (mit Uta Felten, 2003), *Escribiendo la Independencia. Perspectivas postcoloniales sobre la literatura latinoamericana del siglo XIX* (mit Robert Folger, 2010) sowie *Von der Dekadenz zu den neuen Lebensdiskursen. Französische Literatur und Kultur zwischen Sedan und Vichy (mit Dietrich Scholler,* 2010).

Dr. Pablo Mora forscht seit 1994 in Mexiko-Stadt am Instituto de Investigaciones Bibliográficas der UNAM (Universidad Nacional Autónoma de México). Seine Lehrveranstaltungen an der geisteswissenschaftlichen Fakultät der UNAM widmen sich der mexikanischen Literatur vor allem des 19. und 20. Jahrhunderts. In seinen derzeitigen Forschungsprojekten beschäftigt er sich mit mexikanischen Schriftstellern beider Epochen (*Raros y Curiosos: Escritores mexicanos, siglos XIX y XX*) und den in dieser Zeit in Mexiko lebenden Spaniern (*Españoles en México en los siglos XIX y XX*). Einen besonderen Forschungsschwerpunkt bilden die Anfänge der Lyrik und Literaturkritik in Mexiko. Seit 1993 ist er Mitglied des *Sistema Nacional de Investigadores*. Pablo Mora folgte zahlreichen Einladungen zu Seminaren und Symposien an verschiedenen Universitäten im In- und Ausland, unter anderem der University of Maryland, dem University College Cork und der University of Chicago. Zu Pablo Moras Veröffentlichungen zählen: *Memorias del tiempo mexicano. Memorias mexicanas* (kritische Werksausgabe zu José Zorrilla, 1998); *Carnesponendas* von Gerardo Deniz (2004, Prolog) sowie die Anthologie *Laura Méndez de Cuenca. Impresiones de una mujer a solas* (2006). In Zusammenarbeit publizierte er außerdem unter anderem *Barco en tierra. España en México* (2006) sowie *Españoles en el periodismo mexicano. Siglos XIX y XX* (2008). In Kürze erscheint *Literatura y construcción nacional de México en el siglo XIX: 1826–1849. Lengua, costumbres y religión.*

Dr. Rafael Olea Franco lehrt und forscht als Professor in Mexiko-Stadt am Centro de Estudios Lingüísticos y Literarios des Colegio de México, wo er sich vor allem mit dem Werk Jorge Luis Borges' und der hispanoamerikanischen Erzählliteratur des 19. und 20. Jahrhunderts befasst. Zusätzlich arbeitet er als Lehrbeauftragter im literaturwissenschaftlichen Aufbaustudiengang der UNAM (Universidad Nacional Autónoma de México). Im Ausland unterrichtete er unter anderem an den Universitäten Paris X (Nanterre), der Duke University (Durham, North Carolina), dem Carleton College (Northfield, Minnesota) und der Hebräischen Universität Jerusalem. Seinen Doktortitel erhielt Rafael Olea Franco an der Princeton University und am Colegio de México. Er gehört den Verlagskomitees sieben internationaler Zeitschriften an und zählt in Deutschland zum Herausgebergremium der Reihen *Iberoamericana* und *Teoría y Crítica de la Cultura y Literatura*. Seine Publikationen wurden mit verschiedenen Preisen ausgezeichnet; unter anderem erhielt er 2003 den *Premio Nacional de Ensayo Literario Alfonso Reyes*. Zu seinen Veröffentlichungen zählen *El otro Borges. El primer Borges* (1993), *En el reino fantástico de los aparecidos: Roa Bárcena, Fuentes y Pacheo* (2004) und *Los dones literarios de Borges* (2009). Zudem legte er die kritische Werkausgabe *La sombra del Caudillo* von Martín Luis Guzmán (2002) vor und gab die beiden Bände *Doscientos años de narrativa mexicana* (2010) heraus. Außerdem publizierte er über fünfzig Artikel in mexikanischen und ausländischen Fachzeitschriften. Rafael Olea Franco hielt zahlreiche Vorträge auf Symposien verschiedener Universitäten Mexikos, Argentiniens, Brasiliens, der USA, Kanadas, Englands, Frankreichs, Spaniens, Deutschlands, Israels und Koreas. Ferner koordinierte er neun mexikanische und internationale Kolloquien.

Dr. Guido Rings ist Professor für Postkoloniale Studien, Direktor des Zentrums für Interkulturelle und Transkulturelle Studien (RUITS) und Koordinator zweier Masterprogramme an der Anglia Ruskin Universität in Cambridge. Seine Publikationen umfassen ein breites interdisziplinäres Spektrum mit den Schwerpunkten spanische und lateinamerikanische Narrativik (*Erzählen gegen den Strich* [1996, Dissertation], *Eroberte Eroberer* [2005, Habilitationsschrift], *La Conquista Desbaratada* [2010]), Kino mit Migrationsthematik (*La otra cara de la inmigración* [2009, Dossier in *Iberoamericana*, Herausgeber], *European Cinema: Inside Out* [2003, Mitherausgeber]), graphischer Roman und Comic (*Bilderwelten – Textwelten – Comicwelten* [2007, Mitherausgeber] sowie Studien zum Neokolonialismus (*Neo-colonial mentalities in contemporary Europe?* [2008, Mitherausgeber]), in deren Kontext die meisten seiner über

40 wissenschaftlichen Artikel zu situieren sind. Guido Rings ist Mitherausgeber der seit 2011 erscheinenden, mexikanistischen Themen gewidmeten Internetzeitschrift *iMex* (http://www.imex-revista.com).

Dr. Friedhelm Schmidt-Welle verantwortet seit 2000 den Bereich „Literaturwissenschaften und Kulturstudien" am Ibero-Amerikanischen Institut Preußischer Kulturbesitz in Berlin. Von 2008 bis 2010 hatte er den „Wilhelm und Alexander von Humboldt-Sonderlehrstuhl" des DAAD am Colegio de México und der UNAM in Mexiko-Stadt inne, und im Sommer 2010 lehrte er als ‚Harris Dinstinguished Visiting Professor' am Dartmouth College in Hanover, New Hampshire (USA). Seit 2009 ist er Mitglied des Herausgebergremiums der Reihe *Nexos y Diferencias. Estudios de la Cultura de América Latina* im Verlag Iberoamericana/Vervuert. Friedhelm Schmidt-Welle ist Autor bzw. Herausgeber von 14 Bänden zu den lateinamerikanischen, europäischen und US-amerikanischen Kulturen des 19. und 20. Jahrhunderts, darunter zuletzt *Hugo Brehme y la Revolución Mexicana* (2009, Hg. mit Claudia Cabrera Luna, Mayra Mendoza Avilés und Arnold Spitta), *El Quijote en América* (2010, Hg. mit Ingrid Simson), *La Revolución mexicana en la literatura y el cine* (2010, Hg. mit Olivia Díaz Pérez und Florian Gräfe), *Trans/citar la urbe. Representaciones simbólicas de las metrópolis* (2010, Hg. mit Transborde 8) sowie *Mexiko als Metapher. Inszenierungen des Fremden in Literatur und Massenmedien* (2011).

Dr. Yasmin Temelli arbeitet als wissenschaftliche Mitarbeiterin am Institut für Romanistik der Heinrich-Heine-Universität Düsseldorf, wo sie im Bereich der spanischen, französischen und italienischen Literaturwissenschaft tätig ist. Sie studierte Romanistik, Politikwissenschaft und Medienwissenschaft in Düsseldorf und an der Università degli Studi di Firenze. Ihre 2009 erschienene Dissertation *Schreiben statt Schweigen – Weibliche Stimmen im Porfiriat. Eine Analyse sechs mexikanischer Frauenzeitschriften (1883–1910)* erhielt im gleichen Jahr den *drupa-Preis* der Messe Düsseldorf und 2010 den *ADLAF-Preis* der Arbeitsgemeinschaft Deutsche Lateinamerikaforschung. Sie ist Mitherausgeberin des Bandes *México: Migraciones culturales – topografías transatlánticas. Estudios sobre los itinerarios de las culturas* (im Druck) und forscht aktuell zum mexikanischen Kriminalroman. Als Mitherausgeberin der Online-Zeitschrift *iMex – México Interdisciplinario / Interdisciplinary Mexico* (http://www.imex-revista.com) edierte sie die erste, im Dezember 2011 erschienene Ausgabe zum Thema „Violencia(s) en México".